权威·前沿·原创

皮书系列为
“十二五”国家重点图书出版规划项目

文化蓝皮书

BLUE BOOK OF CHINA'S CULTURE

# 中国公共文化投入增长测评报告（2016）

ANNUAL EVALUATION REPORT ON THE GROWTH OF CHINA'S PUBLIC CULTURAL INVESTMENT(2016)


主　　编／王亚南

联合主编／向　勇　祁述裕　张晓明

副 主 编／方　彧　刘　婷　魏海燕



社会科学文献出版社

SOCIAL SCIENCES ACADEMIC PRESS (CHINA)

图书在版编目(CIP)数据

中国公共文化投入增长测评报告. 2016/王亚南主编. —北京：社会科学文献出版社，2016.4
（文化蓝皮书）
ISBN 978-7-5097-8838-7

Ⅰ.①中… Ⅱ.①王… Ⅲ.①公共管理-文化工作-资金投入-研究报告-中国-2016 Ⅳ.①G123

中国版本图书馆 CIP 数据核字（2016）第043000号

文化蓝皮书
中国公共文化投入增长测评报告（2016）

主　　编／王亚南
联合主编／向　勇　祁述裕　张晓明
副 主 编／方　彧　刘　婷　魏海燕

出 版 人／谢寿光
项目统筹／邓泳红
责任编辑／张　超　吴　敏

出　　版／社会科学文献出版社·皮书出版分社（010）59367127
地址：北京市北三环中路甲29号院华龙大厦　邮编：100029
网址：www.ssap.com.cn
发　　行／市场营销中心（010）59367081　59367018
印　　装／北京季蜂印刷有限公司

规　　格／开 本：787mm×1092mm　1/16
印 张：18.75　字 数：285千字
版　　次／2016年4月第1版　2016年4月第1次印刷
书　　号／ISBN 978-7-5097-8838-7
定　　价／79.00元

皮书序列号／B-2014-404

**本项研究获得以下机构及其项目支持**

中共云南省委宣传部云南省哲学社会科学创新工程

云南省社会科学院中国文化发展研究与评价重点实验室

**主　　编**　王亚南

**联合主编**　向　勇　祁述裕　张晓明

**副 主 编**　方　彧　刘　婷　魏海燕

**编　　委**　（以姓氏笔画为序）

邓云斐（执行）　冯　瑞　曲晓燕　朱　岚

李　坚　吴　敏　汪　洋（执行）

沈宗涛（执行）　张　超　张雍德　纳文汇

赵　娟（执行）　姚天祥　袁春生（执行）

郭　娜（执行）　黄　淳　黄小军　董　棣

惠　鸣　温　源　谢青松　意　娜　窦志萍

**撰著**

**总　报　告**　王亚南　刘　婷

**技 术 报 告**　王亚南　方　彧　魏海燕

**差距检测报告**　王亚南　代　丽　孔志坚

**测评排行报告**　王亚南　田　娟　张　林

**增长测算报告**　王亚南　蒋坤洋　常　飞

**子　报　告**　（以文序排列）

袁春生　赵　娟　汪　洋

郭　娜　邓云斐　沈宗涛

# 主要编撰者简介

**王亚南** 云南省社会科学院研究员，文化开发研究中心主任，中国文化发展研究与评价重点实验室首席科学家。主要学术方向为民俗学、民族学及文化理论、文化战略和文化产业研究，得到国内相关学术界公认的主要学术贡献包括：(1) 1985 年首次界定“口承文化”概念随后完成系统研究，提出“口承文化”传统为人类社会的文明渊薮；(2) 1988 年解析人生仪礼中“亲长身份晋升仪式”，指出中国传统“政亲合一”社会结构体制和“天赋亲权”社会权力观念；(3) 1996 年开始从事文化战略和文化产业研究，提出“高文化含量”的“人文经济”论述，概括出文化产业发展的“云南模式”；(4) 1999 年提出“现代中华民族是56个国内民族平等组成的国民共同体”和“中国是国内多民族的统一国家”论点；(5) 2006 年以来致力于文化、民生发展的量化分析检测，从2011 年起主持撰著《中国文化消费需求景气评价报告》(系列)。

**方　彧** 民政部中国老龄科学研究中心副研究员，《中国老龄事业发展报告》执行编委，中国社会科学院博士。主要学术方向为口头传统、老龄文化和文化产业研究。全程参与研创“中国文化消费需求景气评价体系”，合作发表《中国文化产业新十年路向——基于文化需求和共享的考量》《中国文化产业发展空间：4 万亿消费需求透析》《深化文化体制改革机制创新的若干现实问题透析》等论文和研究报告，参与组织撰著《中国文化消费需求景气评价报告》(系列)，负责文稿统改及英译审校。

**刘　婷** 云南省社会科学院研究员，文化开发研究中心秘书长，云南大学艺术人类学博士，《云南文化发展蓝皮书》副主编，云南省中青年社会科学工作者协会秘书长。主要学术方向为艺术人类学及休闲文化、休闲产业研究，代表作《民俗休闲文化论》，独立承担国家社会科学基金西部项目“云南少数民族民俗文化保护的新思路”。全程参与研创“中国文化消费需求景气评价体系”，合作发表《面向协调增长的中国文化消费需求——“十五”以来分析与“十二五”测算》《中国文化产业未来十年发展空间——以扩大文化消费需求与共享为目标》《各省域文化产业未来十年增长空间——基于需求与共享的测算排行》等论文和研究报告，参与组织撰著《中国文化消费需求景气评价报告》（系列），负责人员组织和撰稿统筹。

**赵 娟** 云南省社会科学院文化开发研究中心副研究员，《云南文化发展蓝皮书》副主编，云南省中青年社会科学工作者协会秘书处主任。主要学术方向为比较文学、民族文化和文化产业研究。全程参与研创“中国文化消费需求景气评价体系”，合作发表《以国家统计标准分析各地文化产业发展成效》《中国文化产业未来十年发展空间——以扩大文化消费需求与共享为目标》《各省域文化产业未来十年增长空间——基于需求与共享的测算排行》等论文和研究报告，参与组织撰著《中国文化消费需求景气评价报告》（系列），负责文稿统改。

# 摘 要

2000～2014 年，全国文化投入总量由 300.29 亿元增至 2691.48 亿元，年均增长 16.96%。文化投入增长较明显高于产值增长，较明显低于财政收入增长，也略微低于财政支出增长；同时，明显低于教育投入增长，显著低于科技投入增长，亦显著低于卫生投入增长。文化投入占财政收入比明显低于文化消费占居民收入比，占财政支出比更明显低于文化消费占居民支出比，公共文化投入增长严重滞后于居民文化消费态势所体现的需求变动。

2014 年，全国 5 个省域文化投入总量增长超过 15%，其中 3 个省域总量增长超过 20%；5 个省域文化投入人均值增长超过 15%，其中 3 个省域人均值增长超过 20%。西藏、广西、青海、广东、湖南处于年度总量、人均值增长前 5 位。各省域文化投入增长综合评价排行：无差距理想值横向测评，西藏、青海、北京、内蒙古、吉林为“2014 年度综合指数领先”前 5 位；自身基数值纵向测评，青海、四川、西藏、内蒙古、海南为“2000～2014 年综合指数提升”前 5 位；青海、西藏、海南、内蒙古、安徽为“2005～2014 年综合指数提升”前 5 位；青海、福建、贵州、河北、四川为“2010～2014 年综合指数提升”前 5 位；广西、西藏、广东、河北、湖南为“2014 年度综合指数提升”前 5 位。

测算 2020 年全国文化投入预期增长目标，按照 2000～2014 年平均增速“自然增长”，可达到 6889.48 亿元；实现产值—财政支出—教科文卫综合投入—文化投入历年各项最佳比值“应然增长”，应达到 10815.26 亿元；进而实现文化投入与消费同构占比平衡“民生增长”，应达到 16168.17 亿元；最终实现文化投入各地人均值均等化“理想增长”，将达到21014.98亿元。以到2020年所需年均增长率衡量各类增长目标距离，分别测算各省域排行：北京、西藏、上海、青海、海南排在最佳比值增长目标前5位，西藏、北京、上海、新疆、青海排在同构占比增长目标前5位，西藏、北京、青海、内蒙古、新疆排在均等化增长目标前5位。

# 目录

## Ⅰ 总报告



## Ⅱ 技术报告与综合分析报告

## Ⅲ 省域报告



皮书数据库阅读使用指南

# 总 报 告

General Report

# B.1

# 中国公共文化投入综合评价及其增长目标

## ——2000 ~2014 年检测与至 2020 年测算

王亚南 刘 婷*

摘 要： 2000 ~ 2014 年，全国文化投入总量由 300.29 亿元增至 2691.48 亿元，年均增长 16.96%，进展较为显著。各个五年规划期以来纵向测评的综合指数最高值大多出现在 2014 年，但逐年增长检测却显得起伏不定，并非连年持续向好；横向测评距离理想值的差距一向非常明显，综合指数不时略有下降。深入检测文化投入与经济、财政相关背景，与教科卫投入的相邻关系，与居民文化消费同构关联的协调性，检测各类数据人均值演算的地区之间的均衡性，可以揭示其进

* 王亚南，云南省社会科学院研究员，文化开发研究中心主任；刘婷，云南省社会科学院研究员，文化开发研究中心秘书长。

展与差距所在。（1）文化投入增长较明显高于产值增长，较明显低于财政收入增长，也略微低于财政支出增长；同时明显低于教育投入增长，也显著低于科技卫生投入增长。（2）除了文化投入以外，其余各类数据的地区差皆呈现缩小态势，而且除了财政支出、教育投入、科技投入、文化投入以外，其余各类数据的地区差皆在2014年缩减至历年最小值。全国各地经济、财政“协调增长”，教育、科技、卫生事业投入“均等增长”，正在逐渐成为现实，但文化投入地区差却扩大9.66%。（3）文化投入占财政收入比明显低于文化消费占居民收入比，占财政支出比更明显低于文化消费占居民支出比，公共文化投入增长严重滞后于居民文化消费态势所体现的需求变动。

关键词： 文化投入　综合评价　差距检验　增长目标

2000年中国宣告实现“基本建成小康社会”目标，同时开启“全面建成小康社会”进程。正是在这一进程中，当代中国实现了传统社会向现代社会的转型。中国社会的现代转型有两个突出标志：一是社会主义市场经济体制的建立和逐步完善，带来中国经济持续多年高增长，并很好地融入经济全球化市场体系，深刻影响到中国经济和社会生活的方方面面；二是公共财政、公共服务体制及社会保障体系的建立和稳步推进，社会是公共的，政府是公共的，财政是公共的，政府的首要职责就是为全社会提供公共服务和基本社会保障。这两个方面存在着必然联系，完善的市场经济体制必须有健全的公共服务体系和社会保障制度相配套。

于是，公共财政提供公共服务正式提上“社会议程”，这就是能够在此探讨公共文化投入的宏观社会背景。

# 一　全国文化投入及其相关背景基本态势

公共文化投入增长检测不能孤立地进行，需要从全国经济、财政背景分析开始。

## （一）经济、财政基本面背景状况

2000 年以来全国文化投入总量增长及相关背景关系态势见图 1。

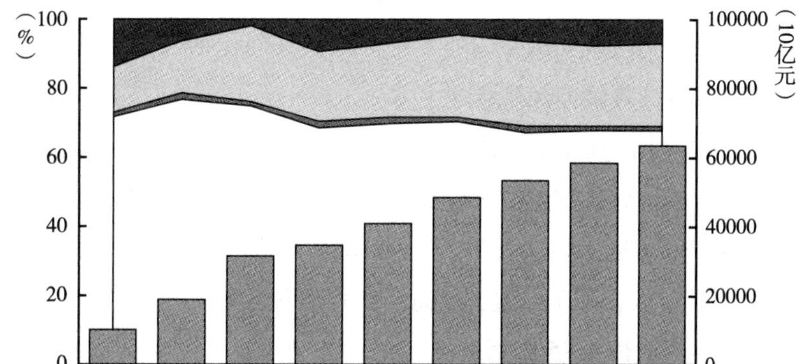


| | 2000年 | 2005年 | 2008年 | 2009年 | 2010年 | 2011年 | 2012年 | 2013年 | 2014年 |
|---|---|---|---|---|---|---|---|---|---|
| ■（1）预算赤字 | 2491 | 2281 | 1262 | 7782 | 6773 | 5373 | 8699 | 11002 | 11416 |
| □（2）教科卫投入 | 2437 | 5401 | 13896 | 17176 | 20604 | 26755 | 32940 | 35366 | 38533 |
| ■（3）文化投入 | 300.29 | 703.40 | 1095.74 | 1393.07 | 1542.70 | 1893.36 | 2268.35 | 2544.39 | 2691.48 |
| □（4）其他支出 | 13150 | 27826 | 47600 | 57731 | 67727 | 80600 | 90745 | 102302 | 110561 |
| ■（5）产值总量 | 9978 | 18590 | 31675 | 34563 | 40890 | 48412 | 53412 | 58802 | 63614 |

**图 1　全国文化投入总量增长及相关背景关系态势**

左轴面积：预算赤字（国债等）、教科卫投入、文化投入、其他支出总量（亿元转换为%，因制图局限略“总量”字样，文字叙述恢复，后同），(2) + (3) + (4) = 财政支出总量，(2) + (3) + (4) - (1) = 财政收入总量，各项数值变动呈直观比例关系；右轴柱形：产值总量（10 亿元）。限于制图空间省略若干年度，后台演算历年增长变化包括省略年度，全书同。

2000 ~ 2014 年，全国产值总量由 99776.25 亿元增至 636138.73 亿元，增长 537.57%，年均增长 14.15%；财政收入总量增长 947.93%，年均增长

18.27%；财政支出总量增长855.41%，年均增长17.49%；教科文卫综合投入（图1中教科卫投入与文化投入之和，后同）总量增长1406.17%，年均增长21.38%；教科文卫综合投入之外财政支出统归为“其他支出”，其总量增长740.77%，年均增长16.43%。

在此期间，全国财政收入总量年均增长高于产值总量年均增长4.12个百分点。这就是居民收入增长赶不上产值（体现社会总财富）增长的一部分原因，另一部分原因在于企业利润总收益增长高于总产值增长，由此必然挤压了居民收入增长应有的初次分配“蛋糕”份额。

同时，全国财政支出总量年均增长高于产值总量年均增长3.34个百分点。这是公共财政支出持续加大的体现，其间包括公共服务投入持续加大，属于二次分配再转向民生。

同期，全国其他支出总量年均增长高于产值总量年均增长2.28个百分点。

至此转入分析重点。同样在此期间，全国教科文卫综合投入总量年均增长高于产值总量年均增长7.23个百分点，同时高于财政收入总量年均增长3.11个百分点，高于财政支出总量年均增长3.89个百分点，也高于其他支出总量年均增长4.95个百分点。

如此详尽比较下来可见，“十五”以来，全国教科文卫建设作为公共服务的一个重要方面，确实处于一种极为特殊的优先发展地位。尤其应当注意，“十一五”以来，全国教科文卫综合投入总量增长高于产值、财政收入和支出，以及其他支出总量增长的情况更加明显。

### （二）文化投入总量增长状况

文化投入总量增长体现规模扩增效应，有利于宏观把握总体情况。但是，各地存在省域大小、人口多少的差异，地区经济规模、产业基础等也都有巨大差距。因此，总量数据在各地不具备很好的可比性。本项研究主要在全国层面考察文化投入总量增长及教科文卫相邻关系变动态势，对于各地则侧重于分析其所占全国份额变动情况。

2000年以来全国文化投入总量增长及相邻关系变动态势见图2。

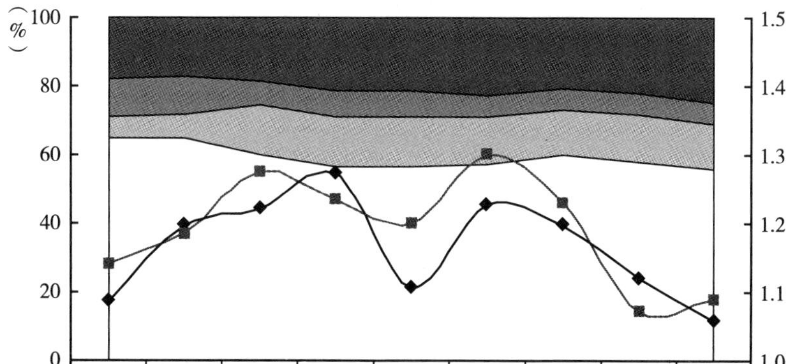


| | 2000年 | 2005年 | 2008年 | 2009年 | 2010年 | 2011年 | 2012年 | 2013年 | 2014年 |
|---|---|---|---|---|---|---|---|---|---|
| 卫生投入 | 494.3 | 1036.8 | 2757.0 | 3994.2 | 4804.2 | 6429.5 | 7245.1 | 8279.9 | 10176.8 |
| 文化投入 | 300.29 | 703.40 | 1095.74 | 1393.07 | 1542.70 | 1893.36 | 2268.35 | 2544.39 | 2691.48 |
| 科技投入 | 173.6 | 389.1 | 2129.2 | 2744.5 | 3250.2 | 3828.0 | 4452.6 | 5084.3 | 5314.5 |
| 教育投入 | 1768.8 | 3974.8 | 9010.2 | 10437.5 | 12550.0 | 16497.3 | 21242.1 | 22001.8 | 23041.7 |
| 文化投入年增 | 1.0866 | 1.1980 | 1.2193 | 1.2714 | 1.1074 | 1.2273 | 1.1981 | 1.1217 | 1.0578 |
| 教科卫投入年增 | 1.1430 | 1.1853 | 1.2755 | 1.2360 | 1.1996 | 1.2985 | 1.2312 | 1.0737 | 1.0895 |

**图 2　全国文化投入总量增长及相邻关系变动态势**

左轴面积：教育、科技、文化、卫生投入总量（亿元转换为%），各项数值变动呈直观比例关系；右轴曲线：文化、教科卫投入年增指数（上年 =1，保留 4 位小数，正文转换为 2 位小数增长百分比，后同）。后台数据库包含不出现的 1999 年数据，以测算 2000 年增长变化，全文同。

2000 ~2014 年，全国文化投入总量由 300.2859 亿元增至 2691.4800 亿元（核心数据，为精确演算取值至万元，全书同），增长 796.31%，年均增长 16.96%。其中，在 2001 ~ 2002 年、2004 ~ 2006 年、2008 ~ 2009 年、2011 ~2012 年 9 个年度超过 15%，在 2001 年、2008 ~2009 年、2011 年 4 个年度超过 20%。最高增长年度为 2009 年，增长 27.14%；最低增长年度为 2014 年，增长 5.78%。

在此期间，全国文化投入总量年均增长高于产值总量年均增长 2.81 个百分点，同时低于财政收入总量年均增长 1.31 个百分点，亦低于财政支出总量年均增长 0.53 个百分点。

检测其间历年增长相关系数，文化投入与产值增长之间为 -0.0268，与财政收入增长之间为 0.0032，与财政支出增长之间为 0.4165，即分别在

2.68%程度上成反比，0.32%程度上成正比，41.65%程度上成正比，同步增长相关性很低。这表明，全国产值、财政收入、财政支出与文化投入增长之间尚未形成良好的多重“协调增长”关系。

同期，全国教科卫三项投入总量增长1481.42%，年均增长21.80%。进一步细分来看，教育投入总量增长1202.67%，年均增长20.12%；科技投入总量增长2961.35%，年均增长27.68%；卫生投入总量增长1958.83%，年均增长24.12%。

在此期间，全国教科卫三项投入总量年均增长高于产值总量年均增长7.65个百分点，同时高于财政收入总量年均增长3.53个百分点，高于财政支出总量年均增长4.31个百分点，也高于其他支出总量年均增长5.37个百分点。

与之相比，全国文化投入总量年均增长低于教科卫三项投入总量年均增长4.84个百分点。显而易见，在2000年以来全国教科文卫综合投入优先高增长当中，文化投入增长处于严重失衡状态，文化投入增长与教科卫投入增长之间的差距十分显著。从图2亦可清楚、直观地看出，文化投入所占面积呈逐渐收窄之势，表明其在教科文卫综合投入中的比例份额持续降低。

最后还需要重点检测2007年以来文化投入增长情况。众所周知，2007年，中共十七大做出“推动社会主义文化大繁荣大发展、兴起社会主义文化建设新高潮”重大决策，中国特色社会主义文化建设进入一个新的阶段。2007年以来的7年里，全国文化投入总量年均增长达到16.97%，高于产值总量年均增长3.83个百分点，高于财政收入总量年均增长1.51个百分点，低于财政支出总量年均增长0.29个百分点，高于其他支出总量年均增长0.48个百分点，文化投入增长的失衡状态出现好转，但仍低于同期教科卫三项投入总量年均增长2.81个百分点。

### （三）人均值增长及其地区差变动状况

文化投入人均值演算结果是衡量均等化的重要基准，只有基于人均值才能检测各地文化投入高低，进而得出各地的地区差指数。更为重要的是，逐步缩小直至消除文化投入（人均值）地区差距，实现公共文化投入、公共文化服务均等化势在必行，唯有实现文化投入人均值的均等化，才谈得上文化服务条件和服务质量的均等化。

2000 年以来全国文化投入人均值增长及其地区差变动态势见图 3。

2000 ~2014 年，全国文化投入人均值由 23.78 元增至 197.28 元，增长 729.60%，年均增长 16.31%，其中在 2001 ~ 2002 年、2004 ~ 2006 年、2008 ~2009 年、2011 ~2012 年 9 个年度超过 15%，在 2008 ~2009 年、2011 年 3 个年度超过 20%。最高增长年度为 2009 年，增长 26.49%；最低增长年度为 2014 年，增长 5.25%。

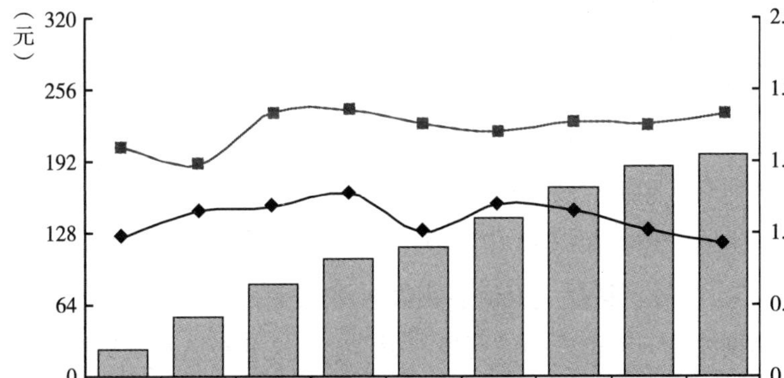


| | 2000年 | 2005年 | 2008年 | 2009年 | 2010年 | 2011年 | 2012年 | 2013年 | 2014年 |
|---|---|---|---|---|---|---|---|---|---|
| 文化投入人均值 | 23.78 | 53.95 | 82.72 | 104.63 | 115.31 | 140.86 | 167.94 | 187.45 | 197.28 |
| 人均值年度增长 | 1.0781 | 1.1910 | 1.2131 | 1.2649 | 1.1021 | 1.2215 | 1.1922 | 1.1162 | 1.0525 |
| 人均值地区差 | 1.4571 | 1.3890 | 1.6054 | 1.6169 | 1.5536 | 1.5236 | 1.5659 | 1.5557 | 1.5979 |

**图 3　全国文化投入人均值增长及其地区差变动态势**

左轴柱形：文化投入人均值（元）；右轴曲线：人均值年度增长指数（上年 =1，由于历年人口增长，人均值年增指数略低于总量年增指数）；文化投入人均值地区差（无差距 =1，为检测细微差异，保留 4 位小数，后同）。

与此同时，全国文化投入人均值地区差由 1.4571 扩大至 1.5979，扩大 9.66%。全国文化投入人均值地区差历年起伏变化，2000 ~2006 年、2008 年、2010 ~ 2011 年、2013 年 11 个年度地区差缩小，2007 年、2009 年、2012 年、2014 年 4 个年度地区差扩大，前后对比总体处于扩大态势。最小地区差为 2006 年的 1.3748，最大地区差为 2007 年的 1.6581。

如此细致检测全国文化投入人均值地区差变动状况，并非一种奢望的空谈。实际上，自2000年以来，在“全面建成小康社会”进程中，国家、各级政府及其公共财政已经做出了应有努力，并且取得了实质性的重大进展。以此处涉及的产值、财政收入和支出，以及教科卫投入数据展开分析。

2000～2014年，在文化投入的相关背景方面，全国产值人均值地区差前后对比总体缩小；财政收入人均值地区差前后对比总体缩小；财政支出人均值地区差前后对比总体缩小。

在文化投入的相邻关系方面，全国教育投入人均值地区差前后对比总体缩小；科技投入人均值地区差前后对比总体缩小；卫生投入人均值地区差前后对比总体缩小。

全国产值、财政收入和支出，以及教科文卫投入各类人均值地区差变动态势全面检测结果：除了文化投入以外，其余各类数据的地区差皆呈现缩小态势；而且除了财政支出、教育投入、科技投入、文化投入以外，其余各类数据的地区差皆在2014年缩减至历年最小值。全国各地经济、财政“协调增长”，教育、科技、卫生事业投入“均等增长”，正在逐渐成为现实，而不再仅仅是一种追求中的理想。很明显，文化投入增长的差距不但表现在数量的可比性之上，而且表现在质量的可比性之上。以人均值来衡量的公共文化投入均等化尚无实际进展，而这是公共文化服务均等化的基础。

## 二　全国文化投入相关协调性态势

### （一）文化投入相关背景变动状况

文化投入增长的协调性检测首先在于与经济、财政相关背景关系的考察。历年文化投入到底处于什么样的位置，在文化投入绝对值及其增长的基础上，文化投入与产值、财政收入和支出的历年关系比值起到决定性的作用。

2000年以来全国文化投入相关背景比值变动态势见图4。

1. 文化投入与产值比

2000～2014年，全国文化投入总量年均增长高于产值年均增长2.81个

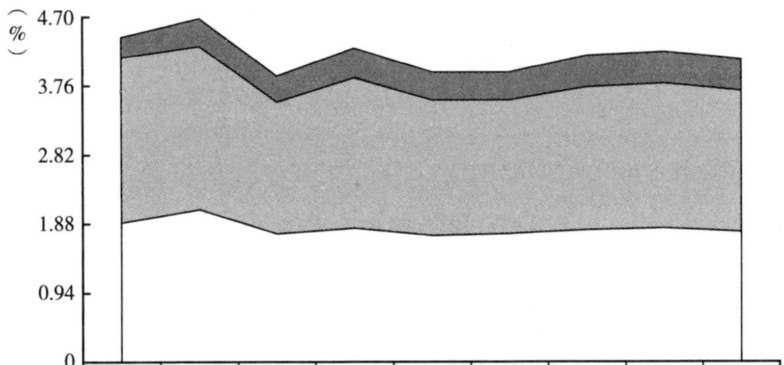


| | 2000年 | 2005年 | 2008年 | 2009年 | 2010年 | 2011年 | 2012年 | 2013年 | 2014年 |
|---|---|---|---|---|---|---|---|---|---|
| ■文化投入与产值比 | 0.3010 | 0.3784 | 0.3459 | 0.4031 | 0.3773 | 0.3911 | 0.4247 | 0.4327 | 0.4231 |
| ▒文化投入占财政收入比 | 2.2417 | 2.2225 | 1.7866 | 2.0331 | 1.8564 | 1.8227 | 1.9346 | 1.9692 | 1.9174 |
| □文化投入占财政支出比 | 1.8902 | 2.0731 | 1.7506 | 1.8258 | 1.7165 | 1.7331 | 1.8009 | 1.8147 | 1.7732 |

**图 4　全国文化投入相关背景比值变动态势**

左轴：文化投入与产值比、文化投入占财政收入和支出比（%），各项比值历年升降呈直观比例叠加。因比值很小，保留 4 位小数并依此演算，正文按惯例保留 2 位小数。

百分点。由历年二者不同增长关系变化所致，全国文化投入与产值比从 0.30% 增高至 0.42%，上升 0.12 个百分点。

分时期考察，全国此项比值“十五”前后（2000 年与 2005 年）对比，上升 0.08 个百分点；“十一五”前后（2005 年与 2010 年）对比，下降 0.0011 个百分点（用 4 位小数分析细微变化）；“十二五”第 4 年（2014 年）与 2010 年对比，上升 0.05 个百分点。最高比值为 2013 年的 0.43%，最低比值为 2000 年的 0.30%。

2. 文化投入占财政收入比

2000 ~2014 年，全国文化投入总量年均增长低于财政收入年均增长 1.31 个百分点。由历年二者不同增长关系变化所致，全国文化投入占财政收入比从 2.24% 降低至 1.92%，下降 0.32 个百分点。

分时期考察，全国此项比值“十五”前后（2000 年与 2005 年）对比，下降 0.02 个百分点；“十一五”前后（2005 年与 2010 年）对比，下降

0.37 个百分点；“十二五”第 4 年（2014 年）与 2010 年对比，上升 0.06 个百分点。最高比值为 2002 年的 2.27%，最低比值为 2007 年的 1.75%。

3. 文化投入占财政支出比

2000 ~2014 年，全国文化投入总量年均增长低于财政支出年均增长 0.53 个百分点。由历年二者不同增长关系变化所致，全国文化投入占财政支出比从 1.89% 降低至 1.77%，下降 0.12 个百分点。

分时期考察，全国此项比值“十五”前后（2000 年与 2005 年）对比，上升 0.18 个百分点；“十一五”前后（2005 年与 2010 年）对比，下降 0.36 个百分点；“十二五”第 4 年（2014 年）与 2010 年对比，上升 0.06 个百分点。最高比值为 2006 年的 2.08%，最低比值为 2010 年的 1.72%。

以上分析检测表明，2000 年以来，全国文化投入增长较明显高于产值增长，较明显低于财政收入增长，也略微低于财政支出增长，文化投入与经济、财政“背景协调增长”尚未得到充分体现。

### （二）文化投入相邻关系变动状况

文化投入增长的协调性检测其次在于与教育、科技、卫生投入增长相邻关系的考察。教科文卫本身就可视为一个整体，文化投入的重要性究竟如何，与教育、科技、卫生投入历年的关系比值具有重要的参照意义。

2000 年以来全国文化投入相邻关系比值变动态势见图 5。

1. 文化投入与教育投入比

2000 ~2014 年，全国文化投入总量年均增长低于教育投入年均增长 3.16 个百分点。由历年二者不同增长关系变化所致，全国文化投入与教育投入比从 16.98% 降低至 11.68%，下降 5.30 个百分点。

分时期考察，全国此项比值“十五”前后（2000 年与 2005 年）对比，上升 0.72 个百分点；“十一五”前后（2005 年与 2010 年）对比，下降 5.41 个百分点；“十二五”第 4 年（2014 年）与 2010 年对比，下降 0.61 个百分点。最高比值为 2005 年的 17.70%，最低比值为 2012 年的 10.68%。

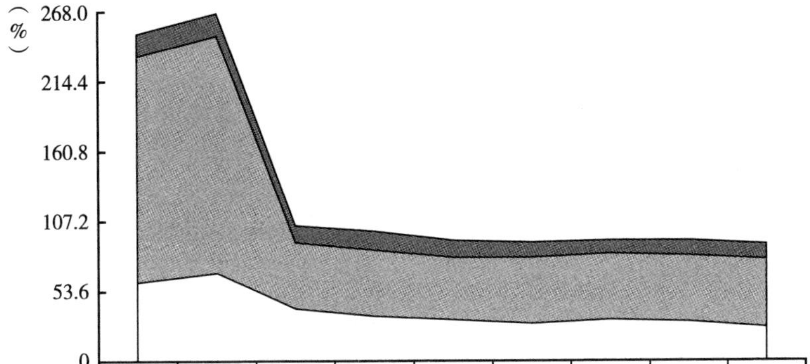


| | 2000年 | 2005年 | 2008年 | 2009年 | 2010年 | 2011年 | 2012年 | 2013年 | 2014年 |
|---|---|---|---|---|---|---|---|---|---|
| ■ 文化投入与教育投入比 | 16.98 | 17.70 | 12.16 | 13.35 | 12.29 | 11.48 | 10.68 | 11.56 | 11.68 |
| ■ 文化投入与科技投入比 | 172.99 | 180.76 | 51.46 | 50.76 | 47.47 | 49.46 | 50.94 | 50.04 | 50.64 |
| □ 文化投入与卫生投入比 | 60.75 | 67.84 | 39.74 | 34.88 | 32.11 | 29.45 | 31.31 | 30.73 | 26.45 |

**图5　全国文化投入相邻关系比值变动态势**

左轴：文化投入与教育、科技、卫生投入比（%），各项比值历年升降呈直观面积比例叠加。

2. 文化投入与科技投入比

2000~2014年，全国文化投入总量年均增长低于科技投入年均增长10.72个百分点。由历年二者不同增长关系变化所致，全国文化投入与科技投入比从172.99%降低至50.64%，下降122.35个百分点。

分时期考察，全国此项比值“十五”前后（2000年与2005年）对比，上升7.77个百分点；“十一五”前后（2005年与2010年）对比，下降133.29个百分点；“十二五”第4年（2014年）与2010年对比，上升3.17个百分点。最高比值为2005年的180.76%，最低比值为2010年的47.47%。

3. 文化投入与卫生投入比

2000~2014年，全国文化投入总量年均增长低于卫生投入年均增长7.16个百分点。由历年二者不同增长关系变化所致，全国文化投入与卫生投入比从60.75%降低为26.45%，下降34.30个百分点。

分时期考察，全国此项比值“十五”前后（2000年与2005年）对比，上升 7.09 个百分点；“十一五”前后（2005 年与 2010 年）对比，下降 35.73 个百分点；“十二五”第 4 年（2014 年）与 2010 年对比，下降 5.66 个百分点。最高比值为 2004 年的 68.70%，最低比值为 2014 年的 26.45%。

以上分析检测表明，2000 年以来，全国文化投入增长明显低于教育投入增长，显著低于科技投入增长，亦显著低于卫生投入增长，教育、科技、文化、卫生投入“相邻协调增长”尚未得到应有体现。

此外，对照图 4 中文化投入占财政支出比与图 5 三项比值，分别推算其间商值百分值，即得出教育、科技、卫生投入各占财政支出比。这样就可以检测教科文卫各项投入占财政支出比历年变化相关系数：教育投入占比与科技投入占比之间为 0.9067，与卫生投入占比之间为 0.8970，与文化投入占比之间为 -0.7606，即分别在 90.67% 程度上成正比，89.70% 程度上成正比，76.06% 程度上成反比。对此不妨简单理解为，教育投入与文化投入二者之间占财政支出比历年变化在 76.06% 程度上呈逆向关系，其余类推。这表明，全国教科卫投入各占财政支出比之间协调性较好，而与文化投入占财政支出比之间协调性很差。

### （三）文化投入同构占比变动状况

文化投入增长的协调性检测最后在于与文化消费占居民收入和支出比同构关联的考察。文化投入面向公共文化服务需求，文化消费体现居民日常精神生活需求，这两个方面形成同构可比关联。在文化投入占财政收入、支出比与文化消费占居民收入、支出比之间，构成了历年比值差异变化，可以直接作为检测演算指数。

2000 年以来全国文化消费与投入同构占比倍差变动态势见图 6。

1. 文化消费与投入占收入比

2000～2014 年，全国城乡居民文化消费占居民收入比从 5.82% 降低至 5.39%，下降程度为 7.39%。最高比值为 2002 年的 6.38%，最低比值为 2012 年的 5.10%。

文化消费占居民收入比演算与“中国文化消费需求景气评价体系”形

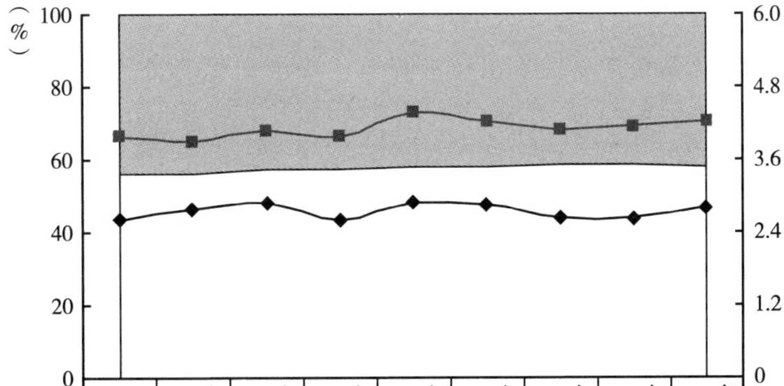


| | 2000年 | 2005年 | 2008年 | 2009年 | 2010年 | 2011年 | 2012年 | 2013年 | 2014年 |
|---|---|---|---|---|---|---|---|---|---|
| 文化消费占居民收入比 | 5.82 | 6.22 | 5.18 | 5.28 | 5.34 | 5.20 | 5.10 | 5.17 | 5.39 |
| 文化消费占居民支出比 | 7.51 | 8.13 | 7.12 | 7.23 | 7.48 | 7.35 | 7.34 | 7.53 | 7.50 |
| 收入比倍差 | 2.5942 | 2.7986 | 2.9010 | 2.5970 | 2.8768 | 2.8535 | 2.6358 | 2.6235 | 2.8110 |
| 支出比倍差 | 3.9736 | 3.9203 | 4.0695 | 3.9621 | 4.3589 | 4.2402 | 4.0780 | 4.1513 | 4.2301 |

**图6　全国文化消费与投入同构占比倍差变动态势**

左轴面积：文化消费占居民收入、占居民支出比（%），两项比值历年升降呈直观比例叠加；右轴曲线：文化消费占居民收入比与文化投入占财政收入比倍差、文化消费占居民支出比与文化投入占财政支出比倍差（无差距 =1，为检测细微差异，保留4位小数）。

成互动。对照图4，同期，全国文化投入占财政收入比下降14.47%，2014年比值低于文化消费占居民收入比3.47个百分点。二者之间占比倍差由2.5942增大至2.8110，增大程度为8.36%。倍差指数最小值为2001年的2.4566，最大值为2007年的3.2316。

应当看到，文化消费占居民收入比与文化投入占财政收入比之间，不仅形式上同构，而且实质上可同比。居民文化消费占用家庭收入一定比例，正体现精神文化生活应有的位置和分量，家庭和个人如此，国家及地区亦当如此。因此，此项检验指标直接测算二者之间商值即占比倍差，就此衡量其间既有距离，并以其倒数值作为权衡指数。

2. 文化消费与投入占支出比

2000～2014年，全国城乡居民文化消费占居民支出比从7.51%降低至7.50%，下降0.13%。最高比值为2002年的8.30%，最低比值为2008年的7.12%。

文化消费占居民支出比演算与“中国文化消费需求景气评价体系”形成互动。对照图4，同期，全国文化投入占财政支出比下降6.19%，2014年比值低于文化消费占居民支出比5.73个百分点。二者之间占比倍差由3.9736增大至4.2301，增大6.46%。倍差指数最小值为2001年的3.7297，最大值为2010年的4.3589。

必须注意，文化消费占居民支出比与文化投入占财政支出比之间，仅在形式上同构，实质上却不同比。居民消费与收入间可能出现剩余成为积蓄，即消费总量小于收入总量，于是特定消费占支出比必定高于占收入比；而财政支出与收入间可以出现预算赤字，即支出总量大于收入总量，于是特定投入占支出比可能低于占收入比。对照图4可见，文化消费与文化投入各占收入、支出比的对应关系形成交叉，文化消费占支出比大于占收入比，而文化投入占支出比小于占收入比，其间的反差应予合理化解。理想化检测提出一种假定：财政预算赤字“超支”部分应以同等比例用于文化投入，即占财政收入、支出比可自身平衡。因此，此项检验指标继续推演，对文化消费与投入各占收入、支出比两项同构倍差指数再做平衡，测算其间商值即占收支比倍差之间再次形成倍差指数，就此衡量其间既有距离，并以其倒数值作为权衡指数。

以上分析检测显示，2000年以来，全国文化消费占居民收入比较明显下降，文化投入占财政收入比也明显下降，二者同构占比倍差明显增大；文化消费占居民支出比略微下降，文化投入占财政支出比也明显下降，二者同构占比倍差明显增大。这表明，全国公共文化投入增长占比变动滞后于居民文化消费需求变化态势的差距继续扩大。

## 三　2014年全国文化投入纵横向双重测评

综合以上分析，2000年以来全国文化投入总量年均增长16.96%，人均值地区差扩大9.66%；文化投入增长较明显高于产值增长，但较明显低于财政收入增长，也略微低于财政支出增长；同时明显低于教育投入增长，显著低于科技投入增长，亦显著低于卫生投入增长；文化投入占财政收入比明显低于文化消费占居民收入比，占财政支出比明显低于文化消费占居民支出比。这些都集中体现在文化投入增长综合指数测评演算之中。

2000 年以来全国文化投入增长综合指数变动态势见图 7。基于不同时间段、不同基准值的各类综合指数测评结果均落实在 2014 年之上。综合指数取百分制，以便横向衡量百分点高低，纵向衡量百分比升降。

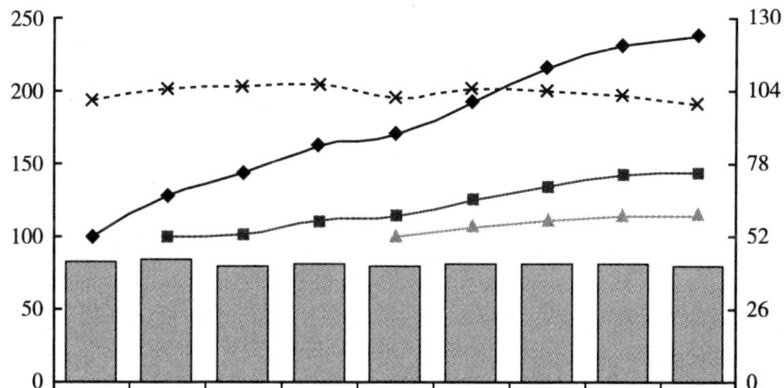


| | 2000年 | 2005年 | 2008年 | 2009年 | 2010年 | 2011年 | 2012年 | 2013年 | 2014年 |
|---|---|---|---|---|---|---|---|---|---|
| 横向测评 | 82.42 | 84.73 | 80.41 | 81.18 | 80.20 | 81.63 | 81.66 | 81.47 | 80.16 |
| 纵向测评（1） | 100.00 | 128.32 | 143.31 | 162.61 | 170.02 | 192.69 | 215.03 | 231.01 | 237.15 |
| 纵向测评（2） | — | 100.00 | 102.21 | 111.42 | 114.00 | 124.85 | 134.80 | 141.81 | 143.49 |
| 纵向测评（3） | — | — | — | — | 100.00 | 106.06 | 110.80 | 114.06 | 113.61 |
| 纵向测评（4） | 100.60 | 104.41 | 105.26 | 106.20 | 101.55 | 104.94 | 103.67 | 102.77 | 99.23 |

**图 7　全国文化投入增长综合指数变动态势**

左轴柱形：横向测评（无差距理想值 = 100）；左轴曲线：纵向测评（起点年基数值 = 100），（1）以 2000 年为起点，（2）以 2005 年为起点，（3）以 2010 年为起点；右轴曲线：纵向测评（4），以上年为起点。

## （一）各年度横向测评综合指数

以文化投入人均值地区无差距、文化消费与投入同构占比无差距状态为理想值 100，2014 年全国文化投入增长状况此项综合指数为 80.16，低于无差距理想值 19.84 个点，也低于上年测评指数 1.31 个点。

各年度（包括图中省略年度）此项综合指数对比，全部各个年度均低于无差距理想值 100；2001 ~ 2002 年、2004 年、2008 ~ 2009 年、2011 ~ 2012 年 7 个年度高于上年指数值。其中，最高值为 2004 年的 84.84，最低值为 2007 年的 75.72。

在此项测评中，全国总体的总量份额值、人均值、各项背景关系比值、相邻关系比值作为各地基准“定盘星”，同样也自为基准不“加分”也不“减分”，人均值地区差、同构关联占比倍差就成为变化衡量指标，全国总体“失分”全部来自人均值地区差、同构关联占比倍差的存在及其扩大。只要人均值地区差、同构占比倍差缩小，全国总体综合指数就能够上升；只有彻底消除人均值地区差、同构占比倍差，全国总体综合指数才能够达到理想值 100。

### （二）“十五”以来纵向测评综合指数

以“九五”末年 2000 年为起点基数值 100，2014 年全国文化投入增长状况此项综合指数为 237.15，高出 2000 年起点基数 137.15%，也高出上年测评指数 6.14 个点。

“十五”以来各年度此项综合指数对比，全部各个年度均高于 2000 年起点基数值 100；2002 ~2006 年、2008 ~2014 年 12 个年度高于上年指数值。其中，最高值为 2014 年的 237.15，最低值为 2001 年的 105.08。

在此项测评中，文化投入总量份额值、人均值，各项背景关系比值、相邻关系比值，文化消费与投入占收入、支出比同构关联倍差，文化投入人均值地区差，各项增长率比差，一概以自身 2000 年相应演算数值为基数值加以衡量。无论是全国总体还是各地，各项指标测算值优于 2000 年“加分”，逊于 2000 年“减分”，最终加权平衡各项指标间分值升降得失。这样有利于检测对比各地在不同时间段综合测评指数的提升程度，使“基数低而进步快”的欠发达或次发达地区有多种机会登上排行榜前列。

以下各类纵向测评同理，区别仅在于起始年度不同。

### （三）“十一五”以来纵向测评综合指数

以“十五”末年 2005 年为起点基数值 100，2014 年全国文化投入增长状况此项综合指数为 143. 49，高出 2005 年起点基数 43. 49%，也高出上年测评指数 1. 68 个点。

“十一五”以来各年度此项综合指数对比，2006 年、2008 ~ 2014 年 8 个年度高于 2005 年起点基数值 100；2008 ~ 2014 年 7 个年度高于上年指数值。其中，最高值为 2014 年的 143. 49，最低值为 2007 年的 91. 93。

### （四）“十二五”以来纵向测评综合指数

以“十一五”末年 2010 年为起点基数值 100，2014 年全国文化投入增长状况此项综合指数为 113. 61，高出 2010 年起点基数 13. 61%，但低于上年测评指数 0. 45 个点。

“十二五”以来各年度此项综合指数对比，全部各个年度均高于 2010 年起点基数值 100；2012 ~ 2013 年两个年度高于上年指数值。其中，最高值为 2013 年的 114. 06，最低值为 2011 年的 106. 06。

### （五）逐年度纵向测评综合指数

以上一年（2013 年）为起点基数值 100，2014 年全国文化投入增长状况此项综合指数为 99. 23，低于 2013 年起点基数 0. 77%，也低于上年基于 2012 年基数值的测评指数 3. 54 个点。

逐年度此项景气指数对比，2000 ~ 2006 年、2008 ~ 2013 年 13 个年度高于自身上年起点基数值 100；2001 年、2004 年、2008 ~ 2009 年、2011 年 5 个年度高于上年指数值。其中，最高值为 2009 年的 106. 20，最低值为 2007 年的 87. 72。

2000 年以来，全国文化投入增长进展较为显著。各个五年规划期以来纵向测评的综合指数最高值大多出现在 2014 年，但逐年增长检测却显得起伏不定，并非连年持续向好，文化投入增长的协调性欠佳是其主要原因；横向测评距离理想值的差距一向非常明显，综合指数不时略有下降，原因在于文化投入人均值地区差扩大，文化消费与投入同构关联占比倍差增大，文化投入增长的均衡性欠佳。

## 四 全国文化投入协调增长差距分析

按照各项数据增长及其间各类关系值变动，已对全国文化投入增长的“实然”状况做出综合评价，但这还不是此项研究测评的最终意图。由此发现增长效益可能存在的不足，深入检测数据背后的现实问题及其“应然”差距，依据2000年以来相关方面增长的基本态势，推演测算直至2020年的各种“或然”的、“应然”的和“理想”的增长目标，直指标的提出此项研究测评的应对策谋。

### （一）文化投入增长系数检测

在相关的众多数据组里，首先需要提取全国文化投入历年数据与教科文卫综合投入历年数据加以比较，检测2000～2014年文化投入占教科文卫综合投入比变动态势，并将此项比值界定为“文化投入增长系数”。

确定文化投入的应有地位和分量必须寻找事实依据，文化投入与教育、科技、卫生投入的相邻关系就是最好的参照系。一来教科文卫诸方面具有人所共知的相邻可比性，若出现“厚此薄彼”的情况很容易看出来；二来文化投入在教科文卫综合投入中所占分量形成历年变化，从中可以看到“应然”与否的“第一手”取舍。

2000年以来全国文化投入占教科文卫综合投入比变动态势见图8。

2000～2014年，全国教科文卫综合投入总量由2737亿元增至41224亿元，增长1406.17%，年均增长21.38%。最高增长年度为2007年，增长58.82%；最低增长年度为2013年，增长7.67%。

在此期间，全国文化投入总量年均增长低于教科文卫综合投入年均增长4.42个百分点。由历年二者不同增长关系变化所致，全国文化投入占教科文卫综合投入比从10.97%降低至6.53%，下降4.44个百分点。

分时期考察，全国此项比值“十五”前后（2000年与2005年）对比，上升0.55个百分点；“十一五”前后（2005年与2010年）对比，下降4.55

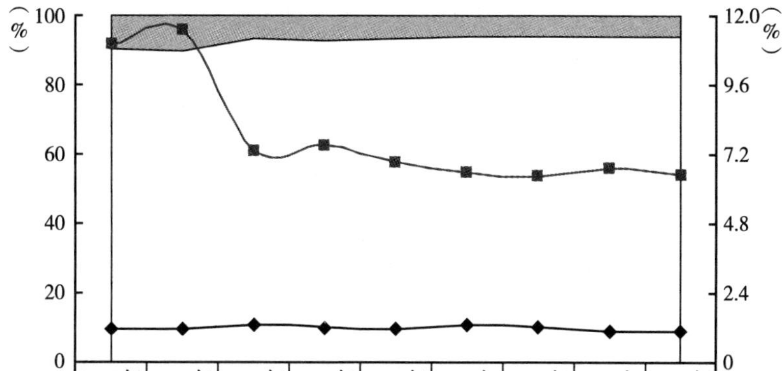


| | 2000年 | 2005年 | 2008年 | 2009年 | 2010年 | 2011年 | 2012年 | 2013年 | 2014年 |
|---|---|---|---|---|---|---|---|---|---|
| 文化投入总量 | 300.29 | 703.40 | 1095.74 | 1393.07 | 1542.70 | 1893.36 | 2268.35 | 2544.39 | 2691.48 |
| 教科文卫综合投入总量 | 2737 | 6104 | 14992 | 18569 | 22147 | 28648 | 35208 | 37910 | 41224 |
| 教科文卫综合投入年增 | 1.1365 | 1.1867 | 1.2712 | 1.2386 | 1.1927 | 1.2935 | 1.2290 | 1.0767 | 1.0874 |
| 文化投入占比 | 10.97 | 11.52 | 7.31 | 7.50 | 6.97 | 6.61 | 6.44 | 6.71 | 6.53 |

**图 8　全国文化投入占教科文卫综合投入比变动态势**

左轴面积：文化投入总量、教科文卫综合投入总量（亿元转换为%），二者历年变动呈直观比例；右轴曲线：教科文卫综合投入年增指数（上年=1）；文化投入占教科文卫综合投入比（%）。

个百分点；“十二五”第 4 年（2014 年）与 2010 年对比，下降 0.44 个百分点。最高（最佳）比值为 2005 年的 11.52%，最低比值为 2012 年的 6.44%。

对照图 4 中文化投入占财政支出比与图 8 中文化投入占教科文卫综合投入比，推算其间商值百分值，即得出教科文卫综合投入占财政支出比（亦可见图 9）。这样就可以检测教科文卫综合投入与文化投入各占财政支出比之间历年变化相关系数为 -0.8167，即在 81.67% 程度上成反比。对此不妨简单理解为，虽然教科文卫综合投入占财政支出比历年稳步上升，但其中文化投入占财政支出比却反而呈现年均 81.67% 程度的逆向下降。这表明，在全国教科文卫综合投入占财政支出比不断提升当中，文化投入所占比重呈现不合理的明显逆向变动。

2000 年以来，文化投入在教科文卫综合投入增长中处于相对“弱势”地位，尤其是进入“十一五”以后，文化投入增长相对“弱势”的状况十分明显。十七大之后全国及各地出现文化建设与发展新高潮，文化投入的重要性及其持续增长的必要性受到应有重视，文化投入占教科文卫综合投入比显著降低之势在一定程度上得到抑制。然而，在多年来教科文卫综合投入优先增长格局中，文化投入增长明显滞后是一个不争的事实。

就此不妨假定，如果全国文化投入占教科文卫综合投入比在2005年出现的最佳比值11.52%得以持续保持，那么2014年全国文化投入总量应为现有实际值2691.48亿元的176.50%，达到4750.40亿元。在假设文化投入实现教科文卫相邻关系中“协调增长”的情况下，这就是2014年全国文化投入增长的应然差距。

### （二）教科文卫投入增长系数检测

在相关的众多数据组里，其次需要提取全国教科文卫综合投入历年数据与财政支出历年数据加以比较，检测2000～2014年教科文卫投入占财政支出比变动态势，并将此项比值界定为“教科文卫投入增长系数”。

确定教科文卫综合投入的应有地位和分量也必须寻找事实依据，多年以来国家发展教科文卫事业的政策、公共财政支出就此形成的历年分配比重是最好的参照系。何况，本项研究测评的分析已经表明，2000年以来教科文卫综合投入已经在公共财政支出分配中占据了优先增长地位，以此作为“第一手”依据理所当然。

2000年以来全国教科文卫投入占财政支出比变动态势见图9。

2000～2014年，全国财政支出总量由15887亿元增至151786亿元，增长855.41%，年均增长17.49%。最高增长年度为2008年，增长25.74%；最低增长年度为2014年，增长8.25%。

在此期间，全国教科文卫综合投入总量年均增长高于财政支出年均增长3.89个百分点，由历年二者不同增长关系变化所致，全国教科文卫综合投入占财政支出比从17.23%增高至27.16%，上升9.93个百分点。

分时期考察，全国此项比值“十五”前后（2000年与2005年）对比，上升0.76个百分点；“十一五”前后（2005年与2010年）对比，上升6.65

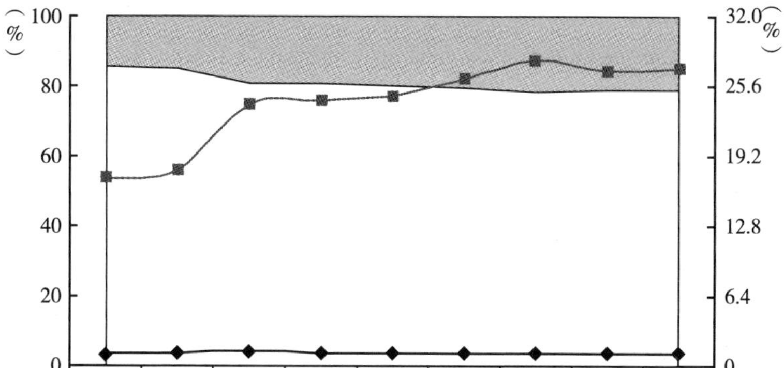


| | 2000年 | 2005年 | 2008年 | 2009年 | 2010年 | 2011年 | 2012年 | 2013年 | 2014年 |
|---|---|---|---|---|---|---|---|---|---|
| 教科文卫综合投入总量 | 273.7 | 610.4 | 1499.2 | 1856.9 | 2214.7 | 2864.8 | 3520.8 | 3791.0 | 4122.4 |
| 财政支出总量 | 1588.7 | 3393.0 | 6259.3 | 7630.0 | 8987.4 | 10924.8 | 12595.3 | 14021.2 | 15178.6 |
| 财政支出年增 | 1.2046 | 1.1911 | 1.2574 | 1.2190 | 1.1779 | 1.2156 | 1.1529 | 1.1132 | 1.0825 |
| 教科文卫投入增长系数 | 17.23 | 17.99 | 23.95 | 24.34 | 24.64 | 26.22 | 27.95 | 27.04 | 27.16 |

**图9　全国教科文卫投入占财政支出比变动态势**

左轴面积：教科文卫综合投入总量、财政支出总量（10亿元转换为%），二者历年变动呈直观比例；右轴曲线：财政支出年增（上年=1）；教科文卫投入增长系数（%）。

个百分点；“十二五”第4年（2014年）与2010年对比，上升2.52个百分点。最高（最佳）比值为2012年的27.95%，最低比值为2000年的17.23%。

2000年以来，教科文卫综合投入增长处于十分明确的优势地位，尤其是进入“十一五”以后，教科文卫综合投入增长的优势地位更加显著。还应当注意到，十七大之后全国及各地出现文化建设与发展新高潮，文化投入加快增长势必也对教科文卫综合投入增长起到推动作用。在一段时期以来我国公共财政支出当中，教科文卫综合投入优先增长已是一个显而易见的事实。

就此同样假定，如果全国教科文卫综合投入占财政支出比在2012年出现的最佳比值27.95%得以持续保持，那么2014年全国教科文卫综合投入总量应为现有实际值41224.45亿元的102.92%，达到42429.29亿元；再假设文化投入占教科文卫综合投入比实现2005年最佳比值11.52%，那么2014年全国文化投入总量应为现有实际值2691.48亿元的181.66%，达到4889.23亿元。在假设文化投入在教科文卫相邻关系中、教科文卫综合投入在财政支出中保持“协调增长”的情况下，这就是2014年全国文化投入增长的应然差距。

### （三）财政支出增长系数检测

在相关的众多数据组里，最后需要提取全国财政支出历年数据与产值历年数据加以比较，检测2000~2014年财政支出与产值比变动态势，并将此项比值界定为“财政支出增长系数”。

确定财政支出对于产值（国民总收入近似值）的应有分量比重同样必须寻找事实依据，这里把历年财政支出与产值的实际关系比值当作重要参照系，以此作为“第一手”依据顺理成章。多年以来我国中央财政及地方财政在绝大部分年度皆出现赤字，即财政支出大于财政收入，财政预算平衡的复杂问题留给相关部门及相应专家，在此不予涉及。

2000年以来全国财政支出与产值比变动态势见图10。

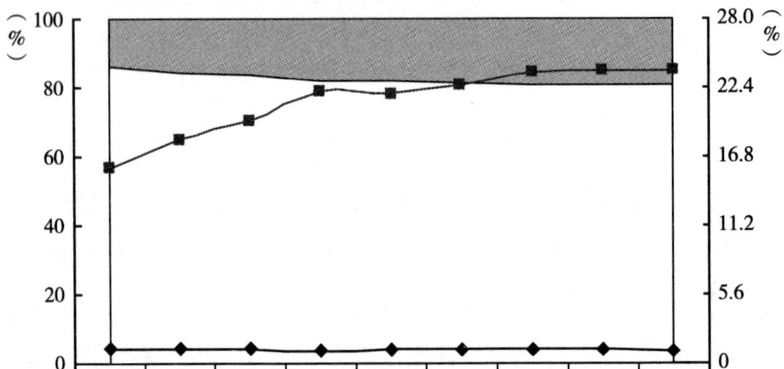


| | 2000年 | 2005年 | 2008年 | 2009年 | 2010年 | 2011年 | 2012年 | 2013年 | 2014年 |
|---|---|---|---|---|---|---|---|---|---|
| 财政支出总量 | 1588.7 | 3393.0 | 6259.3 | 7630.0 | 8987.4 | 10924.8 | 12595.3 | 14021.2 | 15178.6 |
| 产值总量 | 9978 | 18590 | 31675 | 34563 | 40890 | 48412 | 53412 | 58802 | 63614 |
| 产值总量年增 | 1.1063 | 1.1567 | 1.1818 | 1.0912 | 1.1831 | 1.1840 | 1.1033 | 1.1009 | 1.0818 |
| 财政支出与产值比 | 15.92 | 18.25 | 19.76 | 22.08 | 21.98 | 22.57 | 23.58 | 23.84 | 23.86 |

**图10　全国财政支出与产值比变动态势**

左轴面积：财政支出总量、产值总量（10亿元转换为%），二者历年变动呈直观比例；右轴曲线：产值年增（上年=1）；财政支出与产值比（%）。

2000～2014 年，全国产值总量由 99776.25 亿元增至 636138.73 亿元，增长 537.57%，年均增长 14.15%。最高增长年度为 2007 年，增长 23.14%；最低增长年度为 2014 年，增长 8.18%。

在此期间，全国财政支出总量年均增长高于产值年均增长 3.34 个百分点。由历年二者不同增长关系变化所致，全国财政支出与产值比从 15.92% 增高至 23.86%，上升 7.94 个百分点。

分时期考察，全国此项比值“十五”前后（2000 年与 2005 年）对比，上升 2.33 个百分点；“十一五”前后（2005 年与 2010 年）对比，上升 3.73 个百分点；“十二五”第 4 年（2014 年）与 2010 年对比，上升 1.88 个百分点。最高（最佳）比值为 2014 年的 23.86%，最低比值为 2000 年的 15.92%。

就此继续假定，如果全国财政支出与产值比在 2014 年出现的最佳比值 23.86% 得以持续保持（现有实际值），再假设教科文卫综合投入占财政支出比实现 2012 年最佳比值 27.95%，继续假设文化投入占教科文卫综合投入比实现 2005 年最佳比值 11.52%，那么 2014 年全国文化投入总量应为现有实际值 2691.48 亿元的 181.66%，达到 4889.23 亿元（因财政支出增长系数历年最佳值即现有实际值，再次累进叠加演算结果同样不变）。在假设文化投入与教科文卫相邻关系、教科文卫综合投入与财政支出关系、财政支出与产值关系实现三重最佳比值的情况下，这就是 2014 年全国文化投入增长的应然差距。

全国教育投入在 2012 年实现了法定“产值 4%”的指标要求，文化投入能否形成法规指标？本项检测至此其实已经得出具有关联性的系列参考指标建议：全国文化投入达到与产值比 0.77%，或占财政支出比 3.22%，或占教科文卫综合投入比 11.52%，就有可能实现 2000 年以来历年相关各项最佳比值协调增长。

假如各地均能够实现各自 2000 年以来最佳比值协调增长，那么文化投入人均值地区差将普遍明显缩小，为下一步追求文化投入地区均等打下基础。促成经济增长、财政增收、财政支出增多与公共文化投入增高很好协调的约束机制，推进公共文化投入、公共文化服务地区均等、促进民生的可行机制和必要体制，正是本项研究测评的最终目的。

## 五　至2020年全国文化投入增长目标测算

检测出当前数据年度全国文化投入增长的应然差距只是一个铺垫，目的是要据此推演至 2020 年全国文化投入增长的应然目标。这样一来，就可以测算达到增长目标所需的年均增长率，以此作为指标衡量达到增长目标的距离大小，实质上就是消除差距的增长难易程度，从而在各地进行排行比较。

2014 ~ 2020 年全国文化投入预期增长测算见图 11。

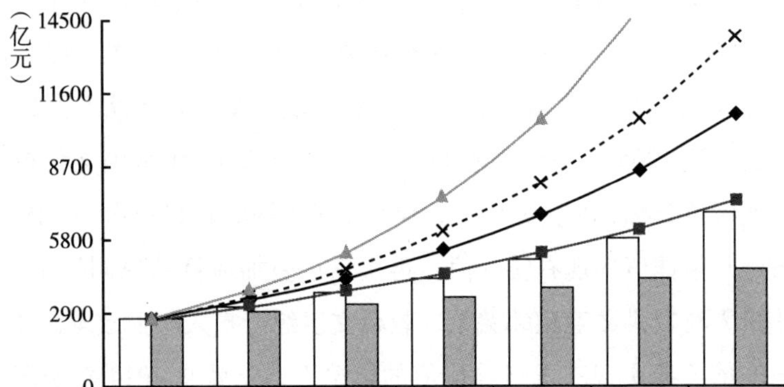


| | 2014年 | 2015年 | 2016年 | 2017年 | 2018年 | 2019年 | 2020年 |
|---|---|---|---|---|---|---|---|
| （1）年均增长测算 | 2691.48 | 3147.92 | 3681.77 | 4306.15 | 5036.41 | 5890.53 | 6889.48 |
| （2）均增-产值7% | 2691.48 | 2950.81 | 3235.13 | 3546.84 | 3888.59 | 4263.27 | 4674.05 |
| （3）最佳比值测算 | 2691.48 | 3393.64 | 4278.98 | 5395.28 | 6802.81 | 8577.54 | 10815.26 |
| （4）最佳-产值7% | 2691.48 | 3181.14 | 3759.89 | 4443.93 | 5252.42 | 6208.00 | 7337.42 |
| （5）地区均等测算 | 2691.48 | 3790.94 | 5339.54 | 7520.73 | 10592.94 | 14920.13 | 21014.98 |
| （6）均等-产值7% | 2691.48 | 3539.19 | 4653.90 | 6119.69 | 8047.15 | 10581.68 | 13914.50 |

**图 11　2014 ~ 2020 年全国文化投入预期增长测算**

左轴：假定情况下文化投入增长总量（亿元）。假设各类数值按 2000 ~ 2014 年年均增长率持续至 2020 年，则所需年均增长（1）16.96%，（3）26.09%，（5）40.85%；假设产值增长取 7% 持续至 2020 年，则所需年均增长（2）9.64%，（4）18.19%，（6）31.50%。

## （一）保持既往年均增长率测算

按照2000～2014年年均增长率进行“自然”推算，到2020年全国文化投入总量将达到6889.48亿元，所需年均增长率自然同前一样为16.96%。

如果至2020年产值年均增长控制在7%，再假设文化投入与产值比维持既往互动关系不变，那么全国文化投入总量将达到4674.05亿元，所需年均增长率仅为9.64%，低于既往年均增速则更易于实现。

此项测算属于“自然增长”测算，即基于此前历年各项数据年均增长率，不予加权地“顺延平推”未来年度增长目标。实际说来，这是未来年度或然增长概率最高的一种预测，既往年度数据积累越多，用于预测未来年度增长的准确概率越高。

不妨以气象记录及其灾害预测来做说明。常见有某种灾害“多少年一遇”之言，那就是“多少年”统计累积才得一见的极端情况。此处的测算正好相反，取“多少年”平均，符合统计概率的“大数规律”。这就如同抽样调查样本大小直接影响抽查结果的置信度和精确性一样，作为演算基础的数组范围越庞大，所得出的平均值越精准。

## （二）多重最佳比值增长目标测算

依据2000～2014年文化投入增长系数、教科文卫投入增长系数、财政支出增长系数三项最佳比值进行“应然”推算，到2020年全国文化投入总量应达到10815.26亿元，所需年均增长率为26.09%，以此衡量增长“难度”为既往增速的153.83%。

如果至2020年产值年均增长控制在7%，再假设文化投入与产值比维持既往互动关系不变，那么全国文化投入总量应达到7337.42亿元，所需年均增长率为18.19%，即既往年均增速的107.28%。

此项测算属于“应然增长”测算，即基于此前相关数据历年最佳比值，以“理当如此”的推理加权方式演算未来年度增长目标。严格地说，这是未来年度增长有必要尽快实现的“应然目标”，据以展开推导演算的最佳比值皆来源于自身历年实然数据，以往曾经做到，目前未能做到已属“亏欠”，今后理应及时做到。

事实上，在多重最佳比值检测当中，就全国和绝大部分地区而言，仅有文化投入增长系数发生“亏欠”，而教科文卫投入增长系数、财政支出增长系数均呈向好发展之势，已经、正在并将继续逐渐化解，最终抵消前者的“亏欠”程度。这就是说，对于全国和绝大部分地区来说，三项最佳比值增长测算实则仅归结为一项，另外两项反过来起到缓解调节作用。

### （三）人均值地区均等增长目标测算

在2000~2014年多重最佳比值测算基础上，依照北京文化投入人均测算值进行地区均等“理想”推算，到2020年全国文化投入总量应达到21014.98亿元，所需年均增长率为40.85%，以此衡量增长“难度”为既往增速的240.88%。

如果至2020年产值年均增长控制在7%，再假设文化投入与产值比维持既往互动关系不变（其实出现微小误差，由取北京人均值反推全国均等测算所致，未能涉及不同人口基数增长），那么全国文化投入总量应达到13914.50亿元，所需年均增长率为31.50%，即既往年均增速的185.72%。

此项测算属于“理想增长”测算，即基于“公共文化服务均等化”的理念，以“理想化”设想或“理论值”方式演算未来年度增长目标。实事求是地说，这是未来很长一段时期努力追求的“理想目标”，主要是为了衡量全国及各地现实与理想的差距，并不意味着至2020年就能够实现。

现实状况已经显示，2000年以来，全国和绝大部分地区文化投入人均值地区差虽有波动起伏变化，但总体呈现增大态势，不能期待到2020年已不多的几年之内彻底弥合差距。应该承认，尽快扼制文化投入人均值地区差“逆动”扩大之势，有效缩小地区之间的增长差距，争取使地区差“回归”2000年以来最小值，这样的期待或许更为符合实际。

# 技术报告与综合分析报告

Technical Report and Comprehensive Analysis Reports

## B.2

# 中国公共文化投入增长测评体系技术报告

## ——兼 2000～2014 年基本态势分析

王亚南　方　彧等*

摘　要：　本报告作为“中国公共文化投入增长测评体系”技术报告，基于所能利用的 2000～2014 年相关数据，对基础数据来源、数据推演方法、相应数值关系、测评体系构思、具体指标测算加以说明，对各类数据事实所反映出来的全国及各地文化投入增长相关态势进行分析，意在把文化投入增长放到经济、财政增长相关背景中，放到教科文卫投入增长的相邻关系中，放到与居民文化消费占比的同构关联中，放到文化投入人均值地区差与均等化理想的差距检测中，全面检验各方面增长

* 王亚南，云南省社会科学院研究员，文化开发研究中心主任；方彧，民政部中国老龄科学研究中心副研究员；魏海燕，云南省政协信息中心主任编辑，主要从事传媒信息分析研究。

的协调性和均衡性，从而得出现行统计制度下适用的综合评价指数，并实现演算过程的通约性和演算结果的可比性，以供重复验证。

关键词： 文化投入 增长态势 综合测评 指标与方法

本报告系“中国公共文化投入增长测评体系”技术报告，本书为“中国文化发展量化研究与评价”的第三个品类。本项研究与评价从“文化消费需求景气评价”起步，经“文化产业供需协调检测”延伸，到“公共文化投入增长测评”拓展，大致已形成相对自成一体的系列。当初研创“文化消费需求景气评价”，面对的是亿万城乡居民，从无到有填空补缺；随后研创“公共文化投入增长测评”，面对的是各级政府财政，众目关注难以把握。为此，本项测评体系演算数据库早已建成，却悄然试运行一年有余方于2015年出版书稿，现为第2个年度卷。

## 一 基础数据来源及其演算方法

本项测评体系采用的基础数据包括：全国和各地产值、财政收入与支出；全国和各地教育、科技、文化、卫生投入，以及教科文卫四个方面合计的综合投入（早年统计为“文教、科学、卫生事业费”）；所有这些数据的人均值演算结果，用以检验全国和各地这些方面增长的协调性、均衡性；最后与“中国文化消费需求量景气评价体系”形成互动，调用居民收入与总消费、文化消费数据，对应检测文化消费与投入占财政收入、支出比的同构可比关系。

本项研究不涉及财政、预算、会计、统计诸学科的理论和方法，按照公众知识对于“公器常理”的认知逻辑进行推演，同时避免使用数理分析的符号和公式，字面上立足于日常使用的“自然语言”，力求让接受过义务教育的普通公民看明白。这就需要把数理逻辑梳理、数据关系分析、指标系统运算置于后台数据库之中，转变为数据库运行的程序语言和演算函数，交给恪守“机械逻辑”的计算机去处理。

“中国公共文化投入增长测评体系”数据来源及相关演算见表1。

鉴于相关细节已在表中交代得十分清楚，尚需补充说明的是，演算各项数据的基本方法和程序，包括演算各类人均值必需的人口参数处理，特别是本项研究独创的地区差指数演算方式，可见《中国文化消费需求景气评价报告》一书技术报告，在此当属“自引”而不必再予注明。

借助本项测评体系强大的后台数据库演算功能，本报告将对全国及各地2000～2014年文化投入增长相关基本态势同时展开全面分析，方法论和技术性阐释尽量从简，而主要通过实际分析应用具体体现出来。与早年“从头起步”探索建立“文化消费需求景气评价”和“文化产业供需协调检测”数据库相比，而今“举一反三”改进新建“公共文化投入增长测评”数据库更加突出应用性和实用性。力避以往文化研究的“纯”人文风格“言辞意蕴”，力求贴近数理科学的“准”精密方法“标准检测”，正是本项研究与评价奉行的宗旨。

**表1　“中国公共文化投入增长测评体系”数据来源及相关演算**

| 序号 | 数据内容 | 数据来源 | 全国数据出处 | 省域数据出处 |
|---|---|---|---|---|
| 1 | 产值总量及其人均值 | 历年《中国统计年鉴》 | 三、国民经济核算，3－1国内生产总值 | 三、国民经济核算，3－9地区生产总值和指数，3－10人均地区生产总值和指数 |
| 2 | 财政收入总量 | | 七、财政，7－2中央和地方一般公共预算主要收入项目 | 七、财政，7－5分地区一般公共预算收入 |
| 3 | 财政支出总量 | | 七、财政，7－3中央和地方一般公共预算主要支出项目 | 七、财政，7－6分地区一般公共预算支出 |
| 4 | 教育投入总量 | | | |
| 5 | 科技投入总量 | | | |
| 6 | 文化投入总量 | | | |
| 7 | 卫生投入总量 | | | |

续表

| 序号 | 数据内容 | 数据来源 | 全国数据出处 | 省域数据出处 |
|---|---|---|---|---|
| 8 | 教科文卫综合投入总量 | | 第4~7类数据之和,早年统计项即为“文教、科学、卫生事业费”同一个大类 | |
| 9 | 东、中、西部和东北整体数据 | | 引入相应所属省域人口参数,用于全部各类数据演算 | |
| 10 | 以上第2~9类数据人均值 | | 引入人口参数演算,使各地更具可比性,并测算人均值地区差 | |
| 11 | 文化消费占居民收入、支出比 | | 与“中国文化消费需求景气评价体系”同步互动,检测其与文化投入占财政收入、支出比倍差指数 | |

注:(1)数据具体出处章号章名、表号表名以《中国统计年鉴》2015年卷为准;(2)文化投入总量数据项为“文化体育与传媒”,实际应包括现行文化、新闻出版广电、体育三个行政系统管理领域的投入;(3)省域指除港澳台外31个省(区、市)。

## 二 数量指标子系统及其测算方式

全国及各地文化投入总量、人均绝对值为基础数据,不仅本身数值高低具有决定性意义,而且影响到随后一切列联分析、加权分析衍生数值的高低。文化投入总量数据转换为占全国份额值进行演算,人均值则直接进入演算,并且成为地区差演算的依据。

### (一)文化投入总量(份额)值

2000~2014年全国文化投入总量及北京份额变动态势见图1。为了方便阐释全国总量与各地份额值关系,图中举例附加北京数据。

2000~2014年,全国文化投入总量增长796.31%,年均增长16.96%。其中,“十五”期间,全国总量增长134.24%,年均增长18.56%;“十一五”期间,全国总量增长119.32%,年均增长17.01%;“十二五”前4年,全国总量增长74.47%,年均增长14.93%。全国文化投入总量最高增长年度为2009年,增长27.14%;最低增长年度为2014年,增长5.78%。

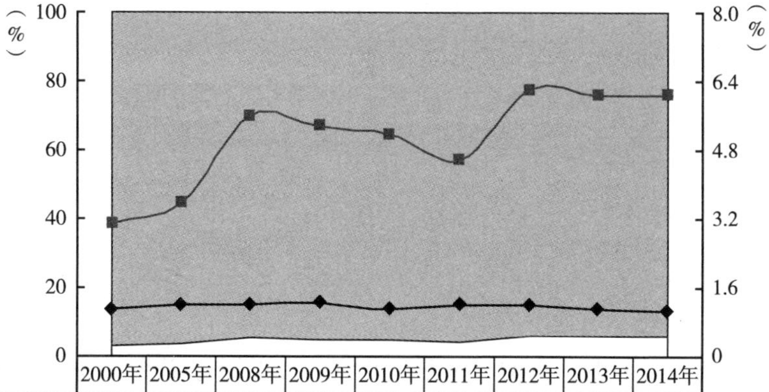


| | 2000年 | 2005年 | 2008年 | 2009年 | 2010年 | 2011年 | 2012年 | 2013年 | 2014年 |
|---|---|---|---|---|---|---|---|---|---|
| 全国文化投入 | 300.29 | 703.40 | 1095.74 | 1393.07 | 1542.70 | 1893.36 | 2268.35 | 2544.39 | 2691.48 |
| 北京文化投入 | 9.26 | 25.08 | 61.11 | 74.75 | 79.36 | 87.01 | 141.37 | 154.71 | 163.90 |
| 全国总量年增 | 1.0866 | 1.1980 | 1.2193 | 1.2714 | 1.1074 | 1.2273 | 1.1981 | 1.1217 | 1.0578 |
| 北京份额 | 3.0837 | 3.5655 | 5.5771 | 5.3658 | 5.1442 | 4.5955 | 6.2323 | 6.0804 | 6.0896 |

**图 1　2000～2014 年全国文化投入总量及北京份额变动态势**

左轴面积：全国、北京（举例）文化投入总量（亿元转换为%），二者历年变动呈直观比例；右轴曲线：全国总量年增（上年 =1，保留 4 位小数，正文转换为 2 位小数增长百分比，后同）；北京份额（%，保留 4 位小数）。图中省略若干年度，后台数据库演算包括省略年度及不出现的 1999 年相关数据，以测算历年增长变化，全文同。

各地文化投入总量绝对值本身可比性不强，但总量增长幅度及其占全国份额变化的可比性较强，而总量年均增长与份额变化是联系在一起的。各地文化投入总量占全国份额的变化，取决于全国与当地两个方面的增长差异。图 1 以北京为例。

同期，北京文化投入总量增长 1669.48%，年均增长 22.78%，高于全国年均增长 5.82 个百分点。2000 年以来，北京文化投入总量占全国份额由 3.08% 上升为 6.09%。其中，“十五”期间，北京总量增长 170.84%，年均增长 22.05%；“十一五”期间，北京总量增长 216.43%，年均增长 25.91%；“十二五”前 4 年，北京总量增长 106.53%，年均增长 19.88%。北京文化投入总量最高增长年度为 2007 年，增长 72.74%；最低增长年度为 2014 年，增长 5.94%。

此项指标测算中，全国文化投入总量自为基准（横向与纵向测评全国皆为100，使用百分制便于正文按惯例保留2位小数表达），各地以自身总量占全国份额及其历年变化来衡量。

各年度横向测评以全国总量为基准（全国=100）。2014年测算东部为39.78，东北为7.41，中部为16.87，西部为27.66（另中央本级财政为8.29）。31个省域总量份额高低依次为江苏、广东、北京、四川、山东、浙江、陕西、辽宁、内蒙古、河南、上海、河北、安徽、湖南、湖北、新疆、广西、福建、山西、吉林、江西、云南、贵州、甘肃、天津、黑龙江、重庆、青海、西藏、海南、宁夏。其中，江苏处于首位，份额指标测算值为7.09；宁夏处于末位，份额指标测算值为0.60。此项指标横向测评好比“不论年龄比高矮”，人口大省和先发强省占据优势。

各时段纵向测评以起点年自身指标数值为基数。当前数据年度测评各自以上一年为100，至2014年东部为102.27，东北为92.28，中部为101.96，西部为97.06。17个省域总量增长高于全国平均增长，按增幅高低依次为西藏、广西、青海、广东、湖南、江西、河北、河南、贵州、福建、江苏、浙江、吉林、天津、海南、北京、湖北，份额上升而测算值“加分”；14个省域总量增长低于全国平均增长，按增幅高低依次为内蒙古、安徽、重庆、山东、新疆、辽宁、上海、宁夏、山西、四川、陕西、云南、黑龙江、甘肃，份额下降而测算值“减分”。其中，西藏处于首位，份额指标测算值为143.23；甘肃处于末位，份额指标测算值为78.46。此项指标纵向测评好比“不论高矮比成长”，大省与小省、先发地区与后发地区自比既往年度。

### （二）文化投入人均值

2000~2014年全国文化投入人均值及重庆地区差变动态势见图2。为了方便阐释全国与各地人均值关系，图中举例附加重庆数据。

2000~2014年，全国文化投入人均值增长729.60%，年均增长16.31%。其中，“十五”期间增长126.87%，年均增长17.80%；“十一五”期间增长113.73%，年均增长16.41%；“十二五”前4年，全国人均值增长71.09%，年均增长14.37%。全国文化投入人均值最高增长年度为

2009 年，增长 26. 49%；最低增长年度为 2014 年，增长 5. 25%。

各地文化投入人均值具有很强的可比性，当今追求“公共文化服务均等化”理想，公共文化投入的均等化应当成为重要前提，而这一点有必要以人均值来衡量。各地文化投入人均值的变化，同样需要与全国人均值形成对比。图 2 以重庆为例。

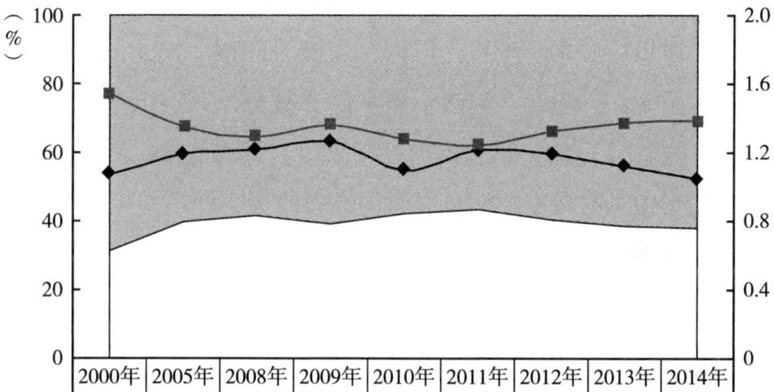


| | 2000年 | 2005年 | 2008年 | 2009年 | 2010年 | 2011年 | 2012年 | 2013年 | 2014年 |
|---|---|---|---|---|---|---|---|---|---|
| 全国文化投入人均值 | 23.78 | 53.95 | 82.72 | 104.63 | 115.31 | 140.86 | 167.94 | 187.45 | 197.28 |
| 重庆文化投入人均值 | 10.94 | 35.26 | 58.51 | 66.82 | 83.70 | 107.38 | 112.82 | 118.14 | 120.85 |
| 全国人均值年增 | 1.0781 | 1.1910 | 1.2131 | 1.2649 | 1.1021 | 1.2215 | 1.1922 | 1.1162 | 1.0525 |
| 重庆人均地区差 | 1.5399 | 1.3464 | 1.2927 | 1.3614 | 1.2742 | 1.2377 | 1.3282 | 1.3697 | 1.3874 |

**图 2　2000 ~ 2014 年全国文化投入人均值及重庆地区差变动态势**

左轴面积：全国、重庆文化投入人均值（元转换为%），二者历年变动呈直观比例；右轴曲线：全国人均值年增（上年 =1，由于历年人口增长，人均值年增略低于总量年增）；重庆人均值地区差（无差距 =1，为检测细微差异，保留 4 位小数，后同）。

同期，重庆文化投入人均值增长 1004. 66%，年均增长 18. 72%，高于全国年均增长 2. 41 个百分点。2000 年以来，重庆文化投入人均值与全国人均值之比由 46. 01% 上升为 61. 26%，地区差由 1. 5399 缩小为 1. 3874。其中，“十五”期间，重庆人均值增长 222. 30%，年均增长 26. 37%；“十一五”期间，重庆人均值增长 137. 38%，年均增长 18. 87%；“十二五”前 4 年，重庆人均值增长 44. 38%，年均增长 9. 62%，各时段增长率未能保持稳定。重庆文化投入人均值最高增长年度为 2008 年，增长 55. 50%；最低增长年度为2007年，负增长13.12%。

各年度横向测评以全国人均值为基准（全国=100）。2014年测算东部为104.37，东北为92.07，中部为63.62，西部为102.71。14个省域人均值高于全国人均值，按人均值高低依次为西藏、北京、青海、内蒙古、上海、新疆、天津、海南、陕西、宁夏、江苏、吉林、辽宁、浙江，测算值“加分”；17个省域人均值低于全国人均值，按人均值高低依次为甘肃、山西、福建、四川、广东、贵州、广西、安徽、江西、湖北、山东、重庆、云南、湖南、黑龙江、河北、河南，测算值“减分”。其中，西藏处于首位，人均值指标测算值为549.11；河南处于末位，人均值指标测算值为49.03。

由于中央财政专项转移支付的倾斜政策，此项指标横向测评并非先发的强省占据优势。然而，应当注意到，以文化投入人均值加以检验，中部“文化塌陷”凸显。

各时段纵向测评以起点年自身指标数值为基数。当前数据年度测评各自以上一年为100，至2014年全国为105.25，东部为107.44，东北为97.60，中部为107.36，西部为102.10。15个省域人均值增长高于全国平均增长，按增幅高低依次为西藏、广西、青海、广东、湖南、江西、河北、河南、贵州、福建、江苏、浙江、吉林、海南、湖北，测算值“加分”高于全国总体；16个省域人均值增长低于全国平均增长，按增幅高低依次为内蒙古、北京、天津、安徽、重庆、山东、新疆、辽宁、上海、宁夏、山西、四川、陕西、云南、黑龙江、甘肃，测算值“加分”低于全国总体。其中，西藏处于首位，人均值指标测算值为149.13；甘肃处于末位，人均值指标测算值为82.78。由于全国及各地文化投入普遍显著增长，以人均值来衡量尤其明显，此项指标纵向测评多为明显“加分”，只有个别地区在某一时段例外，当然各地还存在较大差异。

## 三　质量指标子系统及其测算方式

无论是文化投入总量，还是文化投入人均值，均为绝对值，绝对值的可比性毕竟不如关系值。一般来说，绝对值只能对比数量差距，而关系值往往能够揭示质量差异。在本项研究中，重视关系值一向甚于绝对值。

## （一）文化投入背景关系值

文化投入增长的背后，无疑是经济增长和财政收入、支出增长，因此文化投入数据需要放到产值和财政收支数据的背景关系中开展考察，于是就有了背景关系值列联分析的相应衍生数据，从中检验文化投入增长与产值增长、财政收支增长之间的协调性。

### 1. 文化投入与产值比

2000～2014 年全国文化投入与产值关系变动态势见图 3。图中将全国历年产值总量、文化投入总量绝对值转换为图形面积直观比例，并设置动态曲线标明文化投入与产值比值历年变动态势，另附产值人均值地区差历年变化状况。

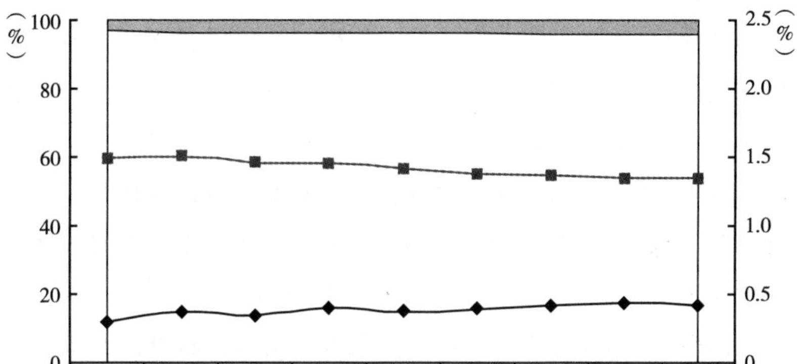


| | 2000年 | 2005年 | 2008年 | 2009年 | 2010年 | 2011年 | 2012年 | 2013年 | 2014年 |
|---|---|---|---|---|---|---|---|---|---|
| 文化投入总量 | 300.29 | 703.40 | 1095.74 | 1393.07 | 1542.70 | 1893.36 | 2268.35 | 2544.39 | 2691.48 |
| 产值总量 | 9978 | 18590 | 31675 | 34563 | 40890 | 48412 | 53412 | 58802 | 63614 |
| 二者比值 | 0.3010 | 0.3784 | 0.3459 | 0.4031 | 0.3773 | 0.3911 | 0.4247 | 0.4327 | 0.4231 |
| 产值人均值地区差 | 1.4936 | 1.5029 | 1.4577 | 1.4618 | 1.4121 | 1.3841 | 1.3683 | 1.3594 | 1.3557 |

**图 3　2000～2014 年全国文化投入与产值关系变动态势**

左轴面积：全国文化投入总量（亿元转换为%）、产值总量（10 亿元转换为%），二者历年变动呈直观比例（文化投入图形比例放大至 10 倍以便显示）；右轴曲线：二者比值（%），因比值很小，保留 4 位小数（后同）；产值人均值地区差（无差距 = 1）。

2000～2014 年，全国产值总量增长 537.57%，年均增长 14.15%，低于文化投入总量年均增长 2.81 个百分点。其中，全国产值总量“十五”期间增长 86.31%，年均增长 13.25%；“十一五”期间增长 119.96%，年均增长 17.08%；“十二五”前 4 年增长 55.57%，年均增长 11.68%。全国产值总量最高增长年度为 2007 年，增长 23.14%；最低增长年度为 2014 年，增长 8.18%。

产值人均值地区差指数检验全国各地经济增长的均衡性。2000 年以来，全国产值人均值地区差由 1.4936 缩小为 1.3557。地区差最大值为 2003 年 1.5031，最小值为 2014 年 1.3557，这表明全国各地经济增长的均衡性提升。

全国文化投入与产值比的变化，取决于产值总量与文化投入总量两个方面的历年增长差异。对照图 1 全国文化投入总量历年增长动态，可以准确把握文化投入与产值之间关系比值的变化态势。

同期，全国文化投入与产值比由 0.30% 上升为 0.42%，提高了 0.12 个百分点。其中，“十五”期间提高 0.08 个百分点，“十一五”期间降低 0.0011 个百分点，“十二五”前 4 年提高 0.05 个百分点。这表明，2000 年以来全国文化投入增长超越了产值增长。全国文化投入与产值比最低值为 2000 年的 0.30%，最高值为 2013 年的 0.43%。

各年度横向测评以全国总体比值为基准（全国 = 100）。2014 年测算东部为 72.28，东北为 82.00，中部为 77.38，西部为 127.41。15 个省域此项比值高于全国总体比值，按比值高低依次为西藏、青海、新疆、北京、甘肃、海南、贵州、宁夏、陕西、内蒙古、山西、四川、吉林、云南、广西，测算值“加分”；16 个省域此项比值低于全国总体比值，按比值高低依次为安徽、江西、上海、辽宁、天津、黑龙江、湖南、江苏、浙江、河北、湖北、福建、河南、重庆、广东、山东，测算值“减分”。其中，西藏处于首位，此项比值指标测算值为 875.31；山东处于末位，此项比值指标测算值为 50.81。由于中央财政支持经济增长滞后地区的专项转移支付政策，在此项指标横向测评中，经济增长“率先”的强省并不一定占据优势。

各时段纵向测评以起点年自身指标数值为基数。当前数据年度测评各自以上一年为 100，至 2014 年全国为 97.78，东部为 100.35，东北为 92.94，中部为99.48，西部为94.39。12个省域此项比值上升，按升幅高低依次为西藏、广西、青海、河北、广东、湖南、江西、河南、浙江、吉林、江苏、福建，测算值“加分”；19个省域此项比值下降，按降幅高低倒序依次为内蒙古、天津、北京、贵州、海南、湖北、安徽、山西、山东、重庆、辽宁、新疆、宁夏、上海、四川、陕西、云南、黑龙江、甘肃，测算值“减分”。其中，西藏处于首位，此项比值指标测算值为134.21；甘肃处于末位，此项比值指标测算值为76.85。由于全国及各地文化投入增长普遍超越了产值增长，此项指标纵向测评多为“加分”，少数地区则为“减分”。

2. 文化投入占财政收入比

2000~2014年全国文化投入与财政收入关系变动态势见图4。图中将全国历年财政收入总量、文化投入总量绝对值转换为图形面积直观比例，并设置动态曲线标明文化投入占财政收入比值历年变动态势，另附财政收入人均值地区差历年变化状况。

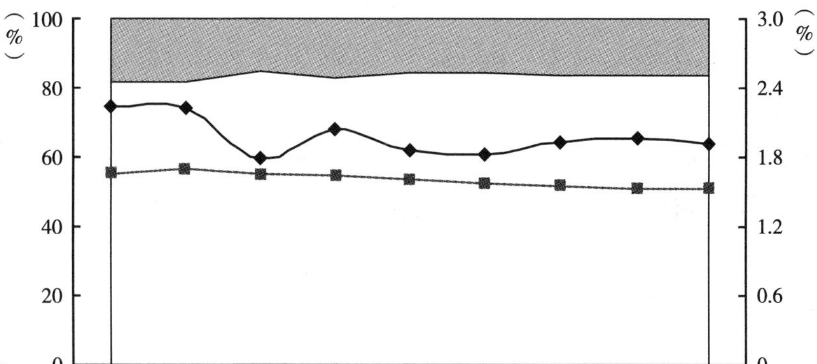


| | 2000年 | 2005年 | 2008年 | 2009年 | 2010年 | 2011年 | 2012年 | 2013年 | 2014年 |
|---|---|---|---|---|---|---|---|---|---|
| 文化投入总量 | 300.29 | 703.40 | 1095.74 | 1393.07 | 1542.70 | 1893.36 | 2268.35 | 2544.39 | 2691.48 |
| 财政收入总量 | 1339.5 | 3164.9 | 6133.0 | 6851.8 | 8310.2 | 10387.4 | 11725.4 | 12921.0 | 14037.0 |
| 二者比值 | 2.2417 | 2.2225 | 1.7866 | 2.0331 | 1.8564 | 1.8227 | 1.9346 | 1.9692 | 1.9174 |
| 收入地区差 | 1.6706 | 1.6961 | 1.6647 | 1.6476 | 1.6116 | 1.5800 | 1.5558 | 1.5439 | 1.5414 |

**图4　2000~2014年全国文化投入与财政收入关系变动态势**

左轴面积：全国文化投入总量（亿元转换为%）、财政收入总量（10亿元转换为%），二者历年变动呈直观比例（文化投入图形比例放大至10倍以便显示）；右轴曲线：二者比值（%）；财政收入人均值地区差（无差距=1）。

2000~2014 年，全国财政收入总量增长 947.93%，年均增长 18.27%，高于文化投入年均增长 1.31 个百分点。其中，全国财政收入总量“十五”期间增长 136.27%，年均增长 18.76%；“十一五”期间增长 162.57%，年均增长 21.30%；“十二五”前 4 年增长 68.91%，年均增长 14.00%。全国财政收入总量最高增长年度为 2007 年，增长 32.41%；最低增长年度为 2014 年，增长 8.64%。

财政收入人均值地区差可用以检验全国各地财政收入增长的均衡性。2000 年以来，全国财政收入人均值地区差由 1.6706 缩小为 1.5414。地区差最大值为 2004 年的 1.7037，最小值为 2014 年的 1.5414，这表明全国各地财政收入增长的均衡性提升。

全国文化投入占财政收入比的变化取决于财政收入总量与文化投入总量两个方面的历年增长差异。对照图 1 全国文化投入总量历年增长动态，可以准确把握文化投入与财政收入之间关系比值的变化态势。

同期，全国文化投入占财政收入比由 2.24% 下降为 1.92%，降低了 0.32 个百分点。其中，“十五”期间降低 0.02 个百分点，“十一五”期间降低 0.37 个百分点，“十二五”前 4 年提高 0.06 个百分点。这表明，2000 年以来全国文化投入增长滞后于财政收入增长。全国文化投入占财政收入比最高值为 2002 年的 2.27%，最低值为 2007 年的 1.75%。

各年度横向测评以全国总体比值为基准（全国 =100）。2014 年测算东部为 136.81，东北为 182.51，中部为 175.54，西部为 244.56。29 个省域此项比值高于全国总体比值，按比值高低依次为西藏、青海、甘肃、新疆、吉林、内蒙古、陕西、广西、宁夏、四川、海南、北京、贵州、安徽、湖南、山西、黑龙江、河北、河南、云南、江西、湖北、辽宁、浙江、福建、江苏、山东、广东、天津，测算值“加分”；仅有 2 个省域此项比值低于全国总体比值，按比值高低依次为上海、重庆，测算值“减分”。其中，西藏处于首位，此项比值指标测算值为 1431.18；重庆处于末位，此项比值指标测算值为 97.75。由于中央财政支持财政收入增长滞后地区的专项转移支付政策，在此项指标横向测评中，财政收入“率先”增长的先发地区并不一定占据优势。

各时段纵向测评以起点年自身指标数值为基数。当前数据年度测评各自以上一年为100，至2014年全国为97.37，东部为97.42，东北为99.00，中部为96.23，西部为93.42。仅有9个省域此项比值上升，按升幅高低依次为广西、青海、西藏、河北、广东、湖南、吉林、辽宁、浙江，测算值“加分”；22个省域此项比值下降，按降幅高低倒序依次为江苏、河南、福建、贵州、江西、内蒙古、安徽、北京、天津、海南、山东、重庆、湖北、山西、新疆、宁夏、云南、上海、四川、陕西、黑龙江、甘肃，测算值“减分”。其中，广西处于首位，此项比值指标测算值为127.33；甘肃处于末位，此项比值指标测算值为74.92。由于全国及各地文化投入增长普遍滞后于财政收入增长，此项指标纵向测评多为“减分”，少数地区则为“加分”。

3. 文化投入占财政支出比

2000～2014年全国文化投入与财政支出关系变动态势见图5。图中将全国历年财政支出总量、文化投入总量绝对值转换为图形面积直观比例，并设置动态曲线标明文化投入占财政支出比值历年变动态势，另附财政支出人均值地区差历年变化状况。

2000～2014年，全国财政支出总量增长855.41%，年均增长17.49%，高于文化投入总量年均增长0.53个百分点。其中，全国财政支出总量“十五”期间增长113.57%，年均增长16.39%；“十一五”期间增长164.88%，年均增长21.51%；“十二五”前4年增长68.89%，年均增长14.00%。全国财政支出总量最高增长年度为2008年，增长25.74%；最低增长年度为2014年，增长8.25%。

财政支出人均值地区差指可用以检验全国各地财政支出增长的均衡性。2000年以来，全国财政支出人均值地区差由1.4835缩小为1.3734。地区差最大值为2002年的1.5040，最小值为2013年的1.3711，这表明全国各地财政支出增长的均衡性提升。

全国文化投入占财政支出比的变化取决于财政支出总量与文化投入总量两个方面的历年增长差异。对照图1全国文化投入总量历年增长动态，可以准确把握文化投入与财政支出之间关系比值的变化态势。

同期，全国文化投入占财政支出比由1.89%下降为1.77%，降低了0.12个百分点。其中，“十五”期间提高0.18个百分点，“十一五”期间降

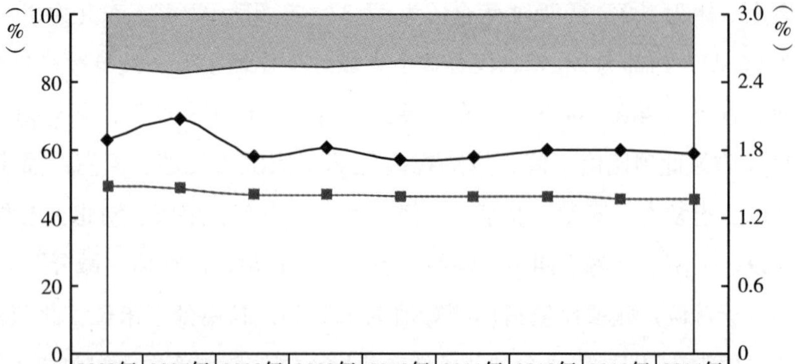


| | 2000年 | 2005年 | 2008年 | 2009年 | 2010年 | 2011年 | 2012年 | 2013年 | 2014年 |
|---|---|---|---|---|---|---|---|---|---|
| 文化投入总量 | 300.29 | 703.40 | 1095.74 | 1393.07 | 1542.70 | 1893.36 | 2268.35 | 2544.39 | 2691.48 |
| 财政支出总量 | 1588.7 | 3393.0 | 6259.3 | 7630.0 | 8987.4 | 10924.8 | 12595.3 | 14021.2 | 15178.6 |
| 二者比值 | 1.8902 | 2.0731 | 1.7506 | 1.8258 | 1.7165 | 1.7331 | 1.8009 | 1.8147 | 1.7732 |
| 支出地区差 | 1.4835 | 1.4717 | 1.4173 | 1.4070 | 1.3899 | 1.3865 | 1.3856 | 1.3711 | 1.3734 |

**图5　2000～2014年全国文化投入与财政支出关系变动态势**

左轴面积：全国文化投入总量（亿元转换为%）、财政支出总量（10亿元转换为%），二者历年变动呈直观比例（文化投入图形比例放大至10倍以便显示）；右轴曲线：二者比值（%）；财政支出人均值地区差（无差距=1）。

低0.36个百分点，“十二五”前4年提高0.06个百分点。这表明，2000年以来全国文化投入增长滞后于财政支出增长。全国文化投入占财政支出比最高值为2006年的2.08%，最低值为2010年的1.72%。

各年度横向测评以全国总体比值为基准（全国=100）。2014年测算东部为117.51，东北为98.39，中部为92.74，西部为108.21。18个省域此项比值高于全国总体比值，按比值高低依次为北京、西藏、青海、内蒙古、陕西、江苏、新疆、浙江、海南、吉林、山西、四川、广西、甘肃、福建、广东、辽宁、山东，测算值“加分”；13个省域此项比值低于全国总体比值，按比值高低依次为河北、安徽、上海、天津、宁夏、湖南、湖北、江西、贵州、河南、黑龙江、云南、重庆，测算值“减分”。其中，北京处于首位，此项比值指标测算值为204.29；重庆处于末位，此项比值指标测算值为61.48。由于中央财政支持欠发达地区的转移支付政策（计入当地财政支出），在此项指标横向测评中，发达地区与欠发达地区并无泾渭分明的差异。

各时段纵向测评以起点年自身指标数值为基数。当前数据年度测评各自以上一年为100，至2014年全国为97.72，东部为99.74，东北为96.62，中部为99.59，西部为94.12。11个省域此项比值上升，按升幅高低依次为西藏、广西、青海、广东、湖南、河北、河南、福建、江西、吉林、江苏，测算值“加分”；20个省域此项比值下降，按降幅高低倒序依次为浙江、辽宁、内蒙古、海南、贵州、北京、安徽、重庆、天津、山西、湖北、山东、新疆、上海、宁夏、四川、陕西、黑龙江、云南、甘肃，测算值“减分”。其中，西藏处于首位，此项比值指标测算值为129.64；甘肃处于末位，此项比值指标测算值为75.42。由于全国及各地文化投入增长普遍滞后于财政支出增长，此项指标纵向测评多为“减分”，少数地区则为“加分”。

## （二）文化投入相邻关系值

在财政预算里，教科文卫投入具有密切的相邻关系，甚至早年直接作为财政支出的一个综合大类。鉴于文化投入与教育、科技、卫生投入的这种相邻关系，其间的“毗邻可比性”或称“兄弟可比性”强于其他任何方面。

### 1. 文化投入与教育投入比

教育事业的最大基底是义务教育，国家有义务面向全体国民举办基础教育，当前全国统一政策范围涵盖小学和初中。2000年以来在全国范围让乡镇以下农村所谓“民办教育”回归“公办教育”，2012年全国教育投入首次达到法定“与产值比4%”，都是国家义务的基本要求，距离义务教育阶段教学条件和质量均等化、各地城乡中小学生享受公平教育的目标还差得很远。今后有必要进一步继续加大投入，向全覆盖、均等化的薄弱环节倾斜，早日建成覆盖全国城乡的公平教育体系。与教育投入“硬指标”相比，文化投入或许只是一项“软指标”。

2000~2014年全国文化投入与教育投入关系变动态势见图6。图中将全国历年教育投入总量、文化投入总量绝对值转换为图形面积直观比例，并设置动态曲线标明文化投入与教育投入比值历年变动态势，另附教育投入人均值地区差历年变化状况。

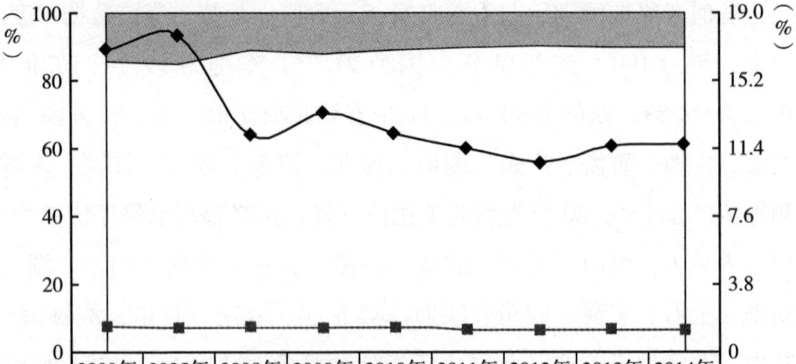


| | 2000年 | 2005年 | 2008年 | 2009年 | 2010年 | 2011年 | 2012年 | 2013年 | 2014年 |
|---|---|---|---|---|---|---|---|---|---|
| 文化投入总量 | 300.29 | 703.40 | 1095.74 | 1393.07 | 1542.70 | 1893.36 | 2268.35 | 2544.39 | 2691.48 |
| 教育投入总量 | 1768.8 | 3974.8 | 9010.2 | 10437.5 | 12550.0 | 16497.3 | 21242.1 | 22001.8 | 23041.7 |
| 二者比值 | 16.98 | 17.70 | 12.16 | 13.35 | 12.29 | 11.48 | 10.68 | 11.56 | 11.68 |
| 教育地区差 | 1.4524 | 1.4112 | 1.3388 | 1.3428 | 1.3392 | 1.3106 | 1.2497 | 1.2589 | 1.2978 |

**图6　2000～2014年全国文化投入与教育投入关系变动态势**

左轴面积：全国文化投入、教育投入总量（亿元转换为%），二者历年变动呈直观比例；右轴曲线：二者比值（%）；教育投入人均值地区差（无差距=1）。

2000～2014年，全国教育投入总量增长1202.67%，年均增长20.12%，高于文化投入总量年均增长3.16个百分点。其中，全国教育投入总量“十五”期间增长124.72%，年均增长17.58%；“十一五”期间增长215.74%，年均增长25.85%；“十二五”前4年增长83.60%，年均增长16.40%。全国教育投入总量最高增长年度为2007年，增长48.99%；最低增长年度为2013年，增长3.58%。

教育投入人均值地区差可用以检验全国各地教育投入增长的均衡性。2000年以来，全国教育投入人均值地区差由1.4524缩小为1.2978。地区差最大值为2000年的1.4524，最小值为2012年的1.2497，这表明全国各地教育投入增长的均衡性提升。

全国文化投入与教育投入比的变化，取决于教育投入总量与文化投入总量两个方面的历年增长差异。对照图1全国文化投入总量历年增长动态，可以准确把握文化投入与教育投入之间关系比值的变化态势。

同期，全国文化投入与教育投入比由16.98%下降为11.68%，降低了5.30个百分点。其中，“十五”期间提高0.72个百分点，“十一五”期间降低5.41个百分点，“十二五”前4年降低0.61个百分点。这表明，2000年以来全国文化投入增长滞后于教育投入增长。全国文化投入与教育投入比最高值为2005年的17.70%，最低值为2012年的10.68%。

各年度横向测评以全国总体比值为基准（全国=100)。2014年测算东部为97.09，东北为112.48，中部为81.49，西部为105.16。15个省域此项比值高于全国总体比值，按比值高低依次为西藏、北京、青海、内蒙古、辽宁、吉林、陕西、海南、新疆、宁夏、四川、江苏、山西、上海、甘肃，测算值“加分”；16个省域此项比值低于全国总体比值，按比值高低依次为浙江、安徽、广西、福建、湖北、湖南、河北、广东、天津、黑龙江、山东、贵州、江西、云南、重庆、河南，测算值“减分”。其中，西藏处于首位，此项比值指标测算值为205.48；河南处于末位，此项比值指标测算值为64.96。由于中央财政支持欠发达地区的教育、文化专项转移支付政策，在此项指标横向测评中，发达地区与欠发达地区并无泾渭分明的差异。

各时段纵向测评以起点年自身指标数值为基数。当前数据年度测评各自以上一年为100，至2014年全国为101.01，东部为102.43，东北为102.46，中部为104.35，西部为97.39。16个省域此项比值上升，按升幅高低依次为广西、广东、西藏、湖南、吉林、河南、河北、辽宁、江西、海南、江苏、青海、安徽、山西、福建、浙江，测算值“加分”；15个省域此项比值下降，按降幅高低倒序依次为内蒙古、贵州、北京、山东、天津、重庆、陕西、上海、湖北、新疆、四川、云南、宁夏、黑龙江、甘肃，测算值“减分”。其中，广西处于首位，此项比值指标测算值为126.92；甘肃处于末位，此项比值指标测算值为77.98。由于全国及各地文化投入增长普遍滞后于教育投入增长，此项指标纵向测评多为“减分”，只有少数地区“加分”。

2. 文化投入与科技投入比

“科技是第一生产力”的概括人所共知。加大科技投入不仅直接有利于技术创新发展经济，而且有利于科学、技术领域自身创新，建设创新型国家，增强国际竞争力。与科技投入“强指标”相比，文化投入或许还是一项“弱指标”。

2000～2014 年全国文化投入与科技投入关系变动态势见图 7。图中将全国历年科技投入总量、文化投入总量绝对值转换为图形面积直观比例，并设置动态曲线标明文化投入与科技投入比值历年变动态势，另附科技投入人均值地区差历年变化状况。

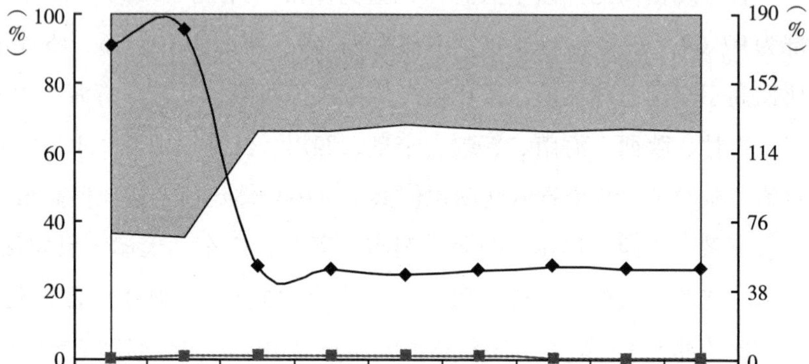


| | 2000年 | 2005年 | 2008年 | 2009年 | 2010年 | 2011年 | 2012年 | 2013年 | 2014年 |
|---|---|---|---|---|---|---|---|---|---|
| 文化投入总量 | 300.29 | 703.40 | 1095.74 | 1393.07 | 1542.70 | 1893.36 | 2268.35 | 2544.39 | 2691.48 |
| 科技投入总量 | 173.6 | 389.1 | 2129.2 | 2744.5 | 3250.2 | 3828.0 | 4452.6 | 5084.3 | 5314.5 |
| 二者比值 | 172.99 | 180.76 | 51.46 | 50.76 | 47.47 | 49.46 | 50.94 | 50.04 | 50.64 |
| 科技地区差 | 1.7102 | 1.7880 | 1.7747 | 1.8297 | 1.7906 | 1.7377 | 1.7081 | 1.6813 | 1.6927 |

**图 7　2000～2014 年全国文化投入与科技投入关系变动态势**

左轴面积：全国文化投入、科技投入总量（亿元转换为%），二者历年变动呈直观比例；右轴曲线：二者比值（%）；科技投入人均值地区差（无差距＝1）。

2000～2014 年，全国科技投入总量增长 2961.35%，年均增长 27.68%，高于文化投入总量年均增长 10.72 个百分点。其中，全国科技投入总量“十五”期间增长 124.14%，年均增长 17.52%；“十一五”期间增长 735.31%，年均增长 52.89%；“十二五”前 4 年增长 63.51%，年均增长 13.08%。全国科技投入总量最高增长年度为 2007 年，增长 268.88%；最低增长年度为 2014 年，增长 4.53%。

科技投入人均值地区差可用以检验全国各地科技投入增长的均衡性。2000 年以来，全国科技投入人均值地区差由 1.7102 缩小为 1.6927。地区差最大值为2009年的1.8297，最小值为2013年的1.6813，这表明全国各地科技投入增长的均衡性提升。

全国文化投入与科技投入比的变化，取决于科技投入总量与文化投入总量两个方面的历年增长差异。对照图1全国文化投入总量历年增长动态，可以准确把握文化投入与科技投入之间关系比值的变化态势。

同期，全国文化投入与科技投入比由172.99%下降为50.64%，降低了122.35个百分点。其中，“十五”期间提高7.77个百分点，“十一五”期间降低133.29个百分点，“十二五”前4年提高3.17个百分点。这表明，2000年以来全国文化投入增长滞后于科技投入增长。全国文化投入与科技投入比最高值为2005年的180.76%，最低值为2010年的47.47%。

各年度横向测评以全国总体比值为基准（全国=100）。2014年测算东部为121.30，东北为213.13，中部为173.31，西部为339.44。29个省域此项比值高于全国总体比值，按比值高低依次为西藏、青海、内蒙古、甘肃、陕西、新疆、海南、吉林、四川、河北、宁夏、湖南、云南、贵州、山西、黑龙江、广西、河南、江西、福建、重庆、山东、辽宁、安徽、广东、江苏、北京、湖北、浙江，测算值“加分”；仅有2个省域此项比值低于全国总体比值，按比值高低依次为天津、上海，测算值“减分”。其中，西藏处于首位，此项比值指标测算值为1522.96；上海处于末位，此项比值指标测算值为65.02。由于中央财政支持欠发达地区的文化专项转移支付（科技似乎不在列），在此项指标横向测评中，发达地区与欠发达地区形成泾渭分明的差异。

各时段纵向测评以起点年自身指标数值为基数。当前数据年度测评各自以上一年为100，至2014年全国为101.20，东部为105.40，东北为102.95，中部为89.80，西部为92.91。16个省域此项比值上升，按升幅高低依次为广东、西藏、广西、河南、吉林、河北、海南、山西、湖南、青海、辽宁、重庆、江苏、山东、内蒙古、浙江，测算值“加分”；15个省域此项比值下降，按降幅高低倒序依次为福建、新疆、上海、天津、江西、云南、宁夏、北京、安徽、贵州、黑龙江、四川、陕西、甘肃、湖北，测算值“减分”。其中，广东处于首位，此项比值指标测算值为149.24；湖北处于末位，此项比值指标测算值为60.76。由于全国及各地文化投入增长普遍滞后于科技投入增长，此项指标纵向测评多为“减分”，只有少数地区在某一时段“加分”。

3. 文化投入与卫生投入比

全国卫生事业的新发展在于建立全民基本医疗保障体系，并且向城乡全覆盖、国民均等化的目标努力，继续加大卫生投入势在必行。与卫生投入“硬指标”相比，文化投入或许仍是一项“软指标”。

2000~2014年全国文化投入与卫生投入关系变动态势见图8。图中将全国历年卫生投入总量、文化投入总量绝对值转换为图形面积直观比例，并设置动态曲线标明文化投入与卫生投入比值历年变动态势，另附卫生投入人均值地区差历年变化状况。

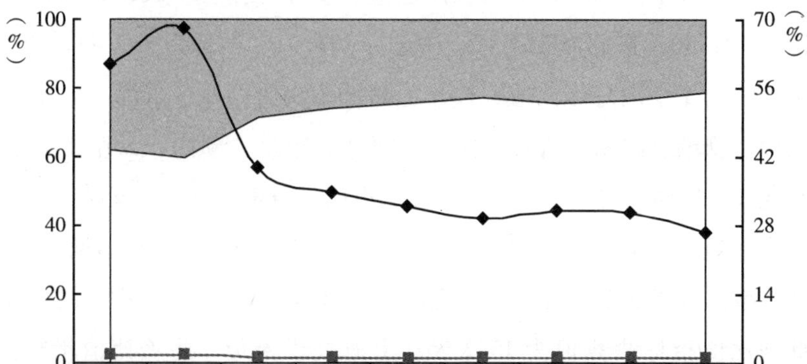


| | 2000年 | 2005年 | 2008年 | 2009年 | 2010年 | 2011年 | 2012年 | 2013年 | 2014年 |
|---|---|---|---|---|---|---|---|---|---|
| 文化投入总量 | 300.29 | 703.40 | 1095.74 | 1393.07 | 1542.70 | 1893.36 | 2268.35 | 2544.39 | 2691.48 |
| 卫生投入总量 | 494.3 | 1036.8 | 2757.0 | 3994.2 | 4804.2 | 6429.5 | 7245.1 | 8279.9 | 10176.8 |
| 二者比值 | 60.75 | 67.84 | 39.74 | 34.88 | 32.11 | 29.45 | 31.31 | 30.73 | 26.45 |
| 卫生地区差 | 1.6569 | 1.5953 | 1.4179 | 1.3580 | 1.3306 | 1.2607 | 1.2477 | 1.2316 | 1.2200 |

**图8 2000~2014年全国文化投入与卫生投入关系变动态势**

左轴面积：全国文化投入、卫生投入总量（亿元转换为%），二者历年变动呈直观比例；右轴曲线：二者比值（%）；卫生投入人均值地区差（无差距=1）。

2000~2014年，全国卫生投入总量增长1958.83%，年均增长24.12%，高于文化投入总量年均增长7.16个百分点。其中，全国卫生投入总量“十五”期间增长109.75%，年均增长15.97%；“十一五”期间增长363.37%，年均增长35.89%；“十二五”前4年增长111.83%，年均增长20.64%。全国卫生投入总量最高增长年度为2007年，增长50.73%；最低增长年度为2004年，增长9.84%。

卫生投入人均值地区差可用以检验全国各地卫生投入增长的均衡性。2000年以来，全国卫生投入人均值地区差由1.6569缩小为1.2200。地区差最大值为2000年的1.6569，最小值为2014年的1.2200，这表明全国各地卫生投入增长的均衡性提升。

全国文化投入与卫生投入比的变化，取决于卫生投入总量与文化投入总量两个方面的历年增长差异。对照图1全国文化投入总量历年增长动态，可以准确把握文化投入与卫生投入之间关系比值的变化态势。

同期，全国文化投入与卫生投入比由60.75%下降为26.45%，降低了34.30个百分点。其中，“十五”期间提高7.09个百分点，“十一五”期间降低35.73个百分点，“十二五”前4年降低5.66个百分点。这表明，2000年以来全国文化投入增长滞后于卫生投入增长。全国文化投入与卫生投入比最高值为2004年的68.70%，最低值为2014年的26.45%。

各年度横向测评以全国总体比值为基准（全国=100）。2014年测算东部为102.39，东北为105.39，中部为70.53，西部为94.35。13个省域此项比值高于全国总体比值，按比值高低依次为西藏、北京、青海、内蒙古、新疆、江苏、辽宁、上海、陕西、天津、吉林、浙江、海南，测算值“加分”；18个省域此项比值低于全国总体比值，按比值高低依次为山西、宁夏、甘肃、四川、福建、广东、山东、黑龙江、安徽、广西、湖北、湖南、河北、贵州、江西、云南、河南、重庆，测算值“减分”。其中，西藏处于首位，此项比值指标测算值为263.89；重庆处于末位，此项比值指标测算值为55.29。由于中央财政支持欠发达地区的文化、卫生专项转移支付政策，在此项指标横向测评中，发达地区与欠发达地区并无泾渭分明的差异。

各时段纵向测评以起点年自身指标数值为基数。当前数据年度测评各自以上一年为100，至2014年全国为86.06，东部为86.91，东北为82.08，中部为87.85，西部为84.07。仅有3个省域此项比值上升，按升幅高低依次为西藏、青海、广西，测算值“加分”；28 个省域此项比值下降，按降幅高低倒序依次为河北、吉林、湖南、江苏、河南、北京、内蒙古、江西、安徽、浙江、广东、天津、福建、湖北、贵州、海南、重庆、辽宁、山东、宁夏、四川、山西、新疆、上海、云南、陕西、黑龙江、甘肃，测算值“减分”。其中，西藏处于首位，此项比值指标测算值为 124.93；甘肃处于末位，此项比值指标测算值为 67.41。由于全国及各地文化投入增长普遍滞后于卫生投入增长，此项指标纵向测评多为“减分”，只有少数地区“加分”。

## 四　校正指标子系统及其测算方式

本项研究从“文化消费需求景气评价体系”到“公共文化投入增长测评体系”，均衡性校正指标都是最为别出心裁的一类逆指标设计，用来检验某些特定方面增长失衡的“发展缺陷”。直截了当地说，校正指标专门用以折算扣除。文化投入城乡投向数据缺失，无法演算得出“城乡比”指标，对于揭示“中国现实”实属憾事。

### （一）文化投入与文化消费同构关系值

应当说明，近两年《中国统计年鉴》不仅对乡村“教育文化娱乐”统计项不加细分，也不再提供城镇“教育消费”与“文化消费”细分数据，本项研究只能依据上年其间比例关系推算并去除城镇“教育消费”部分。为了更贴近统计运算规律，下年度将改进为依据既往 20 年其间比重动态进行推算。

文化消费占居民收入、支出比与文化投入占财政收入、支出比之间形成同构占比关系。在最初的构思设置中，同构占比倍差指数演算类似于“文化消费需求景气评价体系”之“城乡比”指标，直接取其间倍差数值，于是存在“倒挂加分”。随后，在测试过程中发现，由于中央财政转移支付的政策支持，若干欠发达地区文化投入占财政收入、支出比反超文化消费占居民收入、支出比，结果在各地对比测算时“反向失衡”严重。为了避免这一问题，特对同构占比倍差指数演算改为类似于“地区差”指标，以无差距基准值 1 衡量正负绝对偏差值，将倍差“倒挂”现象作为反向偏差值处理，同构占比高低失衡均视为差距。因全国及绝大部分省域同构占比皆呈现正向倍差，即文化消费占居民收入、支出比成倍大于文化投入占财政收入、支出比，仍然称之为“倍差指数”。

文化消费与文化投入同构占收入比、支出比倍差指数演算方式为，无差距基准值 1 加与之绝对偏差值。其与地区差指数演算存在两点不同：（1）地区差绝对偏差值出自不同人均绝对值之比，而倍差绝对偏差值出自不同占比之间的比值，但在数理关系上逻辑相通；（2）全国和四大区域分别独立演算，并非取相应省域绝对偏差值的平均值。

1. 文化消费与投入占收入比

全国文化消费占居民收入比与文化投入占财政收入比之间的倍差变化，取决于居民收入与文化消费、财政收入与文化投入四个方面的历年增长差异，需要“文化消费需求景气评价体系”与“公共文化投入增长测评体系”两个演算数据库协同联动。

2000～2014 年全国文化消费与投入占收入比关系变动态势见图 9。图中将全国历年文化消费占居民收入比、文化投入占财政收入比转换为图形面积直观比例，并设置动态曲线标明文化消费与投入占收入比倍差历年变动态势。

2000～2014 年，全国文化消费占居民收入比由 5.82% 下降为 5.39%，降低了 0.43 个百分点。其中，“十五”期间提高 6.87%，“十一五”期间降低 14.15%，“十二五”前 4 年提高 0.94%。全国文化消费占居民收入比最高值为 2002 年的 6.38%，最低值为 2012 年的 5.10%。

同期，全国文化投入占财政收入比由 2.24% 下降为 1.92%，降低了 0.32 个百分点。其中，“十五”期间降低 0.86%，“十一五”期间降低 16.47%，“十二五”前 4 年提高 3.29%。可对照图 4 全国文化投入占财政收入比历年变化动态，但此处转而检测百分比变化更为准确，便于进行比较。

两项收入占比皆为下降，这意味着，文化消费增长与居民收入增长之间、文化投入增长与财政收入增长之间的协调性均降低。对比二者百分比变化可以看到，文化投入占财政收入比降低程度大于文化消费占居民收入比降低程度。

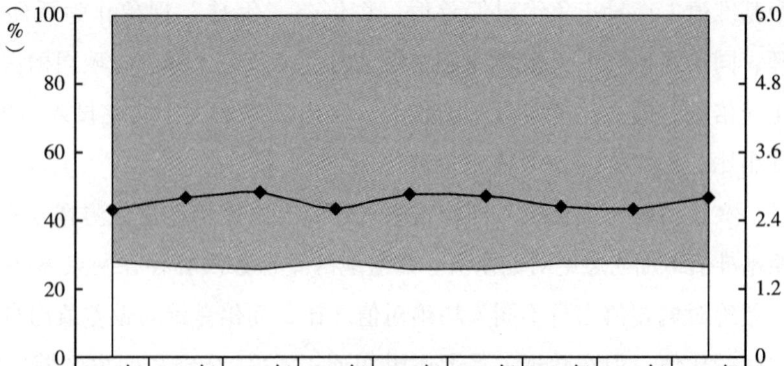


| | 2000年 | 2005年 | 2008年 | 2009年 | 2010年 | 2011年 | 2012年 | 2013年 | 2014年 |
|---|---|---|---|---|---|---|---|---|---|
| 文化消费占居民收入比 | 5.82 | 6.22 | 5.18 | 5.28 | 5.34 | 5.20 | 5.10 | 5.17 | 5.39 |
| 文化投入占财政收入比 | 2.2417 | 2.2225 | 1.7866 | 2.0331 | 1.8564 | 1.8227 | 1.9346 | 1.9692 | 1.9174 |
| 二者倍差 | 2.5942 | 2.7986 | 2.9010 | 2.5970 | 2.8768 | 2.8535 | 2.6358 | 2.6235 | 2.8110 |

**图9　2000～2014年全国文化消费与投入占收入比关系变动态势**

左轴面积：全国居民文化消费占居民收入比（%）、公共文化投入占财政收入比（%），二者历年变动呈直观比例；右轴曲线：二者倍差（无差距=1，为检测细微差异，保留4位小数）。

于是，全国文化消费占居民收入比与文化投入占财政收入比之间的倍差由2.5942增大为2.8110，增大了8.36%。其中，“十五”期间增大7.88%，“十一五”期间增大2.79%，“十二五”前4年减小2.29%。这表明，2000年以来全国文化投入占财政收入比变动态势逊于文化消费占居民收入比变动态势。全国文化消费与投入占收入比的倍差指数最小值为2001年的2.4566，最大值为2007年的3.2316。

此项指标各年度横向测评以无差距理想值为100，全国及各地均以倍差指数的倒数百分数作为权衡值（$1/N\times100$，$N$=占收入比倍差指数，设定文化投入占财政收入比与文化消费占居民收入比持平具有同构可比的“合理性”）。2014年测算全国为35.57，东部为52.51，东北为66.52，中部为58.10，西部为79.45。30个省域此项倍差小于全国总体倍差，按倍差高低倒序依次为甘肃、广西、吉林、四川、新疆、北京、海南、安徽、内蒙古、陕西、宁夏、黑龙江、浙江、河北、青海、江西、山西、河南、山东、辽宁、湖北、福建、云南、西藏、贵州、湖南、天津、江苏、广东、上海，测算值“分数”高于全国总体；仅有1个省域此项倍差大于全国总体倍差，即为重庆，测算值“分数”低于全国总体。其中，甘肃处于首位，此项倍差指标测算值为96.64；重庆处于末位，此项倍差指标测算值为34.03。由于全国及各地文化投入占财政收入比普遍低于文化消费占居民收入比，文化消费与投入占收入比倍差明显，此项指标横向测评多作为差距“减分”，少数地区倍差反超作为反向偏差值“减分”。

各时段纵向测评以起点年自身指标数值为基数。当前数据年度测评各自以上一年为100，至2014年全国为93.33，东部为105.99，东北为89.93，中部为80.70，西部为81.28。11个省域此项倍差减小，按减幅大小依次为甘肃、北京、广东、新疆、广西、江苏、上海、浙江、青海、天津、辽宁，测算值“加分”；20个省域此项倍差增大，按增幅大小倒序依次为福建、西藏、吉林、河南、四川、安徽、山东、河北、江西、海南、内蒙古、山西、重庆、陕西、贵州、湖北、宁夏、湖南、云南、黑龙江，测算值“减分”。其中，甘肃处于首位，此项倍差指标测算值为137.10；黑龙江处于末位，此项倍差指标测算值为69.68。由于全国及各地文化消费占居民收入比与文化投入占财政收入比倍差普遍增大，此项指标纵向测评多为“减分”，只有部分地区“加分”。

2. 文化消费与投入占支出比

全国文化消费占居民支出比与文化投入占财政支出比之间的倍差变化，取决于居民总消费支出与文化消费、财政支出与文化投入四个方面的历年增长差异，需要“文化消费需求景气评价体系”与“公共文化投入增长测评体系”两个演算数据库协同联动。

2000～2014年全国文化消费与投入占支出比关系变动态势见图10。图中将全国历年文化消费占居民支出比、文化投入占财政支出比转换为图形面积直观比例，并设置动态曲线标明文化消费与投入占支出比倍差历年变动态势。

2000～2014年，全国文化消费占居民支出比由7.51%下降为7.50%，降低了0.01个百分点。其中，“十五”期间提高8.26%，“十一五”期间降低8.00%，“十二五”前4年提高0.27%。全国文化消费占居民支出比最高值为2002年的8.30%，最低值为2008年的7.12%。

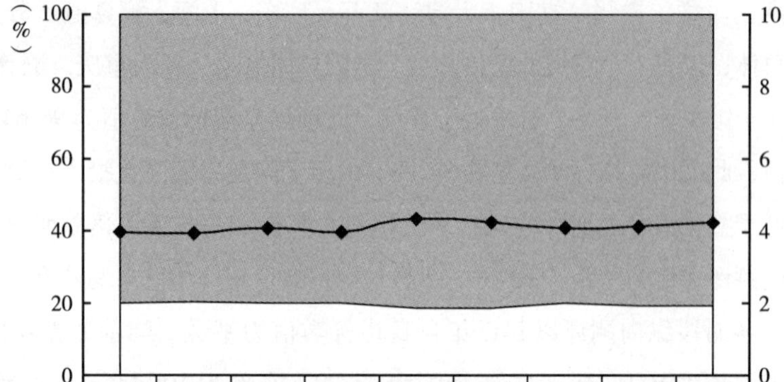


| | 2000年 | 2005年 | 2008年 | 2009年 | 2010年 | 2011年 | 2012年 | 2013年 | 2014年 |
|---|---|---|---|---|---|---|---|---|---|
| 文化消费占居民支出比 | 7.51 | 8.13 | 7.12 | 7.23 | 7.48 | 7.35 | 7.34 | 7.53 | 7.50 |
| 文化投入占财政支出比 | 1.8902 | 2.0731 | 1.7506 | 1.8258 | 1.7165 | 1.7331 | 1.8009 | 1.8147 | 1.7732 |
| 二者倍差 | 3.9736 | 3.9203 | 4.0695 | 3.9621 | 4.3589 | 4.2402 | 4.0780 | 4.1513 | 4.2301 |

**图 10　2000～2014 年全国文化消费与投入占支出比关系变动态势**

左轴面积：全国居民文化消费占消费支出比（%）、公共文化投入占财政支出比（%），二者历年变动呈直观比例；右轴曲线：二者倍差（无差距=1，为检测细微差异，保留 4 位小数）。

同期，全国文化投入占财政支出比由 1.89%下降为 1.77%，降低了 0.12 个百分点。其中，“十五”期间提高 9.68%，“十一五”期间降低 17.20%，“十二五”前 4 年提高 3.30%。可对照图 5 全国文化投入占财政支出比历年变化动态，但此处转而检测百分比变化更为准确，便于进行比较。

两项支出占比皆为下降，这意味着，文化消费增长与居民总消费支出增长之间、文化投入增长与财政支出增长之间的协调性均降低。检测百分比变化更为准确，对比二者百分比变化可以看到，文化投入占财政支出比降低程度大于文化消费占居民总消费支出比降低程度。

于是，全国文化消费占居民支出比与文化投入占财政支出比之间的倍差由 3.9736 增大为 4.2301，增大了 6.46%。其中，“十五”期间减小 1.34%，“十一五”期间增大 11.19%，“十二五”前 4 年减小 2.95%。这表明，2000 年以来全国文化投入占财政支出比变动态势逊于文化消费占居民支出比变动态势。全国文化消费与投入占支出比的倍差指数最小值为 2001 年的 3.7297，最大值为2010年的4.3589。

此项指标各年度横向测评以无差距理想值为100，全国及各地均以文化消费与投入占收入比倍差、文化消费与投入占支出比倍差之间商值（形成二重倍差指数）的倒数百分数作为权衡值（$1/N\times100$，$N=$文化消费与投入占收入比倍差、文化消费与投入占支出比倍差之间商值，设定文化投入占财政收入比与其占财政支出比持平具有收支平衡的“合理性”）。2014年测算全国为66.45，东部为56.35，东北为36.00，中部为34.33，西部为30.96。仅有2个省域二重倍差小于全国总体倍差，按倍差高低倒序依次为西藏、上海，测算值“分数”高于全国总体；29个省域二重倍差大于全国总体倍差，按倍差高低倒序依次为广东、天津、北京、江苏、浙江、福建、青海、山东、辽宁、重庆、新疆、山西、内蒙古、河北、湖北、陕西、海南、四川、湖南、安徽、江西、河南、吉林、贵州、黑龙江、云南、广西、宁夏、甘肃，测算值“分数”低于全国总体。其中，西藏处于首位，二重倍差指标测算值为186.82；甘肃处于末位，二重倍差指标测算值为22.99。由于全国及各地文化投入占财政支出比普遍低于文化消费占居民支出比，文化消费与投入占支出比倍差明显，而这一倍差指数又普遍大于文化消费与投入占收入比倍差，以文化投入占财政支出比与占财政收入比持平、文化投入占财政收入比再与文化消费占居民收入比持平的理想状况推演，此项指标横向测评近乎皆为差距“减分”，西藏数据特异成为例外。

各时段纵向测评以起点年自身指标数值为基数。当前数据年度测评各自以上一年为100，至2014年全国为105.15，东部为109.83，东北为98.88，中部为107.25，西部为103.54。23个省域二重倍差减小，按减幅大小依次为西藏、天津、福建、河北、上海、海南、重庆、河南、江苏、湖南、山西、江西、浙江、北京、广东、湖北、宁夏、山东、内蒙古、黑龙江、四川、贵州、云南，测算值“加分”；仅有8个省域二重倍差增大，按增幅大小倒序依次为吉林、安徽、辽宁、陕西、广西、青海、新疆、甘肃，测算值“减分”。其中，西藏处于首位，二重倍差指标测算值为209.11；甘肃处于末位，二重倍差指标测算值为44.75。由于全国及各地文化消费占居民支出比与文化投入占财政支出比倍差普遍增大，增大程度又较普遍大于文化消费占居民收入比与文化投入占财政收入比倍差增大程度，此项指标纵向测评多为“减分”，只有部分地区“加分”。

## （二）文化投入人均值地区差

2000～2014年全国文化投入人均值地区差变动态势见图11。图中将东、中、西部和东北四大区域文化投入人均绝对值转换为图形面积直观比例，并设置动态曲线标明全国文化投入人均值地区差变动态势，另附全国文化消费人均值地区差。必须说明，全国地区差基于全部31个省域数值进行演算，此处仅仅出于制图可行考虑，姑且以四大区域代替31个省域作为示意。

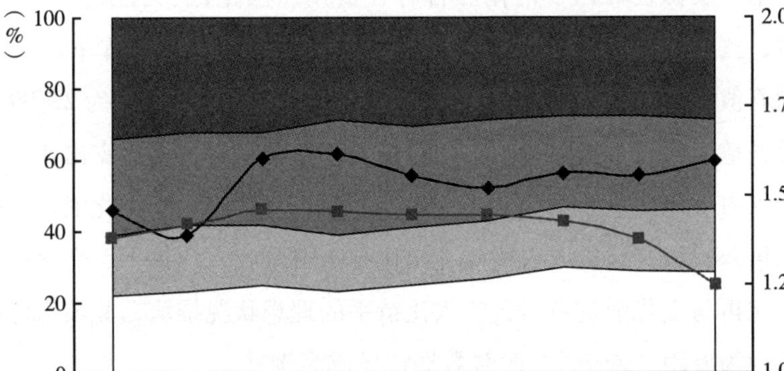


| | 2000年 | 2005年 | 2008年 | 2009年 | 2010年 | 2011年 | 2012年 | 2013年 | 2014年 |
|---|---|---|---|---|---|---|---|---|---|
| 东部人均值 | 28.61 | 62.67 | 92.06 | 112.94 | 129.24 | 147.96 | 170.09 | 191.65 | 205.91 |
| 东北人均值 | 23.26 | 50.01 | 75.59 | 127.83 | 118.31 | 143.96 | 158.61 | 186.11 | 181.65 |
| 中部人均值 | 14.12 | 35.33 | 48.27 | 62.14 | 68.06 | 83.84 | 101.23 | 116.92 | 125.52 |
| 西部人均值 | 19.13 | 44.86 | 72.21 | 91.20 | 104.49 | 136.84 | 183.31 | 198.47 | 202.63 |
| 投入地区差 | 1.4571 | 1.3890 | 1.6054 | 1.6169 | 1.5536 | 1.5236 | 1.5659 | 1.5557 | 1.5979 |
| 消费地区差 | 1.3836 | 1.4140 | 1.4593 | 1.4555 | 1.4422 | 1.4445 | 1.4295 | 1.3788 | 1.2486 |

**图11　2000～2014年全国文化投入人均值地区差变动态势**

左轴面积：四大区域（代替31省域示例）文化投入人均值（元转换为%），地区间变动呈直观比例；右轴曲线：全国文化投入人均值地区差；全国文化消费人均值地区差（无差距=1，为检测细微差异，保留4位小数）。

全国文化投入人均值地区差及其变化，取决于全国与31个省域文化投入人均值关系及其历年增长变动差异。鉴于直接使用31个省域数据无法融入一图，在此权变使用四大区域数据演示，以2014年数据为例加以说明。

首先，对照图2全国文化投入人均值数据，以2014年全国人均值为1，则东部整体为1.0437，即高于全国人均值4.37%；东北整体为0.9207，即低于全国人均值7.93%；中部整体为0.6362，即低于全国人均值36.38%；西部整体为1.0271，即高于全国人均值2.71%。到此看出本项研究为何坚持保留地区差4位小数，转化为高低偏差值百分数之际，正好对应成为2位小数百分值。

其次，把四大区域示例数值转换为对应全国均值基准1的绝对偏差值，无论是高于全国均值，还是低于全国均值，只看各地的绝对偏离程度，东部整体为0.0437，东北整体为0.0793，中部整体为0.3638，西部整体为0.0271。假设这里得出31个省域数值，则先求合计数再取平均值，得到与全国均值基准1对应的全部省域人均值之绝对偏差值的平均值。若再予以细分，人均值高于全国均值的省域地区差为与全国均值的倍差值，人均值低于全国均值的省域地区差逆向演算，为全国均值与其人均值的倍差值。这两种演算统一即为绝对偏差值再加全国均值基准1。

最后，各省域人均值之绝对偏差值与全国均值基准1之和，即为当地自身地区差；31个省域人均值之绝对偏差值的平均值与基准1之和，即为全国总体地区差；四大区域所属省域人均值之绝对偏差值的平均值与基准1之和，即为四大区域各自整体地区差。四大区域和全国地区差演算方式相同，而非取四大区域各自整体绝对偏差值，因而示例演算无须最后一步。这一切均在数据库里设置为演算函数程序，指令计算机自动实现。本项研究与评价系列各类检测系统的演算衍生数据量巨大，指标测算工艺流程复杂，绝非人力能够完成。在现今学科专业融合、研究领域跨界的情况下，研究者有必要掌握计算机数据库编程技能，以便根据自身研究思路建构出独特的演算数据库。

纵观2000~2014年图中数据，西部整体文化投入人均值从全国人均值的80.42%提高至102.71%，显然得到中央财政专项转移支付的大力扶持；

中部整体文化投入人均值从全国人均值的 59.39% 提高至 63.62%，公共财政投入的“文化塌陷”事实赫然在目。若干年以来，中部一直为避免在全国经济发展中“塌陷”而努力“崛起”，然而，当务之急还在于尽快扭转中部公共财政投入的“文化塌陷”。其实已在“中部崛起”战略中颇多获益的中部各省域并非没有这样的财力，问题恐怕还在于其是否真正重视公共文化服务发展而不至于“塌陷”。

集中来看全国总体地区差。2000～2014 年，全国文化投入人均值地区差由 1.4571 扩大为 1.5979，扩大了 9.66%。其中，“十五”期间缩小 4.67%，“十一五”期间扩大 11.85%，“十二五”前 4 年扩大 2.85%。全国文化投入人均值地区差最小值为 2006 年的 1.3748，最大值为 2007 年的 1.6581。数据事实让人不得不承认，正值当今社会普遍形成“公共服务（包括文化服务）均等化”共识之时，全国文化投入人均值地区差却出现多年持续扩大之势，这无疑已经构成一种不容忽视的“逆动”效果。

对比图 11 全国文化消费人均值地区差历年数据，可知文化投入人均值地区差明显大于文化消费人均值地区差。各地居民文化消费状况受到当地人群收入水平、消费结构、积蓄（实为预期重要开支储备）传统等影响，各地公共文化投入状况受到当地经济发展程度、财政收入水平、财政支出平衡（包括中央财政转移支付）等影响。认真说来，在各地居民收入及其消费支出、公共财政保障及其投入两个方面，国家及中央财政显然都有责任在其间起到“平衡器”的作用，保证单一制共和国“国民待遇”的基本均衡。这就是“均等化”理想的宪政法理依据。

此项指标各年度横向测评以无差距理想值为 100，全国及各地均以地区差指数的倒数百分数作为权衡值（$1/N \times 100$，$N$ = 地区差）。2014 年测算全国为 62.58，东部为 62.33，东北为 83.51，中部为 75.13，西部为 54.76。24 个省域地区差小于全国总体地区差，按地区差大小倒序依次为甘肃、浙江、辽宁、山西、吉林、福建、四川、广东、贵州、江苏、宁夏、陕西、广西、安徽、海南、江西、湖北、山东、重庆、云南、湖南、黑龙江、河北、河南，测算值“减分”小于全国总体；仅有 7 个省域地区差大于全国总体地区差，按地区差指数大小倒序依次为天津、新疆、上海、内蒙古、青海、北京、西藏，测算值“减分”大于全国总体。其中，甘肃处于首位，地区差指标测算值为97.28；西藏处于末位，地区差指标测算值为18.21。由于全国及各地文化投入人均值地区差普遍存在，此项指标横向测评皆为“减分”。

各时段纵向测评以起点年自身指标数值为基数。当前数据年度测评各自以上一年为100，至2014年全国为97.36，东部为101.74，东北为98.17，中部为100.33，西部为92.95。18个省域地区差缩小，按缩小程度大小依次为甘肃、陕西、广西、宁夏、上海、辽宁、新疆、广东、贵州、湖南、江西、福建、河北、河南、天津、北京、内蒙古、湖北，测算值“加分”；13个省域地区差扩大，按扩大程度大小倒序依次为海南、重庆、安徽、吉林、山东、浙江、江苏、云南、四川、山西、黑龙江、青海、西藏，测算值“减分”。其中，甘肃处于首位，地区差指标测算值为120.22；西藏处于末位，地区差指标测算值为70.57。由于全国及各地文化投入人均值地区差较普遍扩大，此项指标纵向测评多为“减分”，只有部分地区在部分时段“加分”。

## 五　指标系统权重与测评演算

“中国公共文化投入增长测评体系”指标系统及其演算权重和测评方式见表2。本项测评的设计原则包括：（1）各年度无差距理想值横向测评中，由于全国与“均等化”形成“逆动”的地区差显而易见，全国总体历年“得分”不宜过高，控制在80上下；（2）每年综合“得分”高于“理想值”100（并非实现均等无差距，而是某些指标“得分”很高，综合起来超过100）的省域不宜过多，控制在5个上下；（3）各省域“分值”距离不宜过大，尽量保证最为“滞后”的省域也不低于70；（4）在各时段起点年基数值纵向测评中，鉴于全国及各地文化投入增长显著，应力求体现出综合测评指数提升，尤其是力保后发地区有机会进入测评排行榜前列。

**表 2 “中国公共文化投入增长测评体系”指标系统及其演算权重和测评方式**

| 评价指标 | | | | 演算权重 | 共时性理想值横向测评 | 历时性基数值纵向测评 |
|---|---|---|---|---|---|---|
| 序号 | 分类 | 取值 | | | | |
| 1 | 数量指标：绝对数值 | 文化投入总量占全国份额 | | 1 | 取总量份额值 | 取自身起始年度基数值衡量 |
| 2 | | 文化投入人均值 | | 2 | 取全国平均值为基准衡量 | |
| 3 | 质量指标：相对比值 | 文化投入 | 与产值比 | 0.125 | | |
| 4 | | | 占财政收入比 | 0.125 | | |
| 5 | | | 占财政支出比 | 0.125 | | |
| 6 | | 文化投入 | 与教育投入比 | 0.125 | | |
| 7 | | | 与科技投入比 | 0.125 | | |
| 8 | | | 与卫生投入比 | 0.125 | | |
| 9 | 均衡性校正指标：比差系数 | 文化消费与投入占收入比倍差 | | 0.5 | 取无差距理想值衡量 | |
| 10 | | 文化消费与投入占支出比倍差 | | 0.5 | | |
| 11 | | 文化投入人均值地区差 | | 4 | | |
| 12 | 协调性平衡指标：增长率比 | 文化投入历年增长率 | 与产值增率比 | 0.25 | 取自身上年值为基准衡量 | |
| 13 | | | 与财政收入增率比 | 0.25 | | |
| 14 | | | 与财政支出增率比 | 0.25 | | |
| 15 | | | 与教育投入增率比 | 0.25 | | |
| 16 | | | 与科技投入增率比 | 0.25 | | |
| 17 | | | 与卫生投入增率比 | 0.25 | | |

注：文化投入数据未提供县城及其以上城市投向与乡镇及其以下农村社区投向细分，无法演算人均值城乡比，故缺少反映“中国现实”极为重要的“城乡比”指标。

新增的协调性平衡指标其实是对关系值的另一类检测，不像比值那样测算绝对值关系，而是测算增长率差异，不必单独阐述而借此简单说明。本项测评向自己的直接后继者“中国人民生活发展指数检测体系”反躬学习，“引进”相应数值之间增长率比差指标。这一类演算中全国及各地差距极其微小，在省域之间起到“平衡器”作用，以细微出入确定各地排行。毕竟测评排行的目的不是分出各省域高下，而是找出全国及各地自身存在的协调性、均衡性差距。

## （一）各项测评指标的权重分配

在构成多重复杂矛盾的诸多原则必选项之间寻求最终平衡，本项测评体系不仅设置了横向与纵向两大类测评方式，而且设置了各时段多项纵向测评（为减省篇幅计，略去“十五”、“十一五”和“十二五”以来测评演算）；颇费心思之处还在于，各地总量份额演算未如同“文化消费需求景气评价”那样取历年对应上年的份额值，而直接取当年份额值；最为周折之处更在于，全国各地文化投入绝对值，以及据此而来的各项比值，包括各项倍差值和地区差实在悬殊，若各指标权重（因无理论值而需经验值）简单赋值，则各地综合“分值”差距巨大，而且导致全国总体各项指标测算不佳，综合“分值”颇低；经一年“试运行”无数次赋值测试之后，各项比值、倍差值指标演算权重值近乎类似于精细化工的微量催化剂，仅此细微一点剂量便可起到“点化”效果。这一切正是自设难题寻求平衡的结果，好在基本上得以实现。

由于新增文化投入与相关背景值、相邻关系值之间历年增长率比差指标，为了协调全部各项指标间演算权重分配，原有若干指标的演算权重亦略有微调。鉴于需与上年首次推出的测评排行形成良性协调，经过反复调试，以上年横向测评、纵向测评结果对应检验，各地排行变动很小，而绝大部分省域变化更是极小。这是对于“公共文化投入增长测评”的必要改进完善。

### （二）测评方式及其结果排行

#### 1. 共时性的理想值横向测评

在各年度理想值横向测评中，文化投入总量份额以全国总量基准（全国份额为100%自成基准）来衡量，人均值、各项背景关系比值、相邻关系比值以全国平均值来衡量，份额上升或高于全国平均值“加分”，份额下降或低于全国平均值“减分”；文化消费与投入占收入、支出比两项倍差和文化投入人均值地区差以自身无差距理想状态加以衡量，以自身各项增长率差距比来衡量，无论是全国总体还是各地，只要存在同构关联占比倍差、人均值地区差和增长率比差，一律实行“扣分”，最终加权平衡各项指标间分值增减得失。

2. 历时性的基数值纵向测评

在各时段基数值纵向测评中，文化投入总量份额值、人均值，各项背景关系比值、相邻关系比值，文化消费与投入占收入、支出比同构关联倍差，文化投入人均值地区差，各项增长率比差，一概以自身起点年度相应演算数值为基数值加以衡量。无论是全国总体还是各地，各项指标测算值优于起点年度“加分”，逊于起点年度“减分”，最终加权平衡各项指标间分值升降得失。这样有利于检测对比各地在不同时间段综合测评指数的提升程度，使“基数低而进步快”的欠发达或次发达地区有多种机会登上排行榜前列。

# B.3

# 中国公共文化投入应然增长差距测算

## ——2014 年相关协调性、均衡性检验

王亚南　代 丽等*

摘　要：　本报告侧重于公共文化投入增长的协调性、均衡性“差距”检验，测量各种应然增长目标、理想增长目标距离。从数据范围上来看，本报告与总报告、排行报告形成交叉补充，总报告、排行报告主要着眼于2000 年以来历年动态分析，以及至 2020 年增长目标预测；此文主要着眼于当前最新数据年度增长“应然差距”静态检测，在各地进行比较。

关键词：　公共文化　投入增长　协调与均衡　差距检测

从技术方法上来说，本报告是对技术报告的必要补充，技术报告侧重于公共文化投入增长的协调性、均衡性“质量”测评，阐释评价方法设计和演算技术处理；此文侧重于公共文化投入增长的协调性、均衡性“差距”检验，测量各种应然增长目标、理想增长目标距离。从数据范围上来看，本报告与总报告、排行报告形成交叉补充，总报告、排行报告主要着眼于2000 年以来历年动态分析，以及至 2020 年增长目标预测；此文主要着眼于当前最新数据年度增长“应然差距”静态检测，以及在各地进行比较。

---

* 王亚南，云南省社会科学院研究员，文化开发研究中心主任；代丽，云南省社会科学院信息中心助理研究员，主要从事发展社会学研究；孔志坚，云南省社会科学院东南亚研究所副研究员，主要从事东南亚政治与经济研究。

## 一 财政支出增长的协调性、均衡性检测

在相关的众多数据组里，本项研究测评首先需要提取财政支出历年数据与产值历年数据加以比较，检测财政支出与产值比变动态势，并将此项比值界定为“财政支出增长系数”。确定财政支出对于产值（国民总收入近似值）的应有分量比重必须寻找事实依据，这里把历年财政支出与产值的实际关系比值当作重要参照系，以此作为“第一手”依据顺理成章。多年以来我国中央财政及地方财政在绝大部分年度皆出现赤字，即财政支出大于财政收入，财政预算平衡的复杂问题留给相关部门及相应专家，在此不予涉及。

### （一）财政支出增长系数的协调性检验

2014 年全国及各地财政支出与产值比对比见图 1。图示直观体现全国及各地产值与财政支出的比值关系，以及各地产值、财政支出人均数值的大小比例差异。

2014 年，全国产值人均值为 46629 元，财政支出人均值为 11125.77 元，财政支出与产值比为 23.86%。这就是说，年度国民总收入（近似值）作为社会财富收益，其间有 23.86% 转化为公共财政支出。

根据本项测评体系的后台演算数据库筛查，2000 年以来，全国财政支出与产值比的最高（最佳）值为 2014 年的 23.86%，最低值为 2000 年的 15.92%。现有实际比值即为最佳值，“协调增长”差距缩小，检测演算结果不变。

同期，东部此项比值历年最佳值为 14.68%，现有实际值为 14.68%，实有值即为最佳值，“协调增长”差距缩小；东北此项比值历年最佳值为 20.67%，现有实际值为 19.89%，低于最佳值 0.79 个百分点，“协调增长”差距略微扩大；中部此项比值历年最佳值为 19.93%，现有实际值为 19.91%，低于最佳值 0.02 个百分点，“协调增长”差距略微扩大；西部此

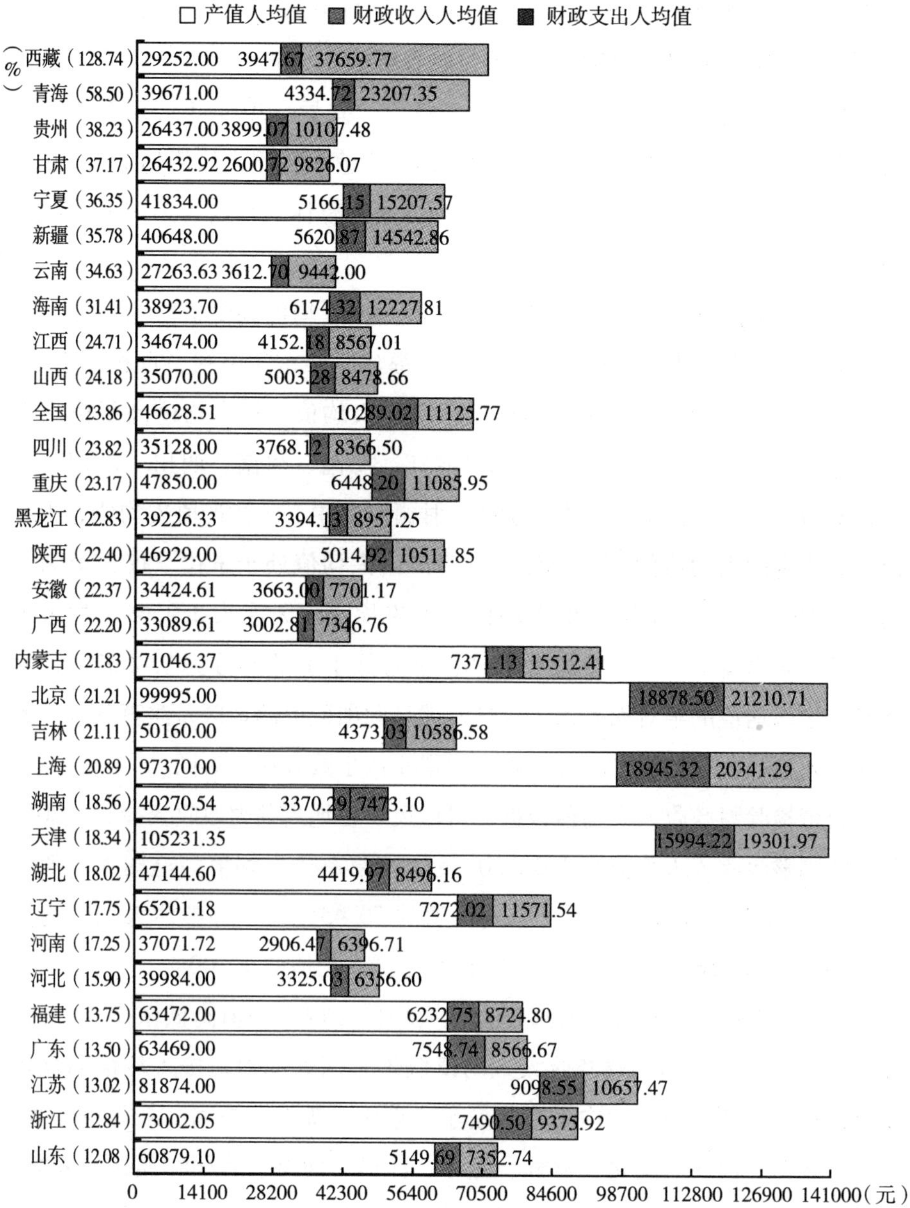


**图1　2014 年全国及各地财政支出与产值比对比**

坐标轴：各地财政支出与产值比（%），按从大到小顺序自上而下排列；横向柱形：左为产值人均值（元），中为财政收入人均值（元），右为财政支出人均值（元）。上下对比同时体现产值、财政收入、财政支出人均值地区差距。

项比值历年最佳值为28.33%，现有实际值为28.09%，低于最佳值0.24个百分点，“协调增长”差距略微扩大。各省域依此类推。

产值人均值数据直接体现了各地经济增长差异。2014年，东部整体人均值为全国人均值的144.41%，东北整体人均值为全国人均值的112.29%，中部整体人均值为全国人均值的82.22%，西部整体人均值为全国人均值的80.62%。

14个省域产值人均值高于全国人均值，按人均值高低依次为天津、北京、上海、江苏、浙江、内蒙古、辽宁、福建、广东、山东、吉林、重庆、湖北、陕西；17个省域产值人均值低于全国人均值，按人均值高低依次为宁夏、新疆、湖南、河北、青海、黑龙江、海南、河南、四川、山西、江西、安徽、广西、西藏、云南、贵州、甘肃。其中，天津产值人均值处于首位，高达全国人均值的225.68%；甘肃产值人均值处于末位，仅为全国人均值的56.69%。设全国产值人均值为1来检测，天津为2.2568，甘肃为0.5669。天津高于1的部分为1.2568，甘肃低于1的部分为0.4331，皆为相对于全国均值的绝对偏差值，这其实就是此项数值的地区差演算基础。鉴于地区差指数值差异细微，文中破例保留4位小数表达，后同。

附带检验财政收入人均值数据，可以反映各地公共财政收入差异。2014年，全国财政收入人均值为10289.02元，东部整体人均值为全国人均值的76.29%，东北整体人均值为全国人均值的50.45%，中部整体人均值为全国人均值的36.24%，西部整体人均值为全国人均值的42.00%。

3个省域财政收入人均值高于全国人均值，按人均值高低依次为上海、北京、天津；28个省域财政收入人均值低于全国人均值，按人均值高低依次为江苏、广东、浙江、内蒙古、辽宁、重庆、福建、海南、新疆、宁夏、山东、陕西、山西、湖北、吉林、青海、江西、西藏、贵州、四川、安徽、云南、黑龙江、湖南、河北、广西、河南、甘肃。其中，上海财政收入人均值处于首位，为全国人均值的184.13%；甘肃财政收入人均值处于末位，仅为全国人均值的25.28%。设全国财政收入人均值为1来检测，上海为1.8413，甘肃为0.2528。

财政支出人均值数据直接体现了各地公共财政投入差异。2014 年，东部整体人均值为全国人均值的 88.82%，东北整体人均值为全国人均值的 93.58%，中部整体人均值为全国人均值的 68.61%，西部整体人均值为全国人均值的 94.92%。

10 个省域财政支出人均值高于全国人均值，按人均值高低依次为西藏、青海、北京、上海、天津、内蒙古、宁夏、新疆、海南、辽宁；21 个省域财政支出人均值低于全国人均值，按人均值高低依次为重庆、江苏、吉林、陕西、贵州、甘肃、云南、浙江、黑龙江、福建、江西、广东、湖北、山西、四川、安徽、湖南、山东、广西、河南、河北。其中，西藏财政支出人均值处于首位，为全国人均值的 338.49%；河北财政支出人均值处于末位，仅为全国人均值的 57.13%。设全国财政支出人均值为 1 来检测，西藏为 3.3849，河北为 0.5713。

检测财政支出与产值（国民收入近似值）的比值关系，就可以看出各地经济增长带动公共财政支出增长的协调效应。2014 年，东部整体比值显著低于全国总体比值 9.19 个百分点，东北整体比值明显低于全国总体比值 3.98 个百分点，中部整体比值明显低于全国总体比值 3.95 个百分点，西部整体比值显著高于全国总体比值 4.23 个百分点。10 个省域财政支出与产值比高于全国总体比值，按比值高低依次为西藏、青海、贵州、甘肃、宁夏、新疆、云南、海南、江西、山西；21 个省域财政支出与产值比低于全国总体比值，按比值高低依次为四川、重庆、黑龙江、陕西、安徽、广西、内蒙古、北京、吉林、上海、湖南、天津、湖北、辽宁、河南、河北、福建、广东、江苏、浙江、山东。其中，西藏此项比值处于首位，高出全国总体比值 104.88 个百分点；山东此项比值处于末位，低于全国总体比值 11.78 个百分点。

根据本项测评体系的后台演算数据库检验，2014 年，北京、天津、河北、上海、浙江、广东、吉林、山西、湖北、江西、内蒙古、甘肃 12 个省域财政支出与产值的比值为 2000 年以来历年最佳（最高）值（对照本书《全国省域公共文化投入增长的应然目标——2015 ~ 2020 年预期增长测算》

表4）。这意味着，其余19个省域在此项指标检测中存在既有“协调增长”的“应然差距”。在这19个省域里，云南此项比值检测差距最小，其现有实际值低于历年最佳值0.02个百分点；重庆此项比值检测差距最大，其现有实际值低于历年最佳值3.53个百分点。

各省域之间财政支出增长系数检测即为三项系数最佳比值的初次检测，云南、江苏、山东、西藏、河南、新疆、宁夏、海南、福建、黑龙江、湖南、安徽、广西、陕西、青海、贵州、四川、辽宁、重庆19个省域存在既有“协调增长”的“应然差距”。在这些省域里，云南此项系数最佳比值检测差距最小，为0.06%，其财政支出人均值应为现有实际值的100.06%，达到9447.46元；重庆此项系数最佳比值检测差距最大，为15.24%，其财政支出人均值应为现有实际值的115.24%，达到12774.92元。其余省域依此类推。

### （二）财政支出增长系数的均衡性检验

2014年全国及各地产值、财政收入、财政支出人均值地区差对比见图2。图示直观体现全国及各地产值、财政收入和支出三项人均值地区差的差异，对应于上面全国及各地产值、财政收入和支出三项人均值的差异分析。

依照本项研究评价独创的地区差距指标检测，2014年，全国产值人均值的地区差为1.3557，财政收入人均值的地区差为1.5414，财政支出人均值的地区差为1.3734。这就是说，基于各地产值、财政收入和支出三项人均值数据分别演算，31个省域产值人均值与全国总体人均值之绝对偏差值的平均值为0.3557或35.57%；财政收入人均值与全国总体人均值之绝对偏差值的平均值为0.5414或54.14%；财政支出人均值与全国总体人均值之绝对偏差值的平均值为0.3734或37.34%。

根据本项测评体系的后台演算数据库筛查，2000年以来，全国产值人均值地区差的最小（最佳）值为2014年1.3557，最大值为2003年1.5031。现有实际地区差指即为最佳值，“均衡增长”差距缩小，检测演算结果不变。

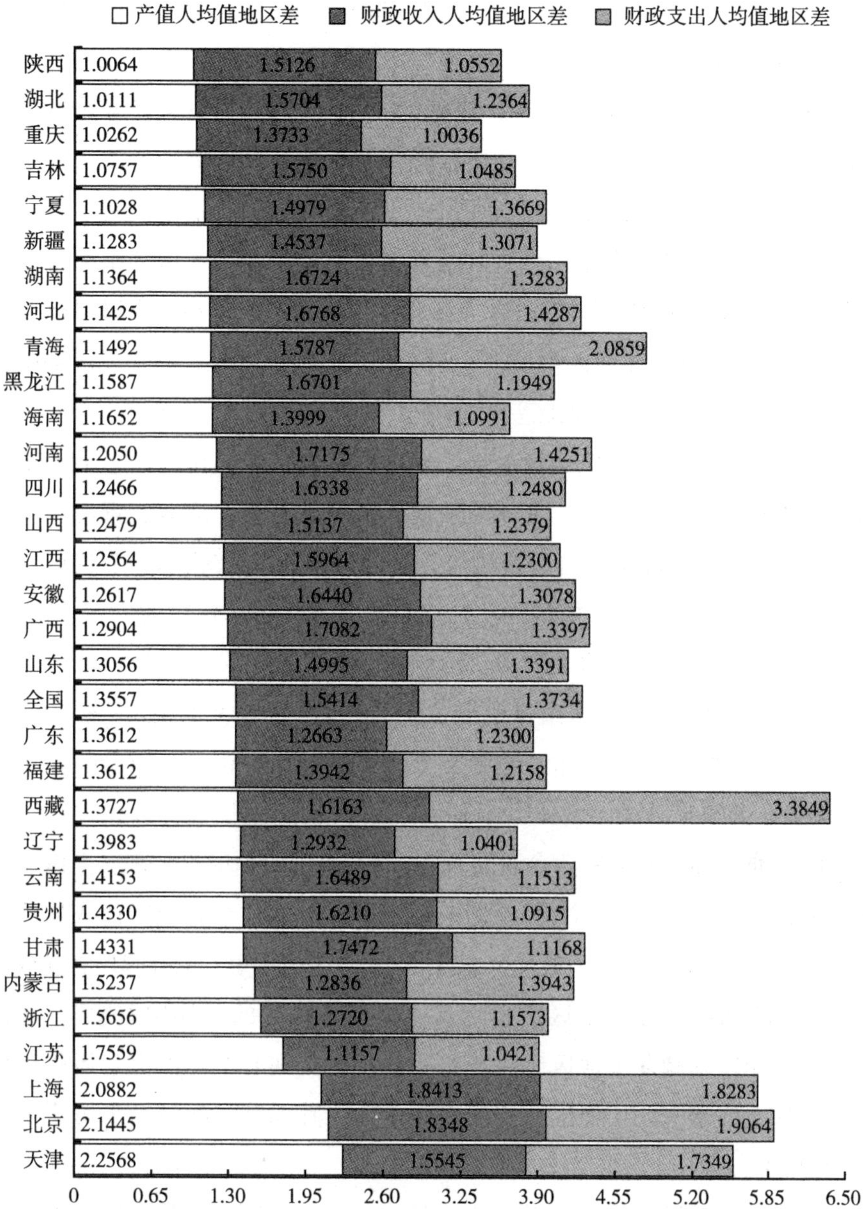


**图 2　2014 年全国及各地产值、财政收入、财政支出人均值地区差对比**

同期，东部此项地区差历年最佳值为 1.6147，现有实际值为 1.6147，实有值即为最佳值，“均衡增长”差距缩小；东北此项地区差历年最佳值为

1.1169，现有实际值为1.2109，大于最佳值8.42%，“均衡增长”差距显著扩大；中部此项地区差历年最佳值为1.1791，现有实际值为1.1864，大于最佳值0.62%，“均衡增长”差距略微扩大；西部此项地区差历年最佳值为1.2606，现有实际值为1.2606，实有值即为最佳值，“均衡增长”差距缩小。各省域依此类推。

详细检测2014年各地产值人均值地区差之间的差异，东部整体地区差显著大于全国总体地区差19.11%，东北整体地区差显著小于全国总体地区差10.68%，中部整体地区差显著小于全国总体地区差12.49%，西部整体地区差明显小于全国总体地区差7.01%。

18个省域产值人均值地区差小于全国总体地区差，按地区差大小倒序依次为陕西、湖北、重庆、吉林、宁夏、新疆、湖南、河北、青海、黑龙江、海南、河南、四川、山西、江西、安徽、广西、山东；13个省域产值人均值地区差大于全国总体地区差，按地区差大小倒序依次为广东、福建、西藏、辽宁、云南、贵州、甘肃、内蒙古、浙江、江苏、上海、北京、天津。其中，陕西产值人均值地区差处于首位，低至全国总体地区差的74.24%；天津产值人均值地区差处于末位，为全国总体地区差的166.47%。

根据本项测评体系的后台演算数据库检验，2014年，北京、上海、浙江、湖北、江西、湖南、甘肃、四川、贵州、广西10个省域产值人均值的地区差为2000年以来历年最佳（最小）值。这意味着，其余21个省域在此项指标检测中存在着地区之间既有“均衡增长”的“应然差距”。在这21个省域里，安徽此项地区差检测差距最小，其现有实际值大于历年最佳值0.03%；内蒙古此项地区差检测差距最大，其现有实际值大于历年最佳值47.99%。

附带检测2014年各地财政收入人均值地区差之间的差异，东部整体地区差较明显小于全国总体地区差3.63%，东北整体地区差略微小于全国总体地区差1.86%，中部整体地区差明显大于全国总体地区差5.04%，西部整体地区差略微大于全国总体地区差0.96%。

13 个省域财政收入人均值地区差小于全国总体地区差，按地区差大小倒序依次为江苏、广东、浙江、内蒙古、辽宁、重庆、福建、海南、新疆、宁夏、山东、陕西、山西；18 个省域财政收入人均值地区差大于全国总体地区差，按地区差大小倒序依次为天津、湖北、吉林、青海、江西、西藏、贵州、四川、安徽、云南、黑龙江、湖南、河北、广西、河南、甘肃、北京、上海。其中，江苏财政收入人均值地区差处于首位，低至全国总体地区差的 72.38%；上海财政收入人均值地区差处于末位，为全国总体地区差的 119.46%。

2000 年以来，全国财政支出人均值地区差的最小（最佳）值为 2013 年的 1.3711，最大值为 2002 年的 1.5040。现有实际地区差大于最佳值 0.17%，“均衡增长”差距略微扩大。按照本项测评体系所设置的指标及其方法检验，这就是 2000 年以来全国各地公共财政支出增长保持既有均衡“最佳状态”的“应然差距”。

同期，东部此项地区差历年最佳值为 1.3975，现有实际值为 1.3982，大于最佳值 0.05%，“均衡增长”差距略微扩大；东北此项地区差历年最佳值为 1.0716，现有实际值为 1.0945，大于最佳值 2.13%，“均衡增长”差距较明显扩大；中部此项地区差历年最佳值为 1.2930，现有实际值为 1.2942，大于最佳值 0.10%，“均衡增长”差距略微扩大；西部此项地区差历年最佳值为 1.3794，现有实际值为 1.4621，大于最佳值 5.99%，“均衡增长”差距明显扩大。各省域依此类推。

详细检测 2014 年各地财政支出人均值地区差之间的差异，东部整体地区差略微大于全国总体地区差 1.80%，东北整体地区差显著小于全国总体地区差 20.31%，中部整体地区差明显小于全国总体地区差 5.76%，西部整体地区差明显大于全国总体地区差 6.46%。

23 个省域财政支出人均值地区差小于全国总体地区差，按地区差大小倒序依次为重庆、辽宁、江苏、吉林、陕西、贵州、海南、甘肃、云南、浙江、黑龙江、福建、江西、广东、湖北、山西、四川、新疆、安徽、湖南、山东、广西、宁夏；8 个省域财政支出人均值地区差大于全国总体地区差，按地区差大小倒序依次为内蒙古、河南、河北、天津、上海、北京、青海、西藏。其中，重庆财政支出人均值地区差处于首位，低至全国总体地区差的73.07%；西藏财政支出人均值地区差处于末位，高达全国总体地区差的246.46%。

根据本项测评体系的后台演算数据库检验，2014年仅有北京、上海、河南、湖北、江西、甘肃、贵州、云南8个省域财政支出人均值的地区差为2000年以来历年最佳（最小）值。这意味着，其余23个省域在此项指标检测中存在着地区之间既有“均衡增长”的“应然差距”。在这23个省域里，重庆此项地区差检测差距最小，其现有实际值大于历年最佳值0.12%；青海此项地区差检测差距最大，其现有实际值大于历年最佳值97.43%。

## 二 教科文卫投入增长的协调性、均衡性检测

在相关的众多数据组里，本项研究测评其次需要提取教科文卫综合投入历年数据与财政支出历年数据加以比较，检测教科文卫投入占财政支出比变动态势，并将此项比值界定为“教科文卫投入增长系数”。确定教科文卫综合投入的应有地位和分量也必须寻找事实依据，多年以来国家发展教科文卫事业的政策、公共财政支出就此形成的历年分配比重就是最好的参照系。何况，本项研究测评的分析已经表明，2000年以来教科文卫综合投入已经在公共财政支出分配中占据了优先增长地位，以此作为“第一手”依据理所当然。

### （一）教科文卫投入增长系数的协调性检验

2014年全国及各地教科文卫投入占财政支出比对比见图3。图示直观体现全国及各地财政支出与教科文卫投入的比值关系，以及各地财政支出、教科文卫投入人均数值的大小比例差异。

2014年，全国财政支出人均值为11125.77元，教科文卫投入人均值为3021.72元，教科文卫投入占财政支出比为27.16%。这就是说，全国公共财政年度支出中，有27.16%投向教育、科技、文化、卫生事业，这几个方面显然具有公认的相邻关系。

根据本项测评体系的后台演算数据库筛查，2000年以来，全国教科文卫

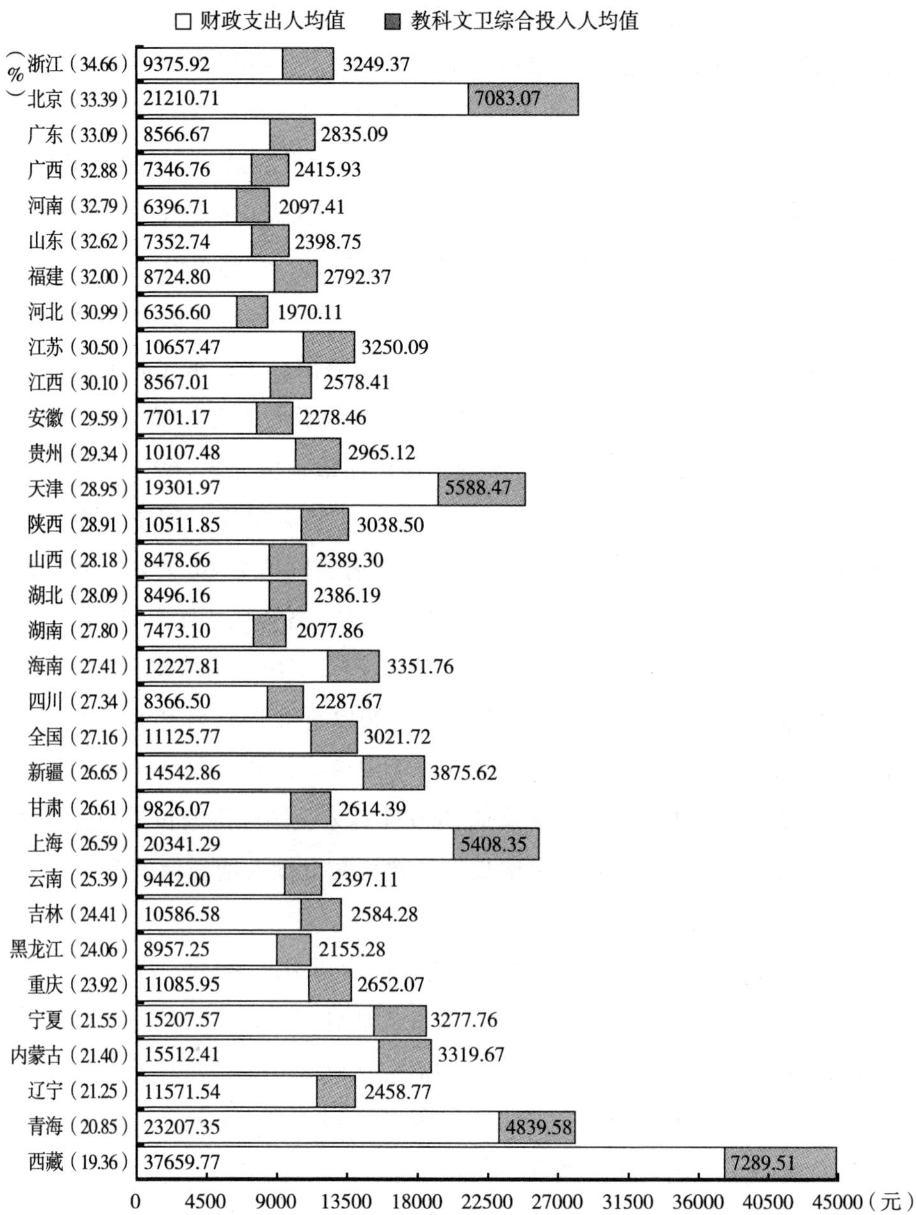


**图 3　2014 年全国及各地教科文卫投入占财政支出比对比**

坐标轴：各地教科文卫投入占财政支出比（%），按从大到小顺序自上而下排列；横向柱形左侧：财政支出人均值（元）；右侧：教科文卫综合投入人均值（元）。上下对比同时体现财政支出、教科文卫投入人均值地区差距。

投入占财政支出比的最高（最佳）值为2012年的27.95%，最低值为2000年的17.23%。现有实际比值低于最佳值0.79个百分点，“协调增长”差距略微扩大。如果能够保持教科文卫投入增长系数最佳比值，那么2014年全国教科文卫投入人均值应达到3110.04元，为现有实际值的102.92%。按照本项测评体系所设置的指标及其方法检验，这就是2000年以来全国财政支出增长带动教科文卫事业投入增长保持既有协调“最佳状态”的“应然差距”。

同期，东部此项比值历年最佳值为31.74%，现有实际值为31.54%，低于最佳值0.19个百分点，“协调增长”差距略微扩大；东北此项比值历年最佳值为25.45%，现有实际值为22.90%，低于最佳值2.55个百分点，“协调增长”差距明显扩大；中部此项比值历年最佳值为30.69%，现有实际值为29.61%，低于最佳值1.08个百分点，“协调增长”差距较明显扩大；西部此项比值历年最佳值为27.05%，现有实际值为26.35%，低于最佳值0.71个百分点，“协调增长”差距略微扩大。各省域依此类推。

至此需要深入一层展开检验测算，把以上财政支出增长系数、教科文卫投入增长系数两项检测最佳比值叠加演算。2014年全国教科文卫投入人均值应达到3109.61元，为现有实际值的102.91%。按照本项测评体系所设置的指标及其方法进行检验，这就是2000年以来全国经济增长带动公共财政支出增长，继而公共财政支出增长带动教科文卫投入增长保持既有“协调增长”的“应然差距”。

与之相对应，东部教科文卫投入人均值应达到3136.87元，为现有实际值的100.63%；东北教科文卫投入人均值应达到2753.63元，为现有实际值的115.49%；中部教科文卫投入人均值应达到2344.87元，为现有实际值的103.75%；西部教科文卫投入人均值应达到2880.55元，为现有实际值的103.53%。各省域依此类推。

财政支出人均值分析见上一节，不予重复，教科文卫投入人均值数据直接体现了各地教育、科技、文化、卫生事业综合投入差异。2014年，东部整体人均值为全国人均值的103.16%，东北整体人均值为全国人均值的78.90%，中部整体人均值为全国人均值的74.79%，西部整体人均值为全国人均值的 92.07%。

12 个省域教科文卫投入人均值高于全国人均值，按人均值高低依次为西藏、北京、天津、上海、青海、新疆、海南、内蒙古、宁夏、江苏、浙江、陕西；19 个省域教科文卫投入人均值低于全国人均值，按人均值高低依次为贵州、广东、福建、重庆、甘肃、吉林、江西、辽宁、广西、山东、云南、山西、湖北、四川、安徽、黑龙江、河南、湖南、河北。其中，西藏教科文卫投入人均值处于首位，为全国人均值的 241.24%；河北教科文卫投入人均值处于末位，仅为全国人均值的 65.20%。设全国教科文卫投入人均值为 1 来检测，西藏为 2.4124，河北为 0.6520。

文化投入分析系下一节的重点，暂时排除，此处展开分别检验各地教育、科技和卫生事业投入差异。2014 年，全国总体教育投入人均值为 1688.94 元，东部整体人均值为全国人均值的 107.50%，东北整体人均值为全国人均值的 81.86%，中部整体人均值为全国人均值的 78.08%，西部整体人均值为全国人均值的 97.67%。14 个省域教育投入人均值高于全国人均值，按人均值高低依次为西藏、北京、天津、上海、青海、新疆、海南、内蒙古、江苏、浙江、宁夏、陕西、贵州、广东；17 个省域教育投入人均值低于全国人均值，按人均值高低依次为福建、重庆、江西、甘肃、山东、吉林、云南、广西、山西、辽宁、湖北、黑龙江、四川、河南、湖南、安徽、河北。其中，西藏教育投入人均值处于首位，为全国人均值的 267.24%；河北教育投入人均值处于末位，仅为全国人均值的 69.92%。设全国教育投入人均值为 1 来检测，西藏为 2.6724，河北为 0.6992。

同年，全国总体科技投入人均值为 389.55 元，东部整体人均值为全国人均值的 86.04%，东北整体人均值为全国人均值的 43.20%，中部整体人均值为全国人均值的 36.71%，西部整体人均值为全国人均值的 30.26%。4 个省域科技投入人均值高于全国人均值，按人均值高低依次为北京、上海、天津、江苏；27 个省域科技投入人均值低于全国人均值，按人均值高低依次为浙江、广东、辽宁、湖北、安徽、青海、福建、宁夏、新疆、山东、海南、山西、西藏、吉林、内蒙古、江西、重庆、广西、贵州、陕西、黑龙江、四川、云南、湖南、河南、甘肃、河北。其中，北京科技投入人均值处于首位，为全国人均值的340.22%；河北科技投入人均值处于末位，仅为全国人均值的17.90%。设全国科技投入人均值为1来检测，北京为3.4022，河北为0.1790。

同年，全国总体卫生投入人均值为745.95元，东部整体人均值为全国人均值的101.94%，东北整体人均值为全国人均值的87.37%，中部整体人均值为全国人均值的90.21%，西部整体人均值为全国人均值的108.86%。19个省域卫生投入人均值高于全国人均值，按人均值高低依次为西藏、北京、青海、上海、天津、宁夏、海南、内蒙古、新疆、贵州、陕西、重庆、甘肃、浙江、福建、吉林、广西、云南、江西；12个省域卫生投入人均值低于全国人均值，按人均值高低依次为广东、四川、江苏、安徽、湖北、山西、河南、湖南、辽宁、山东、黑龙江、河北。其中，西藏卫生投入人均值处于首位，为全国人均值的208.09%；河北卫生投入人均值处于末位，仅为全国人均值的81.40%。设全国卫生投入人均值为1来检测，西藏为2.0809，河北为0.8140。

检测教科文卫投入占财政支出的比值关系，就可以看出各地财政支出增长带动教科文卫事业投入增长的协调效应。2014年，东部整体比值显著高于全国总体比值4.38个百分点，东北整体比值显著低于全国总体比值4.26个百分点，中部整体比值明显高于全国总体比值2.45个百分点，西部整体比值略微低于全国总体比值0.81个百分点。

19个省域教科文卫投入占财政支出比高于全国总体比值，按比值高低依次为浙江、北京、广东、广西、河南、山东、福建、河北、江苏、江西、安徽、贵州、天津、陕西、山西、湖北、湖南、海南、四川；12个省域教科文卫投入占财政支出比低于全国总体比值，按比值高低依次为新疆、甘肃、上海、云南、吉林、黑龙江、重庆、宁夏、内蒙古、辽宁、青海、西藏。其中，浙江此项比值处于首位，高出全国总体比值7.50个百分点；西藏此项比值处于末位，低于全国总体比值7.80个百分点。

根据本项测评体系的后台演算数据库检验，2014年仅有北京、天津、广西 3 个省域教科文卫投入占财政支出的比值为 2000 年以来历年最佳（最高）值（对照本书《全国省域公共文化投入增长的应然目标——2015 ~ 2020 年预期增长测算》表 3）。这意味着，其余 28 个省域在此项指标检测中存在着既有“协调增长”的“应然差距”。在这 28 个省域里，浙江此项比值检测差距最小，其现有实际值低于历年最佳值 0.04 个百分点；重庆此项比值检测差距最大，其现有实际值低于历年最佳值 17.08 个百分点。

各省域之间财政支出增长、教科文卫投入增长两项系数最佳比值叠加检测，浙江、江西、广东、江苏、河北、河南、海南、山东、福建、广西、上海、安徽、湖北、甘肃、内蒙古、山西、黑龙江、湖南、新疆、贵州、西藏、吉林、四川、云南、陕西、青海、辽宁、宁夏、重庆 29 个省域存在既有“协调增长”的“应然差距”。在这些省域里，浙江两项系数最佳比值叠加检测差距最小，为 0.09%，其教科文卫投入人均值应为现有实际值的 100.09%，达到 3252.19 元；重庆两项系数最佳比值叠加检测差距最大，为 97.57%，其教科文卫投入人均值应为现有实际值的 197.57%，达到 5239.61 元。其余省域依此类推。

### （二）教科文卫投入增长系数的均衡性检验

2014 年全国及各地教育、科技、卫生投入人均值地区差对比见图 4。图示直观体现全国及各地教育、科技和卫生投入三项人均值地区差的差异，对应于上面全国及各地教育、科技和卫生投入三项人均值的差异分析。

依照本项研究评价独创的地区差距指标检测，2014 年，全国教育投入人均值的地区差为 1.2978，科技投入人均值的地区差为 1.6927，卫生投入人均值的地区差为 1.2200。这就是说，基于各地教育、科技和卫生投入三项人均值数据分别演算，31 个省域教育投入人均值与全国总体人均值之绝对偏差值的平均值为 0.2978 或 29.78%；科技投入人均值与全国总体人均值之绝对偏差值的平均值为 0.6927 或 69.27%；卫生投入人均值与全国总体人均值之绝对偏差值的平均值为 0.2200 或 22.00%。

根据本项测评体系的后台演算数据库筛查，2000 年以来，全国教育投

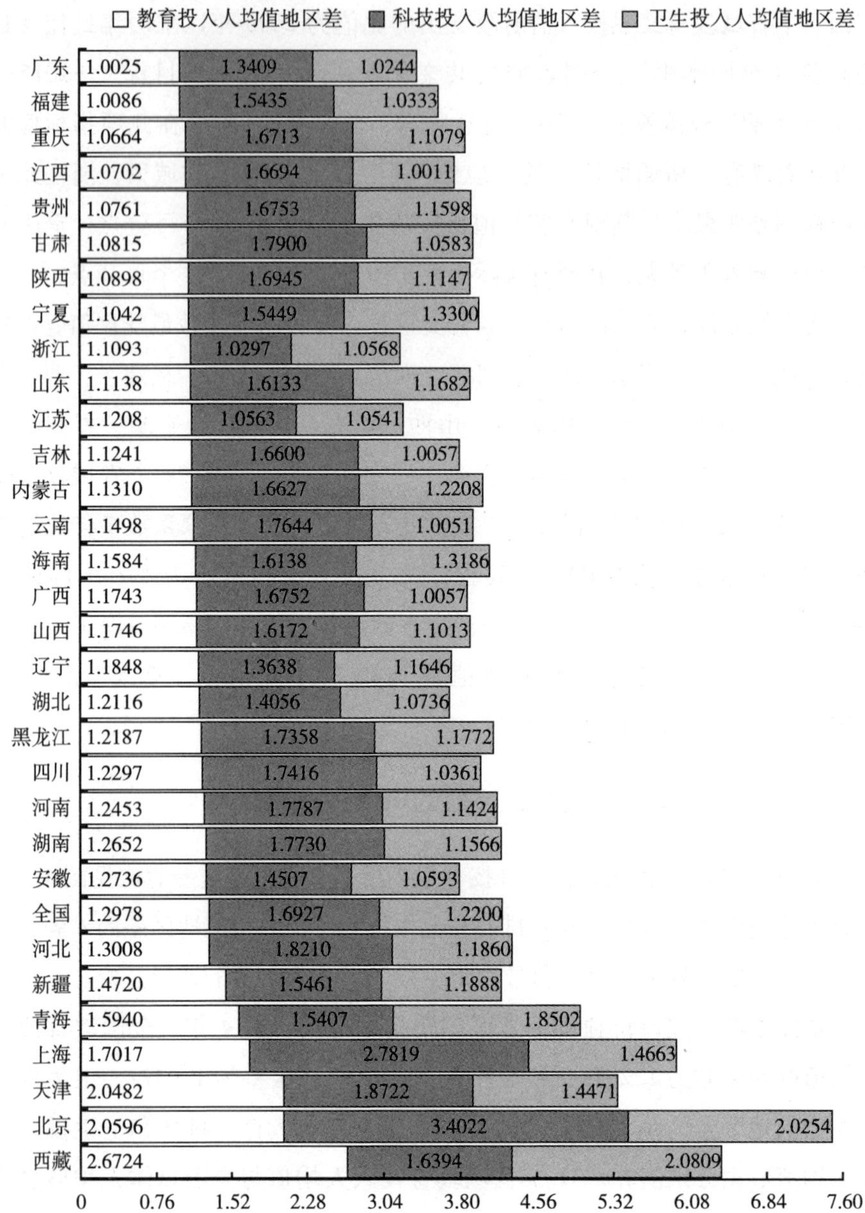


**图4 2014年全国及各地教育、科技、卫生投入人均值地区差对比**

入人均值地区差的最小（最佳）值为2012年的1.2497，最大值为2000年的1.4524。现有实际地区差指数值大于最佳值3.85%，“均衡增长”差距较明显扩大。按照本项测评体系所设置的指标及其方法检验，这就是 2000 年以来全国各地教育投入增长保持既有均衡“最佳状态”的“应然差距”。

东部此项地区差历年最佳值为 1.3209，现有实际值为 1.3624，大于最佳值 3.14%，“均衡增长”差距较明显扩大；东北此项地区差历年最佳值为 1.0238，现有实际值为 1.1759，大于最佳值 14.86%，“均衡增长”差距显著扩大；中部此项地区差历年最佳值为 1.1732，现有实际值为 1.2067，大于最佳值 2.85%，“均衡增长”差距较明显扩大；西部此项地区差历年最佳值为 1.2411，现有实际值为 1.3201，大于最佳值 6.37%，“均衡增长”差距明显扩大。各省域依此类推。

详细检测 2014 年各地教育投入人均值地区差之间的差异，东部整体地区差明显大于全国总体地区差 4.97%，东北整体地区差显著小于全国总体地区差 9.40%，中部整体地区差明显小于全国总体地区差 7.02%，西部整体地区差略微大于全国总体地区差 1.72%。

24 个省域教育投入人均值地区差小于全国总体地区差，按地区差大小倒序依次为广东、福建、重庆、江西、贵州、甘肃、陕西、宁夏、浙江、山东、江苏、吉林、内蒙古、云南、海南、广西、山西、辽宁、湖北、黑龙江、四川、河南、湖南、安徽；7 个省域教育投入人均值地区差大于全国总体地区差，按地区差大小倒序依次为河北、新疆、青海、上海、天津、北京、西藏。其中，广东教育投入人均值地区差处于首位，为全国总体地区差的 77.24%；西藏教育投入人均值地区差处于末位，为全国总体地区差的 205.91%。

根据本项测评体系的后台演算数据库检验，2014 年仅有上海、福建、广东、江西 4 个省域教育投入人均值的地区差为 2000 年以来历年最佳（最小）值。这意味着，其余 27 个省域在此项指标检测中存在着地区之间既有“均衡增长”的“应然差距”。在这 27 个省域里，广西此项地区差检测差距最小，其现有实际值大于历年最佳值 0.04%；青海此项地区差检测差距最大，其现有实际值大于历年最佳值 57.69%。

2000 年以来，全国科技投入人均值地区差的最小（最佳）值为 2013 年的1.6813，最大值为2009年的1.8297。现有实际地区差指数值大于最佳值0.68%，“均衡增长”差距略微扩大。按照本项测评体系所设置的指标及其方法检验，这就是2000年以来全国各地科技投入增长保持既有均衡“最佳状态”的“应然差距”。

同期，东部此项地区差历年最佳值为1.7363，现有实际值为1.8075，大于最佳值4.10%，“均衡增长”差距明显扩大；东北此项地区差历年最佳值为1.4771，现有实际值为1.5865，大于最佳值7.41%，“均衡增长”差距明显扩大；中部此项地区差历年最佳值为1.6158，现有实际值为1.6158，实有值即为最佳值，“均衡增长”差距缩小；西部此项地区差历年最佳值为1.6233，现有实际值为1.6622，大于最佳值2.39%，“均衡增长”差距较明显扩大。各省域依此类推。

详细检测2014年各地科技投入人均值地区差之间的差异，东部整体地区差明显大于全国总体地区差6.78%，东北整体地区差明显小于全国总体地区差6.27%，中部整体地区差明显小于全国总体地区差4.55%，西部整体地区差明显小于全国总体地区差1.81%。

20个省域科技投入人均值地区差小于全国总体地区差，按地区差大小倒序依次为浙江、江苏、广东、辽宁、湖北、安徽、青海、福建、宁夏、新疆、山东、海南、山西、西藏、吉林、内蒙古、江西、重庆、广西、贵州；11个省域科技投入人均值地区差大于全国总体地区差，按地区差大小倒序依次为陕西、黑龙江、四川、云南、湖南、河南、甘肃、河北、天津、上海、北京。其中，浙江科技投入人均值地区差处于首位，为全国总体地区差的60.83%；北京科技投入人均值地区差处于末位，为全国总体地区差的200.99%。

根据本项测评体系的后台演算数据库检验，2014年仅有上海、浙江、安徽、湖北、江西、陕西、青海、贵州8个省域科技投入人均值的地区差为2000年以来历年最佳（最小）值。这意味着，其余23个省域在此项指标检测中存在着地区之间既有“均衡增长”的“应然差距”。在这23个省域里，广西此项地区差检测差距最小，其现有实际值大于历年最佳值0.20%；天津此项地区差检测差距最大，其现有实际值大于历年最佳值84.87%。

2000 年以来，全国卫生投入人均值地区差的最小（最佳）值为 2014 年的 1.2200，最大值为 2000 年的 1.6569。现有实际地区差指数值即为最佳值，“均衡增长”差距缩小，检测演算结果不变。

同期，东部此项地区差历年最佳值为 1.2780，现有实际值为 1.2780，实有值即为最佳值，“均衡增长”差距缩小；东北此项地区差历年最佳值为 1.0072，现有实际值为 1.1158，大于最佳值 10.79%，“均衡增长”差距显著扩大；中部此项地区差历年最佳值为 1.0890，现有实际值为 1.0890，实有值即为最佳值，“均衡增长”差距缩小；西部此项地区差历年最佳值为 1.2632，现有实际值为 1.2632，实有值即为最佳值，“均衡增长”差距缩小。各省域依此类推。

详细检测 2014 年各地卫生投入人均值地区差之间的差异，东部整体地区差较明显大于全国总体地区差 4.75%，东北整体地区差明显小于全国总体地区差 8.54%，中部整体地区差显著小于全国总体地区差 10.73%，西部整体地区差较明显大于全国总体地区差 3.54%。

23 个省域卫生投入人均值地区差小于全国总体地区差，按地区差大小倒序依次为江西、云南、广西、吉林、广东、福建、四川、江苏、浙江、甘肃、安徽、湖北、山西、重庆、陕西、河南、湖南、贵州、辽宁、山东、黑龙江、河北、新疆；8 个省域卫生投入人均值地区差大于全国总体地区差，按地区差大小倒序依次为内蒙古、海南、宁夏、天津、上海、青海、北京、西藏。其中，江西卫生投入人均值地区差处于首位，为全国总体地区差的 82.06%；西藏卫生投入人均值地区差处于末位，为全国总体地区差的 170.56%。

根据本项测评体系的后台演算数据库检验，2014 年仅有北京、山东、上海、吉林、湖北、江西、湖南、云南、西藏 9 个省域卫生投入人均值的地区差为 2000 年以来历年最佳（最小）值。这意味着，其余 22 个省域在此项指标检测中存在着地区之间既有“均衡增长”的“应然差距”。在这 22 个省域里，河南此项地区差检测差距最小，其现有实际值大于历年最佳值 0.03%；青海此项地区差检测差距最大，其现有实际值大于历年最佳值 31.79%。

## 三 文化投入增长的协调性、均衡性检测

在相关的众多数据组里，本项研究测评最后需要提取文化投入历年数据与教科文卫综合投入历年数据加以比较，检测文化投入占教科文卫综合投入比变动态势，并将此项比值界定为"文化投入增长系数"。确定文化投入的应有地位和分量同样必须寻找事实依据，文化投入与教育、科技、卫生投入的相邻关系就是最好的参照系。一来教科文卫诸方面具有人所共知的相邻可比性，若出现"厚此薄彼"的情况很容易看出来；二来文化投入在教科文卫综合投入中所占分量形成历年变化，从中可以看到"应然"与否的"第一手"取舍。

### （一）文化投入增长系数的协调性检验

2014 年全国及各地文化投入占教科文卫投入比对比见图 5。图示直观体现全国及各地教科文卫综合投入与文化投入的比值关系，以及各地教科文卫综合投入与文化投入人均数值的大小比例差异。

2014 年，全国教科文卫综合投入人均值为 3021.72 元，文化投入人均值为 197.28 元，文化投入占教科文卫综合投入为 6.53%。这就是说，在全国教育、科技、文化和卫生这几项相邻事业的综合投入中，有 6.53% 投向文化事业。

根据本项测评体系的后台演算数据库筛查，2000 年以来，全国文化投入占教科文卫综合投入比的最高（最佳）值为 2005 年的 11.52%，最低值为 2012 年的 6.44%。现有实际比值低于最佳值 4.99 个百分点，"协调增长"差距显著扩大。如果能够保持文化投入增长系数最佳比值，那么 2014 年全国文化投入人均值应达到 348.20 元，为现有实际值的 176.50%。按照本项测评体系所设置的指标及其方法检验，这就是 2000 年以来全国教科文卫综合投入增长带动文化事业投入增长保持既有协调"最佳状态"的"应然差距"。

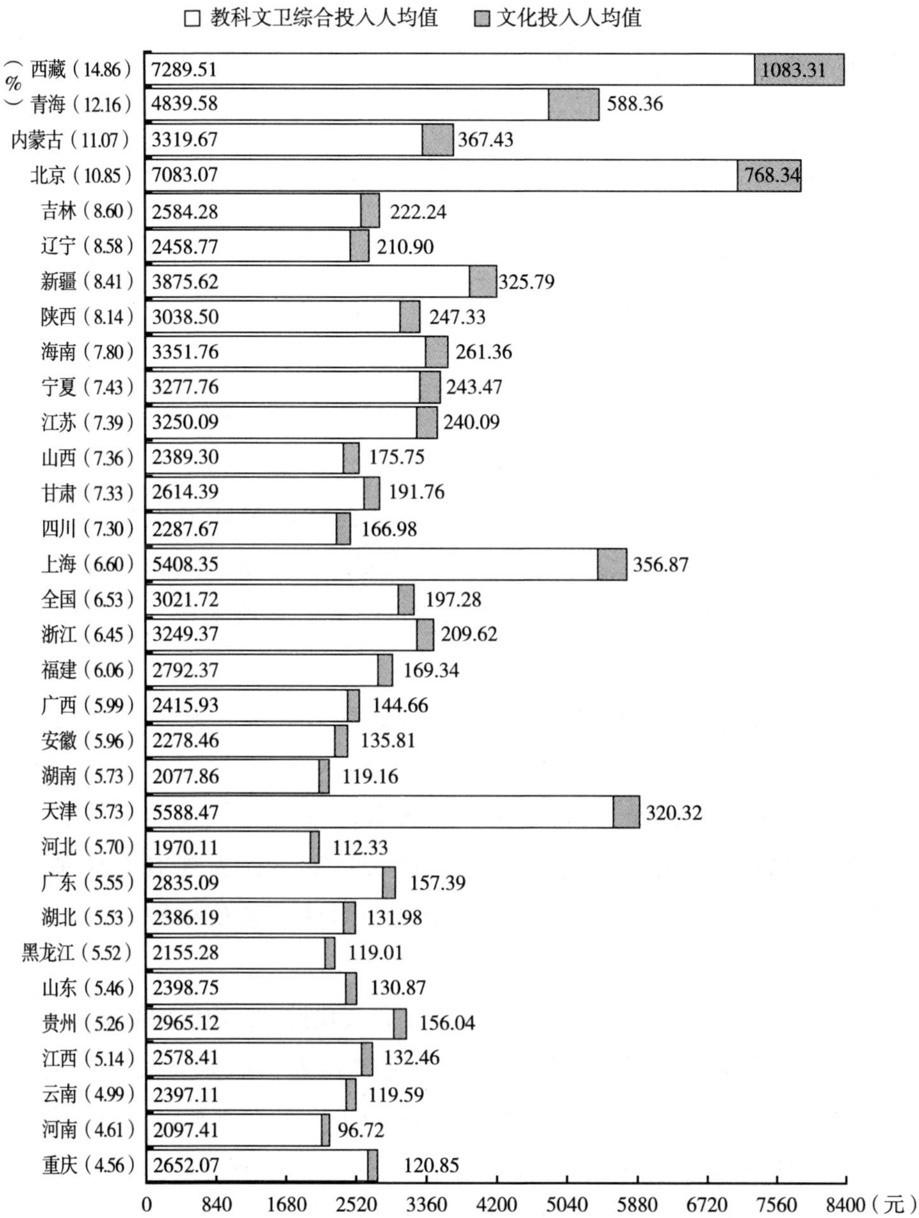


**图 5　2014 年全国及各地文化投入占教科文卫投入比对比**

坐标轴：各地文化投入占教科文卫综合投入比（%），按从大到小顺序自上而下排列；横向柱形左侧：教科文卫综合投入人均值（元）；右侧：文化投入人均值（元）。上下对比同时体现教科文卫投入、文化投入人均值地区差距。

同期，东部此项比值历年最佳值为10.88%，现有实际值为6.61%，低于最佳值4.27个百分点，“协调增长”差距显著扩大；东北此项比值历年最佳值为11.98%，现有实际值为7.62%，低于最佳值4.36个百分点，“协调增长”差距显著扩大；中部此项比值历年最佳值为12.04%，现有实际值为5.55%，低于最佳值6.49个百分点，“协调增长”差距显著扩大；西部此项比值历年最佳值为12.19%，现有实际值为7.28%，低于最佳值4.91个百分点，“协调增长”差距显著扩大。各省域依此类推。

至此需要更深入一层展开检验测算，把以上财政支出增长系数、教科文卫投入增长系数、文化投入增长系数三项检测最佳比值叠加演算。2014年全国文化投入人均值应达到358.33元，为现有实际值的181.63%。按照本项测评体系所设置的指标及其方法进行检验，这就是2000年以来全国经济增长带动公共财政支出增长，继而公共财政支出增长带动教科文卫投入增长，再而教科文卫综合投入增长带动文化投入增长保持既有“协调增长”的“应然差距”。

与之相对应，东部文化投入人均值应达到341.29元，为现有实际值的165.74%；东北文化投入人均值应达到329.85元，为现有实际值的181.59%；中部文化投入人均值应达到282.33元，为现有实际值的224.93%；西部文化投入人均值应达到351.24元，为现有实际值的173.34%。四大区域文化投入人均值与全国总体目标测算值都十分接近，仅有中部略显偏低。

教科文卫综合投入人均值分析见上一节，文化投入人均值数据直接体现了各地文化事业投入差异。2014年，东部整体人均值为全国人均值的104.37%，东北整体人均值为全国人均值的92.07%，中部整体人均值为全国人均值的63.62%，西部整体人均值为全国人均值的102.71%。

14个省域文化投入人均值高于全国人均值，按人均值高低依次为西藏、北京、青海、内蒙古、上海、新疆、天津、海南、陕西、宁夏、江苏、吉林、辽宁、浙江；17个省域文化投入人均值低于全国人均值，按人均值高低依次为甘肃、山西、福建、四川、广东、贵州、广西、安徽、江西、湖北、山东、重庆、云南、湖南、黑龙江、河北、河南。其中，西藏文化投入人均值处于首位，为全国人均值的 549.11%；河南文化投入人均值处于末位，仅为全国人均值的 49.03%。设全国文化人均值为 1 来检测，西藏为 5.4911，河南为 0.4903。

检测文化投入占教科文卫综合投入的比值关系，就可以看出各地教科文卫综合投入增长带动文化事业投入增长的协调效应。2014 年，东部整体比值略微高于全国总体比值 0.08 个百分点，东北整体比值明显高于全国总体比值 1.09 个百分点，中部整体比值略微低于全国总体比值 0.98 个百分点，西部整体比值略微高于全国总体比值 0.75 个百分点。

15 个省域文化投入占教科文卫综合投入比高于全国总体比值，按比值高低依次为西藏、青海、内蒙古、北京、吉林、辽宁、新疆、陕西、海南、宁夏、江苏、山西、甘肃、四川、上海；16 个省域文化投入占教科文卫综合投入比低于全国总体比值，按比值高低依次为浙江、福建、广西、安徽、湖南、天津、河北、广东、湖北、黑龙江、山东、贵州、江西、云南、河南、重庆。其中，西藏此项比值处于首位，高出全国总体比值 8.33 个百分点；重庆此项比值处于末位，低于全国总体比值 1.97 个百分点。

根据本项测评体系的后台演算数据库检验，2014 年全部省域文化投入占教科文卫综合投入的比值均非 2000 年以来历年最佳（最高）值（对照本书《全国省域公共文化投入增长的应然目标——2015 ~ 2020 年预期增长测算》表 2）。这意味着，全部 31 个省域在此项指标检测中存在着既有“协调增长”的“应然差距”。在这 31 个省域里，北京此项比值检测差距最小，其现有实际值低于历年最佳值 0.68 个百分点；四川此项比值检测差距最大，其现有实际值低于历年最佳值 10.04 个百分点。

各省域之间财政支出增长、教科文卫投入增长、文化投入增长三项系数最佳比值多重检测，全部 31 个省域存在既有“协调增长”的“应然差距”。北京、西藏、青海、内蒙古、上海、海南、江苏、新疆、辽宁、浙江、山西 11 个省域既有“协调增长”的“应然差距”从小到大依次小于全国检测差距；吉林、安徽、河北、陕西、天津、甘肃、福建、广西、湖北、广东、江西、黑龙江、山东、湖南、云南、宁夏、四川、贵州、河南、重庆20个省域既有“协调增长”的“应然差距”从小到大依次大于全国检测差距。

2014年各省域三项系数最佳比值多重检测综合结果，按文化投入人均测算值高低依次为西藏、北京、青海、宁夏、重庆、天津、上海、新疆、内蒙古、陕西、四川、贵州、吉林、海南、甘肃、江苏、浙江、辽宁、福建、广东、山西、山东、江西、广西、云南、河南、湖南、湖北、黑龙江、安徽、河北。以下取首尾各3个省域，具体测算各自“应有”增长目标和增长差距，作为具体示例，其余省域依此类推。

西藏处于第1位，人均值应达到1330.02元，为现有实际值的122.77%；北京处于第2位，人均值应达到816.75元，为现有实际值的106.30%；青海处于第3位，人均值应达到792.70元，为现有实际值的134.73%。

黑龙江处于倒数第3位，人均值应达到276.59元，为现有实际值的232.41%；安徽处于倒数第2位，人均值应达到255.07元，为现有实际值的187.81%；河北处于倒数第1位，人均值应达到212.94元，为现有实际值的189.56%。

### （二）文化投入增长系数的均衡性检验

2014年全国及各地文化投入人均值及其地区差对比见图6。图示直观体现全国及各地文化投入人均值的差异，并标明全国及各地文化投入人均值的地区差，同时附有教科文卫综合投入人均值的地区差。

依照本项研究评价独创的地区差距指标检测，2014年，全国文化投入人均值的地区差为1.5979。这就是说，基于各地文化投入人均值数据分别演算，31个省域文化投入人均值与全国总体人均值之绝对偏差值的平均值为0.5979或59.79%。

根据本项测评体系的后台演算数据库筛查，2000年以来，全国文化投入人均值地区差的最小（最佳）值为2006年的1.3748，最大值为2007年的1.6581。现有实际地区差指数值大于最佳值16.23%，“均衡增长”

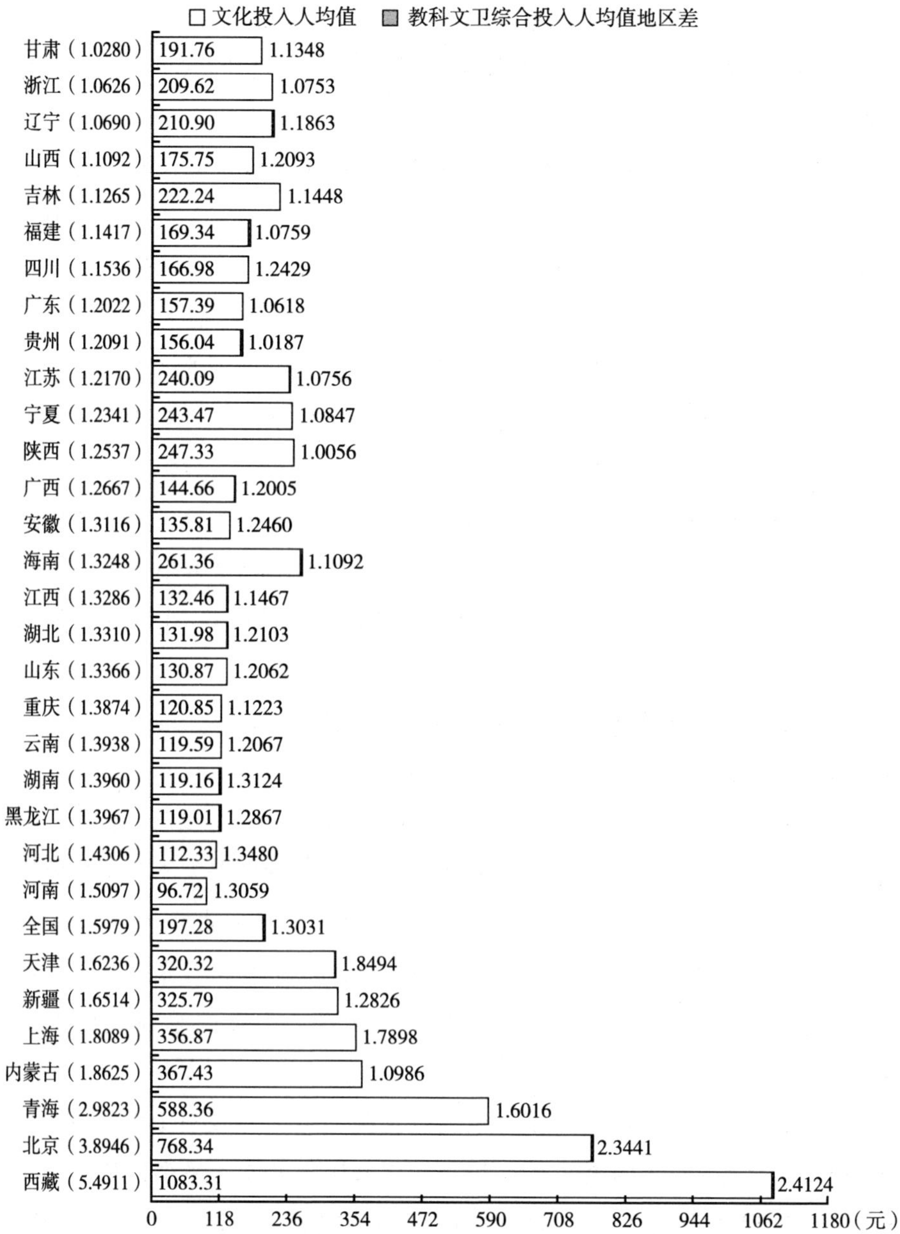


**图 6　2014 年全国及各地文化投入人均值及其地区差对比**

坐标轴：各地文化投入人均值地区差（无差距 = 1），按从小到大顺序自上而下排列；横向柱形：左为文化投入人均值（元），右为教科文卫综合投入人均值地区差。上下对比直观体现文化投入人均值地区差距。

差距显著扩大。按照本项测评体系所设置的指标及其方法检验，这就是2000年以来全国各地文化投入增长保持既有均衡“最佳状态”的“应然差距”。

东部此项地区差历年最佳值为1.5603，现有实际值为1.6043，大于最佳值2.82%，“均衡增长”差距较明显扩大；东北此项地区差历年最佳值为1.0364，现有实际值为1.1974，大于最佳值15.53%，“均衡增长”差距显著扩大；中部此项地区差历年最佳值为1.2946，现有实际值为1.3310，大于最佳值2.81%，“均衡增长”差距较明显扩大；西部此项地区差历年最佳值为1.3178，现有实际值为1.8261，大于最佳值38.57%，“均衡增长”差距显著扩大。各省域依此类推。

详细检测2014年各地文化投入人均值地区差之间的差异，东部整体地区差略微大于全国总体地区差0.40%，东北整体地区差显著小于全国总体地区差25.06%，中部整体地区差显著小于全国总体地区差16.70%，西部整体地区差显著大于全国总体地区差14.28%。

24个省域文化投入人均值地区差小于全国总体地区差，按地区差大小倒序依次为甘肃、浙江、辽宁、山西、吉林、福建、四川、广东、贵州、江苏、宁夏、陕西、广西、安徽、海南、江西、湖北、山东、重庆、云南、湖南、黑龙江、河北、河南；7个省域文化投入人均值地区差大于全国总体地区差，按地区差大小倒序依次为天津、新疆、上海、内蒙古、青海、北京、西藏。其中，甘肃文化投入人均值地区差处于首位，为全国总体地区差的64.34%；西藏文化投入人均值地区差处于末位，为全国总体地区差的343.65%。

根据本项测评体系的后台演算数据库检验，2014年仅有上海、江西2个省域文化投入人均值的地区差为2000年以来历年最佳（最小）值。这意味着，其余29个省域在此项指标检测中存在着地区之间既有“均衡增长”的“应然差距”。在这29个省域里，广西此项地区差检测差距最小，其现有实际值大于历年最佳值0.44%；青海此项地区差检测差距最大，其现有实际值大于历年最佳值162.64%。

在此有必要说明，如图6所示，相邻各地之间，有的省域文化投入人均值高于全国总体人均值，有的省域文化投入人均值低于全国总体人均值，为何其间人均值地区差竟然十分接近？这正是本项研究设计“地区差”指标的独特构思。以全国总体人均值为基准，与此均值相比产生偏离的高低数值皆为偏差值。譬如甲地高于全国均值的部分恰好与乙地低于全国均值的部分相等，那么两地人均值与全国总体人均值的绝对偏差值就相等，人均值地区差指数也就相等。本项研究的“地区差”指标设计思路在于，各地无论“高于”还是“低于”，测量出的只能是绝对偏差值，换句话说，各地无论“率先”还是“滞后”，表现出的只会是对全国“均衡”的偏离，均非理想“同步”状态。“均衡发展”的本义在于，既要消除“滞后”，又需避免“率先”，正是“率先”的超越反衬出了“滞后”。

## 四　文化民生需求同构占比检测

同时调用“中国公共文化投入增长测评体系”与“中国文化消费需求景气评价体系”后台数据库，并行展开同构关联演算检测（对照本书《全国省域公共文化投入增长的应然目标——2015～2020年预期增长测算》表9、表10），2014年全国及各地文化消费与投入占收入、支出比对比见图7。图示直观体现全国及各地文化消费占居民收入、支出比（现有实际值）与文化投入占财政收入、支出比（最佳测算值）之间的差异，并演算得出同构占比倍差平衡指数。

首先可以肯定，个体（个人及家庭）与群体（地区和国家）的需求具有质的同构性，也具有量的可比性。在这里即可落实为，城乡文化消费占居民收入比与公共文化投入占财政收入比应当具有同构可比性。这就意味着，以全国平均而论，公共文化投入占财政收入比应与全国城乡文化消费占居民收入比持平，这样才具有贴切响应文化民生需求自然表现的合理性。

其次需要看到，城乡文化消费占居民支出比与公共文化投入占财政支出比虽也具有质的同构性，却不具有量的可比性。这是因为，居民个人和家庭

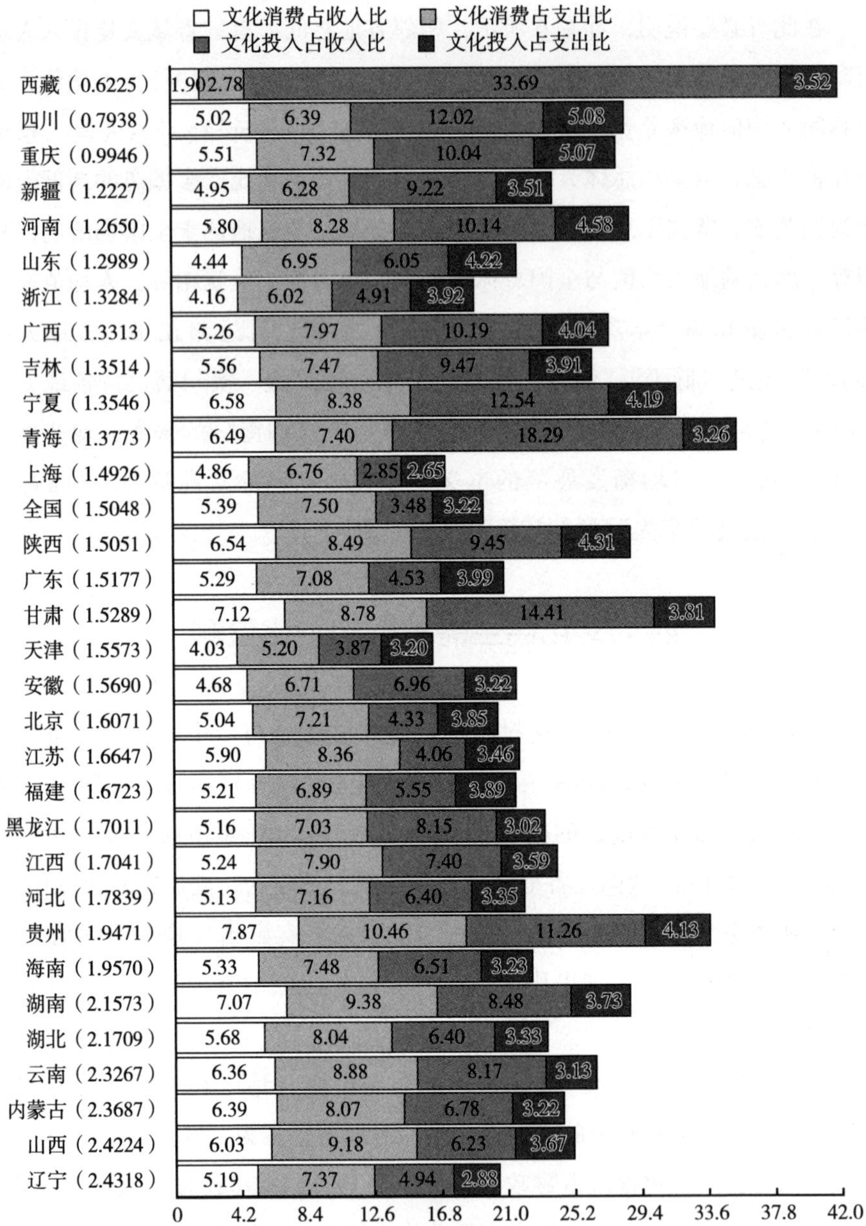


**图7　2014年全国及各地文化消费与投入占收入、支出比对比**

坐标轴：各地同构占比倍差平衡指数，按从小到大顺序自上而下排列；横向柱形：由左至右为文化消费占收入、支出比（%）（现有实际值），文化投入占收入、支出比（%）（最佳比值测算值）。倍差演算：无差距基准值1加同构收入比、支出比之间商值与之绝对偏差值，再以收入比、支出比两项倍差之间商值作为平衡指数。

消费一般总会小于收入（个别地区乡村平均值在个别年度例外），剩余的部分则为积蓄；而国家和地区财政支出一般总会大于财政收入（个别年度例外），超出的部分则为预算赤字。落实到这里，即公共文化投入占财政支出比低于城乡文化消费占居民支出比尚属“正常”，不过问题还在于，低于多少才属于“正常”。

最后进行推演，（1）公共文化投入占财政收入比与城乡文化消费占居民收入比持平，应是“合理”的，国家和地区公共文化投入应当准确响应文化民生需求自然表现出来的取向，这样就使两项“同构占比”归一，其间的倍差势必构成差距；（2）公共文化投入占财政支出比与占财政收入比持平，也应是“合理”的，即预算赤字“超支”部分应当以同样比例用于公共文化投入，这样也使两项“同质占比”归一，其间的出入势必也构成差距。

假如以上判断和推论成立，那么就可以取文化消费与投入占收入、支出比两项倍差之比（再次形成倍差），作为“文化民生需求系数”同构占比平衡检测的差距指数，在历年三项最佳比值多重测算基础上，再进一步推进同构占比二重平衡假定测算。

2014 年，全国文化消费占居民收入比为 5.39%，占居民总消费支出比为 7.50%，皆系现有实际值；取以上最佳比值测算结果，文化投入占财政收入比应为 3.48%，占财政支出比应为 3.22%。即便以最佳比值测算来看，全国文化投入占财政收入比仍低于文化消费占居民收入比 1.91 个百分点，文化投入占财政支出比仍低于文化消费占居民支出比 4.28 个百分点。若全国文化投入占财政收入比与文化消费占居民收入比持平，同时文化投入占财政收入、支出比自身再予平衡，全国文化投入人均值应达到 539.23 元，为现有实际值的 273.33%，为最佳比值测算值的 150.48%。

同样检测四大区域同构占比差距，东部人均值应达到 605.66 元，为现有实际值的 294.14%，为最佳比值测算值的 177.46%；东北人均值应达到 672.55 元，为现有实际值的 370.25%，为最佳比值测算值的 203.89%；中部人均值应达到 510.11 元，为现有实际值的 406.39%，为最佳比值测算值的 180.68%；西部人均值应达到 652.16 元，为现有实际值的 321.85%，为最佳比值测算值的185.67%。

12个省域同构占比差距小于全国总体差距，按差距大小倒序依次为西藏、四川、重庆、新疆、河南、山东、浙江、广西、吉林、宁夏、青海、上海；19个省域同构占比差距大于全国总体差距，按差距大小倒序依次为陕西、广东、甘肃、天津、安徽、北京、江苏、福建、黑龙江、江西、河北、贵州、海南、湖南、湖北、云南、内蒙古、山西、辽宁。其中，西藏同构占比差距指数处于首位，为全国总体差距指数的41.36%；辽宁同构占比差距指数处于末位，为全国总体差距指数的161.60%。

2014年各省域同构占比二重平衡检测综合结果，按文化投入人均测算值高低依次为北京、内蒙古、青海、天津、宁夏、辽宁、贵州、西藏、上海、海南、山西、陕西、云南、重庆、新疆、湖南、江苏、湖北、福建、甘肃、吉林、江西、广东、浙江、黑龙江、广西、山东、安徽、河北、河南、四川。以下取首尾各3个省域，具体测算各自“应有”增长目标和增长差距，作为具体示例，其余省域依此类推。北京处于第1位，人均值应达到1312.57元，为现有实际值的170.83%，为最佳比值测算值的160.71%；内蒙古处于第2位，人均值应达到1183.70元，为现有实际值的322.15%，为最佳比值测算值的236.87%；青海处于第3位，人均值应达到1091.80元，为现有实际值的185.57%，为最佳比值测算值的137.73%。河北处于倒数第3位，人均值应达到379.86元，为现有实际值的338.15%，为最佳比值测算值的178.39%；河南处于倒数第2位，人均值应达到372.81元，为现有实际值的385.43%，为最佳比值测算值的126.50%；四川处于倒数第1位，人均值应达到359.60元，为现有实际值的215.36%，为最佳比值测算值的79.38%。

## 五　文化投入增长的应然测算

2014年全国文化投入总量、人均值增长目标测算见图8，其中增长目标测算值包括“最佳比值测算”“同构占比测算”“全国均等测算”三项，前一项属于协调增长“应然目标”测算，中间一项属于“民生目标”附加测算，后一项属于均衡发展“理想目标”测算。各地依此类推。

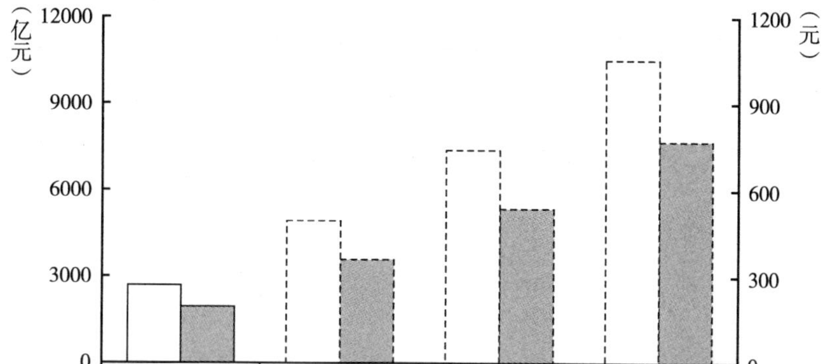


| | 现有实际值 | 最佳比值测算 | 同构占比测算 | 全国均等测算 |
|---|---|---|---|---|
| □ 总量（左轴） | 2691.48 | 4889.23 | 7357.50 | 10482.28 |
| ▨ 人均值（右轴） | 197.28 | 358.38 | 539.30 | 768.34 |

**图 8　2014 年全国文化投入总量、人均值增长目标测算**

实线：现有实际值；虚线：目标测算值。

（1）最佳比值测算：假设全国产值人均值—财政支出人均值、财政支出人均值—教科文卫综合投入人均值、教科文卫综合投入人均值—文化投入人均值之间均实现 2000 年以来最佳比值，以三项最佳比值叠加测算。按照这一“应然目标”测算，2014 年全国文化投入人均值应达到 358.38 元，总量应达到 4889.23 亿元，皆为现有实际值的 181.66%。

（2）同构占比测算：假设文化投入占财政收入比与文化消费占居民收入比持平，同时文化投入占财政收入、支出比再予平衡。按照这一“民生目标”测算，2014 年全国文化投入人均值应达到 539.30 元，总量应达到 7357.50 亿元，皆为现有实际值的 273.36%。

（3）全国均等测算：假设全国各地产值人均值—财政支出人均值—教科文卫综合投入人均值—文化投入人均值全面消除地区差距，同时全面实现 2000 年以来三项最佳比值（唯有北京如此），以北京文化投入人均值测算。按照这一“理想目标”测算，2014 年全国文化投入人均值应达到 768.34

元，总量应达到 10482. 28 亿元，皆为现有实际值的 389. 46% 。

实际上，最佳比值、同构占比两项假定测算已得出重要发现：如果各地普遍实现三项最佳比值增长，或进一步实现同构占比二重倍差平衡，那么文化投入人均值地区差将普遍明显缩小，各地文化投入人均值也将会十分接近，为今后实现全国文化投入（人均值）均等化奠定良好基础。最终达到全国各地文化投入均等化正是公共财政、公共文化服务追求的理想目标。

B.4

# 全国省域公共文化投入增长综合评价排行

## ——2000 年以来纵向与 2014 年度横向测评

王亚南　田 娟 等*

摘　要：2014 年，全国 5 个省域文化投入总量增长超过 15%，其中 3 个省域总量增长超过 20%；5 个省域文化投入人均值增长超过 15%，其中 3 个省域人均值增长超过 20%。西藏、广西、青海、广东、湖南处于年度总量、人均值增长前 5 位。各省域文化投入增长综合评价排行：无差距理想值横向测评，西藏、青海、北京、内蒙古、吉林为“2014 年度综合指数领先”前 5 位；自身基数值纵向测评，青海、四川、西藏、内蒙古、海南为“2000～2014 年综合指数提升”前 5 位；青海、西藏、海南、内蒙古、安徽为“2005～2014 年综合指数提升”前 5 位；青海、福建、贵州、河北、四川为“2010～2014 年综合指数提升”前 5 位；广西、西藏、广东、河北、湖南为“2014 年度综合指数提升”前 5 位。

关键词：全国省域　文化投入　综合评价　指数排行

本报告分析面向全国及东、中、西部和东北四大区域、31 个省级行政区划（以下统称“省域”，包括省、自治区和直辖市，港澳台地区除外），

* 王亚南，云南省社会科学院研究员，文化开发研究中心主任；田娟，云南省社会科学院培训部副研究员，主要从事教育文化研究；张林，云南省社会科学院培训部副译审，主要从事语言、文化、民族学研究。

首先检测文化投入总量、人均值增长，其次检测经济、财政增长的相关社会背景，同时检测教科文卫投入增长的相邻同步关系，再次检测居民文化消费占收入、支出比的同构可比关系，最后检测文化投入人均值演算的地区差变动状况，由此形成多重关系交叉对比，综合测评 2014 年各省域文化投入增长指数排行。鉴于另有省域报告详加考察，本报告侧重于全国总体增长与东、中、西部及东北四大区域增长的比较，对 31 省域则着眼于各项检测指标排行。

## 一　各省域文化投入增长基本情况

全国及各省域文化投入总量增长态势可以提供一种宏观视角，便于把握基本态势，本报告分析检测从各省域文化投入总量占全国份额变化状况为起点展开。

### （一）文化投入总量份额变化

文化投入总量增长及其占全国份额变动状况见表 1，全国总体数据及其相关衍生值作为演算基准，列于表中首行。各省域依所处地理方位，从北到南、由东至西分为东北和东、中、西部四大区域，按 14 年间文化投入总量占全国份额变化幅度由高到低排列。其中，省域主排行以 1、2、3……为序，四大区域作为附加排行以［1］、［2］、［3］、［4］为序（全文同）。

2000～2014 年，全国文化投入总量从 300.2859 亿元增长至 2691.4800 亿元，增量绝对值为 2391.19 亿元，增长 796.31%，年均增长 16.96%。同期，东部整体总量年均增长 16.74%，低于全国平均增长 0.22 个百分点，占全国份额由 40.84% 降为 39.78%；东北整体总量年均增长 16.07%，低于全国平均增长 0.89 个百分点，占全国份额由 8.25% 降为 7.41%；中部整体总量年均增长 17.02%，高于全国平均增长 0.06 个百分点，占全国份额由 16.75% 提升为 16.87%；西部整体总量年均增长 18.53%，高于全国平均增长 1.57 个百分点，占全国份额由 22.94% 提升为 27.66%。

**表1 文化投入总量增长及其占全国份额变动状况**

| 地区 | 文化投入总量增长 | | | | 占全国份额变动 | | | |
|---|---|---|---|---|---|---|---|---|
| | 2000年总量(亿元) | 2014年总量(亿元) | 14年年均增长 | | 2000年份额(%) | 2014年份额(%) | 14年份额增减 | |
| | | | 增长指数(上年=1) | 指数排序 | | | 增减(%) | 增减排序 |
| 全　国 | 300.29 | 2691.48 | 1.1696 | — | 100 | 100 | — | — |
| 中央财政 | 33.69 | 223.00 | 1.1445 | — | 11.2192 | 8.2854 | -26.15 | — |
| 青　海 | 1.39 | 34.16 | 1.2572 | 1 | 0.4629 | 1.2692 | 174.18 | 1 |
| 西　藏 | 2.01 | 34.10 | 1.2242 | 3 | 0.6694 | 1.2670 | 89.27 | 3 |
| 新　疆 | 5.13 | 74.32 | 1.2105 | 4 | 1.7083 | 2.7613 | 61.64 | 4 |
| 内蒙古 | 6.61 | 91.90 | 1.2069 | 6 | 2.2012 | 3.4145 | 55.12 | 6 |
| 四　川 | 10.627 | 135.65 | 1.1995 | 7 | 3.5389 | 5.0400 | 42.42 | 7 |
| 陕　西 | 7.60 | 93.23 | 1.1961 | 8 | 2.5309 | 3.4639 | 36.86 | 8 |
| 重　庆 | 3.37 | 36.02 | 1.1843 | 11 | 1.1222 | 1.3383 | 19.26 | 11 |
| 贵　州 | 5.78 | 54.69 | 1.1741 | 16 | 1.9248 | 2.0320 | 5.57 | 16 |
| 宁　夏 | 1.81 | 16.02 | 1.1685 | 19 | 0.6028 | 0.5952 | -1.26 | 19 |
| 甘　肃 | 5.75 | 49.60 | 1.1664 | 20 | 1.9148 | 1.8429 | -3.75 | 20 |
| 广　西 | 8.18 | 68.52 | 1.1639 | 22 | 2.7240 | 2.5458 | -6.54 | 22 |
| 云　南 | 10.634 | 56.21 | 1.1263 | 31 | 3.5412 | 2.0884 | -41.03 | 31 |
| 西　部 | 68.89 | 744.43 | 1.1853 | [1] | 22.9412 | 27.6588 | 20.56 | [1] |
| 江　西 | 5.48 | 60.03 | 1.1865 | 10 | 1.8249 | 2.2304 | 22.22 | 10 |
| 安　徽 | 7.92 | 82.25 | 1.1820 | 12 | 2.6375 | 3.0559 | 15.86 | 12 |
| 山　西 | 6.50 | 63.95 | 1.1774 | 15 | 2.1646 | 2.3760 | 9.77 | 15 |
| 湖　南 | 9.03 | 80.01 | 1.1686 | 18 | 3.0071 | 2.9727 | -1.14 | 18 |
| 河　南 | 11.49 | 91.16 | 1.1595 | 23 | 3.8263 | 3.3870 | -11.48 | 23 |
| 湖　北 | 9.88 | 76.65 | 1.1576 | 24 | 3.2902 | 2.8479 | -13.44 | 24 |
| 中　部 | 50.29 | 454.05 | 1.1702 | [2] | 16.7471 | 16.8699 | 0.73 | [2] |
| 北　京 | 9.26 | 163.90 | 1.2278 | 2 | 3.0837 | 6.0896 | 97.48 | 2 |
| 海　南 | 1.65 | 23.51 | 1.2089 | 5 | 0.5495 | 0.8735 | 58.96 | 5 |
| 江　苏 | 17.05 | 190.86 | 1.1883 | 9 | 5.6778 | 7.0913 | 24.90 | 9 |
| 天　津 | 4.64 | 47.87 | 1.1815 | 13 | 1.5452 | 1.7786 | 15.10 | 13 |
| 浙　江 | 13.69 | 115.36 | 1.1644 | 21 | 4.5589 | 4.2861 | -5.98 | 21 |
| 河　北 | 10.73 | 82.66 | 1.1570 | 25 | 3.5732 | 3.0712 | -14.05 | 25 |
| 上　海 | 11.67 | 86.38 | 1.1537 | 26 | 3.8862 | 3.2094 | -17.42 | 26 |
| 山　东 | 17.57 | 127.75 | 1.1522 | 27 | 5.8510 | 4.7465 | -18.88 | 27 |
| 广　东 | 26.33 | 168.16 | 1.1416 | 29 | 8.7682 | 6.2479 | -28.74 | 28 |
| 福　建 | 10.05 | 64.18 | 1.1416 | 28 | 3.3468 | 2.3846 | -28.75 | 29 |
| 东　部 | 122.64 | 1070.62 | 1.1674 | [3] | 40.8405 | 39.7781 | -2.60 | [3] |
| 吉　林 | 6.09 | 61.16 | 1.1791 | 14 | 2.0280 | 2.2724 | 12.05 | 14 |
| 辽　宁 | 10.10 | 92.60 | 1.1714 | 17 | 3.3634 | 3.4405 | 2.29 | 17 |
| 黑龙江 | 8.57 | 45.63 | 1.1269 | 30 | 2.8539 | 1.6953 | -40.60 | 30 |
| 东　北 | 24.77 | 199.38 | 1.1607 | [4] | 8.2487 | 7.4078 | -10.19 | [4] |

注：（1）表中全国、中央财政及各地文化投入总量数据来源于《中国统计年鉴》，地方财政合计分解为东、中、西部和东北四大区域，其余均为演算衍生数值；（2）部分地区总量份额较小，故保留4位小数，份额增减百分比负值为下降百分比。另2000年四川与云南文化投入总量需以3位小数比较。

2000~2014年各省域文化投入总量年均增长幅度比较，17个省域年均增长幅度高于全国平均增长，按增幅高低依次为青海、北京、西藏、新疆、海南、内蒙古、四川、陕西、江苏、江西、重庆、安徽、天津、吉林、山西、贵州、辽宁；14个省域年均增长幅度低于全国平均增长，按增幅高低依次为湖南、宁夏、甘肃、浙江、广西、河南、湖北、河北、上海、山东、广东、福建、黑龙江、云南。青海占据首位，年均增长高于全国平均增长8.76个百分点；云南处于末位，年均增长低于全国平均增长4.33个百分点。

各省域文化投入历年总量份额比较。在2000年，31个省域占全国份额由高到低依次为广东、山东、江苏、浙江、上海、河南、河北、云南、四川、辽宁、福建、湖北、北京、湖南、黑龙江、广西、安徽、陕西、内蒙古、山西、吉林、贵州、甘肃、江西、新疆、天津、重庆、西藏、宁夏、海南、青海。广东占据首位，文化投入总量占全国份额的8.77%；青海处于末位，文化投入总量占全国份额的0.46%。

2014年，31个省域占全国份额由高到低依次为江苏、广东、北京、四川、山东、浙江、陕西、辽宁、内蒙古、河南、上海、河北、安徽、湖南、湖北、新疆、广西、福建、山西、吉林、江西、云南、贵州、甘肃、天津、黑龙江、重庆、青海、西藏、海南、宁夏。江苏占据首位，文化投入总量占全国份额7.09%；宁夏处于末位，文化投入总量占全国份额0.60%。

这14年间，各省域文化投入总量占全国份额变化比较，17个省域份额提升，按份额增幅大小依次为青海、北京、西藏、新疆、海南、内蒙古、四川、陕西、江苏、江西、重庆、安徽、天津、吉林、山西、贵州、辽宁；14个省域份额下降，按份额减幅大小倒序依次为湖南、宁夏、甘肃、浙江、广西、河南、湖北、河北、上海、山东、广东、福建、黑龙江、云南。青海占据首位，占全国份额提高了174.18%；云南处于末位，占全国份额降低了41.03%。

2014年，全国文化投入总量增长5.78%，低于“十五”年均增长

12.78 个百分点，低于“十一五”年均增长 11.23 个百分点。同年，17 个省域文化投入总量增长幅度高于全国平均增长，按增幅高低依次为西藏、广西、青海、广东、湖南、江西、河北、河南、贵州、福建、江苏、浙江、吉林、天津、海南、北京、湖北；14 个省域文化投入总量增长幅度低于全国平均增长，按增幅高低依次为内蒙古、安徽、重庆、山东、新疆、辽宁、上海、宁夏、山西、四川、陕西、云南、黑龙江、甘肃。

由于各省域之间人口规模差异极大，各地文化投入总量数值本身不具可比性，但增长幅度和份额变化却可以进行比较，此处仅提供各地总量增长幅度和份额增减排序。鉴于各省域文化投入总量占全国份额差距巨大，各地份额增减并无比较意义，故采用份额增减百分比加以比较，便于进行排序。实际上，总量增长与份额增减是联系在一起的，总量年均增长排序与份额增减百分比排序也是一致的。

### （二）文化投入人均值增长变化

以年平均人口衡量的文化投入人均值增长状况见表 2，各地按 14 年间文化投入人均值年均增长指数由高到低排列。

2000～2014 年，全国文化投入人均值从 23.78 元增长至 197.28 元，人均增量绝对值为 173.50 元，增长 729.60%，年均增长 16.31%。同期，东部整体人均值年均增长 15.14%，低于全国平均增长 1.17 个百分点，从全国人均值的 120.31% 降低至 104.37%，人均增量为全国人均增量的 102.19%；东北整体人均值年均增长 15.81%，低于全国平均增长 0.50 个百分点，从全国人均值的 97.81% 降低至 92.07%，人均增量为全国人均增量的 91.29%；中部整体人均值年均增长 16.89%，高于全国平均增长 0.58 个百分点，从全国人均值的 59.39% 提高至 63.62%，人均增量为全国人均增量的 64.21%；西部整体人均值年均增长 18.36%，高于全国平均增长 2.05 个百分点，从全国人均值的 80.42% 提高至 102.71%，人均增量为全国人均增量的 105.76%。

**表 2　以年平均人口衡量的文化投入人均值增长状况**

| 地区 | 文化投入人均绝对值 | | | | 人均值增长变动 | | | | |
|---|---|---|---|---|---|---|---|---|---|
| | 2000 年 | | 2014 年 | | 14 年增量及增量比 | | | 14 年年均增长 | |
| | 人均值（元） | 排序 | 人均值（元） | 排序 | 增量值（元） | 增量比（全国 =1） | 增量比排序 | 增长指数（上年 =1） | 指数排序 |
| 全　国 | 23.78 | — | 197.28 | — | 173.50 | 1 | — | 1.1631 | — |
| 青　海 | 27.00 | 11 | 588.36 | 3 | 561.36 | 3.2355 | 3 | 1.2462 | 1 |
| 西　藏 | 78.13 | 1 | 1083.31 | 1 | 1005.18 | 5.7935 | 1 | 1.2066 | 2 |
| 四　川 | 12.39 | 29 | 166.98 | 18 | 154.59 | 0.8910 | 17 | 1.2042 | 3 |
| 内蒙古 | 27.92 | 10 | 367.43 | 4 | 339.51 | 1.9568 | 4 | 1.2021 | 4 |
| 陕　西 | 20.94 | 19 | 247.33 | 9 | 226.39 | 1.3048 | 9 | 1.1929 | 6 |
| 新　疆 | 28.29 | 9 | 325.79 | 6 | 297.50 | 1.7147 | 5 | 1.1907 | 7 |
| 重　庆 | 10.94 | 31 | 120.85 | 26 | 109.91 | 0.6335 | 26 | 1.1872 | 8 |
| 贵　州 | 15.49 | 25 | 156.04 | 20 | 140.55 | 0.8101 | 18 | 1.1794 | 13 |
| 甘　肃 | 22.55 | 17 | 191.76 | 15 | 169.21 | 0.9753 | 15 | 1.1652 | 18 |
| 广　西 | 17.29 | 22 | 144.66 | 21 | 127.37 | 0.7341 | 20 | 1.1638 | 19 |
| 宁　夏 | 32.99 | 6 | 243.47 | 10 | 210.48 | 1.2131 | 11 | 1.1535 | 22 |
| 云　南 | 25.22 | 12 | 119.59 | 27 | 94.37 | 0.5439 | 30 | 1.1176 | 30 |
| 西　部 | 19.13 | [3] | 202.63 | [2] | 183.50 | 1.0576 | [1] | 1.1836 | [1] |
| 安　徽 | 12.64 | 28 | 135.81 | 22 | 123.17 | 0.7099 | 21 | 1.1848 | 10 |
| 江　西 | 13.08 | 27 | 132.46 | 23 | 119.38 | 0.6881 | 23 | 1.1798 | 12 |
| 山　西 | 20.14 | 20 | 175.75 | 16 | 155.61 | 0.8969 | 16 | 1.1673 | 15 |
| 湖　南 | 13.80 | 26 | 119.16 | 28 | 105.36 | 0.6073 | 27 | 1.1665 | 17 |
| 湖　北 | 16.61 | 23 | 131.98 | 24 | 115.37 | 0.6650 | 24 | 1.1596 | 20 |
| 河　南 | 12.17 | 30 | 96.72 | 31 | 84.55 | 0.4873 | 31 | 1.1596 | 21 |
| 中　部 | 14.12 | [4] | 125.52 | [4] | 111.40 | 0.6421 | [4] | 1.1689 | [2] |
| 吉　林 | 22.81 | 15 | 222.24 | 12 | 199.43 | 1.1495 | 12 | 1.1766 | 14 |
| 辽　宁 | 24.19 | 13 | 210.90 | 13 | 186.71 | 1.0761 | 13 | 1.1673 | 16 |
| 黑龙江 | 22.56 | 16 | 119.01 | 29 | 96.45 | 0.5559 | 28 | 1.1261 | 28 |
| 东　北 | 23.26 | [2] | 181.65 | [3] | 158.39 | 0.9129 | [3] | 1.1581 | [3] |
| 海　南 | 21.29 | 18 | 261.36 | 8 | 240.07 | 1.3837 | 8 | 1.1961 | 5 |
| 北　京 | 70.87 | 3 | 768.34 | 2 | 697.47 | 4.0200 | 2 | 1.1856 | 9 |
| 江　苏 | 23.45 | 14 | 240.09 | 11 | 216.64 | 1.2486 | 10 | 1.1807 | 11 |
| 河　北 | 16.14 | 24 | 112.33 | 30 | 96.19 | 0.5544 | 29 | 1.1486 | 23 |
| 浙　江 | 30.19 | 7 | 209.62 | 14 | 179.43 | 1.0342 | 14 | 1.1484 | 24 |
| 天　津 | 47.30 | 4 | 320.32 | 7 | 273.02 | 1.5736 | 7 | 1.1464 | 25 |
| 山　东 | 19.66 | 21 | 130.87 | 25 | 111.21 | 0.6410 | 25 | 1.1450 | 26 |
| 福　建 | 29.88 | 8 | 169.34 | 17 | 139.46 | 0.8038 | 19 | 1.1319 | 27 |
| 上　海 | 74.94 | 2 | 356.87 | 5 | 281.93 | 1.6250 | 6 | 1.1179 | 29 |
| 广　东 | 35.16 | 5 | 157.39 | 19 | 122.23 | 0.7045 | 22 | 1.1130 | 31 |
| 东　部 | 28.61 | [1] | 205.91 | [1] | 177.30 | 1.0219 | [2] | 1.1514 | [4] |

注：（1）表中均为衍生数值，演算依据为《中国统计年鉴》；（2）人均值“增量比”小于 1 为小于全国总体人均增量。

2000～2014年各省域文化投入人均值年均增长幅度比较，19个省域年均增长幅度高于全国平均增长，按增幅高低依次为青海、西藏、四川、内蒙古、海南、陕西、新疆、重庆、北京、安徽、江苏、江西、贵州、吉林、山西、辽宁、湖南、甘肃、广西；12个省域年均增长幅度低于全国平均增长，按增幅高低依次为湖北、河南、宁夏、河北、浙江、天津、山东、福建、黑龙江、上海、云南、广东。青海占据首位，年均增长高于全国平均增长8.31个百分点；广东处于末位，年均增长低于全国平均增长5.01个百分点。

各省域文化投入历年人均值比较。2000年，13个省域人均值高于全国人均值，按人均值高低依次为西藏、上海、北京、天津、广东、宁夏、浙江、福建、新疆、内蒙古、青海、云南、辽宁；18个省域人均值低于全国人均值，按人均值高低依次为江苏、吉林、黑龙江、甘肃、海南、陕西、山西、山东、广西、湖北、河北、贵州、湖南、江西、安徽、四川、河南、重庆。西藏占据首位，人均值高达全国人均值的328.53%；重庆处于末位，人均值仅为全国人均值的46.01%。

到2014年，14个省域人均值高于全国人均值，按人均值高低依次为西藏、北京、青海、内蒙古、上海、新疆、天津、海南、陕西、宁夏、江苏、吉林、辽宁、浙江；17个省域人均值低于全国人均值，按人均值高低依次为甘肃、山西、福建、四川、广东、贵州、广西、安徽、江西、湖北、山东、重庆、云南、湖南、黑龙江、河北、河南。西藏占据首位，人均值高达全国人均值的549.11%；河南处于末位，人均值仅为全国人均值的49.03%。

2014年，全国文化投入人均值年度增长5.25%，低于“十五”年均增长12.55个百分点，低于“十一五”年均增长11.16个百分点。同年，15个省域人均值年均增长幅度高于全国平均增长，按增幅高低依次为西藏、广西、青海、广东、湖南、江西、河北、河南、贵州、福建、江苏、浙江、吉林、海南、湖北；16个省域人均值年均增长幅度低于全国平均增长，按增幅高低依次为内蒙古、北京、天津、安徽、重庆、山东、新疆、辽宁、上海、宁夏、山西、四川、陕西、云南、黑龙江、甘肃。

当然，文化投入增长状况分析不能孤立地进行，必须放到全国及各地经济、财政增长的相关社会背景当中，放到教科文卫投入增长的相邻同步关系当中，继续展开检测；同时有必要放到居民文化消费占居民收入、支出比的同构可比关联当中，放到检验各地协调性、均等性的地区差指标测算当中，深入展开检测。因基础数据未提供文化投入的城乡投向，故缺少反映“中国现实”极为重要的城乡比指标，留下遗憾。在本项测评的具体演算过程中，文化投入相关各类关系比值以总量进行测算，文化投入地区差以人均值进行测算。

## 二　各省域文化投入相关背景协调状况

在本项测评里，全国及各省域文化投入增长首先需要放到经济、财政增长的相关社会背景中，考察其间的“背景协调增长”状况，从而得出背景关系平衡指标演算比值。

### （一）文化投入与产值比变化

文化投入与产值比变动状况见表3，各省域按文化投入总量与产值总量的关系比值由高到低排列。表中同时提供了2000年和2014年各地产值总量数据，对照本报告表1里各地文化投入总量数据，可以进行重复验算。

2000~2014年，全国产值总量从99776.25亿元增长至636138.73亿元，年均增长14.15%，低于同期文化投入总量年均增长2.81个百分点，文化投入与产值比从0.30%上升至0.42%。

与此同时，东部整体产值年均增长低于文化投入年均增长2.26个百分点，文化投入与产值比从0.23%上升至0.31%；东北整体产值年均增长低于文化投入年均增长2.58个百分点，文化投入与产值比从0.25%上升至0.35%；中部整体产值年均增长低于文化投入年均增长1.72个百分点，文化投入与产值比从0.27%上升至0.33%；西部整体产值年均增长低于文化投入年均增长2.43个百分点，文化投入与产值比从0.40%上升至0.54%。

各省域文化投入与产值比历年高低对比。2000 年，13 个省域此项比值高于全国总体比值，按比值高低依次为西藏、宁夏、贵州、甘肃、云南、青海、内蒙古、陕西、广西、新疆、山西、海南、吉林；18 个省域此项比值低于全国总体比值，按比值高低依次为北京、湖北、江西、安徽、天津、黑龙江、四川、福建、湖南、广东、上海、河南、浙江、辽宁、河北、山东、重庆、江苏。西藏占据首位，此项比值高于全国总体比值 1.40 个百分点；江苏处于末位，此项比值低于全国总体比值 0.10 个百分点。

2014 年，15 个省域此项比值高于全国总体比值，按比值高低依次为西藏、青海、新疆、北京、甘肃、海南、贵州、宁夏、陕西、内蒙古、山西、四川、吉林、云南、广西；16 个省域此项比值低于全国总体比值，按比值高低依次为安徽、江西、上海、辽宁、天津、黑龙江、湖南、江苏、浙江、河北、湖北、福建、河南、重庆、广东、山东。西藏占据首位，此项比值高于全国总体比值 3.28 个百分点；山东处于末位，此项比值低于全国总体比值 0.21 个百分点。

2000～2014 年各省域文化投入与产值比升降变化比较，28 个省域此项比值上升，按升幅高低依次为青海、北京、西藏、海南、新疆、四川、上海、辽宁、江苏、安徽、山西、吉林、江西、甘肃、河北、浙江、陕西、内蒙古、重庆、湖南、河南、天津、黑龙江、广西、贵州、山东、广东、湖北；3 个省域此项比值下降，按降幅高低倒序依次为福建、宁夏、云南。其中，青海、北京、西藏、海南、新疆、四川、上海、辽宁、江苏、安徽、山西、吉林 12 个省域此项比值变动状况依次好于全国总体；其余 19 个省域此项比值变动状况依次逊于全国总体。青海占据首位，此项比值升高了 182.01%；云南处于末位，此项比值降低了 17.04%。

2014 年与上一年相比，全国此项比值下降 2.22%。同时，12 个省域此项比值上升，按升幅高低依次为西藏、广西、青海、河北、广东、湖南、江西、河南、浙江、吉林、江苏、福建；19 个省域此项比值下降，按降幅高低倒序依次为内蒙古、天津、北京、贵州、海南、湖北、安徽、山西、山东、重庆、辽宁、新疆、宁夏、上海、四川、陕西、云南、黑龙江、甘肃。

**表 3 文化投入与产值比变动状况**

| 地区 | 2000年 | | | 2014年 | | | 14年比值变化 | |
|---|---|---|---|---|---|---|---|---|
| | 产值总量（亿元） | 文化投入与产值比 | | 产值总量（亿元） | 文化投入与产值比 | | 变化(%) | 排序 |
| | | 比值(%) | 排序 | | 比值(%) | 排序 | | |
| 全　国 | 99776.25 | 0.3010 | — | 636138.73 | 0.4231 | — | 40.56 | — |
| 辽　宁 | 4669.10 | 0.2164 | 27 | 28626.58 | 0.3235 | 19 | 49.49 | 8 |
| 吉　林 | 1951.51 | 0.3121 | 13 | 13803.14 | 0.4431 | 13 | 41.97 | 12 |
| 黑龙江 | 3151.40 | 0.2720 | 19 | 15039.38 | 0.3034 | 21 | 11.54 | 23 |
| 东　北 | 9772.01 | 0.2534 | [3] | 57469.10 | 0.3469 | [2] | 36.90 | [1] |
| 青　海 | 263.68 | 0.5259 | 6 | 2303.32 | 1.4831 | 2 | 182.01 | 1 |
| 西　藏 | 117.80 | 1.7046 | 1 | 920.83 | 3.7034 | 1 | 117.26 | 3 |
| 新　疆 | 1363.56 | 0.3759 | 10 | 9273.46 | 0.8015 | 3 | 113.22 | 5 |
| 四　川 | 3928.20 | 0.2705 | 20 | 28536.66 | 0.4753 | 12 | 75.71 | 6 |
| 甘　肃 | 1052.88 | 0.5462 | 4 | 6836.82 | 0.7254 | 5 | 32.81 | 14 |
| 陕　西 | 1804.00 | 0.4215 | 8 | 17689.94 | 0.5270 | 9 | 25.03 | 17 |
| 内蒙古 | 1539.12 | 0.4294 | 7 | 17770.19 | 0.5172 | 10 | 20.45 | 18 |
| 重　庆 | 1603.16 | 0.2105 | 30 | 14262.60 | 0.2526 | 29 | 20.00 | 19 |
| 广　西 | 2080.04 | 0.3934 | 9 | 15672.89 | 0.4372 | 15 | 11.13 | 24 |
| 贵　州 | 1029.92 | 0.5615 | 3 | 9266.39 | 0.5902 | 7 | 5.11 | 25 |
| 宁　夏 | 295.02 | 0.6133 | 2 | 2752.10 | 0.5820 | 8 | -5.10 | 30 |
| 云　南 | 2011.19 | 0.5287 | 5 | 12814.59 | 0.4386 | 14 | -17.04 | 31 |
| 西　部 | 17088.57 | 0.4032 | [1] | 138099.80 | 0.5391 | [1] | 33.71 | [2] |
| 北　京 | 3161.00 | 0.2930 | 14 | 21330.83 | 0.7684 | 4 | 162.25 | 2 |
| 海　南 | 526.82 | 0.3135 | 12 | 3500.72 | 0.6715 | 6 | 114.19 | 4 |
| 上　海 | 4771.17 | 0.2446 | 24 | 23567.70 | 0.3665 | 18 | 49.84 | 7 |
| 江　苏 | 8553.69 | 0.1993 | 31 | 65088.32 | 0.2932 | 23 | 47.11 | 9 |
| 河　北 | 5043.96 | 0.2126 | 28 | 29421.15 | 0.2809 | 25 | 32.13 | 15 |
| 浙　江 | 6141.03 | 0.2230 | 26 | 40173.03 | 0.2871 | 24 | 28.74 | 16 |
| 天　津 | 1701.88 | 0.2724 | 18 | 15726.93 | 0.3044 | 20 | 11.75 | 22 |
| 山　东 | 8337.47 | 0.2108 | 29 | 59426.59 | 0.2150 | 31 | 1.99 | 26 |
| 广　东 | 10741.25 | 0.2451 | 23 | 67809.85 | 0.2480 | 30 | 1.18 | 27 |
| 福　建 | 3764.54 | 0.2669 | 21 | 24055.76 | 0.2668 | 27 | -0.04 | 29 |
| 东　部 | 52742.81 | 0.2325 | [4] | 350100.88 | 0.3058 | [4] | 31.53 | [3] |
| 安　徽 | 2902.09 | 0.2727 | 17 | 20848.75 | 0.3945 | 16 | 44.66 | 10 |
| 山　西 | 1845.72 | 0.3521 | 11 | 12761.49 | 0.5011 | 11 | 42.32 | 11 |
| 江　西 | 2003.07 | 0.2736 | 16 | 15714.63 | 0.3820 | 17 | 39.62 | 13 |
| 湖　南 | 3551.49 | 0.2543 | 22 | 27037.32 | 0.2959 | 22 | 16.36 | 20 |
| 河　南 | 5052.99 | 0.2274 | 25 | 34938.24 | 0.2609 | 28 | 14.73 | 21 |
| 湖　北 | 3545.39 | 0.2787 | 15 | 27379.22 | 0.2800 | 26 | 0.47 | 28 |
| 中　部 | 18900.75 | 0.2661 | [2] | 138679.65 | 0.3274 | [3] | 23.04 | [4] |

注：(1) 表中全国及各地产值总量数据来源于《中国统计年鉴》，其余为演算衍生数值；(2) 因比值太小，表中保留4位小数，并按4位小数演算比值变化，正文表述按惯例保留2位小数，后表4～表5同；(3) 比值升降百分比负值为下降百分比。

这一比值关系分析表明，2000～2014年，全国及各省域文化投入增长与产值增长相比较，其间“背景增长协调性”普遍向好。在全国及绝大部分省域，文化投入增长超过了产值增长，经济增长的成果已经在提升文化投入上明显体现出来。

### （二）文化投入占财政收入比变化

文化投入占财政收入比变动状况见表4，各省域按文化投入总量与财政收入总量的关系比值由高到低排列。表中同时提供了2000年和2014年各地财政收入总量数据，对照本报告表1里各地文化投入总量数据，可以进行重复验算。

2000～2014年，全国财政收入总量从13395.23亿元增长至140370.03亿元，年均增长18.27%，高于同期文化投入总量年均增长1.31个百分点，文化投入占财政收入比从2.24%下降至1.92%。

与此同时，东部整体财政收入年均增长高于文化投入年均增长2.08个百分点，文化投入占财政收入比从3.36%下降至2.62%；东北整体财政收入年均增长高于文化投入年均增长1.59个百分点，文化投入占财政收入比从4.24%下降至3.50%；中部整体财政收入年均增长高于文化投入年均增长3.05个百分点，文化投入占财政收入比从4.82%下降至3.37%；西部整体财政收入年均增长高于文化投入年均增长2.26个百分点，文化投入占财政收入比从6.11%下降至4.69%。

各省域文化投入占财政收入比历年高低对比。2000年，31个省域此项比值全都高于全国总体比值，按比值高低依次为西藏、甘肃、宁夏、青海、内蒙古、贵州、陕西、新疆、云南、吉林、山西、广西、湖南、江西、河南、黑龙江、湖北、四川、安徽、河北、福建、海南、浙江、重庆、江苏、山东、天津、辽宁、广东、北京、上海。西藏占据首位，此项比值高于全国总体比值35.05个百分点；上海处于末位，此项比值低于全国总体比值0.16个百分点。

**表 4　文化投入占财政收入比变动状况**

| 地区 | 2000 年 | | | 2014 年 | | | 14 年比值变化 | |
|---|---|---|---|---|---|---|---|---|
| | 财政收入总量(亿元) | 财政收入总量(亿元) | | 产值总量(亿元) | 文化投入占财政收入比 | | 变化(%) | 排序 |
| | | 比值(%) | 排序 | | 比值(%) | 排序 | | |
| 全　国 | 13395.23 | 2.2417 | — | 140370.03 | 1.9174 | — | -14.47 | — |
| 吉　林 | 103.83 | 5.8666 | 10 | 1203.38 | 5.0821 | 5 | -13.37 | 6 |
| 辽　宁 | 295.63 | 3.4181 | 28 | 3192.78 | 2.9002 | 23 | -15.15 | 8 |
| 黑龙江 | 185.34 | 4.6245 | 16 | 1301.31 | 3.5064 | 17 | -24.18 | 13 |
| 东　北 | 584.79 | 4.2351 | [3] | 5697.48 | 3.4995 | [2] | -17.37 | [1] |
| 北　京 | 345.00 | 2.6849 | 30 | 4027.16 | 4.0699 | 12 | 51.58 | 2 |
| 海　南 | 39.20 | 4.2128 | 22 | 555.31 | 4.2329 | 11 | 0.48 | 3 |
| 河　北 | 248.76 | 4.3113 | 20 | 2446.62 | 3.3785 | 18 | -21.64 | 11 |
| 上　海 | 485.38 | 2.4046 | 31 | 4585.55 | 1.8837 | 30 | -21.66 | 12 |
| 广　东 | 910.56 | 2.8917 | 29 | 8065.08 | 2.0850 | 28 | -27.90 | 16 |
| 浙　江 | 342.77 | 3.9949 | 23 | 4122.02 | 2.7985 | 24 | -29.95 | 19 |
| 江　苏 | 448.31 | 3.8032 | 25 | 7233.14 | 2.6387 | 26 | -30.62 | 20 |
| 山　东 | 463.68 | 3.7902 | 26 | 5026.83 | 2.5413 | 27 | -32.95 | 22 |
| 福　建 | 234.11 | 4.2919 | 21 | 2362.21 | 2.7169 | 25 | -36.70 | 25 |
| 天　津 | 133.61 | 3.4694 | 27 | 2390.35 | 2.0027 | 29 | -42.28 | 28 |
| 东　部 | 3651.37 | 3.3588 | [4] | 40814.27 | 2.6231 | [4] | -21.90 | [2] |
| 青　海 | 16.58 | 8.3615 | 4 | 251.68 | 13.5731 | 2 | 62.33 | 1 |
| 四　川 | 233.86 | 4.5439 | 18 | 3061.07 | 4.4313 | 10 | -2.48 | 4 |
| 新　疆 | 79.07 | 6.4820 | 8 | 1282.34 | 5.7960 | 4 | -10.58 | 5 |
| 广　西 | 147.05 | 5.5644 | 12 | 1422.28 | 4.8176 | 8 | -13.42 | 7 |
| 甘　肃 | 61.28 | 9.3844 | 2 | 672.67 | 7.3732 | 3 | -21.43 | 10 |
| 陕　西 | 114.97 | 6.6139 | 7 | 1890.40 | 4.9319 | 7 | -25.43 | 14 |
| 西　藏 | 5.38 | 37.2902 | 1 | 124.27 | 27.4418 | 1 | -26.41 | 15 |
| 内蒙古 | 95.03 | 6.9539 | 5 | 1843.67 | 4.9848 | 6 | -28.32 | 17 |
| 贵　州 | 85.23 | 6.7845 | 6 | 1366.67 | 4.0020 | 13 | -41.01 | 27 |
| 云　南 | 180.75 | 5.8832 | 9 | 1698.06 | 3.3102 | 20 | -43.73 | 29 |
| 宁　夏 | 20.82 | 8.6888 | 3 | 339.86 | 4.7128 | 9 | -45.76 | 30 |
| 重　庆 | 87.24 | 3.8673 | 24 | 1922.02 | 1.8742 | 31 | -51.54 | 31 |
| 西　部 | 1127.29 | 6.1113 | [1] | 15874.99 | 4.6893 | [1] | -23.27 | [3] |
| 安　徽 | 178.72 | 4.4288 | 19 | 2218.44 | 3.7077 | 14 | -16.28 | 9 |
| 河　南 | 246.47 | 4.6613 | 15 | 2739.26 | 3.3279 | 19 | -28.61 | 18 |
| 湖　南 | 177.04 | 5.1014 | 13 | 2262.79 | 3.5357 | 15 | -30.69 | 21 |
| 江　西 | 111.55 | 4.9132 | 14 | 1881.83 | 3.1902 | 21 | -35.07 | 23 |
| 湖　北 | 214.35 | 4.6095 | 17 | 2566.90 | 2.9861 | 22 | -35.22 | 24 |
| 山　西 | 114.48 | 5.6767 | 11 | 1820.64 | 3.5126 | 16 | -38.12 | 26 |
| 中　部 | 1042.60 | 4.8240 | [2] | 13489.85 | 3.3659 | [3] | -30.23 | [4] |

资料来源：表中全国及各地财政收入总量数据来源于《中国统计年鉴》，其余同前表。

2014 年，29 个省域此项比值高于全国总体比值，按比值高低依次为西藏、青海、甘肃、新疆、吉林、内蒙古、陕西、广西、宁夏、四川、海南、北京、贵州、安徽、湖南、山西、黑龙江、河北、河南、云南、江西、湖北、辽宁、浙江、福建、江苏、山东、广东、天津；2 个省域此项比值低于全国总体比值，按比值高低依次为上海、重庆。西藏占据首位，此项比值高于全国总体比值 25.52 个百分点；重庆处于末位，此项比值低于全国总体比值 0.04 个百分点。

2000 ~ 2014 年各省域文化投入占财政收入比升降变化比较，3 个省域此项比值上升，按升幅高低依次为青海、北京、海南；28 个省域此项比值下降，按降幅高低倒序依次为四川、新疆、吉林、广西、辽宁、安徽、甘肃、河北、上海、黑龙江、陕西、西藏、广东、内蒙古、河南、浙江、江苏、湖南、山东、江西、湖北、福建、山西、贵州、天津、云南、宁夏、重庆。其中，青海、北京、海南、四川、新疆、吉林、广西 7 个省域此项比值变动状况依次好于全国总体；其余 24 个省域此项比值变动状况依次逊于全国总体。青海占据首位，此项比值升高了 62.33%；重庆处于末位，此项比值降低了 51.54%。

2014 年与上一年相比，全国此项比值下降 2.63%。同时，9 个省域此项比值上升，按升幅高低依次为广西、青海、西藏、河北、广东、湖南、吉林、辽宁、浙江；22 个省域此项比值下降，按降幅高低倒序依次为江苏、河南、福建、贵州、江西、内蒙古、安徽、北京、天津、海南、山东、重庆、湖北、山西、新疆、宁夏、云南、上海、四川、陕西、黑龙江、甘肃。

这一比值关系分析表明，2000 ~ 2014 年，全国及各省域文化投入增长与财政收入增长相比较，其间“背景增长协调性”普遍欠佳。在全国及绝大部分省域，文化投入增长滞后于财政收入增长，财政收入增长的成效并未在提升文化投入上同步体现出来。

### （三）文化投入占财政支出比变化

文化投入占财政支出比变动状况见表 5，各省域按文化投入总量与财政支出总量的关系比值由高到低排列。表中同时提供了2000年和2014年各地财政支出总量数据，对照本报告表1里各地文化投入总量数据，可以进行重复验算。

2000~2014年，全国财政支出总量从15886.50亿元增长至151785.56亿元，年均增长17.49%，高于同期文化投入总量年均增长0.53个百分点，文化投入占财政支出比从1.89%下降至1.77%。

与此同时，东部整体财政支出年均增长高于文化投入年均增长1.78个百分点，文化投入占财政支出比从2.58%下降至2.08%；东北整体财政支出年均增长高于文化投入年均增长1.68个百分点，文化投入占财政支出比从2.13%下降至1.74%；中部整体财政支出年均增长高于文化投入年均增长3.89个百分点，文化投入占财政支出比从2.60%下降至1.64%；西部整体财政支出年均增长高于文化投入年均增长2.76个百分点，文化投入占财政支出比从2.65%下降至1.92%。

各省域文化投入占财政支出比历年高低对比，2000年，30个省域此项比值高于全国总体比值，按比值高低依次为西藏、浙江、广西、福建、甘肃、宁夏、山西、江苏、贵州、山东、陕西、新疆、湖北、内蒙古、湖南、河北、河南、海南、云南、天津、江西、安徽、广东、四川、吉林、黑龙江、北京、青海、辽宁、上海；1个省域此项比值低于全国总体比值，即为重庆。西藏占据首位，此项比值高于全国总体比值1.46个百分点；重庆处于末位，此项比值低于全国总体比值0.09个百分点。

2014年，18个省域此项比值高于全国总体比值，按比值高低依次为北京、西藏、青海、内蒙古、陕西、江苏、新疆、浙江、海南、吉林、山西、四川、广西、甘肃、福建、广东、辽宁、山东；13个省域此项比值低于全国总体比值，按比值高低依次为河北、安徽、上海、天津、宁夏、湖南、湖北、江西、贵州、河南、黑龙江、云南、重庆。北京占据首位，此项比值高于全国总体比值1.85个百分点；重庆处于末位，此项比值低于全国总体比值0.68个百分点。

表5 文化投入占财政支出比变动状况

| 地区 | 2000年 | | | 2014年 | | | 14年比值变化 | |
|---|---|---|---|---|---|---|---|---|
| | 财政支出总量(亿元) | 文化投入占财政支出比 | | 产值总量(亿元) | 财政支出总量(亿元) | | 变化(%) | 排序 |
| | | 比值(%) | 排序 | | 比值(%) | 排序 | | |
| 全国 | 15886.50 | 1.8902 | — | 151785.56 | 1.7732 | — | -6.19 | — |
| 辽宁 | 518.08 | 1.9504 | 29 | 5080.49 | 1.8226 | 17 | -6.55 | 3 |
| 吉林 | 260.67 | 2.3367 | 25 | 2913.25 | 2.0993 | 10 | -10.16 | 5 |
| 黑龙江 | 381.87 | 2.2445 | 26 | 3434.22 | 1.3287 | 29 | -40.80 | 26 |
| 东北 | 1160.63 | 2.1339 | [4] | 11427.95 | 1.7447 | [3] | -18.24 | [1] |
| 北京 | 443.00 | 2.0909 | 27 | 4524.67 | 3.6224 | 1 | 73.25 | 1 |
| 上海 | 608.56 | 1.9179 | 30 | 4923.44 | 1.7544 | 21 | -8.52 | 4 |
| 海南 | 64.12 | 2.5755 | 18 | 1099.74 | 2.1374 | 9 | -17.01 | 11 |
| 江苏 | 591.28 | 2.8836 | 8 | 8472.45 | 2.2527 | 6 | -21.88 | 12 |
| 广东 | 1080.32 | 2.4373 | 23 | 9152.64 | 1.8373 | 16 | -24.62 | 13 |
| 浙江 | 431.30 | 3.1750 | 2 | 5159.57 | 2.2358 | 8 | -29.58 | 16 |
| 河北 | 415.54 | 2.5810 | 16 | 4677.30 | 1.7672 | 19 | -31.53 | 17 |
| 天津 | 187.05 | 2.4781 | 20 | 2884.70 | 1.6595 | 22 | -33.03 | 18 |
| 福建 | 324.18 | 3.0993 | 4 | 3306.70 | 1.9408 | 15 | -37.38 | 21 |
| 山东 | 613.08 | 2.8666 | 10 | 7177.31 | 1.7799 | 18 | -37.91 | 23 |
| 东部 | 4758.42 | 2.5774 | [3] | 51378.51 | 2.0838 | [1] | -19.15 | [2] |
| 青海 | 68.26 | 2.0315 | 28 | 1347.43 | 2.5352 | 3 | 24.79 | 2 |
| 内蒙古 | 247.27 | 2.6726 | 14 | 3879.98 | 2.3686 | 4 | -11.37 | 6 |
| 西藏 | 59.97 | 3.3484 | 1 | 1185.51 | 2.8766 | 2 | -14.09 | 7 |
| 四川 | 452.00 | 2.3510 | 24 | 6796.61 | 1.9958 | 12 | -15.11 | 8 |
| 陕西 | 271.76 | 2.7981 | 11 | 3962.50 | 2.3529 | 5 | -15.91 | 9 |
| 新疆 | 190.95 | 2.6842 | 12 | 3317.79 | 2.2402 | 7 | -16.54 | 10 |
| 甘肃 | 188.23 | 3.0554 | 5 | 2541.49 | 1.9515 | 14 | -36.13 | 19 |
| 广西 | 258.49 | 3.1656 | 3 | 3479.79 | 1.9691 | 13 | -37.80 | 22 |
| 重庆 | 187.64 | 1.7981 | 31 | 3304.39 | 1.0901 | 31 | -39.37 | 25 |
| 宁夏 | 60.84 | 2.9741 | 6 | 1000.45 | 1.6010 | 23 | -46.17 | 29 |
| 贵州 | 201.57 | 2.8688 | 9 | 3542.80 | 1.5438 | 27 | -46.19 | 30 |
| 云南 | 414.11 | 2.5678 | 19 | 4437.98 | 1.2666 | 30 | -50.67 | 31 |
| 西部 | 2601.09 | 2.6486 | [1] | 38796.73 | 1.9188 | [2] | -27.55 | [3] |
| 安徽 | 323.47 | 2.4469 | 22 | 4664.10 | 1.7635 | 20 | -27.93 | 14 |
| 山西 | 225.06 | 2.8875 | 7 | 3085.28 | 2.0728 | 11 | -28.21 | 15 |
| 江西 | 223.47 | 2.4526 | 21 | 3882.70 | 1.5462 | 26 | -36.96 | 20 |
| 湖南 | 347.83 | 2.5965 | 15 | 5017.38 | 1.5946 | 24 | -38.59 | 24 |
| 河南 | 445.53 | 2.5786 | 17 | 6028.69 | 1.5121 | 28 | -41.36 | 27 |
| 湖北 | 368.77 | 2.6793 | 13 | 4934.15 | 1.5535 | 25 | -42.02 | 28 |
| 中部 | 1934.13 | 2.6004 | [2] | 27612.30 | 1.6444 | [4] | -36.76 | [4] |

资料来源：表中全国及各地财政支出总量数据来源于《中国统计年鉴》，其余同前表。

2000～2014 年各省域文化投入占财政支出比升降变化比较，2 个省域此项比值上升，按升幅高低依次为北京、青海；29 个省域此项比值下降，按降幅高低倒序依次为辽宁、上海、吉林、内蒙古、西藏、四川、陕西、新疆、海南、江苏、广东、安徽、山西、浙江、河北、天津、甘肃、江西、福建、广西、山东、湖南、重庆、黑龙江、河南、湖北、宁夏、贵州、云南。其中，北京、青海 2 个省域此项比值变动状况依次好于全国总体；其余 29 个省域此项比值变动状况依次逊于全国总体。北京占据首位，此项比值升高了 73.25%；云南处于末位，此项比值降低了 50.67%。

2014 年与上一年相比，全国此项比值下降 2.28%。同时，11 个省域此项比值上升，按升幅高低依次为西藏、广西、青海、广东、湖南、河北、河南、福建、江西、吉林、江苏；20 个省域此项比值下降，按降幅高低倒序依次为浙江、辽宁、内蒙古、海南、贵州、北京、安徽、重庆、天津、山西、湖北、山东、新疆、上海、宁夏、四川、陕西、黑龙江、云南、甘肃。

这一比值关系分析表明，2000～2014 年，全国及各省域文化投入增长与财政支出增长相比较，其间“背景增长协调性”普遍欠佳。在全国及绝大部分省域，文化投入增长滞后于财政支出增长，财政支出增长的效应并未在提升文化投入上同步体现出来。

## 三　各省域文化投入相邻关系协调状况

在本项测评里，全国及各省域文化投入增长其次也需要放到教育、科技、卫生投入增长的相邻同步关系中，考察其间的“相邻协调增长”状况，从而得出相邻关系平衡指标演算比值。

### （一）文化投入与教育投入关系比值变化

文化投入与教育投入比变动状况见表 6，各省域按文化投入总量与教育投入总量的关系比值由高到低排列。表中同时提供了 2000 年和 2014 年各地教育投入总量数据，对照本报告表1里各地文化投入总量数据，可以进行重复验算。

2000～2014年，全国教育投入总量从1768.75亿元增长至23041.71亿元，年均增长20.12%，高于同期文化投入总量年均增长3.16个百分点，文化投入与教育投入比从16.98%下降至11.68%。

与此同时，东部整体教育投入年均增长高于文化投入年均增长2.77个百分点，文化投入与教育投入比从15.75%下降至11.34%；东北整体教育投入年均增长高于文化投入年均增长1.87个百分点，文化投入与教育投入比从16.43%下降至13.14%；中部整体教育投入年均增长高于文化投入年均增长4.37个百分点，文化投入与教育投入比从15.91%下降至9.52%；西部整体教育投入年均增长高于文化投入年均增长3.38个百分点，文化投入与教育投入比从18.20%下降至12.28%。

各省域文化投入与教育投入比历年高低对比，2000年，18个省域此项比值高于全国总体比值，按比值高低依次为四川、西藏、宁夏、内蒙古、甘肃、陕西、青海、广西、贵州、广东、湖南、浙江、黑龙江、海南、湖北、云南、山西、吉林；13个省域此项比值低于全国总体比值，按比值高低依次为新疆、福建、北京、辽宁、天津、山东、河南、安徽、河北、江苏、江西、上海、重庆。四川占据首位，此项比值高于全国总体比值24.77个百分点；重庆处于末位，此项比值低于全国总体比值11.77个百分点。

2014年，15个省域此项比值高于全国总体比值，按比值高低依次为西藏、北京、青海、内蒙古、辽宁、吉林、陕西、海南、新疆、宁夏、四川、江苏、山西、上海、甘肃；16个省域此项比值低于全国总体比值，按比值高低依次为浙江、安徽、广西、福建、湖北、湖南、河北、广东、天津、黑龙江、山东、贵州、江西、云南、重庆、河南。西藏占据首位，此项比值高于全国总体比值12.32个百分点；河南处于末位，此项比值低于全国总体比值4.09个百分点。

**表6　文化投入与教育投入比变动状况**

| 地区 | 2000年 | | | 2014年 | | | 14年比值变化 | |
|---|---|---|---|---|---|---|---|---|
| | 教育投入总量(亿元) | 文化投入与教育投入比 | | 教育投入总量(亿元) | 文化投入与教育投入比 | | 变化(%) | 排序 |
| | | 比值(%) | 排序 | | 比值(%) | 排序 | | |
| 全　国 | 1768.75 | 16.98 | — | 23041.71 | 11.68 | — | -31.21 | — |
| 辽　宁 | 65.91 | 15.33 | 22 | 604.49 | 15.32 | 5 | -0.07 | 4 |
| 吉　林 | 35.81 | 17.01 | 18 | 407.10 | 15.02 | 6 | -11.70 | 6 |
| 黑龙江 | 48.98 | 17.50 | 13 | 505.94 | 9.02 | 25 | -48.46 | 26 |
| 东　北 | 150.70 | 16.43 | [2] | 1517.54 | 13.14 | [1] | -20.02 | [1] |
| 北　京 | 60.07 | 15.42 | 21 | 742.05 | 22.09 | 2 | 43.26 | 2 |
| 上　海 | 84.10 | 13.88 | 30 | 695.63 | 12.42 | 14 | -10.52 | 5 |
| 江　苏 | 117.42 | 14.52 | 28 | 1504.86 | 12.68 | 12 | -12.67 | 7 |
| 海　南 | 9.63 | 17.15 | 14 | 175.95 | 13.36 | 8 | -22.10 | 11 |
| 河　北 | 73.65 | 14.56 | 27 | 868.87 | 9.51 | 22 | -34.68 | 15 |
| 浙　江 | 78.19 | 17.51 | 12 | 1030.99 | 11.19 | 16 | -36.09 | 16 |
| 福　建 | 61.97 | 16.21 | 20 | 634.60 | 10.11 | 19 | -37.63 | 17 |
| 天　津 | 30.87 | 15.01 | 23 | 517.01 | 9.26 | 24 | -38.31 | 18 |
| 山　东 | 118.10 | 14.88 | 24 | 1461.05 | 8.74 | 26 | -41.26 | 20 |
| 广　东 | 144.75 | 18.19 | 10 | 1808.97 | 9.30 | 23 | -48.87 | 27 |
| 东　部 | 778.76 | 15.75 | [4] | 9439.97 | 11.34 | [3] | -28.00 | [2] |
| 重　庆 | 64.80 | 5.21 | 31 | 469.98 | 7.66 | 30 | 47.02 | 1 |
| 青　海 | 7.27 | 19.07 | 7 | 156.31 | 21.85 | 3 | 14.58 | 3 |
| 内蒙古 | 29.75 | 22.21 | 4 | 477.77 | 19.24 | 4 | -13.37 | 8 |
| 西　藏 | 6.98 | 28.77 | 2 | 142.08 | 24.00 | 1 | -16.58 | 9 |
| 新　疆 | 31.35 | 16.35 | 19 | 567.20 | 13.10 | 9 | -19.88 | 10 |
| 陕　西 | 38.46 | 19.77 | 6 | 693.83 | 13.44 | 7 | -32.02 | 14 |
| 甘　肃 | 27.55 | 20.88 | 5 | 401.26 | 12.36 | 15 | -40.80 | 19 |
| 宁　夏 | 8.08 | 22.39 | 3 | 122.68 | 13.06 | 10 | -41.67 | 22 |
| 广　西 | 44.71 | 18.30 | 8 | 660.53 | 10.37 | 18 | -43.33 | 24 |
| 云　南 | 62.31 | 17.07 | 16 | 674.94 | 8.33 | 29 | -51.20 | 29 |
| 贵　州 | 31.78 | 18.20 | 9 | 637.03 | 8.59 | 27 | -52.80 | 30 |
| 四　川 | 25.45 | 41.75 | 1 | 1056.91 | 12.83 | 11 | -69.27 | 31 |
| 西　部 | 378.51 | 18.20 | [1] | 6060.52 | 12.28 | [2] | -32.53 | [3] |
| 安　徽 | 53.99 | 14.66 | 26 | 743.07 | 11.07 | 17 | -24.49 | 12 |
| 山　西 | 38.16 | 17.03 | 17 | 507.28 | 12.61 | 13 | -25.95 | 13 |
| 江　西 | 38.14 | 14.37 | 29 | 711.72 | 8.44 | 28 | -41.27 | 21 |
| 湖　北 | 57.66 | 17.14 | 15 | 773.35 | 9.91 | 20 | -42.18 | 23 |
| 湖　南 | 50.88 | 17.75 | 11 | 833.27 | 9.60 | 21 | -45.92 | 25 |
| 河　南 | 77.33 | 14.86 | 25 | 1201.38 | 7.59 | 31 | -48.92 | 28 |
| 中　部 | 316.17 | 15.91 | [3] | 4770.07 | 9.52 | [4] | -40.16 | [4] |

资料来源：表中全国及各地教育投入总量数据来源于《中国统计年鉴》，其余同前表。

2000~2014 年各省域文化投入与教育投入比升降变化比较，3 个省域此项比值上升，按升幅高低依次为重庆、北京、青海；28 个省域此项比值下降，按降幅高低倒序依次为辽宁、上海、吉林、江苏、内蒙古、西藏、新疆、海南、安徽、山西、陕西、河北、浙江、福建、天津、甘肃、山东、江西、宁夏、湖北、广西、湖南、黑龙江、广东、河南、云南、贵州、四川。其中，重庆、北京、青海、辽宁、上海、吉林、江苏、内蒙古、西藏、新疆、海南、安徽、山西 13 个省域此项比值变动状况依次好于全国总体；其余 18 个省域此项比值变动状况依次逊于全国总体。重庆占据首位，此项比值升高了 47.02%；四川处于末位，此项比值降低了 69.27%。

2014 年与上一年相比，全国此项比值上升 1.01%。同时，16 个省域此项比值上升，按升幅高低依次为广西、广东、西藏、湖南、吉林、河南、河北、辽宁、江西、海南、江苏、青海、安徽、山西、福建、浙江；15 个省域此项比值下降，按降幅高低倒序依次为内蒙古、贵州、北京、山东、天津、重庆、陕西、上海、湖北、新疆、四川、云南、宁夏、黑龙江、甘肃。

这一比值关系分析表明，2000~2014 年，全国及各省域文化投入增长与教育投入增长相比较，其间“相邻增长协调性”普遍欠佳。在全国及绝大部分省域，文化投入增长滞后于教育投入增长，教育投入增长进展并未在具有相邻关系的文化投入上引发同步效应，反而在教科文卫综合投入中压低了文化投入的比重。

### （二）文化投入与科技投入关系比值变化

文化投入与科技投入比变动状况见表 7，各省域按文化投入总量与科技投入总量的关系比值由高到低排列。表中同时提供了 2000 年和 2014 年各地科技投入总量数据，对照本报告表 1 里各地文化投入总量数据，可以进行重复验算。

**表 7　文化投入与科技投入比变动状况**

| 地区 | 2000 年 | | | 2014 年 | | | 14 年比值变化 | |
|---|---|---|---|---|---|---|---|---|
| | 科技投入总量(亿元) | 文化投入与科技投入比 | | 科技投入总量(亿元) | 文化投入与科技投入比 | | 变化(%) | 排序 |
| | | 比值(%) | 排序 | | 比值(%) | 排序 | | |
| 全　国 | 173.58 | 172.99 | — | 5314.45 | 50.64 | — | -70.73 | — |
| 西　藏 | 0.19 | 1074.95 | 1 | 4.42 | 771.30 | 1 | -28.25 | 1 |
| 甘　肃 | 1.27 | 452.74 | 15 | 21.16 | 234.41 | 4 | -48.22 | 2 |
| 四　川 | 3.30 | 322.40 | 24 | 81.76 | 165.90 | 9 | -48.54 | 3 |
| 内蒙古 | 1.20 | 549.88 | 6 | 32.87 | 279.64 | 3 | -49.15 | 4 |
| 青　海 | 0.19 | 722.99 | 2 | 10.39 | 328.82 | 2 | -54.52 | 6 |
| 云　南 | 3.38 | 314.64 | 26 | 43.15 | 130.28 | 13 | -58.59 | 7 |
| 陕　西 | 1.49 | 510.27 | 9 | 44.86 | 207.82 | 5 | -59.27 | 8 |
| 新　疆 | 1.04 | 492.22 | 10 | 40.34 | 184.25 | 6 | -62.57 | 11 |
| 宁　夏 | 0.46 | 394.81 | 17 | 11.66 | 137.33 | 11 | -65.22 | 13 |
| 贵　州 | 1.54 | 374.33 | 19 | 44.34 | 123.36 | 14 | -67.05 | 14 |
| 广　西 | 2.13 | 383.37 | 18 | 59.93 | 114.34 | 17 | -70.18 | 16 |
| 重　庆 | 0.73 | 462.64 | 12 | 38.16 | 94.39 | 21 | -79.60 | 24 |
| 西　部 | 16.92 | 407.05 | [2] | 433.04 | 171.91 | [1] | -57.77 | [1] |
| 吉　林 | 1.75 | 347.13 | 23 | 36.45 | 167.79 | 8 | -51.66 | 5 |
| 黑龙江 | 2.73 | 313.99 | 27 | 39.46 | 115.64 | 16 | -63.17 | 12 |
| 辽　宁 | 3.26 | 309.76 | 28 | 108.82 | 85.10 | 23 | -72.53 | 18 |
| 东　北 | 7.75 | 319.72 | [3] | 184.72 | 107.94 | [2] | -66.24 | [2] |
| 海　南 | 0.38 | 431.63 | 16 | 13.53 | 173.74 | 7 | -59.75 | 9 |
| 北　京 | 6.21 | 149.23 | 31 | 282.71 | 57.98 | 27 | -61.15 | 10 |
| 河　北 | 2.08 | 515.80 | 7 | 51.32 | 161.07 | 10 | -68.77 | 15 |
| 福　建 | 3.12 | 321.72 | 25 | 67.40 | 95.23 | 20 | -70.40 | 17 |
| 广　东 | 10.96 | 240.28 | 29 | 274.33 | 61.30 | 25 | -74.49 | 20 |
| 上　海 | 7.32 | 159.52 | 30 | 262.29 | 32.93 | 31 | -79.36 | 23 |
| 山　东 | 3.85 | 455.97 | 14 | 147.06 | 86.87 | 22 | -80.95 | 26 |
| 浙　江 | 3.94 | 347.52 | 22 | 207.99 | 55.46 | 29 | -84.04 | 27 |
| 江　苏 | 4.63 | 368.58 | 20 | 327.10 | 58.35 | 26 | -84.17 | 28 |
| 天　津 | 1.33 | 348.50 | 21 | 109.00 | 43.92 | 30 | -87.40 | 29 |
| 东　部 | 43.82 | 279.89 | [4] | 1742.72 | 61.43 | [4] | -78.05 | [3] |
| 湖　南 | 1.75 | 514.89 | 8 | 59.38 | 134.73 | 12 | -73.83 | 19 |
| 河　南 | 2.34 | 491.76 | 11 | 81.25 | 112.20 | 18 | -77.18 | 21 |
| 江　西 | 1.19 | 462.16 | 13 | 58.37 | 102.85 | 19 | -77.75 | 22 |
| 山　西 | 1.08 | 601.32 | 4 | 54.26 | 117.85 | 15 | -80.40 | 25 |
| 安　徽 | 1.39 | 569.15 | 5 | 129.59 | 63.47 | 24 | -88.85 | 30 |
| 湖　北 | 1.54 | 640.79 | 3 | 134.46 | 57.01 | 28 | -91.10 | 31 |
| 中　部 | 9.29 | 541.42 | [1] | 517.31 | 87.77 | [3] | -83.79 | [4] |

资料来源：表中全国及各地科技投入总量数据来源于《中国统计年鉴》，其余同前表。

2000～2014 年，全国科技投入总量从 173. 58 亿元增长至 5314. 45 亿元，年均增长 27. 68%，高于同期文化投入总量年均增长 10. 72 个百分点，文化投入与科技投入比从 172. 99% 下降至 50. 64%。

与此同时，东部整体科技投入年均增长高于文化投入年均增长 13. 35 个百分点，文化投入与科技投入比从 279. 89% 下降至 61. 43%；东北整体科技投入年均增长高于文化投入年均增长 9. 36 个百分点，文化投入与科技投入比从 319. 72% 下降至 107. 94%；中部整体科技投入年均增长高于文化投入年均增长 16. 24 个百分点，文化投入与科技投入比从 541. 42% 下降至 87. 77%；西部整体科技投入年均增长高于文化投入年均增长 7. 53 个百分点，文化投入与科技投入比从 407. 05% 下降至 171. 91%。

各省域文化投入与科技投入比历年高低对比，2000 年，29 个省域此项比值高于全国总体比值，按比值高低依次为西藏、青海、湖北、山西、安徽、内蒙古、河北、湖南、陕西、新疆、河南、重庆、江西、山东、甘肃、海南、宁夏、广西、贵州、江苏、天津、浙江、吉林、四川、福建、云南、黑龙江、辽宁、广东；2 个省域此项比值低于全国总体比值，按比值高低依次为上海、北京。西藏占据首位，此项比值高于全国总体比值 901. 95 个百分点；北京处于末位，此项比值低于全国总体比值 23. 76 个百分点。

2014 年，29 个省域此项比值高于全国总体比值，按比值高低依次为西藏、青海、内蒙古、甘肃、陕西、新疆、海南、吉林、四川、河北、宁夏、湖南、云南、贵州、山西、黑龙江、广西、河南、江西、福建、重庆、山东、辽宁、安徽、广东、江苏、北京、湖北、浙江；2 个省域此项比值低于全国总体比值，按比值高低依次为天津、上海。西藏占据首位，此项比值高于全国总体比值 720. 65 个百分点；上海处于末位，此项比值低于全国总体比值 17. 71 个百分点。

2000～2014 年各省域文化投入与科技投入比升降变化比较，31 个省域此项比值全都下降，按降幅高低倒序依次为西藏、甘肃、四川、内蒙古、吉林、青海、云南、陕西、海南、北京、新疆、黑龙江、宁夏、贵州、河北、广西、福建、辽宁、湖南、广东、河南、江西、上海、重庆、山西、山东、浙江、江苏、天津、安徽、湖北。其中，西藏、甘肃、四川、内蒙古、吉林、青海、云南、陕西、海南、北京、新疆、黑龙江、宁夏、贵州、河北、广西、福建17个省域此项比值变动状况依次好于全国总体；其余14个省域此项比值变动状况依次逊于全国总体。西藏占据首位，此项比值降低了28.25%；湖北处于末位，此项比值降低了91.10%。

2014年与上一年相比，全国此项比值上升1.20%。同时，16个省域此项比值上升，按升幅高低依次为广东、西藏、广西、河南、吉林、河北、海南、山西、湖南、青海、辽宁、重庆、江苏、山东、内蒙古、浙江；15个省域此项比值下降，按降幅高低倒序依次为福建、新疆、上海、天津、江西、云南、宁夏、北京、安徽、贵州、黑龙江、四川、陕西、甘肃、湖北。

这一比值关系分析表明，2000～2014年，全国及各省域文化投入增长与科技投入增长相比较，其间"相邻增长协调性"普遍欠佳。在全国及绝大部分省域，文化投入增长滞后于科技投入增长，科技投入增长进展并未在具有相邻关系的文化投入上引发同步效应，反而在教科文卫综合投入中压低了文化投入的比重。

### （三）文化投入与卫生投入关系比值变化

文化投入与卫生投入比变动状况见表8，各省域按文化投入总量与卫生投入总量的关系比值由高到低排列。表中同时提供了2000年和2014年各地卫生投入总量数据，对照本报告表1里各地文化投入总量数据，可以进行重复验算。

2000～2014年，全国卫生投入总量从494.26亿元增长至10176.81亿元，年均增长24.12%，高于同期文化投入总量年均增长7.16个百分点，文化投入与卫生投入比从60.75%下降至26.45%。

与此同时，东部整体卫生投入年均增长高于文化投入年均增长5.34个百分点，文化投入与卫生投入比从50.68%下降至27.08%；东北整体卫生投入年均增长高于文化投入年均增长6.78个百分点，文化投入与卫生投入比从61.73%下降至27.87%；中部整体卫生投入年均增长高于文化投入年

**表 8　文化投入与卫生投入比变动状况**

| 地区 | 2000 年 | | | 2014 年 | | | 14 年比值变化 | |
|---|---|---|---|---|---|---|---|---|
| | 卫生投入总量(亿元) | 文化投入与卫生投入比 | | 卫生投入总量(亿元) | 文化投入与卫生投入比 | | 变化(%) | 排序 |
| | | 比值(%) | 排序 | | 比值(%) | 排序 | | |
| 全　国 | 494.26 | 60.75 | — | 10176.81 | 26.45 | — | -56.46 | — |
| 北　京 | 28.53 | 32.47 | 31 | 322.29 | 50.86 | 2 | 56.64 | 1 |
| 上　海 | 32.58 | 35.82 | 30 | 264.75 | 32.63 | 8 | -8.91 | 3 |
| 江　苏 | 32.57 | 52.35 | 21 | 560.93 | 34.03 | 6 | -35.00 | 6 |
| 天　津 | 8.69 | 53.36 | 19 | 161.33 | 29.67 | 10 | -44.40 | 9 |
| 浙　江 | 27.24 | 50.27 | 24 | 433.80 | 26.59 | 12 | -47.11 | 10 |
| 海　南 | 2.80 | 58.93 | 17 | 88.46 | 26.57 | 13 | -54.91 | 13 |
| 广　东 | 47.73 | 55.16 | 18 | 777.55 | 21.63 | 19 | -60.79 | 15 |
| 福　建 | 16.14 | 62.25 | 11 | 292.14 | 21.97 | 18 | -64.71 | 17 |
| 山　东 | 28.26 | 62.19 | 12 | 605.67 | 21.09 | 20 | -66.09 | 21 |
| 河　北 | 17.46 | 61.42 | 15 | 446.79 | 18.50 | 26 | -69.88 | 27 |
| 东　部 | 242.00 | 50.68 | [4] | 3953.70 | 27.08 | [2] | -46.57 | [1] |
| 辽　宁 | 17.13 | 58.98 | 16 | 273.61 | 33.84 | 7 | -42.62 | 7 |
| 吉　林 | 9.38 | 64.95 | 9 | 206.44 | 29.62 | 11 | -54.40 | 12 |
| 黑龙江 | 13.61 | 62.97 | 10 | 235.31 | 19.39 | 21 | -69.21 | 26 |
| 东　北 | 40.12 | 61.73 | [2] | 715.37 | 27.87 | [1] | -54.85 | [2] |
| 西　藏 | 3.24 | 62.04 | 14 | 48.86 | 69.79 | 1 | 12.49 | 2 |
| 青　海 | 2.82 | 49.14 | 25 | 80.13 | 42.63 | 3 | -13.25 | 4 |
| 新　疆 | 10.65 | 48.13 | 27 | 202.32 | 36.74 | 5 | -23.67 | 5 |
| 内蒙古 | 9.11 | 72.56 | 4 | 227.78 | 40.35 | 4 | -44.39 | 8 |
| 四　川 | 21.90 | 48.53 | 26 | 584.10 | 23.22 | 17 | -52.15 | 11 |
| 重　庆 | 8.04 | 41.97 | 29 | 246.34 | 14.62 | 31 | -65.17 | 18 |
| 贵　州 | 11.06 | 52.30 | 22 | 303.25 | 18.04 | 27 | -65.51 | 19 |
| 甘　肃 | 8.06 | 71.38 | 5 | 204.19 | 24.29 | 16 | -65.97 | 20 |
| 云　南 | 22.38 | 47.52 | 28 | 352.41 | 15.95 | 29 | -66.44 | 22 |
| 陕　西 | 8.29 | 91.74 | 1 | 313.45 | 29.74 | 9 | -67.58 | 24 |
| 宁　夏 | 2.35 | 76.93 | 2 | 65.27 | 24.54 | 15 | -68.10 | 25 |
| 广　西 | 11.64 | 70.30 | 6 | 355.33 | 19.28 | 23 | -72.57 | 29 |
| 西　部 | 119.52 | 57.64 | [3] | 2983.42 | 24.95 | [3] | -56.71 | [3] |
| 山　西 | 10.45 | 62.18 | 13 | 243.94 | 26.22 | 14 | -57.83 | 14 |
| 湖　北 | 19.09 | 51.76 | 23 | 401.32 | 19.10 | 24 | -63.10 | 16 |
| 江　西 | 10.32 | 53.13 | 20 | 338.45 | 17.74 | 28 | -66.61 | 23 |
| 安　徽 | 11.71 | 67.58 | 7 | 425.00 | 19.35 | 22 | -71.37 | 28 |
| 湖　南 | 11.88 | 76.03 | 3 | 422.40 | 18.94 | 25 | -75.09 | 30 |
| 河　南 | 17.30 | 66.41 | 8 | 602.95 | 15.12 | 30 | -77.23 | 31 |
| 中　部 | 80.74 | 62.29 | [1] | 2434.07 | 18.65 | [4] | -70.06 | [4] |

资料来源：表中全国及各地卫生投入总量数据来源于《中国统计年鉴》，其余同前表。

均增长 10.52 个百分点，文化投入与卫生投入比从 62.29% 下降至 18.65%；西部整体卫生投入年均增长高于文化投入年均增长 7.31 个百分点，文化投入与卫生投入比从 57.64% 下降至 24.95%。

各省域文化投入与卫生投入比历年高低对比，2000 年，15 个省域此项比值高于全国总体比值，按比值高低依次为陕西、宁夏、湖南、内蒙古、甘肃、广西、安徽、河南、吉林、黑龙江、福建、山东、山西、西藏、河北；16 个省域此项比值低于全国总体比值，按比值高低依次为辽宁、海南、广东、天津、江西、江苏、贵州、湖北、浙江、青海、四川、新疆、云南、重庆、上海、北京。陕西占据首位，此项比值高于全国总体比值 30.98 个百分点；北京处于末位，此项比值低于全国总体比值 28.29 个百分点。

2014 年，13 个省域此项比值高于全国总体比值，按比值高低依次为西藏、北京、青海、内蒙古、新疆、江苏、辽宁、上海、陕西、天津、吉林、浙江、海南；18 个省域此项比值低于全国总体比值，按比值高低依次为山西、宁夏、甘肃、四川、福建、广东、山东、黑龙江、安徽、广西、湖北、湖南、河北、贵州、江西、云南、河南、重庆。西藏占据首位，此项比值高于全国总体比值 43.34 个百分点；重庆处于末位，此项比值低于全国总体比值 11.83 个百分点。

2000~2014 年各省域文化投入与卫生投入比升降变化比较，2 个省域此项比值上升，按升幅高低依次为北京、西藏；29 个省域此项比值下降，按降幅高低倒序依次为上海、青海、新疆、江苏、辽宁、内蒙古、天津、浙江、四川、吉林、海南、山西、广东、湖北、福建、重庆、贵州、甘肃、山东、云南、江西、陕西、宁夏、黑龙江、河北、安徽、广西、湖南、河南。其中，北京、西藏、上海、青海、新疆、江苏、辽宁、天津、内蒙古、浙江、四川、吉林、海南 13 个省域此项比值变动状况依次好于全国总体；其余 18 个省域此项比值变动状况依次逊于全国总体。北京占据首位，此项比值升高了 56.64%；河南处于末位，此项比值降低了 77.23%。

2014 年与上一年相比，全国此项比值下降 13.94%。同时，3 个省域此项比值上升，按升幅高低依次为西藏、青海、广西；28 个省域此项比值下降，按降幅高低倒序依次为河北、吉林、湖南、江苏、河南、北京、内蒙古、江西、安徽、浙江、广东、天津、福建、湖北、贵州、海南、重庆、辽宁、山东、宁夏、四川、山西、新疆、上海、云南、陕西、黑龙江、甘肃。

这一比值关系分析表明，2000～2014年，全国及各省域文化投入增长与卫生投入增长相比较，其间“相邻增长协调性”普遍欠佳。在全国及绝大部分省域，文化投入增长滞后于卫生投入增长，卫生投入增长进展并未在具有相邻关系的文化投入上引发同步效应，反而在教科文卫综合投入中压低了文化投入的比重。

## 四 各省域文化投入与居民文化消费同构关联对比

在本项测评里，全国及各省域文化投入增长再次还需要放到居民文化消费增长的同构可比关系中，考察其间的“同构协调增长”状况，从而得出占比倍差指数校正指标演算结果。此项测算与“中国文化消费需求景气评价体系”形成互动。

### （一）文化消费与文化投入占收入比变化

文化消费与文化投入占收入比倍差变动状况见表9，各省域按居民文化消费与公共文化投入占收入比之间的倍差变化排列。表中同时提供了2000年和2014年各地居民文化消费占收入比演算结果，对照本报告表4里各地公共文化投入占财政收入比演算结果，可以进行重复验算。

2000～2014年，全国文化消费占居民收入比从5.82%下降至5.39%，降幅为7.32%；对照表4，同期全国文化投入占财政收入比降幅为14.47%，降幅大于文化消费占居民收入比降幅。于是，在这14年间，全国文化消费占居民收入比与文化投入占财政收入比之间的倍差从2.5942增大至2.8110，增幅为8.36%。这意味着，文化投入占财政收入比下降形成不利态势，甚于同期文化消费占居民收入比下降的不利态势。

**表9　文化消费与文化投入占收入比倍差变动状况**

| 地区 | 2000年 | | | 2014年 | | | 14年倍差变化 | |
|---|---|---|---|---|---|---|---|---|
| | 文化消费占居民收入比（%） | 文化消费与投入占收入比倍差 | | 文化消费占居民收入比（%） | 文化消费与投入占收入比倍差 | | 变化（%） | 排序（倒序） |
| | | 无差距＝1 | 差距倒序 | | 无差距＝1 | 差距倒序 | | |
| 全　国 | 5.8155 | 2.5942 | — | 5.3899 | 2.8110 | — | 8.36 | — |
| 北　京 | 6.9268 | 2.5799 | 31 | 5.0420 | 1.2388 | 6 | -51.98 | 1 |
| 浙　江 | 5.6556 | 1.4157 | 22 | 4.1550 | 1.4847 | 13 | 4.87 | 10 |
| 山　东 | 6.0025 | 1.5837 | 27 | 4.4373 | 1.7461 | 19 | 10.25 | 12 |
| 上　海 | 5.7602 | 2.3954 | 30 | 4.8616 | 2.5809 | 30 | 7.74 | 11 |
| 海　南 | 4.7724 | 1.1328 | 6 | 5.3344 | 1.2602 | 7 | 11.25 | 13 |
| 天　津 | 5.0870 | 1.4662 | 23 | 4.0261 | 2.0103 | 27 | 37.11 | 20 |
| 广　东 | 5.1616 | 1.7850 | 28 | 5.2903 | 2.5373 | 29 | 42.15 | 21 |
| 河　北 | 4.5893 | 1.0645 | 3 | 5.1330 | 1.5193 | 14 | 42.72 | 22 |
| 江　苏 | 5.6897 | 1.4960 | 24 | 5.8961 | 2.2345 | 28 | 49.36 | 24 |
| 福　建 | 5.2022 | 1.2121 | 15 | 5.2136 | 1.9190 | 22 | 58.32 | 27 |
| 东　部 | 5.5169 | 1.6425 | [4] | 4.9955 | 1.9044 | [4] | 15.95 | [1] |
| 四　川 | 6.3037 | 1.3873 | 20 | 5.0162 | 1.1320 | 4 | -18.40 | 2 |
| 广　西 | 6.7914 | 1.2205 | 16 | 5.2636 | 1.0926 | 2 | -10.48 | 3 |
| 甘　肃 | 8.0123 | 1.1462 | 8 | 7.1168 | 1.0348 | 1 | -9.72 | 4 |
| 新　疆 | 5.4027 | 1.1665 | 11 | 4.9529 | 1.1455 | 5 | -1.80 | 6 |
| 西　藏 | 1.5931 | 1.9573 | 29 | 1.8957 | 1.9309 | 24 | -1.35 | 7 |
| 青　海 | 4.1598 | 1.5025 | 25 | 6.4870 | 1.5221 | 15 | 1.30 | 9 |
| 宁　夏 | 6.8644 | 1.2100 | 14 | 6.5785 | 1.3959 | 11 | 15.36 | 14 |
| 陕　西 | 7.5754 | 1.1454 | 7 | 6.5387 | 1.3258 | 10 | 15.75 | 15 |
| 内蒙古 | 6.3824 | 1.0822 | 4 | 6.3852 | 1.2809 | 9 | 18.36 | 16 |
| 贵　州 | 5.4737 | 1.1932 | 12 | 7.8682 | 1.9661 | 25 | 64.78 | 29 |
| 云　南 | 5.9710 | 1.0149 | 1 | 6.3637 | 1.9224 | 23 | 89.42 | 30 |
| 重　庆 | 5.9788 | 1.5460 | 26 | 5.5069 | 2.9382 | 31 | 90.05 | 31 |
| 西　部 | 6.3569 | 1.0402 | [1] | 5.9021 | 1.2586 | [1] | 21.00 | [2] |
| 安　徽 | 5.5547 | 1.2542 | 18 | 4.6828 | 1.2630 | 8 | 0.70 | 8 |
| 江　西 | 5.9158 | 1.2041 | 13 | 5.2368 | 1.6415 | 16 | 36.33 | 19 |
| 湖　南 | 7.1135 | 1.3944 | 21 | 7.0721 | 2.0002 | 26 | 43.45 | 23 |
| 河　南 | 5.4354 | 1.1661 | 10 | 5.8020 | 1.7434 | 18 | 49.51 | 25 |
| 湖　北 | 5.6928 | 1.2350 | 17 | 5.6821 | 1.9029 | 21 | 54.08 | 26 |
| 山　西 | 5.3957 | 1.0495 | 2 | 6.0309 | 1.7169 | 17 | 63.59 | 28 |
| 中　部 | 5.9024 | 1.2236 | [3] | 5.7932 | 1.7211 | [3] | 40.66 | [3] |
| 吉　林 | 4.9463 | 1.1569 | 9 | 5.5556 | 1.0932 | 3 | -5.51 | 5 |
| 黑龙江 | 4.1269 | 1.1076 | 5 | 5.1592 | 1.4714 | 12 | 32.85 | 17 |
| 辽　宁 | 4.5753 | 1.3386 | 19 | 5.1871 | 1.7885 | 20 | 33.61 | 18 |
| 东　北 | 4.5062 | 1.0640 | [2] | 5.2610 | 1.5034 | [2] | 41.30 | [4] |

注：（1）文化消费占收入比测算同“中国文化消费需要景气评价体系”形成互动，取文化消费与投入各占收入比之间倍差（倍差演算：无差距基准值1加同构收入比之间商值与其绝对偏差值）衡量差距及其变动；（2）为检测细微差异，倍差指数保留4位小数，变化百分比负值为倍差减小，其余同前表。

与此同时，东部文化消费占居民收入比降幅为9.45%，文化投入占财政收入比降幅为21.90%，二者倍差从1.6425增大至1.9044；东北文化消费占居民收入比升幅为16.75%，文化投入占财政收入比降幅为17.37%，二者倍差从1.0640增大至1.5034；中部文化消费占居民收入比降幅为1.85%，文化投入占财政收入比降幅为30.23%，二者倍差从1.2236增大至1.7211；西部文化消费占居民收入比降幅为7.15%，文化投入占财政收入比降幅为23.27%，二者倍差从1.0402增大至1.2586。

各省域文化消费占居民收入比与文化投入占财政收入比之间历年倍差大小对比，2000年，31个省域此项倍差全都小于全国总体倍差，按倍差大小倒序依次为云南、山西、河北、内蒙古、黑龙江、海南、陕西、甘肃、吉林、河南、新疆、贵州、江西、宁夏、福建、广西、湖北、安徽、辽宁、四川、湖南、浙江、天津、江苏、青海、重庆、山东、广东、西藏、上海、北京。云南占据首位，此项倍差仅为全国总体倍差的39.12%；北京处于末位，此项倍差达到全国总体倍差的99.45%。

2014年，30个省域此项倍差小于全国总体倍差，按倍差大小倒序依次为甘肃、广西、吉林、四川、新疆、北京、海南、安徽、内蒙古、陕西、宁夏、黑龙江、浙江、河北、青海、江西、山西、河南、山东、辽宁、湖北、福建、云南、西藏、贵州、湖南、天津、江苏、广东、上海；1个省域此项倍差大于全国总体，为重庆。甘肃占据首位，此项倍差仅为全国总体倍差的36.81%；重庆处于末位，此项倍差达到全国总体倍差的104.53%。

2000~2014年各省域文化消费与文化投入占收入比之间倍差变化比较，7个省域此项倍差减小，即二者差距缩小，按倍差减幅大小依次为北京、四川、广西、甘肃、吉林、新疆、西藏；24个省域此项倍差增大，即二者差距扩大，按倍差增幅大小倒序依次为安徽、青海、浙江、上海、山东、海南、宁夏、陕西、内蒙古、黑龙江、辽宁、江西、天津、广东、河北、湖南、江苏、河南、湖北、福建、山西、贵州、云南、重庆。其中，北京、四川、广西、甘肃、吉林、新疆、西藏、安徽、青海、浙江、上海11个省域此项倍差变动状况依次好于全国总体；其余20个省域此项倍差变动状况依次逊于全国总体。北京占据首位，此项倍差减小了51.98%；重庆处于末位，此项倍差增大了90.05%。

2014年与上一年相比，全国此项倍差增大7.15%。同时，11个省域此项倍差减小，按减幅大小依次为甘肃、北京、广东、新疆、广西、江苏、上海、浙江、青海、天津、辽宁；20个省域此项倍差增大，按增幅大小倒序依次为福建、西藏、吉林、河南、四川、安徽、山东、河北、江西、海南、内蒙古、山西、重庆、陕西、贵州、湖北、宁夏、湖南、云南、黑龙江。

这一倍差分析表明，2000～2014年，全国及各省域文化消费占居民收入比变化动态与文化投入占财政收入比变化动态相比较，其间“同构增长协调性”普遍欠佳。在全国及绝大部分省域，文化投入占财政收入比及其变动幅度逊于文化消费占居民收入比及其变动幅度，以财政收入占比来衡量的文化投入增长滞后于以居民收入占比来衡量的文化消费增长所体现出来的需求动态。

### （二）文化消费与文化投入占支出比变化

文化消费与文化投入占支出比倍差变动状况见表10，各省域按居民文化消费与公共文化投入占支出比之间的倍差变化排列。表中同时提供了2000年和2014年各地居民文化消费占支出比演算结果，对照本报告表5里各地公共文化投入占财政支出比演算结果，可以进行重复验算。

2000～2014年，全国文化消费占居民支出比从7.51%下降至7.50%，降幅为0.13%；对照表5，同期全国文化投入占财政支出比降幅为6.19%，降幅大于文化消费占居民支出比降幅。于是，在这14年间，全国文化消费占居民支出比与文化投入占财政支出比之间的倍差从3.9736增大至4.2301，增幅为6.46%。这意味着，文化投入占财政支出比下降形成不利态势，甚于同期文化消费占居民支出比下降的不利态势。

**表 10　文化消费与文化投入占支出比倍差变动状况**

| 地区 | 2000 年 | | | 2014 年 | | | 14 年倍差变化 | |
|---|---|---|---|---|---|---|---|---|
| | 文化消费占居民支出比（%） | 文化消费与投入占支出比倍差 | | 文化消费占居民支出比（%） | 文化消费与投入占支出比倍差 | | 变化（%） | 排序（倒序） |
| | | 无差距 =1 | 差距倒序 | | 无差距 =1 | 差距倒序 | | |
| 全　国 | 7.5109 | 3.9736 | — | 7.5009 | 4.2301 | — | 6.46 | — |
| 北　京 | 8.5338 | 4.0813 | 31 | 7.2119 | 1.9909 | 2 | -51.22 | 1 |
| 上　海 | 7.6222 | 3.9742 | 29 | 6.7585 | 3.8523 | 16 | -3.07 | 4 |
| 天　津 | 7.0489 | 2.8444 | 18 | 5.1954 | 3.1307 | 6 | 10.07 | 6 |
| 浙　江 | 7.4655 | 2.3513 | 4 | 6.0169 | 2.6912 | 3 | 14.46 | 9 |
| 山　东 | 8.2312 | 2.8714 | 19 | 6.9459 | 3.9025 | 17 | 35.91 | 12 |
| 江　苏 | 7.8502 | 2.7224 | 14 | 8.3604 | 3.7112 | 13 | 36.32 | 13 |
| 海　南 | 6.5386 | 2.5388 | 7 | 7.4757 | 3.4976 | 9 | 37.77 | 17 |
| 广　东 | 6.4721 | 2.6555 | 12 | 7.0752 | 3.8509 | 15 | 45.02 | 18 |
| 河　北 | 7.1039 | 2.7524 | 16 | 7.1618 | 4.0526 | 20 | 47.24 | 19 |
| 福　建 | 6.9020 | 2.2269 | 2 | 6.8939 | 3.5520 | 10 | 59.50 | 22 |
| 东　部 | 7.3808 | 2.8637 | [2] | 7.0424 | 3.3796 | [1] | 18.02 | [1] |
| 西　藏 | 2.0217 | 1.3962 | 1 | 2.7800 | 1.0336 | 1 | -25.97 | 2 |
| 四　川 | 7.8521 | 3.3399 | 28 | 6.3873 | 3.2004 | 7 | -4.18 | 3 |
| 新　疆 | 6.9578 | 2.5921 | 9 | 6.2814 | 2.8040 | 4 | 8.17 | 5 |
| 内蒙古 | 8.2337 | 3.0808 | 23 | 8.0744 | 3.4089 | 8 | 10.65 | 7 |
| 陕　西 | 8.9469 | 3.1975 | 25 | 8.4854 | 3.6064 | 12 | 12.79 | 8 |
| 青　海 | 5.1205 | 2.5206 | 6 | 7.3975 | 2.9179 | 5 | 15.76 | 10 |
| 甘　肃 | 10.0121 | 3.2769 | 27 | 8.7818 | 4.5000 | 22 | 37.32 | 16 |
| 广　西 | 8.3203 | 2.6284 | 11 | 7.9699 | 4.0476 | 19 | 53.99 | 20 |
| 重　庆 | 7.2078 | 4.0086 | 30 | 7.3177 | 6.7126 | 29 | 67.45 | 23 |
| 宁　夏 | 8.1638 | 2.7449 | 15 | 8.3819 | 5.2354 | 25 | 90.73 | 28 |
| 云　南 | 7.1307 | 2.7769 | 17 | 8.8801 | 7.0112 | 31 | 152.48 | 30 |
| 贵　州 | 6.6932 | 2.3331 | 3 | 10.4626 | 6.7772 | 30 | 190.48 | 31 |
| 西　部 | 7.8155 | 2.9508 | [3] | 7.8005 | 4.0653 | [2] | 37.77 | [2] |
| 辽　宁 | 5.7611 | 2.9538 | 21 | 7.3669 | 4.0419 | 18 | 36.84 | 14 |
| 吉　林 | 6.0665 | 2.5962 | 10 | 7.4725 | 3.5595 | 11 | 37.10 | 15 |
| 黑龙江 | 5.4281 | 2.4184 | 5 | 7.0322 | 5.2927 | 26 | 118.85 | 29 |
| 东　北 | 5.7232 | 2.6820 | [1] | 7.2858 | 4.1759 | [3] | 55.70 | [3] |
| 安　徽 | 7.4869 | 3.0597 | 22 | 6.7067 | 3.8029 | 14 | 24.29 | 11 |
| 江　西 | 7.9796 | 3.2536 | 26 | 7.9028 | 5.1111 | 23 | 57.09 | 21 |
| 山　西 | 7.3582 | 2.5483 | 8 | 9.1811 | 4.4293 | 21 | 73.81 | 24 |
| 湖　南 | 8.2704 | 3.1852 | 24 | 9.3781 | 5.8813 | 28 | 84.64 | 25 |
| 河　南 | 7.5409 | 2.9244 | 20 | 8.2782 | 5.4746 | 27 | 87.20 | 26 |
| 湖　北 | 7.2933 | 2.7221 | 13 | 8.0357 | 5.1728 | 24 | 90.03 | 27 |
| 中　部 | 7.6841 | 2.9550 | [4] | 8.2435 | 5.0131 | [4] | 69.65 | [4] |

注：文化消费占消费支出比测算同“中国文化消费需要景气评价体系”形成互动，取文化消费与投入各占支出比之间倍差（倍差演算：无差距基准值 1 加同构支出比之间商值与其绝对偏差值）衡量差距及其变动，其余同前表。

与此同时，东部文化消费占居民支出比降幅为4.59%，文化投入占财政支出比降幅为19.15%，二者倍差从2.8637增大至3.3796；东北文化消费占居民支出比升幅为27.30%，文化投入占财政支出比降幅为18.24%，二者倍差从2.6820增大至4.1759；中部文化消费占居民支出比升幅为7.28%，文化投入占财政支出比降幅为36.76%，二者倍差从2.9550增大至5.0131；西部文化消费占居民支出比降幅为0.19%，文化投入占财政支出比降幅为27.55%，二者倍差从2.9508增大至4.0653。

各省域文化消费占居民支出比与文化投入占财政支出比之间历年倍差大小对比，2000年，28个省域此项倍差小于全国总体倍差，按倍差大小倒序依次为西藏、福建、贵州、浙江、黑龙江、青海、海南、山西、新疆、吉林、广西、广东、湖北、江苏、宁夏、河北、云南、天津、山东、河南、辽宁、安徽、内蒙古、湖南、陕西、江西、甘肃、四川；3个省域此项倍差大于全国总体，按倍差大小倒序依次为上海、重庆、北京。西藏占据首位，此项倍差仅为全国总体倍差的35.14%；北京处于末位，此项倍差达到全国总体倍差的102.71%。

2014年，20个省域此项倍差小于全国总体倍差，按倍差大小倒序依次为西藏、北京、浙江、新疆、青海、天津、四川、内蒙古、海南、福建、吉林、陕西、江苏、安徽、广东、上海、山东、辽宁、广西、河北；11个省域此项倍差大于全国总体，按倍差大小倒序依次为山西、甘肃、江西、湖北、宁夏、黑龙江、河南、湖南、重庆、贵州、云南。西藏占据首位，此项倍差仅为全国总体倍差的24.43%；云南处于末位，此项倍差达到全国总体倍差的165.74%。

2000～2014年各省域文化消费与文化投入占支出比之间倍差变化比较，4个省域此项倍差减小，即二者差距缩小，按倍差减幅大小依次为北京、西藏、四川、上海；27个省域此项倍差增大，即二者差距扩大，按倍差增幅大小倒序依次为新疆、天津、内蒙古、陕西、浙江、青海、安徽、山东、江苏、辽宁、吉林、甘肃、海南、广东、河北、广西、江西、福建、重庆、山西、湖南、河南、湖北、宁夏、黑龙江、云南、贵州。其中，北京、西藏、四川、上海4个省域此项倍差变动状况依次好于全国总体；其余27个省域此项倍差变动状况依次逊于全国总体。北京占据首位，此项倍差减小了51.22%；贵州处于末位，此项倍差增大了190.48%。

2014年与上一年相比，全国此项倍差增大1.90%。同时，10个省域此项倍差减小，按减幅大小依次为西藏、北京、广东、上海、江苏、天津、福建、浙江、广西、河北；21个省域此项倍差增大，按增幅大小倒序依次为河南、辽宁、青海、江西、山东、四川、吉林、海南、安徽、重庆、山西、内蒙古、湖南、湖北、宁夏、新疆、贵州、陕西、云南、黑龙江、甘肃。

这一倍差指数分析表明，2000~2014年，全国及各省域文化消费占居民支出比变化动态与文化投入占财政支出比变化动态相比较，其间“同构增长协调性”普遍欠佳。在全国及绝大部分省域，文化投入占财政支出比及其变动幅度逊于文化消费占居民支出比及其变动幅度，以财政支出占比来衡量的文化投入增长滞后于以居民支出占比来衡量的文化消费增长所体现出来的需求动态。

## 五　各省域文化投入人均值地区差状况检测

在本项测评里，全国及各省域文化投入增长最后仍需要展开人均值演算的地区差距检测，考察其间的“地区均衡增长”状况，从而得出地区差校正指标演算结果。这一点正是今后逐步实现公共文化服务、文化投入均等化理想目标的必然要求。文化投入人均值地区差变动状况见表11，各省域按地区差扩减变化排列。表中同时提供了2000年和2014年各地文化投入人均值地区差演算结果，可以进行重复验算。

2000~2014年，全国文化投入人均值地区差从1.4571增至1.5979，扩大了9.66%。同期，东部整体文化投入人均值地区差从1.6737减至1.6043，缩小了4.15%；东北整体文化投入人均值地区差从1.0364增至1.1974，扩大了15.53%；中部整体文化投入人均值地区差从1.3802减至1.3310，缩小了3.56%；西部整体文化投入人均值地区差从1.4203增至1.8261，扩大了28.57%。

**表 11　文化投入人均值地区差变动状况**

| 地区 | 2000 年地区差 | | | 2014 年地区差 | | | 14 年地区差变化 | |
|---|---|---|---|---|---|---|---|---|
| | 地区差（无差距 = 1） | 地区差倒数 | 倒数排序 | 地区差（无差距 = 1） | 地区差倒数 | 倒数排序 | 变化（%） | 排序（倒序） |
| 全　国 | 1.4571 | 0.6863 | — | 1.5979 | 0.6258 | — | 9.66 | — |
| 上　海 | 3.1510 | 0.3174 | 30 | 1.8089 | 0.5528 | 27 | -42.59 | 1 |
| 广　东 | 1.4785 | 0.6764 | 24 | 1.2022 | 0.8318 | 8 | -18.69 | 3 |
| 天　津 | 1.9889 | 0.5028 | 28 | 1.6236 | 0.6159 | 25 | -18.37 | 4 |
| 浙　江 | 1.2695 | 0.7877 | 15 | 1.0626 | 0.9411 | 2 | -16.30 | 5 |
| 福　建 | 1.2563 | 0.7960 | 14 | 1.1417 | 0.8759 | 6 | -9.12 | 10 |
| 河　北 | 1.3212 | 0.7569 | 18 | 1.4306 | 0.6990 | 23 | 8.28 | 20 |
| 山　东 | 1.1735 | 0.8522 | 11 | 1.3366 | 0.7481 | 18 | 13.90 | 22 |
| 海　南 | 1.1046 | 0.9053 | 7 | 1.3248 | 0.7548 | 15 | 19.93 | 23 |
| 江　苏 | 1.0139 | 0.9863 | 1 | 1.2170 | 0.8217 | 10 | 20.03 | 24 |
| 北　京 | 2.9800 | 0.3356 | 29 | 3.8946 | 0.2568 | 30 | 30.69 | 25 |
| 东　部 | 1.6737 | 0.5975 | [4] | 1.6043 | 0.6233 | [3] | -4.15 | [1] |
| 安　徽 | 1.4685 | 0.6810 | 23 | 1.3116 | 0.7624 | 14 | -10.68 | 7 |
| 江　西 | 1.4500 | 0.6897 | 22 | 1.3286 | 0.7527 | 16 | -8.37 | 11 |
| 山　西 | 1.1530 | 0.8673 | 10 | 1.1092 | 0.9016 | 4 | -3.80 | 12 |
| 湖　南 | 1.4199 | 0.7043 | 21 | 1.3960 | 0.7163 | 21 | -1.68 | 14 |
| 河　南 | 1.4881 | 0.6720 | 26 | 1.5097 | 0.6624 | 24 | 1.45 | 16 |
| 湖　北 | 1.3017 | 0.7683 | 17 | 1.3310 | 0.7513 | 17 | 2.25 | 17 |
| 中　部 | 1.3802 | 0.7245 | [2] | 1.3310 | 0.7513 | [2] | -3.56 | [2] |
| 辽　宁 | 1.0171 | 0.9832 | 2 | 1.0690 | 0.9354 | 3 | 5.10 | 18 |
| 吉　林 | 1.0408 | 0.9608 | 3 | 1.1265 | 0.8877 | 5 | 8.23 | 19 |
| 黑龙江 | 1.0515 | 0.9511 | 4 | 1.3967 | 0.7159 | 22 | 32.83 | 27 |
| 东　北 | 1.0364 | 0.9648 | [1] | 1.1974 | 0.8351 | [1] | 15.53 | [3] |
| 四　川 | 1.4790 | 0.6761 | 25 | 1.1536 | 0.8668 | 7 | -22.00 | 2 |
| 宁　夏 | 1.3871 | 0.7209 | 20 | 1.2341 | 0.8103 | 11 | -11.03 | 6 |
| 贵　州 | 1.3487 | 0.7415 | 19 | 1.2091 | 0.8271 | 9 | -10.35 | 8 |
| 重　庆 | 1.5399 | 0.6494 | 27 | 1.3874 | 0.7208 | 19 | -9.90 | 9 |
| 甘　肃 | 1.0517 | 0.9509 | 5 | 1.0280 | 0.9728 | 1 | -2.25 | 13 |
| 广　西 | 1.2728 | 0.7857 | 16 | 1.2667 | 0.7894 | 13 | -0.48 | 15 |
| 陕　西 | 1.1194 | 0.8933 | 8 | 1.2537 | 0.7976 | 12 | 12.00 | 21 |
| 云　南 | 1.0604 | 0.9430 | 6 | 1.3938 | 0.7175 | 20 | 31.44 | 26 |
| 新　疆 | 1.1897 | 0.8405 | 13 | 1.6514 | 0.6056 | 26 | 38.81 | 28 |
| 内蒙古 | 1.1739 | 0.8518 | 12 | 1.8625 | 0.5369 | 28 | 58.66 | 29 |
| 西　藏 | 3.2853 | 0.3044 | 31 | 5.4911 | 0.1821 | 31 | 67.14 | 30 |
| 青　海 | 1.1355 | 0.8807 | 9 | 2.9823 | 0.3353 | 29 | 162.64 | 31 |
| 西　部 | 1.4203 | 0.7041 | [3] | 1.8261 | 0.5476 | [4] | 28.57 | [4] |

注：（1）表中均为演算衍生数值；（2）为检测细微差异，地区差及其倒数保留 4 位小数，变化百分比负值为地区差缩小。

各省域文化投入人均值地区差历年对比，2000 年，22 个省域地区差小于全国总体地区差，按地区差大小倒序依次为江苏、辽宁、吉林、黑龙江、甘肃、云南、海南、陕西、青海、山西、山东、内蒙古、新疆、福建、浙江、广西、湖北、河北、贵州、宁夏、湖南、江西；9 个省域地区差大于全国总体地区差，按地区差大小倒序依次为安徽、广东、四川、河南、重庆、天津、北京、上海、西藏。江苏占据首位，人均文化投入地区差仅为全国总体地区差的 69.58%；西藏处于末位，人均文化投入地区差达到全国总体地区差的 225.46%。

2014 年，24 个省域地区差小于全国总体地区差，按地区差大小倒序依次为甘肃、浙江、辽宁、山西、吉林、福建、四川、广东、贵州、江苏、宁夏、陕西、广西、安徽、海南、江西、湖北、山东、重庆、云南、湖南、黑龙江、河北、河南；7 个省域地区差大于全国总体地区差，按地区差大小倒序依次为天津、新疆、上海、内蒙古、青海、北京、西藏。甘肃占据首位，人均文化投入地区差仅为全国总体地区差的 64.34%；西藏处于末位，人均文化投入地区差达到全国总体地区差的 343.65%。

2000 ~ 2014 年各省域文化投入人均值地区差变化比较，15 个省域地区差缩小，即与全国总体人均值的绝对偏差值减小，按减幅大小依次为上海、四川、广东、天津、浙江、宁夏、安徽、贵州、重庆、福建、江西、山西、甘肃、湖南、广西；16 个省域地区差扩大，即与全国总体人均值的绝对偏差值增大，按增幅大小倒序依次为河南、湖北、辽宁、吉林、河北、陕西、山东、海南、江苏、北京、云南、黑龙江、新疆、内蒙古、西藏、青海。其中，上海、四川、广东、天津、浙江、宁夏、安徽、贵州、重庆、福建、江西、山西、甘肃、湖南、广西、河南、湖北、辽宁、吉林、河北 20 个省域地区差变动依次好于全国总体状况；其余 11 个省域地区差增减变动依次逊于全国总体状况。上海占据首位，人均文化投入地区差缩小了 42.59%；青海处于末位，人均文化投入地区差扩大了 162.64%。

2014 年与上一年相比，全国文化投入人均值地区差扩大 2.71%。同时，

18 个省域文化投入人均值地区差缩小，按缩小程度大小依次为甘肃、陕西、广西、宁夏、上海、辽宁、新疆、广东、贵州、湖南、江西、福建、河北、河南、天津、北京、内蒙古、湖北；13 个省域文化投入人均值地区差扩大，按扩大程度大小倒序依次为海南、重庆、安徽、吉林、山东、浙江、江苏、云南、四川、山西、黑龙江、青海、西藏。

地区差分析表明，2000～2014 年，在公共财政、公共文化服务体制和机制逐步完备，公共文化投入“均等化”的理想要求逐步明确的同时，各省域之间文化投入人均值变化动态的“增长均衡性”却明显欠佳。在较多省域，文化投入人均值及其变动向着与全国总体平均值更加偏离（包括偏高和偏低两个方面）的方向发展，不仅导致自身地区差扩大，而且带来全国总体地区差扩大。

## 六　各省域文化投入增长综合评价排行

基于以上几个方面各项指标的分析数值，按照本项测评体系的测算方式和演算权重，最后得出 2014 年各地文化投入增长综合指数评价排行。基于不同时间段、不同基准值的各类测评结果均落实在 2014 年数据之上。景气指数取百分制，以便横向衡量百分点高低，纵向衡量百分比升降。全国及各地文化投入增长测评综合指数变动状况见表 12，各地以无差距理想状态横向测评的综合指数排行由高到低排列。

### （一）各年度理想值横向测评

以文化投入人均值地区无差距、文化消费与投入同构占比无差距状态为理想值 100，在年度横向测评中，2014 年全国文化投入增长综合指数为 80.16，低于理想值 19.84。此项测评中，由于全国文化投入总量份额值（全国份额为 100% 基准）、人均绝对值、各项比值作为演算基准，全国总体综合指数高低，全都缘于文化投入人均值地区差、文化消费与投入同构占比的缩小或扩大。

**表 12　全国及各地文化投入增长测评综合指数变动状况**

| 地区 | 2000 年以来时段纵向测评(起点年基数值 = 100) | | | | | | 2014 年度测评 | | | |
|---|---|---|---|---|---|---|---|---|---|---|
| | “十五”以来(2000 ~ 2014 年) | | “十一五”以来(2005 ~ 2014 年) | | “十二五”以来(2010 ~ 2014 年) | | 基数值纵向权衡(2012 年 = 100) | | 无差距横向权衡(理想值 = 100) | |
| | 综合指数 | 排序 | 综合指数 | 排序 | 综合指数 | 排序 | 综合指数 | 排序 | 综合指数 | 排序 |
| 全　国 | 237.15 | — | 143.49 | — | 113.61 | — | 99.23 | — | 80.16 | — |
| 吉　林 | 267.47 | 14 | 155.06 | 13 | 115.44 | 19 | 101.27 | 14 | 100.75 | 5 |
| 辽　宁 | 247.95 | 16 | 158.50 | 10 | 121.39 | 13 | 101.41 | 13 | 94.80 | 11 |
| 黑龙江 | 161.62 | 30 | 115.51 | 29 | 85.64 | 31 | 87.12 | 31 | 73.17 | 31 |
| 东　北 | 223.36 | [3] | 143.80 | [2] | 108.01 | [4] | 96.64 | [3] | 88.29 | [1] |
| 北　京 | 300.91 | 8 | 176.61 | 8 | 121.34 | 14 | 101.85 | 12 | 129.96 | 3 |
| 海　南 | 317.26 | 5 | 203.82 | 3 | 115.69 | 17 | 100.26 | 18 | 98.12 | 7 |
| 浙　江 | 220.44 | 23 | 143.45 | 20 | 114.87 | 23 | 101.10 | 15 | 95.76 | 10 |
| 江　苏 | 274.87 | 12 | 155.62 | 12 | 122.43 | 12 | 101.92 | 11 | 94.13 | 12 |
| 天　津 | 219.16 | 24 | 144.58 | 18 | 115.62 | 18 | 100.91 | 17 | 91.55 | 15 |
| 上　海 | 198.92 | 26 | 144.11 | 19 | 117.71 | 16 | 100.97 | 16 | 91.04 | 16 |
| 福　建 | 188.54 | 28 | 129.29 | 26 | 141.06 | 2 | 104.03 | 8 | 88.88 | 19 |
| 广　东 | 172.86 | 29 | 127.03 | 27 | 96.73 | 30 | 111.56 | 3 | 87.28 | 20 |
| 河　北 | 209.78 | 25 | 131.31 | 24 | 136.39 | 4 | 105.91 | 4 | 79.43 | 24 |
| 山　东 | 198.41 | 27 | 117.13 | 28 | 114.14 | 24 | 96.31 | 26 | 77.33 | 26 |
| 东　部 | 220.35 | [4] | 141.58 | [4] | 113.46 | [3] | 102.84 | [1] | 82.32 | [2] |
| 西　藏 | 354.00 | 3 | 235.26 | 2 | 134.41 | 6 | 113.45 | 2 | 212.85 | 1 |
| 青　海 | 504.22 | 1 | 252.44 | 1 | 144.96 | 1 | 103.72 | 9 | 132.69 | 2 |
| 内蒙古 | 326.75 | 4 | 186.72 | 4 | 114.92 | 22 | 99.84 | 19 | 103.75 | 4 |
| 新　疆 | 298.31 | 9 | 166.23 | 9 | 119.40 | 15 | 98.99 | 20 | 99.53 | 6 |
| 甘　肃 | 239.95 | 19 | 151.11 | 16 | 106.56 | 27 | 96.06 | 27 | 97.57 | 8 |
| 陕　西 | 306.55 | 6 | 182.57 | 7 | 113.91 | 25 | 98.02 | 22 | 96.03 | 9 |
| 宁　夏 | 222.07 | 22 | 149.22 | 17 | 115.19 | 21 | 98.45 | 21 | 93.74 | 13 |
| 广　西 | 241.71 | 18 | 156.69 | 11 | 133.47 | 7 | 121.08 | 1 | 92.10 | 14 |
| 四　川 | 355.07 | 2 | 184.22 | 6 | 135.60 | 5 | 91.41 | 29 | 89.71 | 18 |
| 贵　州 | 274.51 | 13 | 130.62 | 25 | 137.46 | 3 | 102.05 | 10 | 85.77 | 21 |
| 云　南 | 150.93 | 31 | 111.84 | 31 | 103.55 | 28 | 89.98 | 30 | 73.76 | 28 |
| 重　庆 | 302.97 | 7 | 138.11 | 22 | 100.10 | 29 | 97.85 | 24 | 73.51 | 29 |
| 西　部 | 276.57 | [1] | 154.83 | [1] | 115.64 | [2] | 95.03 | [4] | 82.26 | [3] |
| 山　西 | 248.62 | 15 | 137.73 | 23 | 126.52 | 8 | 93.25 | 28 | 90.52 | 17 |
| 安　徽 | 291.74 | 10 | 185.17 | 5 | 107.42 | 26 | 97.99 | 23 | 80.32 | 22 |
| 江　西 | 279.27 | 11 | 153.29 | 15 | 125.91 | 9 | 104.23 | 7 | 80.30 | 23 |
| 湖　南 | 245.17 | 17 | 143.18 | 21 | 122.55 | 11 | 105.77 | 5 | 79.31 | 25 |
| 湖　北 | 225.90 | 21 | 153.51 | 14 | 125.43 | 10 | 97.23 | 25 | 76.24 | 27 |
| 河　南 | 228.62 | 20 | 113.28 | 30 | 115.25 | 20 | 104.79 | 6 | 73.43 | 30 |
| 中　部 | 249.81 | [2] | 142.82 | [3] | 118.96 | [1] | 100.34 | [2] | 78.45 | [4] |

东部整体综合指数为82.32，低于理想值17.68个点，同时高于全国总体指数2.16个点；东北整体综合指数为88.29，低于理想值11.71个点，同时高于全国总体指数8.13个点；中部整体综合指数为78.45，低于理想值21.55个点，同时低于全国总体指数1.71个点；西部整体综合指数为82.26，低于理想值17.74个点，同时高于全国总体指数2.10个点。

在理想值横向测评中，四大区域和各省域综合指数高低，除了缘于自身文化投入人均值地区差、文化消费与投入同构占比倍差的存在及其变化以外，更有可能缘于其文化投入总量份额值、文化投入人均值及相关各项比值。

各省域综合指数比较，西藏、青海、北京、内蒙古、吉林综合评价指数占据“2014年度综合指数领先”全国前5位。此外，18个省域综合指数高于全国总体指数，按指数高低依次为新疆、海南、甘肃、陕西、浙江、辽宁、江苏、宁夏、广西、天津、上海、山西、四川、福建、广东、贵州、安徽、江西；8个省域综合指数低于全国总体指数，按指数高低依次为河北、湖南、山东、湖北、云南、重庆、河南、黑龙江。

### （二）“十五”以来基数值纵向测评

以“九五”末年2000年为起点基数值100，在“十五”至2014年14年间自身纵向测评中，2014年全国文化投入增长综合指数为237.15，高于2000年基数值137.15%。此项测评中，全国总体综合指数升降，缘于与自身2000年相比，2014年各项指标数值的升降。四大区域和各省域亦然。

东部整体综合指数为220.35，高于基数值120.35%，同时低于全国总体指数16.80个点；东北整体综合指数为223.36，高于基数值123.36%，同时低于全国总体指数13.79个点；中部整体综合指数为249.81，高于基数值149.81%，同时高于全国总体指数12.66个点；西部整体综合指数为276.57，高于基数值176.57%，同时高于全国总体指数39.42个点。

各省域综合指数比较，青海、四川、西藏、内蒙古、海南综合评价指数占据“2000～2014年综合指数提升”全国前5位。此外，14个省域综合指数高于全国总体指数，按指数高低依次为陕西、重庆、北京、新疆、安徽、江西、江苏、贵州、吉林、山西、辽宁、湖南、广西、甘肃；12 个省域综合指数低于全国总体指数，按指数高低依次为河南、湖北、宁夏、浙江、天津、河北、上海、山东、福建、广东、黑龙江、云南。

### （三）“十一五”以来基数值纵向测评

以“十五”末年 2005 年为起点基数值 100，在“十一五”至 2014 年 9 年间自身纵向测评中，2014 年全国文化投入增长综合指数为 143.49，高于 2005 年基数值 43.49%。此项测评中，全国总体综合指数升降，缘于与自身 2005 年相比，2014 年各项指标数值的升降。四大区域和各省域亦然。

东部整体综合指数为 141.58，高于基数值 41.58%，同时低于全国总体指数 1.91 个点；东北整体综合指数为 143.80，高于基数值 43.80%，同时高于全国总体指数 0.31 个点；中部整体综合指数为 142.82，高于基数值 42.82%，同时低于全国总体指数 0.67 个点；西部整体综合指数为 154.83，高于基数值 54.83%，同时高于全国总体指数 11.34 个点。

各省域综合指数比较，青海、西藏、海南、内蒙古、安徽综合评价指数占据“2005～2014 年综合指数提升”全国前 5 位。此外，14 个省域综合指数高于全国总体指数，按指数高低依次为四川、陕西、北京、新疆、辽宁、广西、江苏、吉林、湖北、江西、甘肃、宁夏、天津、上海；12 个省域综合指数低于全国总体指数，按指数高低依次为浙江、湖南、重庆、山西、河北、贵州、福建、广东、山东、黑龙江、河南、云南。

### （四）“十二五”以来基数值纵向测评

以“十一五”末年 2010 年为起点基数值 100，在“十二五”至 2014 年 4 年间自身纵向测评中，2014 年全国文化投入增长综合指数为 113.61，高于 2010 年基数值 13.61%。此项测评中，全国总体综合指数升降，缘于与自身 2010 年相比，2014 年各项指标数值的升降。四大区域和各省域亦然。

东部整体综合指数为 113.46，高于基数值 13.46%，同时低于全国总体指数0.15个点；东北整体综合指数为108.01，高于基数值8.01%，同时低于全国总体指数5.60个点；中部整体综合指数为118.96，高于基数值18.96%，同时高于全国总体指数5.35个点；西部整体综合指数为115.64，高于基数值15.64%，同时高于全国总体指数2.03个点。

各省域综合指数比较，青海、福建、贵州、河北、四川综合评价指数占据“2010～2014年综合指数提升”全国前5位。此外，20个省域综合指数高于全国总体指数，按指数高低依次为西藏、广西、山西、江西、湖北、湖南、江苏、辽宁、北京、新疆、上海、海南、天津、吉林、河南、宁夏、内蒙古、浙江、山东、陕西；6个省域综合指数低于全国总体指数，按指数高低依次为安徽、甘肃、云南、重庆、广东、黑龙江。

### （五）逐年度基数值纵向测评

以最新数据年度2013年为起点基数值100，在逐年度自身纵向测评中，2014年全国文化投入增长综合指数为99.23，低于2013年基数值0.77%。此项测评中，全国总体综合指数升降，缘于与自身2013年相比，2014年各项指标数值的升降。四大区域和各省域亦然。

东部整体综合指数为102.84，高于基数值2.84%，同时高于全国总体指数3.61个点；东北整体综合指数为96.64，低于基数值3.36%，同时低于全国总体指数2.59个点；中部整体综合指数为100.34，高于基数值0.34%，同时高于全国总体指数1.11个点；西部整体综合指数为95.03，低于基数值4.97%，同时低于全国总体指数4.20个点。

各省域综合指数比较，广西、西藏、广东、河北、湖南综合评价指数占据“2014年度综合指数提升”全国前5位。此外，14个省域综合指数高于全国总体指数，按指数高低依次为河南、江西、福建、青海、贵州、江苏、北京、辽宁、吉林、浙江、上海、天津、海南、内蒙古；12个省域综合指数低于全国总体指数，按指数高低依次为新疆、宁夏、陕西、安徽、重庆、湖北、山东、甘肃、山西、四川、云南、黑龙江。

# B.5

# 全国省域公共文化投入增长的应然目标

## ——2015~2020年预期增长测算

王亚南　蒋坤洋 等*

摘　要：　测算2020年全国文化投入预期增长目标，按照2000~2014年平均增速"自然增长"，可达到6889.48亿元；实现产值—财政支出—教科文卫综合投入—文化投入历年各项最佳比值"应然增长"，应达到10815.26亿元；进而实现文化投入与消费同构占比平衡"民生增长"，应达到16168.17亿元；最终实现文化投入各地人均值均等化"理想增长"，将达到21014.98亿元。以到2020年所需年均增长率衡量各类增长目标距离，分别测算各省域排行：北京、西藏、上海、青海、海南排在最佳比值增长目标前5位，西藏、北京、上海、新疆、青海排在同构占比增长目标前5位，西藏、北京、青海、内蒙古、新疆排在均等化增长目标前5位。

关键词：　省域　文化投入　增长目标　测算排行

本报告基于公共财政"协调增长"、公共文化服务建设"均衡发展"的要求，特别是基于公共财政、公共文化服务"均等化"的理想，检测2000~

* 王亚南，云南省社会科学院研究员，文化开发研究中心主任；蒋坤洋，云南省社会科学院培训部助理研究员，主要从事教育文化学研究；常飞，云南省社会科学院办公室副主任、副研究员，主要从事历史文化、社会研究。

2014 年全国及各地文化投入增长的“应然差距”和“理想差距”，测算此后年度直至 2020 年全国及各地文化投入增长的“应然空间”和“理想空间”，为“全面小康”建设进程最后冲刺几年间全国及各地公共文化投入增长目标提供预测参考。

有必要说明，国家统计局正式出版公布年度统计数据存在较长的滞后期，一般是在秋冬之际出版当年卷统计年鉴，而其中公布的数据为上一年度。这就是说，每年年鉴出版已经接近年底，而年鉴卷号年度与其中数据年度又错落一年。加之本书编撰出版也有一定周期，读者见到的“最新数据”已是两年前的数据。因此，当前最新数据年度为 2014 年，2015 年各类数据只能通过测算得出。

## 一　各省域文化投入增长基本态势

2015 年文化投入增长及其相关各项比值动态检测见表 1，各地以测算人均值高低排列。表格结构设置方式同本书 B.4《全国省域公共文化投入增长综合评价排行》一文，不再重复解释。实际说来，本报告正是 B.4 的延续，在 2000 ~2014 年相关数据事实检测的基础上，测算 2015 年全国及各地文化投入“自然增长”、“应然增长”和“理想增长”空间，并据此推算至 2020 年全国及各地文化投入增长的或然目标、应有目标和理想目标。

依照 2000 ~2014 年文化投入总量年均增长推算，2015 年全国文化投入总量将“自然增长”至 3147.92 亿元，增长率同前保持在 16.96%。17 个省域增长率将高于全国，占全国份额上升，按增长率高低依次为青海、北京、西藏、新疆、海南、内蒙古、四川、陕西、江苏、江西、重庆、安徽、天津、吉林、山西、贵州、辽宁；14 个省域增长率将低于全国，占全国份额下降，按增长率高低依次为湖南、宁夏、甘肃、浙江、广西、河南、湖北、河北、上海、山东、福建、广东、黑龙江、云南。其中，青海处于首位，总量将增长至 42.95 亿元，占全国份额 1.36%，增长率为 25.72%，高于全国 8.76 个百分点；云南处于末位，总量将增长至 63.31 亿元，占全国份额

2.01%，增长率为12.63%，低于全国4.33个百分点。

依照2000～2014年文化投入人均值年均增长推算，2015年全国文化投入人均值将“自然增长”至229.57元，增长率同前保持在16.31%。东部人均值将增长至238.96元，降低为全国人均值的104.09%，增长率保持15.14%，低于全国人均值增长；东北人均值将增长至211.13元，降低为全国人均值的91.97%，增长率保持15.81%，低于全国人均值增长；中部人均值将增长至146.37元，提高为全国人均值的63.76%，增长率保持16.89%，高于全国人均值增长；西部人均值将增长至240.25元，提高为全国人均值的104.65%，增长率保持18.36%，高于全国人均值增长。

**表1　2015年文化投入增长及其相关各项比值动态检测**

| 地区 | 增长测算(基于2000～2014年年均增长) | | | | | | 相关背景比值(%) | | | |
|---|---|---|---|---|---|---|---|---|---|---|
| | 文化投入总量(亿元) | 既往实际年均增长 | | 文化投入人均值(元) | 排名 | 地区差(无差距=1) | 与产值比 | 占财政收入比 | 占财政支出比 | 占教科文卫投入比 |
| | | 增长率(%) | 排序 | | | | | | | |
| 全　国 | 3147.92 | 16.96 | — | 229.57 | — | 1.6197 | 0.43 | 1.90 | 1.77 | 6.27 |
| 西　藏 | 41.75 | 22.42 | 3 | 1304.72 | 1 | 5.6835 | 3.91 | 26.85 | 2.85 | 14.76 |
| 青　海 | 42.95 | 25.72 | 1 | 733.16 | 3 | 3.1937 | 1.60 | 14.05 | 2.58 | 12.16 |
| 内蒙古 | 110.91 | 20.69 | 6 | 441.61 | 4 | 1.9237 | 0.52 | 4.87 | 2.35 | 10.86 |
| 新　疆 | 89.97 | 21.05 | 4 | 388.51 | 6 | 1.6924 | 0.85 | 5.75 | 2.21 | 8.26 |
| 陕　西 | 111.51 | 19.61 | 8 | 295.15 | 9 | 1.2857 | 0.54 | 4.83 | 2.32 | 7.81 |
| 宁　夏 | 18.72 | 16.85 | 19 | 281.29 | 11 | 1.2253 | 0.58 | 4.51 | 1.53 | 7.06 |
| 甘　肃 | 57.85 | 16.64 | 20 | 223.30 | 15 | 1.0273 | 0.74 | 7.25 | 1.89 | 7.00 |
| 四　川 | 162.71 | 19.95 | 7 | 199.98 | 17 | 1.1289 | 0.49 | 4.42 | 1.97 | 6.83 |
| 贵　州 | 64.22 | 17.41 | 16 | 183.68 | 19 | 1.1999 | 0.59 | 3.85 | 1.48 | 4.96 |
| 广　西 | 79.75 | 16.39 | 22 | 167.57 | 21 | 1.2701 | 0.44 | 4.77 | 1.90 | 5.66 |
| 重　庆 | 42.66 | 18.43 | 11 | 142.08 | 26 | 1.3811 | 0.25 | 1.78 | 1.05 | 4.49 |
| 云　南 | 63.31 | 12.63 | 31 | 133.87 | 29 | 1.4168 | 0.43 | 3.18 | 1.20 | 4.71 |
| 西　部 | 886.30 | 18.53 | [1] | 240.25 | [1] | 1.8690 | 0.55 | 4.61 | 1.88 | 7.01 |
| 北　京 | 201.24 | 22.78 | 2 | 917.87 | 2 | 3.9983 | 0.83 | 4.19 | 3.77 | 10.91 |
| 上　海 | 99.65 | 15.37 | 26 | 403.73 | 5 | 1.7587 | 0.38 | 1.85 | 1.74 | 6.41 |
| 天　津 | 56.56 | 18.15 | 13 | 365.13 | 7 | 1.5905 | 0.31 | 1.93 | 1.61 | 5.45 |
| 海　南 | 28.42 | 20.89 | 5 | 312.99 | 8 | 1.3634 | 0.71 | 4.23 | 2.11 | 7.57 |

续表

| 地区 | 增长测算(基于2000~2014年年均增长) | | | | | | 相关背景比值(%) | | | |
|---|---|---|---|---|---|---|---|---|---|---|
| | 文化投入总量(亿元) | 既往实际年均增长 | | 文化投入人均值(元) | 排名 | 地区差(无差距=1) | 与产值比 | 占财政收入比 | 占财政支出比 | 占教科文卫投入比 |
| | | 增长率(%) | 排序 | | | | | | | |
| 江　苏 | 226.80 | 18.83 | 9 | 283.93 | 10 | 1.2368 | 0.30 | 2.57 | 2.21 | 7.17 |
| 浙　江 | 134.32 | 16.44 | 21 | 242.28 | 14 | 1.0554 | 0.29 | 2.73 | 2.18 | 6.17 |
| 福　建 | 73.27 | 14.16 | 28 | 191.71 | 18 | 1.1649 | 0.27 | 2.63 | 1.88 | 5.79 |
| 广　东 | 191.97 | 14.16 | 29 | 177.48 | 20 | 1.2269 | 0.25 | 2.04 | 1.80 | 5.26 |
| 山　东 | 147.19 | 15.22 | 27 | 149.88 | 25 | 1.3471 | 0.22 | 2.47 | 1.72 | 5.18 |
| 河　北 | 95.64 | 15.70 | 25 | 128.99 | 30 | 1.4381 | 0.29 | 3.32 | 1.72 | 5.43 |
| 东　部 | 1255.07 | 16.74 | [3] | 238.96 | [2] | 1.6180 | 0.31 | 2.58 | 2.06 | 6.38 |
| 吉　林 | 72.11 | 17.91 | 14 | 261.80 | 12 | 1.1404 | 0.46 | 5.03 | 2.08 | 8.39 |
| 辽　宁 | 108.47 | 17.14 | 17 | 246.49 | 13 | 1.0737 | 0.33 | 2.87 | 1.81 | 8.41 |
| 黑龙江 | 51.42 | 12.69 | 30 | 134.12 | 28 | 1.4158 | 0.31 | 3.44 | 1.28 | 5.22 |
| 东　北 | 232.00 | 16.07 | [4] | 211.13 | [3] | 1.2100 | 0.36 | 3.46 | 1.72 | 7.40 |
| 山　西 | 75.30 | 17.74 | 15 | 205.45 | 16 | 1.1050 | 0.51 | 3.39 | 2.02 | 7.08 |
| 安　徽 | 97.22 | 18.20 | 12 | 159.89 | 22 | 1.3035 | 0.40 | 3.66 | 1.72 | 5.65 |
| 江　西 | 71.23 | 18.65 | 10 | 156.36 | 23 | 1.3189 | 0.39 | 3.09 | 1.50 | 4.88 |
| 湖　北 | 88.73 | 15.76 | 24 | 152.40 | 24 | 1.3361 | 0.28 | 2.89 | 1.49 | 5.21 |
| 湖　南 | 93.49 | 16.86 | 18 | 138.29 | 27 | 1.3976 | 0.30 | 3.44 | 1.54 | 5.40 |
| 河　南 | 105.70 | 15.95 | 23 | 111.98 | 31 | 1.5122 | 0.26 | 3.25 | 1.46 | 4.32 |
| 中　部 | 531.67 | 17.02 | [2] | 146.37 | [4] | 1.3289 | 0.33 | 3.28 | 1.59 | 5.25 |

注：(1) 表中数据演算依据为《中国统计年鉴》，以既往各项年均增长率测算，未涉及人口增长，并省略中央财政部分，各地总量之和不等于全国总量，后同；(2) 教科卫三项投入简化归入教科文卫综合测算；(3) 对照上文各表相应数据，全国及各地相关协调性"应然"差距持续存在，除文化投入与产值比普遍提高外，占财政收入和支出比普遍降低，与教科卫投入比普遍降低（占教科文卫综合投入比亦同），各地人均值地区差大多扩大。由于各地诸方面绝对增长及其间相对关系变化的差异巨大，难免一部分地区若干数据项出现逆向变动，譬如较多省域人均值地区差即为缩小。

14个省域人均值高于全国人均值，按人均值高低依次为西藏、北京、青海、内蒙古、上海、新疆、天津、海南、陕西、江苏、宁夏、吉林、辽宁、浙江；17个省域人均值低于全国人均值，按人均值高低依次为甘肃、山西、四川、福建、贵州、广东、广西、安徽、江西、湖北、山东、重庆、湖南、黑龙江、云南、河北、河南。其中，西藏处于首位，人均值将增长至

1304.72 元，继续提高为全国人均值的 568.35%，增长率保持 20.66%；河南处于末位，人均值将增长至 111.98 元，继续降低为全国人均值的 48.78%，增长率保持 15.96%。

在 2015 年全国及各地文化投入人均值增长测算基础上，即可推算文化投入人均值地区差。与 2014 年现有地区差相比，全国文化投入人均值地区差将扩大至 1.6197，扩大 1.37%。

11 个省域地区差趋于缩小，按缩小程度大小依次为上海、四川、天津、贵州、江西、宁夏、浙江、安徽、重庆、山西、甘肃；20 个省域地区差趋于扩大，按扩大程度大小倒序依次为湖南、河南、广西、湖北、辽宁、河北、山东、吉林、黑龙江、江苏、云南、福建、广东、新疆、陕西、北京、海南、内蒙古、西藏、青海。其中，上海处于首位，地区差将缩小至 1.7587，缩小 2.78%，变为全国地区差的 108.58%；青海处于末位，地区差将扩大至 3.1937，扩大 7.09%，变为全国地区差的 197.17%。

需要注意，表 1 里推演测算值直接显示，25 个省域地区差小于全国地区差，按地区差指数高低倒序依次为甘肃、浙江、辽宁、山西、四川、吉林、福建、贵州、宁夏、广东、江苏、广西、陕西、安徽、江西、湖北、山东、海南、重庆、湖南、黑龙江、云南、河北、河南、天津；仅有 6 个省域地区差大于全国地区差，按地区差高低倒序依次为新疆、上海、内蒙古、青海、北京、西藏。地区差测算值大于全国总体的地区如此之少，却能够拉动全国地区差继续明显扩大，这表明，这几个省域文化投入人均值增长与其余地区相比悬殊。这一情形对于当地诚然体现了不错的增长态势，但对于全国却更加不利于公共文化投入、公共文化服务必须逐步趋于“均等化”的理想追求。

进一步演绎推算。假如全国产值、财政收入和支出、教科文卫投入增长依然同前保持 2000 ~2014 年平均增长率，那么 2015 年全国文化投入与产值比将继续上升至 0.43%，占财政收入比将继续下降至 1.90%，占财政支出比将继续下降至 1.77%，占教科文卫综合投入比将继续下降至 6.27%。

对各地全面展开相关假定推算。有29个省域文化投入与产值比将继续上升，按升幅高低依次为北京、青海、海南、新疆、西藏、四川、上海、辽宁、江苏、山西、吉林、江西、浙江、安徽、甘肃、河北、陕西、内蒙古、河南、重庆、黑龙江、广西、湖南、广东、天津、山东、贵州、福建、湖北。仅有3个省域文化投入占财政收入比将继续上升，按升幅高低依次为青海、北京、海南。仅有2个省域文化投入占财政支出比将继续上升，按升幅高低依次为北京、青海。仅有2个省域文化投入占教科文卫综合投入比将继续上升，按升幅高低依次为北京、青海。

显然，如果继续全面维持2000～2014年相关各方面增长，尽管全国及各地文化投入总量、人均绝对值增长显著，但是文化投入占财政收入比值、占财政支出比值、占教科文卫综合投入比值普遍降低，尤其是文化投入人均值地区差普遍扩大。这样一种增长格局的协调性、均衡性明显欠佳。

## 二　各省域文化投入增长协调性分析

在以上分析基础上，有必要层层深入检验全国及各地文化投入占教科文卫综合投入比、教科文卫投入占财政支出比、财政支出与产值比例的历年关系动态，测算文化投入“应然增长”突破现有格局的合理空间。

### （一）文化投入占教科文卫综合投入比变化态势检测

“中国公共文化投入增长测评体系”以“文化投入增长系数”来界定文化投入占教科文卫综合投入的比重，深入检验文化投入在教科文卫综合投入中的相邻关系比值。这一相邻关系比值历年发生变化，就是“文化投入增长系数”的演算依据，也是文化投入增长的“应有空间”测量依据。2015年文化投入占教科文卫投入比动态及其差距检测见表2，各地以初次演算差距指数高低倒序排列。依照本项测评的假定测算，2015年，全国文化投入占教科文卫综合投入比将为6.27%。

**表 2　2015 年文化投入占教科文卫投入比动态及其差距检测**

| 地区 | 2000 年 | | 2015 年 | | | 2000～2014 年最佳比值（%） | 2015 年最佳比值假定测算 | | |
|---|---|---|---|---|---|---|---|---|---|
| | 教科文卫投入总量（亿元） | 文化投入占比（%） | 教科文卫投入总量（亿元） | 文化投入占比（%） | 比值变化（%） | | 初次演算差距指数（无差距=1） | 差距排序（倒序） | 文化投入总量（亿元） |
| 全　国 | 2736.88 | 10.97 | 50243.62 | 6.27 | -42.84 | 11.52 | 1.8373 | — | 5783.67 |
| 辽　宁 | 96.41 | 10.48 | 1289.93 | 8.41 | -19.75 | 11.84 | 1.4078 | 5 | 152.70 |
| 吉　林 | 53.04 | 11.48 | 859.13 | 8.39 | -26.92 | 14.14 | 1.6853 | 10 | 121.53 |
| 黑龙江 | 73.89 | 11.60 | 985.37 | 5.22 | -55.00 | 11.94 | 2.2874 | 24 | 117.62 |
| 东　北 | 223.33 | 11.09 | 3134.44 | 7.40 | -33.27 | 11.98 | 1.6189 | [1] | 391.85 |
| 北　京 | 104.07 | 8.90 | 1843.85 | 10.91 | 22.58 | 11.53 | 1.0568 | 1 | 212.67 |
| 上　海 | 135.67 | 8.60 | 1554.78 | 6.41 | -25.47 | 9.53 | 1.4867 | 6 | 148.15 |
| 海　南 | 14.46 | 11.41 | 375.61 | 7.57 | -33.65 | 11.69 | 1.5443 | 8 | 43.89 |
| 江　苏 | 171.67 | 9.93 | 3163.17 | 7.17 | -27.79 | 11.17 | 1.5579 | 9 | 353.33 |
| 浙　江 | 123.07 | 11.12 | 2178.59 | 6.17 | -44.51 | 11.31 | 1.8331 | 13 | 246.22 |
| 河　北 | 103.92 | 10.33 | 1759.74 | 5.43 | -47.43 | 10.57 | 1.9466 | 16 | 186.17 |
| 天　津 | 45.53 | 10.19 | 1036.93 | 5.45 | -46.52 | 11.07 | 2.0312 | 17 | 114.88 |
| 福　建 | 91.28 | 11.01 | 1265.78 | 5.79 | -47.41 | 12.02 | 2.0760 | 19 | 152.11 |
| 广　东 | 229.77 | 11.46 | 3652.90 | 5.26 | -54.10 | 11.99 | 2.2795 | 22 | 437.60 |
| 山　东 | 167.79 | 10.47 | 2840.44 | 5.18 | -50.53 | 12.63 | 2.4382 | 27 | 358.88 |
| 东　部 | 1187.23 | 10.33 | 19671.79 | 6.38 | -38.24 | 10.88 | 1.7053 | [2] | 2253.90 |
| 西　藏 | 12.41 | 16.20 | 282.82 | 14.76 | -8.89 | 16.18 | 1.0962 | 2 | 45.77 |
| 青　海 | 11.67 | 11.91 | 353.13 | 12.16 | 2.10 | 13.59 | 1.1176 | 3 | 48.00 |
| 内蒙古 | 46.67 | 14.16 | 1021.77 | 10.85 | -23.38 | 14.16 | 1.3051 | 4 | 144.75 |
| 新　疆 | 48.17 | 10.65 | 1089.53 | 8.26 | -22.44 | 12.39 | 1.5000 | 7 | 134.96 |
| 陕　西 | 55.84 | 13.61 | 1428.12 | 7.81 | -42.62 | 13.62 | 1.7439 | 12 | 194.46 |
| 甘　肃 | 42.63 | 13.49 | 826.81 | 7.00 | -48.11 | 13.49 | 1.9271 | 15 | 111.48 |
| 宁　夏 | 12.70 | 14.25 | 265.16 | 7.06 | -50.46 | 14.37 | 2.0354 | 18 | 38.10 |
| 广　西 | 66.67 | 12.27 | 1410.02 | 5.66 | -53.87 | 12.27 | 2.1678 | 21 | 172.88 |
| 云　南 | 98.70 | 10.77 | 1344.31 | 4.71 | -56.27 | 10.77 | 2.2866 | 23 | 144.76 |
| 四　川 | 61.27 | 17.35 | 2383.26 | 6.83 | -60.63 | 17.34 | 2.5388 | 28 | 413.09 |
| 贵　州 | 50.16 | 11.52 | 1293.89 | 4.96 | -56.94 | 13.27 | 2.6754 | 29 | 171.81 |
| 重　庆 | 76.95 | 4.38 | 949.27 | 4.49 | 2.51 | 12.36 | 2.7528 | 30 | 117.43 |
| 西　部 | 583.85 | 11.80 | 12648.10 | 7.01 | -40.59 | 12.19 | 1.7389 | [3] | 1737.50 |
| 山　西 | 56.19 | 11.57 | 1062.82 | 7.08 | -38.81 | 12.19 | 1.7218 | 11 | 129.65 |
| 安　徽 | 75.01 | 10.56 | 1721.79 | 5.65 | -46.50 | 10.59 | 1.8743 | 14 | 182.22 |
| 湖　北 | 88.17 | 11.21 | 1703.51 | 5.21 | -53.52 | 11.21 | 2.1516 | 20 | 190.91 |
| 湖　南 | 73.55 | 12.28 | 1732.46 | 5.40 | -56.03 | 12.75 | 2.3611 | 25 | 220.74 |
| 江　西 | 55.13 | 9.94 | 1459.80 | 4.88 | -50.91 | 11.86 | 2.4303 | 26 | 173.11 |
| 河　南 | 108.46 | 10.59 | 2448.84 | 4.32 | -59.21 | 13.73 | 3.1782 | 31 | 335.94 |
| 中　部 | 456.50 | 11.02 | 10129.22 | 5.25 | -52.36 | 12.04 | 2.2933 | [4] | 1232.57 |

注：（1）表中 2000 年教科文卫综合投入数据来源于《中国统计年鉴》，其余为演算衍生数值；（2）比值升降百分比负值为下降百分比；（3）全国及各地分别取最佳比值测算文化投入“应然”值，各地之和不等于全国总量。表 3～表 5 同。

15个省域此项比值将高于全国比值，按比值高低依次为西藏、青海、北京、内蒙古、辽宁、吉林、新疆、陕西、海南、江苏、山西、宁夏、甘肃、四川、上海；16个省域此项比值将低于全国比值，按比值高低依次为浙江、福建、广西、安徽、天津、河北、湖南、广东、黑龙江、湖北、山东、贵州、江西、云南、重庆、河南。其中，西藏处于首位，此项比值将高于全国比值8.50个百分点；河南处于末位，此项比值将低于全国比值1.95个百分点。

取假定测算的2015年此项比值与2000年相比，全国文化投入占教科文卫综合投入比将下降42.84%。仅有3个省域此项测算比值将上升，按升幅高低依次为北京、重庆、青海；28个省域此项测算比值将下降，按降幅高低倒序依次为西藏、辽宁、新疆、内蒙古、上海、吉林、江苏、海南、山西、陕西、浙江、安徽、天津、福建、河北、甘肃、宁夏、山东、江西、湖北、广西、广东、黑龙江、湖南、云南、贵州、河南、四川。其中，北京处于首位，此项测算比值将上升22.58%；四川处于末位，此项测算比值将下降60.63%。

根据本项测评数据库筛测，2000~2014年，全国文化投入占教科文卫综合投入比的历年最佳（最高）值为11.52%。23个省域最佳比值高于全国最佳比值，按最佳比值高低依次为四川、西藏、宁夏、内蒙古、吉林、河南、陕西、青海、甘肃、贵州、湖南、山东、新疆、重庆、广西、山西、福建、广东、黑龙江、江西、辽宁、海南、北京；8个省域最佳比值低于全国最佳比值，按最佳比值高低依次为浙江、湖北、江苏、天津、云南、安徽、河北、上海。其中，四川处于首位，最佳比值高于全国最佳比值5.82个百分点；上海处于末位，最佳比值低于全国最佳比值1.99个百分点。

全国及各地历年此项最佳比值与2015年测算比值之差，构成此项系数比值的差距指数，这就是假定测算“增长差距”的重要事实依据。演算结果，全国差距指数为1.8373，即对照历年最佳比值，“应有”比值为测算比值的183.73%。

13个省域差距指数低于全国差距指数，按指数高低倒序依次为北京、西藏、青海、内蒙古、辽宁、上海、新疆、海南、江苏、吉林、山西、陕西、浙江；18 个省域差距指数高于全国差距指数，按指数高低倒序依次为安徽、甘肃、河北、天津、宁夏、福建、湖北、广西、广东、云南、黑龙江、湖南、江西、山东、四川、贵州、重庆、河南。其中，北京处于首位，差距指数为 1.0568，即“应有”比值为测算比值的 105.68%，仅为全国差距指数的 57.52%；河南处于末位，差距指数为 3.1782，即“应有”比值为测算比值的 317.82%，高达全国差距指数的 172.98%。

据此差距指数测算，如果保持文化投入占教科文卫综合投入比历年最佳比值，那么 2015 年全国文化投入测算总量应达到 5783.67 亿元，与 2014 年现有总量相比需增长 114.89%。

当然，这只是一种假定的“增长差距”测算，并不可能期待很快完成如此高增长。在此，所需增长率便起到“增长差距”衡量器的作用，所需增长率越低，意味着“增长目标”距离越小。

13 个省域所需增长率低于全国所需增长率，按所需增长率高低倒序依次为北京、西藏、青海、内蒙古、辽宁、上海、新疆、江苏、海南、吉林、山西、陕西、浙江；18 个省域所需增长率高于全国所需增长率，按所需增长率高低倒序依次为安徽、甘肃、河北、福建、宁夏、天津、湖北、广西、云南、黑龙江、广东、湖南、山东、江西、四川、贵州、重庆、河南。其中，北京处于首位，总量应达到 212.67 亿元，占全国份额 3.68%，需增长 29.75%，仅为全国所需增长率的 25.90%；河南处于末位，总量应达到 335.94 亿元，占全国份额 5.81%，需增长 268.51%，高达全国所需增长率的 233.72%。这就是假设全国及各地保持 2000～2014 年文化投入占教科文卫综合投入比各自历年最佳值，文化投入总量“应然增长”绝对数值、所需增长率的目标距离检测结果。

### （二）教科文卫投入占财政支出比变化态势检测

“中国公共文化投入增长测评体系”以“教科文卫投入增长系数”来界定教科文卫投入占财政支出的比重，深入检验教科文卫投入在财政支出中的背景关系比值。这一背景关系比值历年发生变化，就是“教科文卫投入增长系数”的演算依据，也是教科文卫综合投入增长带动文化投入增长的“应有空间”测量依据。2015 年教科文卫投入占财政支出比动态及其差距检测见表 3，各地以二重演算差距指数高低倒序排列。依照本项测评的假定测算，2015 年，全国教科文卫投入占财政支出比将为 28.17%。

18 个省域此项比值将高于全国比值，按比值高低依次为浙江、北京、广东、河南、广西、山东、福建、河北、江苏、江西、安徽、陕西、贵州、天津、四川、湖北、山西、湖南；13 个省域此项比值将低于全国比值，按比值高低依次为海南、上海、甘肃、新疆、云南、吉林、黑龙江、重庆、宁夏、内蒙古、辽宁、青海、西藏。其中，浙江处于首位，此项比值将高于全国比值 7.19 个百分点；西藏处于末位，此项比值将低于全国比值 8.90 个百分点。

取假定测算的 2015 年此项比值与 2000 年相比，全国教科文卫投入占财政支出比将上升 63.49%。29 个省域此项测算比值将上升，按升幅高低依次为四川、广东、北京、陕西、河南、湖南、安徽、广西、黑龙江、河北、江西、浙江、青海、海南、上海、吉林、天津、山东、湖北、贵州、甘肃、辽宁、福建、内蒙古、山西、云南、江苏、新疆、宁夏；2 个省域此项测算比值将下降，按降幅高低倒序依次为西藏、重庆。其中，四川处于首位，此项测算比值将上升 113.05%；重庆处于末位，此项测算比值将下降 42.92%。

根据本项测评数据库筛测，2000 ~ 2014 年，全国教科文卫投入占财政支出比的历年最佳（最高）值为 27.95%。23 个省域最佳比值高于全国最佳比值，按最佳比值高低依次为重庆、浙江、山东、北京、河南、广东、广西、福建、河北、陕西、贵州、江苏、安徽、江西、山西、湖北、四川、湖南、宁夏、云南、天津、新疆、甘肃；8 个省域最佳比值低于全国最佳比值，按最佳比值高低依次为上海、海南、吉林、黑龙江、辽宁、青海、内蒙古、西藏。其中，重庆处于首位，最佳比值高于全国最佳比值 13.05 个百分点；西藏处于末位，最佳比值低于全国最佳比值 6.20 个百分点。

**表 3　2015 年教科文卫投入占财政支出比动态及其差距检测**

| 地区 | 2000 年 | | 2015 年 | | | 2000～2014 年最佳比值（%） | 2000～2014 年最佳比值（%） | | |
|---|---|---|---|---|---|---|---|---|---|
| | 财政支出总量（亿元） | 教科文卫投入占比（%） | 财政支出总量（亿元） | 教科文卫投入占比（%） | 比值变化（%） | | 二重演算差距指数（无差距 =1） | 差距排序（倒序） | 文化投入总量（亿元） |
| 全　国 | 15886.50 | 17.23 | 178338.41 | 28.17 | 63.49 | 27.95 | 1.8230 | — | 5738.66 |
| 北　京 | 443.00 | 23.49 | 5341.60 | 34.52 | 46.96 | 33.39 | 1.0222 | 1 | 205.71 |
| 上　海 | 608.56 | 22.29 | 5716.40 | 27.20 | 22.03 | 27.83 | 1.5212 | 5 | 151.59 |
| 海　南 | 64.12 | 22.55 | 1347.28 | 27.88 | 23.64 | 27.68 | 1.5332 | 6 | 43.57 |
| 江　苏 | 591.28 | 29.03 | 10246.97 | 30.87 | 6.34 | 30.98 | 1.5634 | 7 | 354.58 |
| 浙　江 | 431.30 | 28.53 | 6160.30 | 35.36 | 23.94 | 34.69 | 1.7983 | 10 | 241.55 |
| 河　北 | 415.54 | 25.01 | 5560.25 | 31.65 | 26.55 | 31.69 | 1.9491 | 15 | 186.41 |
| 天　津 | 187.05 | 24.34 | 3507.26 | 29.57 | 21.49 | 28.95 | 1.9886 | 16 | 112.48 |
| 福　建 | 324.18 | 28.16 | 3903.35 | 32.43 | 15.16 | 32.32 | 2.0690 | 18 | 151.60 |
| 广　东 | 1080.32 | 21.27 | 10661.82 | 34.26 | 61.07 | 33.30 | 2.2156 | 20 | 425.33 |
| 山　东 | 613.08 | 27.37 | 8556.17 | 33.20 | 21.30 | 33.43 | 2.4551 | 25 | 361.37 |
| 东　部 | 4758.42 | 24.95 | 61001.40 | 32.25 | 29.26 | 31.74 | 1.6784 | [1] | 2234.17 |
| 西　藏 | 59.97 | 20.69 | 1467.15 | 19.28 | -6.81 | 21.75 | 1.2366 | 2 | 51.63 |
| 青　海 | 68.26 | 17.10 | 1667.36 | 21.18 | 23.86 | 24.02 | 1.2675 | 3 | 54.44 |
| 内蒙古 | 247.27 | 18.87 | 4723.17 | 21.63 | 14.63 | 22.75 | 1.3726 | 4 | 152.24 |
| 新　疆 | 190.95 | 25.23 | 4068.31 | 26.78 | 6.14 | 28.35 | 1.5879 | 8 | 142.86 |
| 陕　西 | 271.76 | 20.55 | 4798.41 | 29.76 | 44.82 | 31.66 | 1.8553 | 12 | 206.88 |
| 甘　肃 | 188.23 | 22.65 | 3060.78 | 27.01 | 19.25 | 28.27 | 2.0170 | 17 | 116.68 |
| 广　西 | 258.49 | 25.79 | 4189.91 | 33.65 | 30.48 | 32.88 | 2.1182 | 19 | 168.93 |
| 四　川 | 452.00 | 13.56 | 8248.49 | 28.89 | 113.05 | 29.31 | 2.5757 | 26 | 419.09 |
| 云　南 | 414.11 | 23.83 | 5257.29 | 25.57 | 7.30 | 29.01 | 2.5942 | 27 | 164.24 |
| 宁　夏 | 60.84 | 20.87 | 1221.95 | 21.70 | 3.98 | 29.18 | 2.7370 | 28 | 51.24 |
| 贵　州 | 201.57 | 24.88 | 4347.80 | 29.76 | 19.61 | 31.13 | 2.7986 | 29 | 179.73 |
| 重　庆 | 187.64 | 41.01 | 4055.77 | 23.41 | -42.92 | 41.01 | 4.8224 | 31 | 205.72 |
| 西　部 | 2601.09 | 22.45 | 47106.40 | 26.85 | 19.60 | 27.05 | 1.7519 | [2] | 1913.68 |
| 辽　宁 | 518.08 | 18.61 | 5980.36 | 21.57 | 15.91 | 24.34 | 1.5886 | 9 | 172.32 |
| 吉　林 | 260.67 | 20.35 | 3461.43 | 24.82 | 21.97 | 27.67 | 1.8789 | 14 | 135.49 |
| 黑龙江 | 381.87 | 19.35 | 4017.58 | 24.53 | 26.77 | 25.32 | 2.3610 | 22 | 121.40 |
| 东　北 | 1160.63 | 19.24 | 13459.36 | 23.29 | 21.05 | 25.45 | 1.7691 | [3] | 429.21 |
| 山　西 | 225.06 | 24.97 | 3719.71 | 28.57 | 14.42 | 30.15 | 1.8170 | 11 | 136.82 |
| 安　徽 | 323.47 | 23.19 | 5643.50 | 30.51 | 31.57 | 30.42 | 1.8688 | 13 | 181.68 |
| 湖　北 | 368.77 | 23.91 | 5938.45 | 28.69 | 19.99 | 29.71 | 2.2281 | 21 | 197.70 |
| 江　西 | 223.47 | 24.67 | 4761.01 | 30.66 | 24.28 | 30.26 | 2.3986 | 23 | 170.85 |
| 湖　南 | 347.83 | 21.15 | 6071.15 | 28.54 | 34.94 | 29.24 | 2.4190 | 24 | 226.15 |
| 河　南 | 445.53 | 24.34 | 7261.62 | 33.72 | 38.54 | 33.39 | 3.1471 | 30 | 332.65 |
| 中　部 | 1934.13 | 23.60 | 33395.44 | 30.33 | 28.52 | 30.69 | 2.3206 | [4] | 1245.86 |

资料来源：表中 2000 年财政支出数据来源于《中国统计年鉴》，其余为演算衍生数值。

全国及各地历年此项最佳比值与2015年测算比值之差，构成此项系数比值的差距指数，与前一项系数比值的差距指数形成二重演算，就是假定测算“增长差距”的重要事实依据。二重演算结果，全国差距指数为1.8230，即对照历年最佳比值，“应有”比值为测算比值的182.30%。

11个省域差距指数低于全国差距指数，按指数高低倒序依次为北京、西藏、青海、内蒙古、上海、海南、江苏、新疆、辽宁、浙江、山西；20个省域差距指数高于全国差距指数，按指数高低倒序依次为陕西、安徽、吉林、河北、天津、甘肃、福建、广西、广东、湖北、黑龙江、江西、湖南、山东、四川、云南、宁夏、贵州、河南、重庆。其中，北京处于首位，差距指数为1.0222，即“应有”比值为测算比值的102.22%，仅为全国差距指数的56.08%；重庆处于末位，差距指数为4.8224，即“应有”比值为测算比值的482.24%，高达全国差距指数的264.53%。

据此差距指数测算，如果保持文化投入占教科文卫综合投入比、教科文卫投入占财政支出比二重历年最佳比值，那么2015年全国文化投入测算总量应达到5738.66亿元，与2014年现有总量相比需增长113.22%。

这只是一种假定的“增长差距”测算，鉴于全国及各地教科文卫投入占财政支出比动态普遍向好，两项系数比值叠加演算的“增长差距”普遍缩短，总量“增长目标”数值普遍减小。

10个省域所需增长率低于全国所需增长率，按所需增长率高低倒序依次为北京、西藏、青海、内蒙古、上海、海南、江苏、辽宁、新疆、浙江；21个省域所需增长率高于全国所需增长率，按所需增长率高低倒序依次为山西、安徽、吉林、陕西、河北、天津、甘肃、福建、广西、广东、湖北、黑龙江、湖南、山东、江西、云南、四川、宁夏、贵州、河南、重庆。其中，北京处于首位，总量应达到205.71亿元，占全国份额3.58%，需增长25.51%，仅为全国所需增长率的22.53%；重庆处于末位，总量应达到205.72亿元，占全国份额3.58%，需增长471.10%，高达全国所需增长率的416.10%。这就是假设全国及各地保持2000~2014年以来文化投入占教科文卫综合投入比、教科文卫投入占财政支出比各自历年最佳值，文化投入总量“应然增长”绝对数值、所需增长率的目标距离检测结果。

### （三）财政支出与产值比变化态势检测

“中国公共文化投入增长测评体系”以“财政支出增长系数”来界定财政支出与产值的比例，深入检验财政支出在产值增长所体现的经济发展中的背景关系比值。这一背景关系比值历年发生变化，就是“财政支出增长系数”的演算依据，也是财政支出增长带动教科文卫投入增长、继而教科文卫综合投入增长带动文化投入增长的“应有空间”测量依据。2015 年财政支出与产值比动态及其差距检测见表 4，各地以三重演算差距指数高低倒序排列。依照本项测评的假定测算，2015 年，全国财政支出与产值比将为 24.56%。

11 个省域此项比值将高于全国比值，按比值高低依次为西藏、青海、贵州、甘肃、新疆、宁夏、云南、海南、江西、山西、四川；20 个省域此项比值将低于全国比值，按比值高低依次为重庆、黑龙江、安徽、广西、陕西、内蒙古、北京、吉林、上海、湖南、天津、湖北、辽宁、河南、河北、福建、广东、江苏、浙江、山东。其中，西藏处于首位，此项比值将高于全国比值 113.00 个百分点；山东处于末位，此项比值将低于全国比值 12.05 个百分点。

取假定测算的 2015 年此项比值与 2000 年相比，全国财政支出与产值比将上升 54.27%。全部 31 个省域此项测算比值将上升，按升幅高低依次为海南、新疆、西藏、青海、江西、甘肃、四川、安徽、山西、重庆、河南、贵州、河北、湖南、黑龙江、江苏、浙江、广西、宁夏、湖北、云南、天津、山东、上海、辽宁、福建、吉林、北京、陕西、内蒙古、广东。其中，海南处于首位，此项测算比值将上升 176.25%；广东处于末位，此项测算比值将上升 36.98%。

根据本项测评数据库筛测，2000 ~ 2014 年，全国财政支出与产值比的历年最佳（最高）值为 23.86%。12 个省域最佳比值高于全国最佳比值，按

**表4 2015年财政支出与产值比动态及其差距检测**

| 地区 | 2000年 | | 2015年 | | | 2000～2014年最佳比值（%） | 2015年最佳比值假定测算 | | |
|---|---|---|---|---|---|---|---|---|---|
| | 产值总量（亿元） | 财政支出与产值比（%） | 产值总量（亿元） | 财政支出与产值比（%） | 比值变化（%） | | 三重演算差距指数（无差距=1） | 差距排序（倒序） | 文化投入总量（亿元） |
| 全　国 | 99776.25 | 15.92 | 726135.86 | 24.56 | 54.27 | 23.86 | 1.7710 | — | 5574.97 |
| 北　京 | 3161.00 | 14.01 | 24447.54 | 21.85 | 55.96 | 21.21 | 0.9923 | 1 | 199.69 |
| 海　南 | 526.82 | 12.17 | 4007.81 | 33.62 | 176.25 | 31.93 | 1.4561 | 5 | 41.38 |
| 上　海 | 4771.17 | 12.75 | 26415.97 | 21.64 | 69.73 | 20.89 | 1.4685 | 6 | 146.34 |
| 江　苏 | 8553.69 | 6.91 | 75241.35 | 13.62 | 97.11 | 13.05 | 1.4980 | 7 | 339.75 |
| 浙　江 | 6141.03 | 7.02 | 45940.78 | 13.41 | 91.03 | 12.84 | 1.7219 | 10 | 231.29 |
| 河　北 | 5043.96 | 8.24 | 33370.75 | 16.66 | 102.18 | 15.90 | 1.8601 | 14 | 177.90 |
| 天　津 | 1701.88 | 10.99 | 18434.17 | 19.03 | 73.16 | 18.34 | 1.9165 | 17 | 108.40 |
| 福　建 | 3764.54 | 8.61 | 27463.46 | 14.21 | 65.04 | 14.03 | 2.0427 | 18 | 149.67 |
| 广　东 | 10741.25 | 10.06 | 77348.63 | 13.78 | 36.98 | 13.50 | 2.1706 | 21 | 416.69 |
| 山　东 | 8337.47 | 7.35 | 68376.29 | 12.51 | 70.20 | 12.11 | 2.3766 | 25 | 349.81 |
| 东　部 | 52742.81 | 9.02 | 401046.76 | 15.21 | 68.63 | 14.68 | 1.6199 | [1] | 2160.91 |
| 西　藏 | 117.80 | 50.91 | 1066.52 | 137.56 | 170.20 | 129.22 | 1.1617 | 2 | 48.50 |
| 青　海 | 263.68 | 25.89 | 2688.98 | 62.01 | 139.51 | 61.21 | 1.2511 | 3 | 53.73 |
| 内蒙古 | 1539.12 | 16.07 | 21163.09 | 22.32 | 38.89 | 21.83 | 1.3425 | 4 | 148.90 |
| 新　疆 | 1363.56 | 14.00 | 10634.35 | 38.26 | 173.29 | 36.32 | 1.5074 | 8 | 135.62 |
| 陕　西 | 1804.00 | 15.06 | 20823.18 | 23.04 | 52.99 | 23.42 | 1.8859 | 15 | 210.30 |
| 甘　肃 | 1052.88 | 17.88 | 7814.27 | 39.17 | 119.07 | 37.17 | 1.9141 | 16 | 110.73 |
| 广　西 | 2080.04 | 12.43 | 18104.96 | 23.14 | 86.16 | 22.90 | 2.0963 | 19 | 167.18 |
| 云　南 | 2011.19 | 20.59 | 14626.87 | 35.94 | 74.55 | 34.65 | 2.5011 | 26 | 158.34 |
| 四　川 | 3928.20 | 11.51 | 32878.96 | 25.09 | 117.98 | 25.37 | 2.6045 | 27 | 423.78 |
| 宁　夏 | 295.02 | 20.62 | 3228.02 | 37.85 | 83.56 | 36.92 | 2.6698 | 28 | 49.98 |
| 贵　州 | 1029.92 | 19.57 | 10840.79 | 40.11 | 104.96 | 40.22 | 2.8062 | 29 | 180.21 |
| 重　庆 | 1603.16 | 11.70 | 16672.48 | 24.33 | 107.95 | 26.70 | 5.2921 | 31 | 225.76 |
| 西　部 | 17088.57 | 15.22 | 160542.48 | 29.34 | 92.77 | 28.33 | 1.6916 | [2] | 1913.04 |
| 辽　宁 | 4669.10 | 11.10 | 32585.33 | 18.35 | 65.32 | 19.10 | 1.6536 | 9 | 179.37 |
| 吉　林 | 1951.51 | 13.36 | 15873.19 | 21.81 | 63.25 | 21.11 | 1.8186 | 12 | 131.14 |
| 黑龙江 | 3151.40 | 12.12 | 16815.52 | 23.89 | 97.11 | 23.31 | 2.3037 | 23 | 118.46 |
| 东　北 | 9772.01 | 11.88 | 65274.03 | 20.62 | 73.57 | 20.67 | 1.7734 | [3] | 428.96 |
| 山　西 | 1845.72 | 12.19 | 14651.51 | 25.39 | 108.29 | 24.18 | 1.7304 | 11 | 130.30 |
| 安　徽 | 2902.09 | 11.15 | 24002.10 | 23.51 | 110.85 | 23.01 | 1.8291 | 13 | 177.83 |
| 湖　北 | 3545.39 | 10.40 | 31683.43 | 18.74 | 80.19 | 18.02 | 2.1425 | 20 | 190.10 |
| 江　西 | 2003.07 | 11.16 | 18205.59 | 26.15 | 134.32 | 24.71 | 2.2665 | 22 | 161.44 |
| 湖　南 | 3551.49 | 9.79 | 31255.88 | 19.42 | 98.37 | 19.05 | 2.3729 | 24 | 221.84 |
| 河　南 | 5052.99 | 8.82 | 40112.83 | 18.10 | 105.22 | 17.34 | 3.0150 | 30 | 318.69 |
| 中　部 | 18900.75 | 10.23 | 159911.35 | 20.88 | 104.11 | 19.93 | 2.2150 | [4] | 1200.20 |

资料来源：表中2000年产值数据来源于《中国统计年鉴》，其余为演算衍生数值。

最佳比值高低依次为西藏、青海、贵州、甘肃、宁夏、新疆、云南、海南、重庆、四川、江西、山西；19 个省域最佳比值低于全国最佳比值，按最佳比值高低依次为陕西、黑龙江、安徽、广西、内蒙古、北京、吉林、上海、辽宁、湖南、天津、湖北、河南、河北、福建、广东、江苏、浙江、山东。其中，西藏处于首位，最佳比值高于全国最佳比值 105.36 个百分点；山东处于末位，最佳比值低于全国最佳比值 11.75 个百分点。

全国及各地历年此项最佳比值与 2015 年测算比值之差，构成此项系数比值的差距指数，与前两项系数比值的差距指数形成三重演算，就是假定测算“增长差距”的重要事实依据。三重演算结果，全国差距指数为 1.7710，即对照历年最佳比值，“应有”比值为测算比值的 177.10%。

11 个省域差距指数低于全国差距指数，按指数高低倒序依次为北京、西藏、青海、内蒙古、海南、上海、江苏、新疆、辽宁、浙江、山西；20 个省域差距指数高于全国差距指数，按指数高低倒序依次为吉林、安徽、河北、陕西、甘肃、天津、福建、广西、湖北、广东、江西、黑龙江、湖南、山东、云南、四川、宁夏、贵州、河南、重庆。其中，北京处于首位，差距指数为 0.9923，即“应有”比值为测算比值的 99.23%，仅为全国差距指数的 56.03%；重庆处于末位，差距指数为 5.2921，即“应有”比值为测算比值的 529.21%，高达全国差距指数的 298.82%。

据此差距指数测算，如果保持文化投入占教科文卫综合投入比、教科文卫投入占财政支出比、财政支出与产值比三重历年最佳比值，那么 2015 年全国文化投入测算总量应达到 5574.97 亿元，与 2014 年现有总量相比需增长 107.13%。

这只是一种假定的“增长差距”测算，鉴于全国及各地财政支出与产值比动态普遍向好，三项系数比值多重演算的“增长差距”普遍缩短，总量“增长目标”数值普遍减小。

11 个省域所需增长率低于全国所需增长率，按所需增长率高低倒序依次为北京、西藏、青海、内蒙古、上海、海南、江苏、新疆、辽宁、浙江、山西；20 个省域所需增长率高于全国所需增长率，按所需增长率高低倒序依次为吉林、河北、安徽、甘肃、陕西、天津、福建、广西、广东、湖北、黑龙江、江西、山东、湖南、云南、宁夏、四川、贵州、河南、重庆。其中，北京处于首位，总量应达到199.69亿元，占全国份额3.58%，需增长21.83%，仅为全国所需增长率的20.38%；重庆处于末位，总量应达到225.76亿元，占全国份额4.05%，需增长526.72%，高达全国所需增长率的491.65%。这就是假设全国及各地保持2000~2014年文化投入占教科文卫综合投入比、教科文卫投入占财政支出比、财政支出与产值比各自历年最佳值，文化投入总量“应然增长”绝对数值、所需增长率的目标距离检测结果。

## 三　各省域文化投入应然增长差距检测

在表2~表4分别检测各单项最佳比值增长预期基础上，有必要汇集各项最佳比值增长测算结果进行综合演算，并与表1“自然增长”测算结果各项数值形成直接对比。

### （一）多重最佳比值测算预期结果

2015年文化投入多重最佳比值增长假定测算见表5，依照2000~2014年全国及各地三项系数最佳比值测算总量增长空间，表5里首列总量数值移自表4，文字不再复述。

同样测算人均值增长空间（与总量演算基数不同，所需增长测算有微小差异），2015年全国文化投入测算人均值应达到406.56元，与2014年现有人均值相比需增长106.08%。东部人均值应达到411.42元，降低为全国人均值的101.20%，需增长99.80%，低于全国所需增长；东北人均值应达到390.36元，提高为全国人均值的96.02%，需增长114.90%，高于全国所需增长；中部人均值应达到330.42元，提高为全国人均值的81.27%，需增长163.24%，高于全国所需增长；西部人均值应达到518.57元，提高为全国人均值的127.55%，需增长155.92%，高于全国所需增长。

表 5　2015 年文化投入多重最佳比值增长假定测算

| 地区 | 多重最佳比值假定测算（基于 2000～2014 年最佳比值） | | | | | 文化投入相关背景比值测算（%，各项增长取既往年均增长） | | | |
|---|---|---|---|---|---|---|---|---|---|
| | 文化投入总量（亿元） | 所需年度增长 | | 文化投入人均值（元） | 地区差（无差距=1） | 与产值比 | 占财政收入比 | 占财政支出比 | 占教科文卫综合投入比 |
| | | 增长率（%） | 排序（倒序） | | | | | | |
| 全　国 | 5574.97 | 107.13 | — | 406.56 | 1.4066 | 0.77 | 3.36 | 3.13 | 11.10 |
| 北　京 | 199.69 | 21.83 | 1 | 910.79 | 2.2402 | 0.82 | 4.16 | 3.74 | 10.83 |
| 上　海 | 146.34 | 69.42 | 5 | 592.87 | 1.4583 | 0.55 | 2.72 | 2.56 | 9.41 |
| 海　南 | 41.38 | 76.05 | 6 | 455.81 | 1.1211 | 1.03 | 6.17 | 3.07 | 11.02 |
| 江　苏 | 339.75 | 78.01 | 7 | 425.32 | 1.0462 | 0.45 | 3.85 | 3.32 | 10.74 |
| 浙　江 | 231.29 | 100.50 | 10 | 417.17 | 1.0261 | 0.50 | 4.70 | 3.75 | 10.62 |
| 河　北 | 177.90 | 115.22 | 13 | 239.93 | 1.4098 | 0.53 | 6.18 | 3.20 | 10.11 |
| 天　津 | 108.40 | 126.43 | 17 | 699.77 | 1.7212 | 0.59 | 3.69 | 3.09 | 10.45 |
| 福　建 | 149.67 | 133.21 | 18 | 391.63 | 1.0367 | 0.54 | 5.37 | 3.83 | 11.82 |
| 广　东 | 416.69 | 147.80 | 20 | 385.24 | 1.0525 | 0.54 | 4.42 | 3.91 | 11.41 |
| 山　东 | 349.81 | 173.83 | 24 | 356.21 | 1.1239 | 0.51 | 5.87 | 4.09 | 12.32 |
| 东　部 | 2160.91 | 101.84 | [1] | 411.42 | 1.3236 | 0.54 | 4.45 | 3.54 | 10.98 |
| 辽　宁 | 179.37 | 93.71 | 9 | 407.59 | 1.0025 | 0.55 | 4.74 | 3.00 | 13.91 |
| 吉　林 | 131.14 | 114.43 | 12 | 476.11 | 1.1711 | 0.83 | 9.15 | 3.79 | 15.26 |
| 黑龙江 | 118.46 | 159.61 | 22 | 308.98 | 1.2400 | 0.70 | 7.92 | 2.95 | 12.02 |
| 东　北 | 428.96 | 115.14 | [2] | 390.36 | 1.1379 | 0.66 | 6.39 | 3.19 | 13.69 |
| 西　藏 | 48.50 | 42.22 | 2 | 1515.76 | 3.7282 | 4.55 | 31.19 | 3.31 | 17.15 |
| 青　海 | 53.73 | 57.30 | 3 | 917.36 | 2.2564 | 2.00 | 17.58 | 3.22 | 15.22 |
| 内蒙古 | 148.90 | 62.02 | 4 | 592.84 | 1.4582 | 0.70 | 6.53 | 3.15 | 14.57 |
| 新　疆 | 135.62 | 82.47 | 8 | 585.65 | 1.4405 | 1.28 | 8.67 | 3.33 | 12.45 |
| 甘　肃 | 110.73 | 123.26 | 15 | 427.43 | 1.0513 | 1.42 | 13.87 | 3.62 | 13.39 |
| 陕　西 | 210.30 | 125.56 | 16 | 556.60 | 1.3691 | 1.01 | 9.11 | 4.38 | 14.73 |
| 广　西 | 167.18 | 143.99 | 19 | 351.27 | 1.1360 | 0.92 | 10.00 | 3.99 | 11.86 |
| 云　南 | 158.34 | 181.70 | 26 | 334.83 | 1.1764 | 1.08 | 7.95 | 3.01 | 11.78 |
| 宁　夏 | 49.98 | 212.03 | 27 | 751.11 | 1.8475 | 1.55 | 12.05 | 4.09 | 18.85 |
| 四　川 | 423.78 | 212.42 | 28 | 520.85 | 1.2811 | 1.29 | 11.52 | 5.14 | 17.78 |
| 贵　州 | 180.21 | 229.50 | 29 | 515.47 | 1.2679 | 1.66 | 10.82 | 4.14 | 13.93 |
| 重　庆 | 225.76 | 526.72 | 31 | 751.90 | 1.8494 | 1.35 | 9.42 | 5.57 | 23.78 |
| 西　部 | 1913.04 | 156.98 | [3] | 518.57 | 1.6552 | 1.19 | 9.95 | 4.06 | 15.13 |
| 山　西 | 130.30 | 103.75 | 11 | 355.52 | 1.1255 | 0.89 | 5.87 | 3.50 | 12.26 |
| 安　徽 | 177.83 | 116.19 | 14 | 292.43 | 1.2807 | 0.74 | 6.70 | 3.15 | 10.33 |
| 湖　北 | 190.10 | 148.02 | 21 | 326.53 | 1.1968 | 0.60 | 6.20 | 3.20 | 11.16 |
| 江　西 | 161.44 | 168.92 | 23 | 354.40 | 1.1283 | 0.89 | 7.01 | 3.39 | 11.06 |
| 湖　南 | 221.84 | 177.29 | 25 | 328.13 | 1.1929 | 0.71 | 8.17 | 3.65 | 12.81 |
| 河　南 | 318.69 | 249.59 | 30 | 337.62 | 1.1696 | 0.79 | 9.80 | 4.39 | 13.01 |
| 中　部 | 1200.20 | 164.33 | [4] | 330.42 | 1.1823 | 0.75 | 7.40 | 3.59 | 11.85 |

注：（1）表中数据演算依据《中国统计年鉴》；（2）最佳比值测算取全国及各地最佳比值，各地之和不等于全国总量；经校正各项“应然差距”，全国及各地相关协调性、均衡性普遍增强，比值提高，地区差缩小（对照本报告表 1 相应数值），极少数地区个别数据项例外。

18 个省域人均值高于全国人均值，按人均值高低依次为西藏、青海、北京、重庆、宁夏、天津、上海、内蒙古、新疆、陕西、四川、贵州、吉林、海南、甘肃、江苏、浙江、辽宁；13 个省域人均值低于全国人均值，按人均值高低依次为福建、广东、山东、山西、江西、广西、河南、云南、湖南、湖北、黑龙江、安徽、河北。其中，西藏处于首位，人均值应达到 1515.76 元，降低为全国人均值的 372.82%，需增长 39.92%；河北处于末位，人均值应达到 239.93 元，提高为全国人均值的 59.02%，需增长 113.59%。

在全国及各地三项系数最佳比值多重演算文化投入人均值基础上，即可演算得出 2015 年全国及各地文化投入人均值地区差。与 2014 年现有地区差相比，全国文化投入人均值地区差应缩小至 1.4066，缩小 11.97%。22 个省域地区差趋于缩小，按缩小程度大小依次为北京、西藏、青海、河南、内蒙古、上海、山东、云南、海南、江西、湖南、江苏、新疆、广东、黑龙江、广西、湖北、福建、辽宁、浙江、安徽、河北；仅有 9 个省域地区差趋于扩大，按扩大程度大小倒序依次为山西、甘肃、吉林、贵州、天津、陕西、四川、重庆、宁夏。其中，北京处于首位，地区差应缩小至 2.2402，缩小 42.48%，变为全国地区差的 159.26%；宁夏处于末位，地区差应扩大至 1.8475，扩大 49.70%，变为全国地区差的 131.34%。

另与本报告表 1 “自然增长”测算值相比，全国文化投入人均值地区差应缩小 13.16%。22 个省域地区差趋于缩小，按缩小程度大小依次为北京、西藏、青海、内蒙古、河南、海南、上海、云南、山东、江苏、新疆、湖南、江西、广东、黑龙江、福建、广西、湖北、辽宁、浙江、河北、安徽；仅有 9 个省域地区差趋于扩大，按扩大程度大小倒序依次为山西、甘肃、吉林、贵州、陕西、天津、四川、重庆、宁夏。其中，北京处于首位，地区差应缩小 43.97%；宁夏处于末位，地区差应扩大 50.78%。

对照表 1 清晰可见，若因循既往“自然增长”状况，全国及各地文化投入人均值地区差普遍明显扩大；而在最佳比值“应然增长”情况下，全国及各地文化投入人均值地区差普遍明显缩小。其间高下优劣一目了然。

不过尚需注意，以表5中演算得出的各地地区差来看，21个省域地区差小于全国地区差，按地区差指数高低倒序依次为辽宁、浙江、福建、江苏、甘肃、广东、海南、山东、山西、江西、广西、河南、吉林、云南、湖南、湖北、黑龙江、贵州、安徽、四川、陕西；10个省域地区差大于全国地区差，按地区差指数高低倒序依次为河北、新疆、内蒙古、上海、天津、宁夏、重庆、北京、青海、西藏。地区差演算值大于全国总体的地区仍然很少，却能够支撑全国地区差明显存在，这同样表明，这几个省域文化投入人均值增长与其余地区相比仍过于悬殊。

进一步演绎推算。在全国三项系数最佳比值多重演算情况下，2015年全国文化投入与产值比测算值应上升至0.77%，与2014年相比提高0.35个百分点；占财政收入比测算值应上升至3.36%，与2014年相比提高1.44个百分点；占财政支出比测算值应上升至3.13%，与2014年相比提高1.36个百分点；占教科文卫综合投入比测算值应上升至11.10%，与2014年相比提高4.57个百分点。

同样在各地三项系数最佳比值多重演算情况下，全部31个省域文化投入与产值比、占财政收入比、占财政支出比上升。有30个省域文化投入占教科文卫综合投入比上升；仅有1个省域此项比值下降，即为北京。

在三项系数最佳比值多重演算假定条件下，全国及各地文化收入增长及其相关关系数值呈现几点重要态势。

（1）全国及各地文化投入总量、人均数值普遍、显著增长，特别是中部增长突出，占全国份额明显上升。这无疑表明，正是在三项系数最佳比值多重演算中，检测出中部“增长差距”明显。

（2）北京文化投入总量、人均数值增长与既往年均增速“自然增长”相比略微降低，相关各项比值也相应略微下降，原因在于北京既往年度（准确时间为2012年，可参看北京报告）已经实现三项系数最佳比值增长，但不可也不应期待三项系数比值无休止提高。于是，全国及各地统一取2000~2014年各自三项系数最佳比值展开假定演算，这样一来合理保持已有三项系数最佳比值增长的“良好势头”，而抑制三项系数最佳比值永续

“向好”的不现实期许。

（3）全国及各地文化投入相关各项关系比值普遍、显著提高。

（4）全国及各地文化投入人均值地区差普遍明显缩小。以四大区域整体人均值测算来看，其显示了向全国人均值“均等化”趋近的态势，仅有中部人均值还显得稍微偏低。再以人均值最高与最低的几个省域来看，既往年均增长情况下，其差距继续增大（见表1），而最佳比值增长情况下，其差距明显减小（见表5）。

设置三项系数最佳比值多重演算的假定条件，无疑提供了全国各地文化投入协调增长、均衡增长的一种可资参考的预测示例。认真说来，这一点本来就是应当做到的，而据以进行演算的三项系数最佳比值，也是全国及各地既往年度曾经出现的数据事实，本项测评体系不过是通过精心设计，集中取值、综合演算而已。在此基础上，进一步测算全国各地文化投入人均值“均等化”理想增长目标，便成了理所当然的逻辑推导。正因为北京既往已成为三项系数最佳比值增长的范例，所以随后“均等化”理想增长测算即以北京人均值为基准。

## （二）同构占比平衡测算预期结果

“中国公共文化投入增长测评体系”以“文化民生需求系数”来界定文化消费与文化投入同构占比关系的平衡检测差距值，增补一项别开生面的附加测算。在保持2000～2014年三项系数最佳比值多重演算基础上，同样假定全国及各地保持2014年文化消费占居民收入、支出比不变，据此进行文化消费与文化投入同构占比平衡假定测算。

2015年文化消费与投入同构占比平衡假定测算见表6，各地以同构占比倍差平衡差距指数倒序排列。表中另附人均值地区均等假定测算。

测算2015年文化消费与文化投入各占收入比的倍差，与2014年现有占比倍差相比，全国文化消费与投入占收入比倍差将减至1.6144，减小42.90%。22个省域此项倍差将减小，9个省域此项倍差将增大。

**表 6　2015 年文化消费与投入同构占比平衡假定测算**

| 地区 | 消费与投入同构占比检测 | | | 同构占比平衡增长假定测算 | | | | | 地区均等假定测算文化投入总量(亿元) |
|---|---|---|---|---|---|---|---|---|---|
| | 收入比倍差(无差距=1) | 支出比倍差(无差距=1) | 收支占比倍差平衡差距指数 | 差距排序(倒序) | 文化投入总量(亿元) | 所需年度增长率(%) | 文化投入人均值(元) | 地区差(无差距=1) | |
| 全　国 | 1.6144 | 2.4134 | 1.4949 | — | 8334.02 | 209.64 | 607.77 | 1.4138 | 12489.28 |
| 西　藏 | 1.9386 | 1.1509 | 0.5937 | 1 | 28.79 | -15.56 | 899.89 | 1.4806 | 29.14 |
| 四　川 | 1.5616 | 1.2519 | 0.8017 | 2 | 339.74 | 150.46 | 417.57 | 1.3129 | 741.04 |
| 重　庆 | 1.4059 | 1.3357 | 0.9501 | 3 | 214.49 | 495.44 | 714.37 | 1.1754 | 273.47 |
| 新　疆 | 1.4253 | 1.8951 | 1.3296 | 4 | 180.32 | 142.61 | 778.68 | 1.2812 | 210.91 |
| 广　西 | 1.4693 | 2.0132 | 1.3702 | 6 | 229.07 | 234.32 | 481.31 | 1.2081 | 433.47 |
| 宁　夏 | 1.4509 | 2.0607 | 1.4203 | 10 | 70.99 | 343.19 | 1066.83 | 1.7553 | 60.60 |
| 青　海 | 1.6249 | 2.3338 | 1.4363 | 11 | 77.17 | 125.91 | 1317.48 | 2.1677 | 53.35 |
| 陕　西 | 1.2791 | 1.9441 | 1.5199 | 14 | 319.63 | 242.83 | 846.00 | 1.3920 | 344.12 |
| 甘　肃 | 1.4827 | 2.4476 | 1.6507 | 18 | 182.78 | 268.53 | 705.56 | 1.1609 | 235.95 |
| 贵　州 | 1.2661 | 2.5465 | 2.0113 | 24 | 362.46 | 562.70 | 1036.74 | 1.7058 | 318.42 |
| 云　南 | 1.1961 | 2.9595 | 2.4743 | 29 | 391.78 | 597.00 | 828.46 | 1.3631 | 430.72 |
| 内蒙古 | 1.0150 | 2.5818 | 2.5435 | 30 | 378.73 | 312.09 | 1507.92 | 2.4811 | 228.75 |
| 西　部 | 1.4021 | 1.9354 | 1.3804 | [1] | 2775.96 | 272.90 | 752.49 | 1.5404 | 3359.96 |
| 浙　江 | 1.1388 | 1.5604 | 1.3702 | 7 | 316.91 | 174.73 | 571.62 | 1.0595 | 504.96 |
| 山　东 | 1.2405 | 1.7068 | 1.3760 | 8 | 481.34 | 276.79 | 490.14 | 1.1935 | 894.44 |
| 上　海 | 1.7678 | 2.6096 | 1.4762 | 12 | 216.03 | 150.10 | 875.22 | 1.4401 | 224.81 |
| 广　东 | 1.2079 | 1.8275 | 1.5129 | 13 | 630.41 | 274.89 | 582.82 | 1.0410 | 985.16 |
| 天　津 | 1.0814 | 1.6663 | 1.5409 | 15 | 167.03 | 248.92 | 1078.31 | 1.7742 | 141.09 |
| 北　京 | 1.2143 | 1.9329 | 1.5918 | 16 | 317.87 | 93.94 | 1449.80 | 2.3854 | 199.69 |
| 江　苏 | 1.5310 | 2.5214 | 1.6469 | 17 | 559.53 | 193.16 | 700.47 | 1.1525 | 727.54 |
| 福　建 | 1.0171 | 1.8208 | 1.7902 | 21 | 267.94 | 317.49 | 701.10 | 1.1536 | 348.08 |
| 河　北 | 1.1634 | 2.2530 | 1.9365 | 23 | 344.50 | 316.78 | 464.63 | 1.2355 | 675.32 |
| 海　南 | 1.1212 | 2.4726 | 2.2054 | 25 | 91.26 | 288.24 | 1005.19 | 1.6539 | 82.69 |
| 东　部 | 1.1237 | 1.9888 | 1.7699 | [2] | 3392.83 | 216.90 | 645.97 | 1.4089 | 4783.76 |
| 河　南 | 1.4026 | 1.9026 | 1.3565 | 5 | 432.30 | 374.22 | 457.99 | 1.2464 | 859.71 |
| 安　徽 | 1.2962 | 2.1420 | 1.6526 | 19 | 293.88 | 257.29 | 483.29 | 1.2048 | 553.84 |
| 江　西 | 1.2454 | 2.3546 | 1.8907 | 22 | 305.23 | 408.43 | 670.05 | 1.1025 | 414.90 |
| 湖　南 | 1.1287 | 2.5840 | 2.2893 | 27 | 507.86 | 534.78 | 751.17 | 1.2360 | 615.78 |
| 湖　北 | 1.0768 | 2.5296 | 2.3491 | 28 | 446.56 | 482.61 | 767.04 | 1.2621 | 530.26 |
| 山　西 | 1.0349 | 2.6417 | 2.5525 | 31 | 332.59 | 420.07 | 907.48 | 1.4931 | 333.81 |
| 中　部 | 1.2114 | 2.3118 | 1.9083 | [3] | 2318.43 | 410.61 | 638.28 | 1.2575 | 3308.29 |
| 吉　林 | 1.3971 | 1.9580 | 1.4014 | 9 | 183.78 | 200.50 | 667.22 | 1.0978 | 250.87 |
| 黑龙江 | 1.3507 | 2.3774 | 1.7602 | 20 | 208.51 | 356.97 | 543.89 | 1.1051 | 349.17 |
| 辽　宁 | 1.0977 | 2.4638 | 2.2444 | 26 | 402.58 | 334.76 | 914.81 | 1.5052 | 400.81 |
| 东　北 | 1.1777 | 2.2831 | 1.9386 | [4] | 794.87 | 298.66 | 723.35 | 1.2360 | 1000.85 |

注：(1) 文化消费与投入各占收入、支出比倍差演算：无差距基准值 1 加同构收入比或支出比之间商值与之绝对偏差值；(2) 同构占比平衡测算取全国及各地最佳比值并假设占比平衡，各地之和不等于全国总量；(3) 地区均等测算以北京人均值推演至各地，各地之间彻底回归“合理性”平衡。

同样测算2015年文化消费与文化投入各占支出比的倍差，全国文化消费与投入占支出比倍差亦将减至2.4134，减小43.28%。30个省域此项倍差将减小，1个省域此项倍差将增大。

收支两项同构占比倍差之比形成二重倍差指数，直接作为同构占比倍差平衡演算的差距指数。2015年，全国同构占比平衡差距指数为1.4949，即在最佳比值增长基础上消除同构占比倍差，文化投入需增长149.49%。

12个省域平衡差距指数小于全国，按指数高低倒序依次为西藏、四川、重庆、新疆、河南、广西、浙江、山东、吉林、宁夏、青海、上海；19个省域平衡差距指数大于全国，按指数高低倒序依次为广东、陕西、天津、北京、江苏、甘肃、安徽、黑龙江、福建、江西、河北、贵州、海南、辽宁、湖南、湖北、云南、内蒙古、山西。其中，西藏处于首位，平衡差距指数为0.3971，需增长39.71%；山西处于末位，平衡差距指数为1.7075，需增长170.75%。

假定同构占比差距得以在2015年实现平衡，全国文化投入测算总量将增至8334.02亿元，与2014年总量相比需增长209.64%。9个省域增长目标距离小于全国，按所需增长率高低倒序依次为西藏、北京、青海、新疆、上海、四川、浙江、江苏、吉林；22个省域增长目标差距大于全国，按所需增长率高低倒序依次为广西、陕西、天津、安徽、甘肃、广东、山东、海南、内蒙古、河北、福建、辽宁、宁夏、黑龙江、河南、江西、山西、湖北、重庆、湖南、贵州、云南。其中，西藏处于首位，总量将增至28.79亿元，占全国份额0.35%，负增长15.56%（现有实际值已超过此数值，因趋向均等平衡而减量降幅）；云南处于末位，总量将增至391.78亿元，占全国份额4.70%，需增长597.00%。

在同构占比平衡情况下测算人均值增长空间（与总量演算基数不同，所需增长测算有微小差异），全国文化投入测算人均值将增至607.77元，与2014年现有人均值相比需增长208.07%。东部人均值将增至645.97元，提高为全国人均值的106.29%，需增长213.71%，高于全国所需增长；东北人均值将增至723.35元，提高为全国人均值的119.02%，需增长298.21%，高于全国所需增长；中部人均值将增至638.28元，提高为全国人均值的105.02%，需增长408.50%，高于全国所需增长；西部人均值将增至752.49元，提高为全国人均值的123.81%，需增长271.36%，高于全国所需增长。

22个省域人均值高于全国人均值，按人均值高低依次为内蒙古、北京、青海、天津、宁夏、贵州、海南、辽宁、山西、西藏、上海、陕西、云南、新疆、湖北、湖南、重庆、甘肃、福建、江苏、江西、吉林；9个省域人均值低于全国人均值，按人均值高低依次为广东、浙江、黑龙江、山东、安徽、广西、河北、河南、四川。其中，内蒙古处于首位，人均值将增至1507.92元，提高为全国人均值的248.11%，需增长310.39%；四川处于末位，人均值将增至417.57元，降低为全国人均值的68.71%，需增长150.08%。

基于人均值即可得出地区差。与2014年现有地区差相比，全国文化投入人均值地区差将缩小至1.4138，缩小11.52%。20个省域地区差趋于缩小，按缩小程度大小依次为西藏、北京、青海、新疆、黑龙江、上海、河南、江西、重庆、河北、广东、湖南、山东、安徽、江苏、湖北、广西、吉林、云南、浙江；11个省域地区差趋于扩大，按扩大程度大小倒序依次为福建、天津、陕西、甘肃、四川、海南、内蒙古、山西、辽宁、贵州、宁夏。其中，西藏处于首位，地区差将缩小至1.4806，缩小73.04%，变为全国地区差的104.73%；宁夏处于末位，地区差将扩大至1.7553，扩大42.23%，变为全国地区差的124.16%。

另与本报告表1“自然增长”测算值相比，全国文化投入人均值地区差将缩小12.72%。20个省域地区差趋于缩小，按缩小程度大小依次为西藏、北京、青海、新疆、黑龙江、上海、河南、江西、广东、重庆、河北、湖南、山东、安徽、江苏、湖北、广西、云南、吉林、福建；11个省域地区差趋于扩大，按扩大程度大小倒序依次为浙江、陕西、天津、甘肃、四川、海南、内蒙古、山西、辽宁、贵州、宁夏。其中，西藏处于首位，地区差将缩小73.95%；宁夏处于末位，地区差将扩大43.26%。

再与本报告表5“最佳比值增长”测算值相比，全国文化投入人均值地区差将扩大0.51%。12个省域地区差趋于缩小，按缩小程度大小依次为西藏、重庆、河北、新疆、黑龙江、吉林、安徽、宁夏、青海、江西、上海、广东；19个省域地区差趋于扩大，按扩大程度大小倒序依次为陕西、四川、天津、浙江、湖南、湖北、山东、广西、北京、河南、江苏、甘肃、福建、云南、山西、贵州、海南、辽宁、内蒙古。其中，西藏处于首位，地区差将缩小60.29%；内蒙古处于末位，地区差将扩大70.15%。

应当看到，各地在保持三项最佳比值增长的基础上，再进一步实现同构占比平衡增长，在此假定增长中各自增幅普遍翻番，各地数值关系变化颇大，于是地区差各有扩减。关键在于综合体现全部省域数值关系的全国人均值地区差，在各种对比测算里，全国地区差均呈现明显缩小趋势。同时，除极少数省域外，各地人均值普遍接近，包括原先人均值畸高者也向大多数省域相对接近。这表明，本项测评体系的精心设计具有可行性和建设性，最佳比值增长测算、同构占比平衡测算相继为全国各地均等测算做了步步趋近的良好铺垫。

### （三）人均值地区均等测算预期结果

出于制表的方便，全国各地均等测算结果置于表6中。在三项系数最佳比值多重演算基础上，取北京人均值（见表5）测算“均等化”理想增长。2015年全国文化投入测算总量应达到12489.28亿元，与2014年相比需增长364.03%。

14个省域增长目标差距小于全国，按所需增长率高低倒序依次为西藏、北京、青海、内蒙古、上海、新疆、天津、海南、陕西、宁夏、江苏、吉林、辽宁、浙江；17个省域增长目标差距大于全国，按所需增长率高低倒序依次为甘肃、山西、福建、四川、贵州、广东、广西、安徽、江西、湖北、山东、重庆、黑龙江、云南、湖南、河北、河南。其中，西藏处于首位，总量应达到29.14亿元，占全国份额0.35%，负增长14.54%（现有实际值已超过此数值，因回归均等平衡而减量降幅）；河南处于末位，总量应达到859.71亿元，占全国份额5.19%，需增长843.08%。

## 四　至2020年各省域文化投入增长测算

以上部分针对下一数据年度2015年进行假定测算，意图在于着眼现实检测所存在的增长差距。以下部分将把视野扩展至2020年，面向“全面建成小康社会”目标年，分别测算保持既往年均增速的“自然增长”目标、基于各项最佳比值的“应然增长”目标、实现同构占比平衡的“民生增长”目标、达到人均值均等化的“理想增长”目标，从中探寻促进文化投入协调、均衡增长的可行路径及合理标的。

### （一）保持既往相关各项年均增长率测算

取既往历年相关各项年均增长测算2020年文化投入见表7，各地以既往总量增长年均增长率按由高到低排列。依照2000～2014年全国文化投入总量年均增长推算，2020年全国文化投入总量将“自然增长”至6889.48亿元，年均增长率同前保持在16.96%。

17个省域年均增长率高于全国，占全国份额上升，按年均增长率高低依次为青海、北京、西藏、新疆、海南、内蒙古、四川、陕西、江苏、江西、重庆、安徽、天津、吉林、山西、贵州、辽宁；14个省域年均增长率低于全国，占全国份额下降，按年均增长率高低依次为湖南、宁夏、甘肃、浙江、广西、河南、湖北、河北、上海、山东、福建、广东、黑龙江、云南。其中，青海处于首位，总量将增长至134.86亿元，占全国份额1.96%，年均增长率为25.72%，高于全国8.76个百分点；云南处于末位，总量将增长至114.74亿元，占全国份额1.67%，年均增长率为12.63%，低于全国4.33个百分点。

同样推算人均值增长，2020年全国文化投入人均值将“自然增长”至490.00元，年均增长率同前保持在16.31%。东部人均值将增长至498.68元，降低为全国人均值的101.77%，年均增长率保持15.14%，低于全国人均值增长；东北人均值将增长至447.24元，降低为全国人均值的91.27%，

**表7　取既往历年相关各项年均增长测算2020年文化投入**

| 地区 | 保持年均增长测算(基于2000~2014年年均增长) | | | | | 产值年增按7%推算 | | | |
|---|---|---|---|---|---|---|---|---|---|
| | 文化投入总量(亿元) | 所需年均增长 | | 文化投入人均值(元) | 地区差(无差距=1) | 文化投入总量(亿元) | 所需年均增长 | | 文化投入人均值(元) |
| | | 增长率(%) | 排序 | | | | 增长率(%) | 排序 | |
| 全　国 | 6889.48 | 16.96 | — | 490.00 | 1.7313 | 4674.05 | 9.64 | — | 332.43 |
| 青　海 | 134.86 | 25.72 | 1 | 2212.35 | 4.5150 | 79.95 | 15.22 | 1 | 1311.45 |
| 西　藏 | 114.80 | 22.42 | 3 | 3325.43 | 6.7866 | 71.37 | 13.10 | 3 | 2067.39 |
| 新　疆 | 233.81 | 21.05 | 4 | 937.19 | 1.9126 | 154.30 | 12.95 | 5 | 618.47 |
| 内蒙古 | 283.98 | 20.69 | 6 | 1100.56 | 2.2460 | 149.37 | 8.43 | 18 | 578.89 |
| 四　川 | 404.03 | 19.95 | 7 | 499.01 | 1.0184 | 259.19 | 11.40 | 6 | 320.13 |
| 陕　西 | 272.95 | 19.61 | 8 | 716.55 | 1.4623 | 153.98 | 8.72 | 17 | 404.23 |
| 重　庆 | 99.39 | 18.43 | 11 | 318.94 | 1.3491 | 58.46 | 8.40 | 19 | 187.59 |
| 贵　州 | 143.27 | 17.41 | 16 | 423.99 | 1.1347 | 83.86 | 7.38 | 25 | 248.17 |
| 宁　夏 | 40.78 | 16.85 | 19 | 578.37 | 1.1804 | 23.50 | 6.60 | 30 | 333.33 |
| 甘　肃 | 124.88 | 16.64 | 20 | 482.36 | 1.0156 | 84.06 | 9.19 | 14 | 324.69 |
| 广　西 | 170.35 | 16.39 | 22 | 353.99 | 1.2776 | 107.59 | 7.81 | 24 | 223.56 |
| 云　南 | 114.74 | 12.63 | 31 | 234.99 | 1.5204 | 77.87 | 5.58 | 31 | 159.47 |
| 西　部 | 2137.84 | 18.53 | [1] | 571.31 | 2.1182 | 1303.48 | 9.79 | [1] | 348.34 |
| 江　西 | 167.47 | 18.65 | 10 | 357.11 | 1.2712 | 103.95 | 9.58 | 13 | 221.66 |
| 安　徽 | 224.33 | 18.20 | 12 | 370.16 | 1.2446 | 144.60 | 9.86 | 10 | 238.60 |
| 山　西 | 170.39 | 17.74 | 15 | 443.78 | 1.0943 | 111.65 | 9.73 | 11 | 290.79 |
| 湖　南 | 203.76 | 16.86 | 18 | 291.02 | 1.4061 | 128.12 | 8.16 | 20 | 182.99 |
| 河　南 | 221.47 | 15.95 | 23 | 233.86 | 1.5227 | 145.12 | 8.06 | 21 | 153.24 |
| 湖　北 | 184.43 | 15.76 | 24 | 313.56 | 1.3601 | 115.26 | 7.03 | 28 | 195.95 |
| 中　部 | 1171.84 | 17.02 | [2] | 317.20 | 1.3165 | 748.70 | 8.69 | [4] | 202.66 |
| 北　京 | 561.54 | 22.78 | 2 | 2125.38 | 4.3375 | 371.81 | 14.63 | 2 | 1407.27 |
| 海　南 | 73.36 | 20.89 | 5 | 769.80 | 1.5710 | 48.89 | 12.98 | 4 | 513.08 |
| 江　苏 | 537.39 | 18.83 | 9 | 649.66 | 1.3258 | 337.97 | 9.99 | 9 | 408.57 |
| 天　津 | 130.21 | 18.15 | 13 | 682.70 | 1.3933 | 75.35 | 7.85 | 22 | 395.05 |
| 浙　江 | 287.54 | 16.44 | 21 | 485.89 | 1.0084 | 192.94 | 8.95 | 16 | 326.03 |
| 河　北 | 198.33 | 15.70 | 25 | 256.58 | 1.4764 | 139.78 | 9.15 | 15 | 180.84 |
| 上　海 | 203.68 | 15.37 | 26 | 694.39 | 1.4171 | 154.15 | 10.13 | 7 | 525.54 |
| 山　东 | 298.92 | 15.22 | 27 | 294.91 | 1.3981 | 193.33 | 7.15 | 26 | 190.74 |
| 福　建 | 142.08 | 14.16 | 28 | 356.82 | 1.2718 | 96.30 | 7.00 | 29 | 241.84 |
| 广　东 | 372.25 | 14.16 | 29 | 315.94 | 1.3552 | 253.61 | 7.09 | 27 | 215.25 |
| 东　部 | 2805.28 | 16.74 | [3] | 498.68 | 1.6555 | 1864.13 | 9.68 | [2] | 331.37 |
| 吉　林 | 164.35 | 17.91 | 14 | 592.28 | 1.2087 | 106.65 | 9.71 | 12 | 384.34 |
| 辽　宁 | 239.29 | 17.14 | 17 | 531.95 | 1.0856 | 165.08 | 10.12 | 8 | 367.00 |
| 黑龙江 | 93.43 | 12.69 | 30 | 243.24 | 1.5036 | 71.76 | 7.84 | 23 | 186.83 |
| 东　北 | 497.06 | 16.07 | [4] | 447.24 | 1.2660 | 343.49 | 9.49 | [3] | 309.06 |

注：全国及各地皆取既往年均增长测算，演算未涉及人口增长，各地之和不等于全国总量。

年均增长率保持 15.81%，低于全国人均值增长；中部人均值将增长至 317.20 元，提高为全国人均值的 64.73%，年均增长率保持 16.89%，高于全国人均值增长；西部人均值将增长至 571.31 元，提高为全国人均值的 116.59%，年均增长率保持 18.36%，高于全国人均值增长。

14 个省域人均值将高于全国人均值，按人均值高低依次为西藏、青海、北京、内蒙古、新疆、海南、陕西、上海、天津、江苏、吉林、宁夏、辽宁、四川；17 个省域人均值将低于全国人均值，按人均值高低依次为浙江、甘肃、山西、贵州、安徽、江西、福建、广西、重庆、广东、湖北、山东、湖南、河北、黑龙江、云南、河南。其中，西藏处于首位，人均值将增长至 3325.43 元，继续提高为全国人均值的 678.66%，年均增长率为 20.66%；河南处于末位，人均值将增长至 233.86 元，继续降低为全国人均值的 47.73%，年均增长率为 15.96%。省域间人均值差距持续增大。

继而演算地区差指数。与 2014 年现有地区差相比，全国文化投入人均值地区差将扩大至 1.7313，扩大 8.35%。11 个省域地区差趋于缩小，按缩小程度大小依次为上海、天津、四川、贵州、安徽、浙江、宁夏、江西、重庆、山西、甘肃；20 个省域地区差趋于扩大，按扩大程度大小倒序依次为湖南、广西、河南、辽宁、湖北、河北、山东、吉林、黑龙江、江苏、云南、北京、福建、广东、新疆、陕西、海南、内蒙古、西藏、青海。其中，上海处于首位，地区差将缩小至 1.4171，缩小 21.66%，变为全国地区差的 81.85%；青海处于末位，地区差将扩大至 4.5150，扩大 51.39%，变为全国地区差的 260.79%。

假设把全国及各地产值增长速度统一控制在年均 7%，在此情况下测算 2020 年全国及各地文化投入增长目标，应当更加容易实现。全国文化投入总量将相应“缩减”增长至 4674.05 亿元，年均增长率（指与自身相比在此情况下所需增长率，下同）仅需 9.64%。

12 个省域年均增长率高于全国，占全国份额上升，按年均增长率高低依次为青海、北京、西藏、海南、新疆、四川、上海、辽宁、江苏、安徽、山西、吉林；19 个省域年均增长率低于全国，占全国份额下降，按年均增长率高低依次为江西、甘肃、河北、浙江、陕西、内蒙古、重庆、湖南、河南、天津、黑龙江、广西、贵州、山东、广东、湖北、福建、宁夏、云南。其中，青海处于首位，总量将增长至 79.95 亿元，占全国份额 1.71%，年均增长率为 15.22%，高于全国 5.58 个百分点；云南处于末位，总量将增长至 77.87 亿元，占全国份额 1.67%，年均增长率为 5.58%，低于全国 4.06 个百分点。

全国文化投入人均值将相应“缩减”增长至 332.43 元，年均增长率仅需 9.09%。东部人均值将增长至 331.37 元，降低为全国人均值的 99.68%，年均增长率仅需 8.25%，低于全国人均值增长；东北人均值将增长至 309.06 元，提高为全国人均值的 92.97%，年均增长率仅需 9.26%，高于全国人均值增长；中部人均值将增长至 202.66 元，降低为全国人均值的 60.96%，年均增长率仅需 8.31%，低于全国人均值增长；西部人均值将增长至 348.34 元，提高为全国人均值的 104.78%，年均增长率仅需 9.45%，高于全国人均值增长。

13 个省域人均值高于全国人均值，按人均值高低依次为西藏、北京、青海、新疆、内蒙古、上海、海南、江苏、陕西、天津、吉林、辽宁、宁夏；18 个省域人均值低于全国人均值，按人均值高低依次为浙江、甘肃、四川、山西、贵州、福建、安徽、广西、江西、广东、湖北、山东、重庆、黑龙江、湖南、河北、云南、河南。其中，西藏处于首位，人均值将增长至 2067.39 元，为全国人均值的 621.89%，年均增长率为 11.37%；河南处于末位，人均值将增长至 153.24 元，为全国人均值的 46.10%，年均增长率为 7.97%。

如果全面保持既往年度相应关系中的文化投入增长，意味着相关背景比值、相邻关系比值大多继续趋向下滑，尤其是人均值地区差继续扩大。这些显然都不是协调性、均衡性、均等化期待的应有结果。因此，“保持既往相关各项年均增长率测算”恰恰是为了说明不可继续维持这样的增长格局。

### （二）实现多重最佳比值增长目标测算

所谓“增长”不仅在于增长的数量，而且在于增长的质量。如果说，数量绝对值的增长总有局限，不可能无节制地增长下去，那么，相关关系值的调节则是无限制的，总有必要探寻更加协调、更加均衡的增长方式。在本项测评体系的预测模型设计中，各项系数最佳比值演算就是符合既有理念、具有事实依据的一种“应然”测算方式。

取既往历年多重最佳比值测算 2020 年文化投入见表 8，各地以总量增长测算所需增长率高低倒序排列。依照 2000～2014 年三项系数最佳比值测算总量增长目标。2020 年全国文化投入预期总量应达到 10815.26 亿元，与 2014 年总量相比，所需年均增长率（依此倒序测量目标距离，所需增长率越低距离越小，下同）为 26.09%，为既往年增的 153.83%。

10 个省域增长目标距离小于全国，按所需年均增长率高低倒序依次为北京、西藏、上海、青海、海南、新疆、江苏、辽宁、内蒙古、浙江；21 个省域增长目标差距大于全国，按所需年均增长率高低倒序依次为河北、山西、吉林、甘肃、安徽、福建、黑龙江、广东、天津、广西、陕西、湖北、云南、山东、江西、湖南、四川、宁夏、河南、贵州、重庆。其中，北京处于首位，总量应达到 394.89 亿元，占全国份额 3.65%，所需年均增长率为 15.78%，低于全国 10.31 个百分点，仅为既往年增的 69.29%；重庆处于末位，总量应达到 492.40 亿元，占全国份额 4.55%，所需年均增长率为 54.63%，高于全国 28.54 个百分点，高达既往年增的 296.42%。

同样测算人均值增长目标。2020 年全国文化投入人均值应达到 769.22 元，与 2014 年人均值相比，所需年均增长率为 25.46%。东部人均值应达到 757.90 元，为全国人均值的 98.53%，所需年均增长率为 24.26%，低于全国所需增长；东北人均值应达到 732.00 元，为全国人均值的 95.16%，所需年均增长率为 26.15%，高于全国所需增长；中部人均值应达到 661.79 元，为全国人均值的 86.03%，所需年均增长率为 31.93%，高于全国所需

**表 8　取既往历年多重最佳比值测算 2020 年文化投入**

| 地区 | 多重最佳比值测算（基于 2000～2014 年最佳比值） | | | | | | 产值年增按 7% 推算 | | |
|---|---|---|---|---|---|---|---|---|---|
| | 文化投入总量（亿元） | 所需年均增长 | | | 文化投入人均值（元） | 地区差（无差距＝1） | 文化投入总量（亿元） | 所需年均增长 | |
| | | 增长率（%） | 排序（倒序） | 对比既往（既往＝1） | | | | 增长率（%） | 对比既往（既往＝1） |
| 全　国 | 10815. 26 | 26. 09 | — | 1. 5383 | 769. 22 | 1. 4340 | 7337. 42 | 18. 19 | 1. 0728 |
| 北　京 | 394. 89 | 15. 78 | 1 | 0. 6929 | 1494. 65 | 1. 9431 | 261. 47 | 8. 09 | 0. 3553 |
| 上　海 | 258. 93 | 20. 08 | 3 | 1. 3064 | 882. 78 | 1. 1476 | 195. 97 | 14. 63 | 0. 9519 |
| 海　南 | 81. 40 | 23. 00 | 5 | 1. 1012 | 854. 20 | 1. 1105 | 54. 25 | 14. 96 | 0. 7162 |
| 江　苏 | 701. 56 | 24. 23 | 7 | 1. 2867 | 848. 13 | 1. 1026 | 441. 21 | 14. 99 | 0. 7960 |
| 浙　江 | 452. 97 | 25. 60 | 10 | 1. 5573 | 765. 45 | 1. 0049 | 303. 94 | 17. 52 | 1. 0658 |
| 河　北 | 333. 59 | 26. 18 | 11 | 1. 6670 | 431. 57 | 1. 4389 | 235. 11 | 19. 03 | 1. 2119 |
| 福　建 | 290. 47 | 28. 61 | 16 | 2. 0203 | 729. 49 | 1. 0516 | 196. 87 | 20. 54 | 1. 4503 |
| 广　东 | 804. 72 | 29. 81 | 18 | 2. 1053 | 682. 99 | 1. 1121 | 548. 26 | 21. 77 | 1. 5374 |
| 天　津 | 239. 73 | 30. 80 | 19 | 1. 6971 | 1256. 93 | 1. 6340 | 138. 73 | 19. 40 | 1. 0691 |
| 山　东 | 705. 28 | 32. 94 | 24 | 2. 1643 | 695. 82 | 1. 0954 | 456. 16 | 23. 63 | 1. 5525 |
| 东　部 | 4263. 55 | 25. 90 | [1] | 1. 5473 | 757. 90 | 1. 2641 | 2831. 98 | 17. 60 | 1. 0515 |
| 辽　宁 | 342. 84 | 24. 38 | 8 | 1. 4221 | 762. 17 | 1. 0092 | 236. 53 | 16. 92 | 0. 9868 |
| 吉　林 | 263. 60 | 27. 57 | 13 | 1. 5393 | 949. 94 | 1. 2349 | 171. 05 | 18. 70 | 1. 0440 |
| 黑龙江 | 207. 12 | 28. 68 | 17 | 2. 2603 | 539. 23 | 1. 2990 | 159. 09 | 23. 14 | 1. 8240 |
| 东　北 | 813. 55 | 26. 41 | [2] | 1. 6440 | 732. 00 | 1. 1810 | 566. 66 | 19. 02 | 1. 1837 |
| 山　西 | 259. 61 | 26. 30 | 12 | 1. 4825 | 676. 16 | 1. 1210 | 170. 11 | 17. 71 | 0. 9982 |
| 安　徽 | 359. 68 | 27. 88 | 15 | 1. 5316 | 593. 50 | 1. 2284 | 231. 85 | 18. 85 | 1. 0358 |
| 湖　北 | 394. 56 | 31. 40 | 22 | 1. 9927 | 670. 82 | 1. 1279 | 246. 57 | 21. 50 | 1. 3643 |
| 江　西 | 336. 77 | 33. 30 | 25 | 1. 7858 | 718. 14 | 1. 0664 | 209. 04 | 23. 11 | 1. 2396 |
| 湖　南 | 458. 19 | 33. 76 | 26 | 2. 0022 | 654. 41 | 1. 1493 | 288. 10 | 23. 80 | 1. 4119 |
| 河　南 | 636. 03 | 38. 23 | 29 | 2. 3978 | 671. 60 | 1. 1269 | 416. 76 | 28. 83 | 1. 8080 |
| 中　部 | 2444. 85 | 32. 39 | [3] | 1. 9032 | 661. 79 | 1. 1366 | 1562. 44 | 22. 87 | 1. 3439 |
| 西　藏 | 101. 08 | 19. 85 | 2 | 0. 8854 | 2928. 09 | 3. 8066 | 62. 84 | 10. 72 | 0. 4783 |
| 青　海 | 116. 49 | 22. 69 | 4 | 0. 8821 | 1910. 93 | 2. 4843 | 69. 05 | 12. 45 | 0. 4839 |
| 新　疆 | 269. 01 | 23. 91 | 6 | 1. 1360 | 1078. 28 | 1. 4018 | 177. 53 | 15. 62 | 0. 7420 |
| 内蒙古 | 356. 58 | 25. 35 | 9 | 1. 2256 | 1381. 92 | 1. 7965 | 187. 56 | 12. 62 | 0. 6103 |
| 甘　肃 | 216. 10 | 27. 80 | 14 | 1. 6710 | 834. 75 | 1. 0852 | 145. 46 | 19. 64 | 1. 1806 |
| 广　西 | 344. 23 | 30. 87 | 20 | 1. 8832 | 715. 29 | 1. 0701 | 217. 40 | 21. 22 | 1. 2945 |
| 陕　西 | 475. 29 | 31. 19 | 21 | 1. 5908 | 1247. 74 | 1. 6221 | 268. 13 | 19. 25 | 0. 9819 |
| 云　南 | 306. 95 | 32. 70 | 23 | 2. 5893 | 628. 62 | 1. 1828 | 208. 30 | 24. 40 | 1. 9318 |
| 四　川 | 860. 99 | 36. 07 | 27 | 1. 8081 | 1063. 40 | 1. 3824 | 552. 35 | 26. 37 | 1. 3217 |
| 宁　夏 | 110. 94 | 38. 06 | 28 | 2. 2584 | 1573. 37 | 2. 0454 | 63. 94 | 25. 95 | 1. 5396 |
| 贵　州 | 394. 58 | 39. 01 | 30 | 2. 2406 | 1167. 77 | 1. 5181 | 230. 96 | 27. 14 | 1. 5587 |
| 重　庆 | 492. 40 | 54. 63 | 31 | 2. 9642 | 1580. 16 | 2. 0542 | 289. 61 | 41. 54 | 2. 2539 |
| 西　部 | 4044. 64 | 32. 59 | [4] | 1. 7587 | 1080. 88 | 1. 7875 | 2473. 12 | 22. 15 | 1. 1954 |

注：全国及各地皆取多重最佳比值测算，演算未涉及人口增长，各地之和不等于全国总量。

增长；西部人均值应达到 1080. 88 元，为全国人均值的 140. 52%，所需年均增长率为 32. 18%，高于全国所需增长。

16 个省域人均值高于全国人均值，按人均值高低依次为西藏、青海、重庆、宁夏、北京、内蒙古、天津、陕西、贵州、新疆、四川、吉林、上海、海南、江苏、甘肃；15 个省域人均值低于全国人均值，按人均值高低依次为浙江、辽宁、福建、江西、广西、山东、广东、山西、河南、湖北、湖南、云南、安徽、黑龙江、河北。其中，西藏处于首位，人均值应达到 2928. 09 元，为全国人均值的 380. 66%，所需年均增长率为 18. 02%；河北处于末位，人均值应达到 431. 57 元，为全国人均值的 56. 11%，所需年均增长率为 25. 15%。省域间人均值差距明显减小。

继而演算地区差指数。与 2014 年现有地区差相比，全国文化投入人均值地区差将缩小至 1. 4340，缩小 10. 26%。21 个省域地区差趋于缩小，按缩小程度大小依次为北京、上海、西藏、河南、江西、山东、湖南、青海、海南、广西、湖北、云南、新疆、江苏、福建、广东、黑龙江、安徽、辽宁、浙江、内蒙古；10 个省域地区差趋于扩大，按扩大程度大小倒序依次为河北、天津、山西、甘肃、吉林、四川、贵州、陕西、重庆、宁夏。其中，北京处于首位，地区差将缩小至 1. 9431，缩小 50. 11%，变为全国地区差的 135. 50%；宁夏处于末位，地区差将扩大至 2. 0454，扩大 65. 74%，变为全国地区差的 142. 64%。

另与本报告表 7 “自然增长” 测算值相比，全国文化投入人均值地区差将缩小 17. 17%。22 个省域地区差趋于缩小，按缩小程度大小依次为北京、青海、西藏、海南、新疆、河南、云南、山东、内蒙古、上海、湖南、广东、福建、湖北、江苏、广西、江西、黑龙江、辽宁、河北、安徽、浙江；仅有 9 个省域地区差趋于扩大，按扩大程度大小倒序依次为吉林、山西、甘肃、陕西、天津、贵州、四川、重庆、宁夏。其中，北京处于首位，地区差将缩小 55. 20%；宁夏处于末位，地区差将扩大 73. 29%。

假设把全国及各地产值增速统一控制在年均 7%，2020 年全国文化投入总量将相应 “缩减” 增长至 7337. 42 亿元，年均增长率仅需 18. 19%，为既往年增的 107.28%。

11 个省域增长目标距离小于全国，按年均增长率高低倒序依次为北京、西藏、青海、内蒙古、上海、海南、江苏、新疆、辽宁、浙江、山西；20 个省域增长目标距离大于全国，按年均增长率高低倒序依次为吉林、安徽、河北、陕西、天津、甘肃、福建、广西、湖北、广东、江西、黑龙江、山东、湖南、云南、宁夏、四川、贵州、河南、重庆。其中，北京处于首位，总量将增长至 261.47 亿元，占全国份额 3.56%，年均增长率仅需 8.09%，低于全国 10.10 个百分点，仅为既往年增的 35.53%；重庆处于末位，总量将增长至 289.61 亿元，占全国份额 3.95%，年均增长率需为 41.54%，高于全国 23.35 个百分点，高达既往年增的 225.39%。

在“实现多重最佳比值增长目标测算”假定情况下，不仅全国及各地文化投入总量、人均值普遍显著增长，而且文化投入人均值地区差普遍明显缩小。特别应当看到，中部整体及所属各省域文化投入显著增长，以人均值衡量的中部“文化塌陷”迹象不复存在。至此或许可以得出一点启示，追求“均等化”理想需从落实“协调性”起步，在实现文化投入增长的相关协调性的同时，亦可实现文化投入增长的地区均衡性。

### （三）实现同构占比平衡增长目标测算

在三项系数最佳比值多重演算基础上，再进行文化消费与文化投入同构占比平衡假定测算。取既往最佳比值同构占比平衡测算 2020 年文化投入见表 9，各地以总量增长测算所需增长率高低倒序排列。

基于 2000～2014 年三项系数最佳比值，假定实现同构占比平衡，以此测算总量增长目标。2020 年全国文化投入预期总量应达到 16168.17 亿元，与 2014 年总量相比，所需年均增长率为 34.83%，为既往年增的 205.37%。

7 个省域增长目标距离小于全国，按所需年均增长率高低倒序依次为西藏、北京、上海、新疆、青海、四川、浙江；24 个省域增长目标差距大于全国，按所需年均增长率高低倒序依次为吉林、江苏、广西、甘肃、安徽、

**表 9　取既往最佳比值同构占比平衡测算 2020 年文化投入**

| 地区 | 同构占比平衡测算（基于 2000～2014 年最佳比值） | | | | | | 产值年增按 7% 推算 | | |
|---|---|---|---|---|---|---|---|---|---|
| | 文化投入总量（亿元） | 所需年均增长 | | | 文化投入人均值（元） | 地区差（无差距＝1） | 文化投入总量（亿元） | 所需年均增长 | |
| | | 增长率（%） | 排序（倒序） | 对比既往（既往＝1） | | | | 增长率（%） | 对比既往（既往＝1） |
| 全　国 | 16168. 17 | 34. 83 | — | 2. 0537 | 1149. 93 | 1. 4559 | 10969. 01 | 26. 39 | 1. 5558 |
| 北　京 | 628. 60 | 25. 11 | 2 | 1. 1023 | 2379. 22 | 2. 0690 | 416. 21 | 16. 80 | 0. 7376 |
| 上　海 | 382. 23 | 28. 13 | 3 | 1. 8303 | 1303. 13 | 1. 1332 | 289. 29 | 22. 32 | 1. 4521 |
| 浙　江 | 620. 68 | 32. 37 | 7 | 1. 9690 | 1048. 84 | 1. 0879 | 416. 47 | 23. 86 | 1. 4511 |
| 江　苏 | 1155. 38 | 35. 00 | 9 | 1. 8587 | 1396. 75 | 1. 2146 | 726. 62 | 24. 96 | 1. 3254 |
| 广　东 | 1217. 46 | 39. 09 | 13 | 2. 7602 | 1033. 30 | 1. 1014 | 829. 46 | 30. 47 | 2. 1517 |
| 山　东 | 970. 43 | 40. 21 | 14 | 2. 6414 | 957. 42 | 1. 1674 | 627. 65 | 30. 38 | 1. 9962 |
| 海　南 | 179. 52 | 40. 33 | 15 | 1. 9309 | 1883. 82 | 1. 6382 | 119. 65 | 31. 16 | 1. 4917 |
| 天　津 | 369. 40 | 40. 57 | 16 | 2. 2356 | 1936. 78 | 1. 6843 | 213. 76 | 28. 32 | 1. 5607 |
| 河　北 | 645. 99 | 40. 87 | 18 | 2. 6026 | 835. 74 | 1. 2732 | 455. 29 | 32. 89 | 2. 0945 |
| 福　建 | 519. 99 | 41. 72 | 20 | 2. 9459 | 1305. 93 | 1. 1357 | 352. 44 | 32. 83 | 2. 3178 |
| 东　部 | 6689. 68 | 35. 72 | [1] | 2. 1337 | 1189. 18 | 1. 3505 | 4446. 85 | 26. 79 | 1. 6002 |
| 吉　林 | 369. 42 | 34. 95 | 8 | 1. 9514 | 1331. 30 | 1. 1577 | 239. 72 | 25. 57 | 1. 4275 |
| 黑龙江 | 364. 56 | 41. 39 | 19 | 3. 2625 | 949. 13 | 1. 1746 | 280. 02 | 35. 31 | 2. 7831 |
| 辽　宁 | 769. 47 | 42. 32 | 21 | 2. 4685 | 1710. 61 | 1. 4876 | 530. 86 | 33. 78 | 1. 9705 |
| 东　北 | 1503. 45 | 40. 03 | [2] | 2. 4920 | 1352. 74 | 1. 2733 | 1050. 60 | 31. 91 | 1. 9866 |
| 西　藏 | 60. 01 | 9. 88 | 1 | 0. 4405 | 1738. 33 | 1. 5117 | 37. 31 | 1. 51 | 0. 0673 |
| 新　疆 | 357. 69 | 29. 94 | 4 | 1. 4223 | 1433. 70 | 1. 2468 | 236. 04 | 21. 24 | 1. 0091 |
| 青　海 | 167. 31 | 30. 32 | 5 | 1. 1789 | 2744. 69 | 2. 3868 | 99. 18 | 19. 44 | 0. 7559 |
| 四　川 | 690. 27 | 31. 15 | 6 | 1. 5614 | 852. 54 | 1. 2586 | 442. 82 | 21. 80 | 1. 0926 |
| 广　西 | 471. 66 | 37. 92 | 10 | 2. 3135 | 980. 10 | 1. 1477 | 297. 88 | 27. 75 | 1. 6931 |
| 甘　肃 | 356. 72 | 38. 93 | 11 | 2. 3403 | 1377. 94 | 1. 1983 | 240. 12 | 30. 07 | 1. 8071 |
| 陕　西 | 722. 39 | 40. 67 | 17 | 2. 0744 | 1896. 42 | 1. 6492 | 407. 52 | 27. 87 | 1. 4214 |
| 宁　夏 | 157. 57 | 46. 38 | 23 | 2. 7517 | 2234. 70 | 1. 9433 | 90. 81 | 33. 53 | 1. 9896 |
| 内蒙古 | 906. 96 | 46. 46 | 24 | 2. 2457 | 3514. 90 | 3. 0566 | 477. 05 | 31. 58 | 1. 5268 |
| 重　庆 | 467. 82 | 53. 31 | 28 | 2. 8929 | 1501. 28 | 1. 3055 | 275. 15 | 40. 33 | 2. 1886 |
| 云　南 | 759. 47 | 54. 33 | 30 | 4. 3018 | 1555. 39 | 1. 3526 | 515. 39 | 44. 67 | 3. 5372 |
| 贵　州 | 793. 63 | 56. 18 | 31 | 3. 2268 | 2348. 73 | 2. 0425 | 464. 53 | 42. 84 | 2. 4608 |
| 西　部 | 5911. 49 | 41. 25 | [3] | 2. 2258 | 1579. 77 | 1. 6750 | 3583. 81 | 29. 94 | 1. 6158 |
| 安　徽 | 594. 39 | 39. 04 | 12 | 2. 1452 | 980. 79 | 1. 1471 | 383. 14 | 29. 23 | 1. 6060 |
| 河　南 | 862. 80 | 45. 44 | 22 | 2. 8498 | 911. 05 | 1. 2077 | 565. 35 | 35. 55 | 2. 2292 |
| 山　西 | 662. 67 | 47. 65 | 25 | 2. 6859 | 1725. 92 | 1. 5009 | 434. 22 | 37. 61 | 2. 1197 |
| 江　西 | 636. 72 | 48. 23 | 26 | 2. 5864 | 1357. 76 | 1. 1807 | 395. 23 | 36. 90 | 1. 9790 |
| 湖　北 | 926. 86 | 51. 50 | 27 | 3. 2682 | 1575. 82 | 1. 3704 | 579. 23 | 40. 08 | 2. 5437 |
| 湖　南 | 1048. 95 | 53. 56 | 29 | 3. 1765 | 1498. 14 | 1. 3028 | 659. 55 | 42. 13 | 2. 4988 |
| 中　部 | 4732. 38 | 47. 80 | [4] | 2. 8084 | 1280. 99 | 1. 2849 | 3016. 72 | 37. 11 | 2. 1806 |

注：全国及各地皆取多重最佳比值并以同构占比平衡测算，演算未涉及人口增长，各地之和不等于全国总量。

广东、山东、海南、天津、陕西、河北、黑龙江、福建、辽宁、河南、宁夏、内蒙古、山西、江西、湖北、重庆、湖南、云南、贵州。其中，西藏处于首位，总量应达到60.01亿元，占全国份额0.37%，所需年均增长率为9.88%，低于全国24.95个百分点，仅为既往年增的44.05%；贵州处于末位，总量应达到793.63亿元，占全国份额4.91%，所需年均增长率为56.18%，高于全国21.35个百分点，高达既往年增的322.68%。

同样测算人均值增长目标。2020年全国文化投入人均值应达到1149.93元，与2014年人均值相比，所需年均增长率为34.15%。东部人均值应达到1189.18元，为全国人均值的103.41%，所需年均增长率为33.95%，低于全国所需增长；东北人均值应达到1352.74元，为全国人均值的117.64%，所需年均增长率为39.74%，高于全国所需增长；中部人均值应达到1280.99元，为全国人均值的111.40%，所需年均增长率为47.28%，高于全国所需增长；西部人均值应达到1579.77元，为全国人均值的137.38%，所需年均增长率为40.81%，高于全国所需增长。

22个省域人均值高于全国人均值，按人均值高低依次为内蒙古、青海、北京、贵州、宁夏、天津、陕西、海南、西藏、山西、辽宁、湖北、云南、重庆、湖南、新疆、江苏、甘肃、江西、吉林、福建、上海；9个省域人均值低于全国人均值，按人均值高低依次为浙江、广东、安徽、广西、山东、黑龙江、河南、四川、河北。其中，内蒙古处于首位，人均值应达到3514.90元，为全国人均值的305.66%，所需年均增长率为45.70%；河北处于末位，人均值应达到835.74元，为全国人均值的72.68%，所需年均增长率为39.72%。省域间人均值差距继续明显减小。

继而演算地区差指数。与2014年现有地区差相比，全国文化投入人均值地区差将缩小至1.4559，缩小8.88%。18个省域地区差趋于缩小，按缩小程度大小依次为西藏、北京、上海、新疆、河南、青海、黑龙江、山东、安徽、江西、河北、广西、广东、湖南、重庆、云南、福建、江苏；13个省域地区差趋于扩大，按扩大程度大小倒序依次为浙江、吉林、湖北、天津、四川、甘肃、海南、陕西、山西、辽宁、宁夏、内蒙古、贵州。其中，西藏处于首位，地区差将缩小至1.5117，缩小72.47%，变为全国地区差的103.83%；贵州处于末位，地区差将扩大至2.0425，扩大68.93%，变为全国地区差的140.29%。

另与本报告表7“自然增长”测算值相比，全国文化投入人均值地区差将缩小15.90%。19个省域地区差趋于缩小，按缩小程度大小依次为西藏、北京、青海、新疆、黑龙江、河南、上海、广东、山东、河北、云南、福建、广西、江苏、安徽、湖南、江西、吉林、重庆；12个省域地区差趋于扩大，按扩大程度大小倒序依次为湖北、海南、浙江、陕西、甘肃、天津、四川、内蒙古、辽宁、山西、宁夏、贵州。其中，西藏处于首位，地区差将缩小77.73%；贵州处于末位，地区差将扩大80.00%。

再与本报告表8“最佳比值增长”测算值相比，全国文化投入人均值地区差将扩大1.53%。12个省域地区差趋于缩小，按缩小程度大小依次为西藏、重庆、河北、新疆、黑龙江、四川、安徽、吉林、宁夏、青海、上海、广东；19个省域地区差趋于扩大，按扩大程度大小倒序依次为陕西、天津、北京、山东、河南、广西、福建、浙江、江苏、甘肃、江西、湖南、云南、湖北、山西、贵州、辽宁、海南、内蒙古。其中，西藏处于首位，地区差将缩小60.29%；内蒙古处于末位，地区差将扩大70.14%。

假设把全国及各地产值增速统一控制在年均7%，2020年全国文化投入总量将相应“缩减”增长至10969.01亿元，年均增长率仅需26.39%，为既往年增的155.58%。

9个省域增长目标距离小于全国，按年均增长率高低倒序依次为西藏、北京、青海、新疆、四川、上海、浙江、江苏、吉林；22个省域增长目标距离大于全国，按年均增长率高低倒序依次为广西、陕西、天津、安徽、甘肃、山东、广东、海南、内蒙古、福建、河北、宁夏、辽宁、黑龙江、河南、江西、山西、湖北、重庆、湖南、贵州、云南。其中，西藏处于首位，总量将增长至37.31亿元，占全国份额0.34%，年均增长率仅需1.51%，低于全国24.88个百分点，仅为既往年增的6.73%；云南处于末位，总量将增长至515.39亿元，占全国份额4.70%，年均增长率需为44.67%，高于全国18.28个百分点，高达既往年增的353.72%。

在“实现同构占比平衡增长目标测算”假定情况下，不仅全国及各地文化投入总量、人均值继续普遍显著增长，而且文化投入人均值地区差继续普遍明显缩小。尤其重要的是，此项假定测算所突出的协调性和均衡性已经不限于文化投入本身，而在于文化投入增长与文化需求增长之间的协调性，在于各地文化投入与文化需求同步增长的均衡性。

### （四）实现人均值地区均等增长目标测算

在三项系数最佳比值多重演算基础上，同上文取北京文化投入人均值（见表8）进一步测算全国“均等化”理想增长。在此假定情况下，全国各地人均值全面均等，人均值地区差彻底消除，仅仅需要测算全国及各地总量。基于既往历年多重最佳比值测算2020年地区均等文化投入见表10，各地以总量增长测算所需增长率高低倒序排列。按照“均等化”理想增长目标测算，2020年全国文化投入预期总量应达到21014.98亿元，与2014年总量相比，所需年均增长率为40.85%，为既往年增的240.88%。

15个省域增长目标距离小于全国，按所需年均增长率高低倒序依次为西藏、北京、青海、内蒙古、新疆、上海、天津、海南、陕西、江苏、宁夏、吉林、辽宁、浙江、甘肃；16个省域增长目标差距大于全国，按所需年均增长率高低倒序依次为四川、山西、贵州、福建、广东、广西、安徽、湖北、江西、山东、黑龙江、重庆、云南、湖南、河北、河南。其中，西藏处于首位，总量应达到51.60亿元，占全国份额0.25%，所需年均增长率为7.15%，低于全国33.70个百分点，仅为既往年增的31.87%；河南处于末位，总量应达到1415.50亿元，占全国份额6.74%，所需年均增长率为57.95%，高于全国17.10个百分点，高达既往年增的363.43%。

假设把全国及各地产值增速统一控制在年均7%，2020年全国文化投入总量将相应“缩减”增长至13914.50亿元，年均增长率仅需31.50%，为既往年增的185.72%。

**表 10　基于既往历年多重最佳比值测算 2020 年地区均等文化投入**

| 地区 | 地区均等测算（基于多重最佳比值测算） | | | | | 产值年增按 7% 推算 | | | |
|---|---|---|---|---|---|---|---|---|---|
| | 文化投入总量（亿元） | 所需年均增长 | | | | 文化投入总量（亿元） | 所需年均增长 | | |
| | | 增长率（%） | 排序（倒序） | 对比既往（既往 = 1） | | | 增长率（%） | 排序（倒序） | 对比既往（既往 = 1） |
| | | | | 既往 = 1 | 差距倒序 | | | | |
| 全　国 | 21014. 98 | 40. 85 | — | 2. 4088 | — | 13914. 50 | 31. 50 | — | 1. 8572 |
| 西　藏 | 51. 60 | 7. 15 | 1 | 0. 3187 | 1 | 34. 16 | 0. 03 | 1 | 0. 0013 |
| 青　海 | 91. 11 | 17. 76 | 3 | 0. 6907 | 2 | 60. 33 | 9. 94 | 3 | 0. 3866 |
| 内蒙古 | 385. 67 | 27. 00 | 4 | 1. 3053 | 4 | 255. 36 | 18. 57 | 4 | 0. 8976 |
| 新　疆 | 372. 89 | 30. 84 | 5 | 1. 4653 | 5 | 246. 90 | 22. 15 | 5 | 1. 0524 |
| 陕　西 | 569. 34 | 35. 20 | 9 | 1. 7953 | 7 | 376. 98 | 26. 22 | 9 | 1. 3373 |
| 宁　夏 | 105. 39 | 36. 89 | 11 | 2. 1886 | 12 | 69. 78 | 27. 80 | 11 | 1. 6493 |
| 甘　肃 | 386. 94 | 40. 83 | 15 | 2. 4542 | 15 | 256. 20 | 31. 48 | 15 | 1. 8921 |
| 四　川 | 1210. 17 | 44. 01 | 16 | 2. 2062 | 13 | 801. 28 | 34. 45 | 16 | 1. 7268 |
| 贵　州 | 505. 04 | 44. 84 | 18 | 2. 5759 | 18 | 334. 40 | 35. 22 | 18 | 2. 0233 |
| 广　西 | 719. 28 | 47. 97 | 21 | 2. 9266 | 22 | 476. 25 | 38. 15 | 21 | 2. 3271 |
| 重　庆 | 465. 75 | 53. 20 | 27 | 2. 8868 | 21 | 308. 39 | 43. 03 | 27 | 2. 3347 |
| 云　南 | 729. 82 | 53. 31 | 28 | 4. 2210 | 31 | 483. 23 | 43. 13 | 28 | 3. 4148 |
| 西　部 | 5593. 01 | 39. 95 | [1] | 2. 1558 | [1] | 3703. 26 | 30. 66 | [1] | 1. 6543 |
| 北　京 | 394. 89 | 15. 78 | 2 | 0. 6929 | 3 | 261. 47 | 8. 09 | 2 | 0. 3553 |
| 上　海 | 438. 41 | 31. 09 | 6 | 2. 0231 | 10 | 290. 28 | 22. 39 | 6 | 1. 4566 |
| 天　津 | 285. 08 | 34. 63 | 7 | 1. 9082 | 8 | 188. 76 | 25. 69 | 7 | 1. 4156 |
| 海　南 | 142. 44 | 35. 02 | 8 | 1. 6768 | 6 | 94. 31 | 26. 06 | 8 | 1. 2475 |
| 江　苏 | 1236. 36 | 36. 53 | 10 | 1. 9401 | 9 | 818. 62 | 27. 47 | 10 | 1. 4586 |
| 浙　江 | 884. 50 | 40. 42 | 14 | 2. 4586 | 16 | 585. 64 | 31. 10 | 14 | 1. 8915 |
| 福　建 | 595. 14 | 44. 95 | 19 | 3. 1736 | 24 | 394. 05 | 35. 32 | 19 | 2. 4939 |
| 广　东 | 1761. 03 | 47. 91 | 20 | 3. 3834 | 27 | 1166. 02 | 38. 09 | 20 | 2. 6898 |
| 山　东 | 1514. 96 | 51. 01 | 25 | 3. 3512 | 26 | 1003. 09 | 40. 98 | 25 | 2. 6924 |
| 河　北 | 1155. 31 | 55. 20 | 30 | 3. 5152 | 28 | 764. 95 | 44. 90 | 30 | 2. 8589 |
| 东　部 | 8408. 11 | 40. 99 | [2] | 2. 4486 | [2] | 5567. 20 | 31. 62 | [2] | 1. 8893 |
| 吉　林 | 414. 74 | 37. 58 | 12 | 2. 0982 | 11 | 274. 61 | 28. 44 | 12 | 1. 5881 |
| 辽　宁 | 672. 33 | 39. 15 | 13 | 2. 2839 | 14 | 445. 17 | 29. 91 | 13 | 1. 7448 |
| 黑龙江 | 574. 09 | 52. 51 | 26 | 4. 1388 | 30 | 380. 12 | 42. 38 | 26 | 3. 3405 |
| 东　北 | 1661. 17 | 42. 38 | [3] | 2. 6381 | [3] | 1099. 90 | 32. 93 | [3] | 2. 0496 |
| 山　西 | 573. 87 | 44. 15 | 17 | 2. 4887 | 17 | 379. 97 | 34. 58 | 17 | 1. 9491 |
| 安　徽 | 905. 81 | 49. 16 | 22 | 2. 7008 | 19 | 599. 76 | 39. 25 | 22 | 2. 1566 |
| 湖　北 | 879. 12 | 50. 17 | 23 | 3. 1838 | 25 | 582. 08 | 40. 20 | 23 | 2. 5510 |
| 江　西 | 700. 92 | 50. 62 | 24 | 2. 7147 | 20 | 464. 09 | 40. 62 | 24 | 2. 1782 |
| 湖　南 | 1046. 50 | 53. 50 | 29 | 3. 1730 | 23 | 692. 91 | 43. 30 | 29 | 2. 5684 |
| 河　南 | 1415. 50 | 57. 95 | 31 | 3. 6343 | 29 | 937. 23 | 47. 46 | 31 | 2. 9764 |
| 中　部 | 5521. 72 | 51. 64 | [4] | 3. 0346 | [4] | 3656. 06 | 41. 57 | [4] | 2. 4428 |

注：全国及各地皆取多重最佳比值测算结果之北京人均值（见表 8）进行地区均等测算，演算未涉及人口增长，各地总量可能会存在误差，各地之和不等于全国总量。在此假定情况下，全国及各地人均值均等，地区差消除，各地总量份额仅与人口规模相关，无需再列出人均值部分。

15 个省域增长目标距离小于全国，按年均增长率高低倒序依次为西藏、北京、青海、内蒙古、新疆、上海、天津、海南、陕西、江苏、宁夏、吉林、辽宁、浙江、甘肃；16 个省域增长目标距离大于全国，按年均增长率高低倒序依次为四川、山西、贵州、福建、广东、广西、安徽、湖北、江西、山东、黑龙江、重庆、云南、湖南、河北、河南。其中，西藏处于首位，总量将增长至 34. 16 亿元，占全国份额 0. 25%，年均增长率仅需 0. 03%，低于全国 31. 47 个百分点，仅为既往年增的 0. 13%；河南处于末位，总量将增长至 937. 23 亿元，占全国份额 6. 74%，年均增长率需为 47. 46%，高于全国 15. 96 个百分点，高达既往年增的 297. 64%。

"实现人均值地区均等增长目标测算"毕竟只是一种假定演算方式。实事求是地说，真正要实现这一"理想增长"目标，恐怕不是为时不远的"全面小康"目标年就能够做到的。以上分析测算表明，"实现多重最佳比值增长目标测算"和"实现同构占比平衡增长目标测算"正好向"均等化"目标趋近。希望 2020 年有可能向各项最佳比值"应然增长"目标、同构占比平衡"民生增长"目标逼近。

# 省域报告*

Reports on Provinces

# B.6
# 西藏：2014年度指数综合排名第1位

袁春生**

摘　要：　2000～2014年，西藏文化投入总量由2.01亿元增至34.10亿元，年均增长22.42%，明显高于全国平均增长5.46个百分点。西藏综合评价排行：在省域横向测评中，2014年度指数综合排名第1位；在自身纵向测评中，2000～2014年综合指数排名第3位，2005～2014年综合指数排名第2位，2010～2014年综合指数排名第6位，2014年度综合指数排名第2位。

关键词：　西藏　文化投入　差距检验　增长目标

* 囿于篇幅，书中无法全面展开各省域单独分析，特按照以下方式选取相应省域，形成独立的子报告：B.4评价排行报告表12横向测评列出的直辖市排名首位、东、中、西部和东北四大区域各自范围内省排名首位、自治区排名首位，最后以位次排文，同时也兼顾区域分布。未有独立子报告的省域可见该报告详尽展开列表的各地分析对比及各类排行。

** 袁春生，云南省社会科学院科研处副研究员，主要从事民族文化和政治社会学研究。

## 一　文化投入及其相关背景基本态势

### （一）经济财政基本面背景状况

2000 年以来西藏文化投入总量增长及相关背景关系态势见图 1。2000 ~ 2014 年，西藏产值总量增长 681. 66%，年均增长 15. 82%；财政收入总量增长 2209. 85%，年均增长 25. 14%；财政支出总量增长 1876. 84%，年均增长 23. 76%；教科文卫综合投入（图中教科卫投入与文化投入之和，后同）总量增长 1749. 07%，年均增长 23. 17%；教科文卫综合投入之外财政支出统归为“其他支出”，其总量增长 1910. 18%，年均增长 23. 90%。

在此期间，西藏教科文卫综合投入总量年均增长高于产值总量年均增长 7. 35 个百分点，低于财政收入总量年均增长 1. 97 个百分点，低于财政支出总量年均增长 0. 59 个百分点，低于其他支出总量年均增长 0. 73 个百分点。“十五”以来，西藏教科文卫建设作为公共服务的一个重要方面，确实处于一种高增长状态。“十一五”以来，西藏教科文卫综合投入增长高于其他支出增长的情况更加明显。

### （二）文化投入总量增长状况

2000 年以来西藏文化投入总量及相邻关系、占全国份额变动态势见图 2。

2000 ~ 2014 年，西藏文化投入总量由 2. 0080 亿元增至 34. 1021 亿元，增长 1598. 31%，年均增长 22. 42%，省域间增长位次排序为第 3 位。最高增长年度为 2007 年，增长 70. 17%；最低增长年度为 2013 年，负增长 6. 93%。

在此期间，西藏文化投入总量年均增长高于产值总量年均增长 6. 60 个百分点，低于财政收入总量年均增长 2. 72 个百分点，低于财政支出总量年均增长 1. 34 个百分点，低于教科卫投入总量年均增长 0. 89 个百分点。在 2000 年以来西藏教科文卫综合投入高增长当中，文化投入增长处于基本平衡状态。

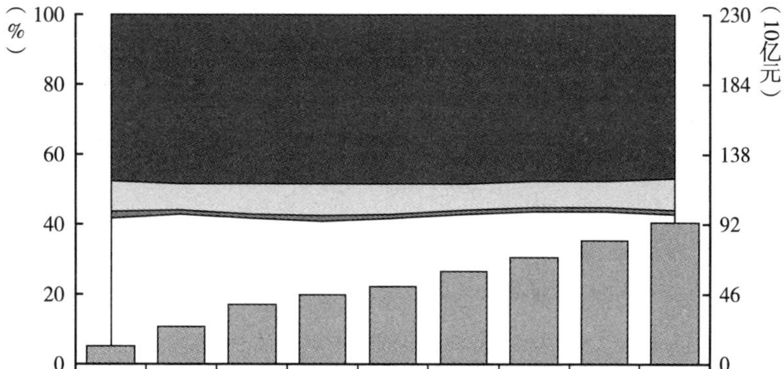


| | 2000年 | 2005年 | 2008年 | 2009年 | 2010年 | 2011年 | 2012年 | 2013年 | 2014年 |
|---|---|---|---|---|---|---|---|---|---|
| ■（1）本级财政预算赤字 | 54.58 | 173.42 | 355.78 | 440.04 | 514.39 | 703.35 | 818.76 | 919.29 | 1061.24 |
| □（2）教科卫投入 | 10.40 | 27.77 | 66.34 | 85.82 | 95.55 | 116.49 | 135.69 | 151.63 | 195.37 |
| ■（3）文化投入 | 2.01 | 3.79 | 9.21 | 13.36 | 12.48 | 18.91 | 24.18 | 22.51 | 34.10 |
| □（4）其他支出 | 47.56 | 153.89 | 305.11 | 370.95 | 443.01 | 622.71 | 745.46 | 840.17 | 956.04 |
| ■（5）产值总量 | 11.78 | 25.12 | 39.59 | 44.14 | 50.75 | 60.58 | 70.10 | 81.57 | 92.08 |

**图1　2000年以来西藏文化投入总量增长及相关背景关系态势**

左轴面积：本级财政预算赤字（中央财政税收返还和转移支付等，“财政包干”地区则可为国债份额）、教科卫投入、文化投入、其他支出总量（亿元转换为%），(2) + (3) + (4) = 财政支出总量，(2) + (3) + (4) - (1) = 财政收入总量，各项数值历年变动呈直观比例；右轴柱形：产值总量（10亿元）。图中省略若干年度，后台演算历年增长变化包括省略年度，全文同。

从图2亦可清楚、直观地看出，文化投入所占面积大体上呈平稳之势，表明其在教科文卫综合投入中的比例份额基本稳定。

与此同时，全国文化投入总量增长796.31%，年均增长16.96%。2000年以来，西藏文化投入总量年均增长高于全国年均增长5.46个百分点，占全国份额从2000年的0.67%上升至2014年的1.27%。由于各地不同变动，西藏份额位次从第28位下降为第29位。

## （三）人均值增长及其地区差变动状况

2000年以来西藏文化投入人均值及其地区差变动态势见图3。

2000～2014年，西藏文化投入人均值由78.13元增至1083.31元，增长1286.55%，年均增长20.66%，省域间增长位次排序为第2位。最高增长

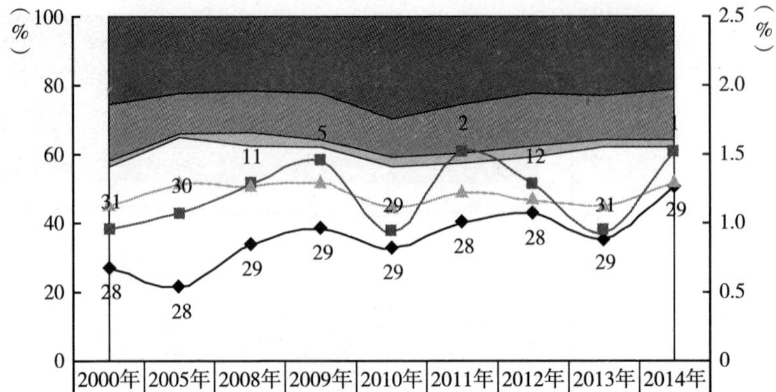


| | 2000年 | 2005年 | 2008年 | 2009年 | 2010年 | 2011年 | 2012年 | 2013年 | 2014年 |
|---|---|---|---|---|---|---|---|---|---|
| 卫生投入 | 3.24 | 7.11 | 16.35 | 22.09 | 32.04 | 35.30 | 36.12 | 40.29 | 48.86 |
| 文化投入 | 2.01 | 3.79 | 9.21 | 13.36 | 12.48 | 18.91 | 24.18 | 22.51 | 34.10 |
| 科技投入 | 0.19 | 0.28 | 2.90 | 2.69 | 2.71 | 3.38 | 5.09 | 4.17 | 4.42 |
| 教育投入 | 6.98 | 20.38 | 47.08 | 61.04 | 60.80 | 77.81 | 94.48 | 107.18 | 142.08 |
| 文化投入份额 | 0.67 | 0.54 | 0.84 | 0.96 | 0.81 | 1.00 | 1.07 | 0.88 | 1.27 |
| 文化投入年增 | 0.9490 | 1.0694 | 1.2743 | 1.4501 | 0.9339 | 1.5156 | 1.2788 | 0.9307 | 1.5152 |
| 教科卫投入年增 | 1.1201 | 1.2752 | 1.2598 | 1.2937 | 1.1133 | 1.2192 | 1.1648 | 1.1175 | 1.2884 |

**图 2　2000 年以来西藏文化投入总量及相邻关系、占全国份额变动态势**

左轴面积：教育、科技、文化、卫生投入总量（亿元转换为%），各项数值变动呈直观比例关系；右轴曲线：文化、教科卫投入年增（上年 =1，小于 1 为负增长，保留 4 位小数，正文转换为 2 位小数增长百分比，后同）；文化投入占全国份额（%）。后台数据库包含不出现的 1999 年相关数据，以此测量 2000 年相应数据变动，全文同。标明历年文化投入增长、份额省域排序。

年度为 2007 年，增长 68.06%；最低增长年度为 2010 年，负增长 8.78%。

与此同时，全国文化投入人均值增长 729.60%，年均增长 16.31%。2000 年以来，西藏文化投入人均值年均增长高于全国人均值年均增长 4.35 个百分点，人均绝对数值从 2000 年为全国人均值的 328.55% 上升至 2014 年为全国人均值的 549.12%，省域间人均绝对值高低位次前后保持在第 1 位。

同期，西藏文化投入人均值地区差由 3.2853 扩大至 5.4911，扩大 67.14%，省域间地区差位次变化幅度排第 30 位，地区差位次前后保持在第 31 位。

西藏产值、财政收入和支出，以及教科文卫投入各类人均值地区差变动结果：仅有产值、财政收入、卫生投入地区差呈现缩小态势；仅有财政收

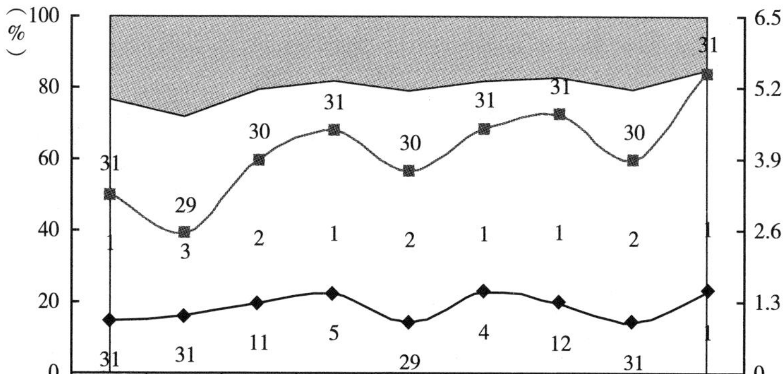


| | 2000年 | 2005年 | 2008年 | 2009年 | 2010年 | 2011年 | 2012年 | 2013年 | 2014年 |
|---|---|---|---|---|---|---|---|---|---|
| 全国文化投入人均值 | 23.78 | 53.95 | 82.72 | 104.63 | 115.31 | 140.86 | 167.94 | 187.45 | 197.28 |
| 本地文化投入人均值 | 78.13 | 137.74 | 322.71 | 463.08 | 422.43 | 626.14 | 791.68 | 726.43 | 1083.31 |
| 本地人均值年增 | 0.9379 | 1.0558 | 1.2609 | 1.4350 | 0.9122 | 1.4822 | 1.2644 | 0.9176 | 1.4913 |
| 本地人均值地区差 | 3.2853 | 2.5529 | 3.9013 | 4.4258 | 3.6633 | 4.4451 | 4.7141 | 3.8754 | 5.4911 |

**图3　2000年以来西藏文化投入人均值及其地区差变动态势**

左轴面积：本地、全国文化投入人均值（元转换为%），二者历年变动呈直观比例；右轴曲线：本地人均值年增（上年=1，小于1为负增长，由于历年人口增长，人均值年增指数略低于总量年增指数）；本地人均值地区差（无差距=1，为检测细微差异，保留4位小数）。标明历年本地人均值及其增长、地区差省域排序。

入、卫生投入地区差在2014年缩减至历年最小值。这无疑表明，可以用人均值差异来衡量的公共财政、公共服务均等化成效尚未取得全面进展。

## 二　文化投入相关协调性态势

### （一）相关背景变动状况

2000年以来西藏文化投入相关背景比值变动态势见图4。

1. 文化投入与产值比

2000～2014年，西藏文化投入总量年均增长高于产值年均增长6.59个百分点，其中"十五"期间年均增长低2.83个百分点，"十一五"期间年均增长高11.82个百分点，"十二五"前4年年均增长高12.51个百分点。

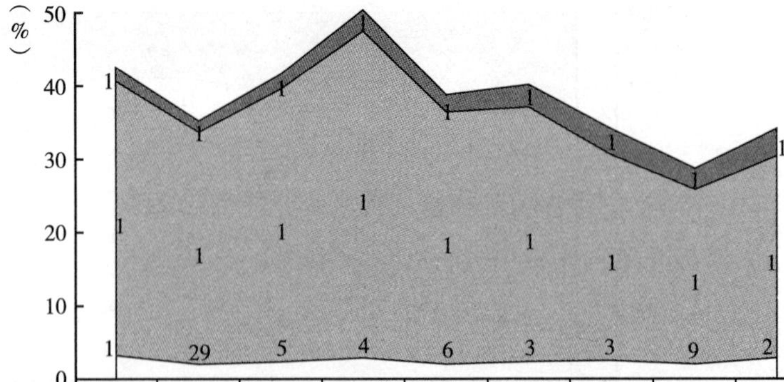


| | 2000年 | 2005年 | 2008年 | 2009年 | 2010年 | 2011年 | 2012年 | 2013年 | 2014年 |
|---|---|---|---|---|---|---|---|---|---|
| ■ 文化投入与产值比 | 1.7046 | 1.5105 | 2.3271 | 3.0270 | 2.4587 | 3.1213 | 3.4496 | 2.7593 | 3.7034 |
| ■ 文化投入占财政收入比 | 37.2902 | 31.5397 | 37.0279 | 44.4010 | 34.0462 | 34.5325 | 27.9302 | 23.6857 | 27.4418 |
| □ 文化投入占财政支出比 | 3.3484 | 2.0462 | 2.4204 | 2.8418 | 2.2643 | 2.4944 | 2.6711 | 2.2189 | 2.8766 |

**图4　2000年以来西藏文化投入相关背景比值变动态势**

左轴面积：文化投入与产值比、占财政收入和支出比（%），各项比值历年升降呈直观比例叠加。因比值很小，图中保留4位小数并依此演算，正文按惯例保留2位小数。标明历年各项比值省域排序。

由于二者历年不同增长，西藏文化投入与产值比从1.70%增高至3.70%，上升2.00个百分点，省域间位次变化幅度排第3位，比值高低位次前后保持在第1位。最高比值为2014年的3.70%，最低比值为2006年的1.46%。

2. 文化投入占财政收入比

2000～2014年，西藏文化投入总量年均增长低于财政收入年均增长2.73个百分点，其中"十五"期间年均增长低3.94个百分点，"十一五"期间年均增长高1.96个百分点，"十二五"前4年年均增长低7.13个百分点。由于二者历年不同增长，西藏文化投入占财政收入比从37.29%降低至27.44%，下降9.85个百分点，省域间位次变化幅度排第15位，比值高低位次前后保持在第1位。最高比值为2002年的44.50%，最低比值为2013年的23.69%。

3. 文化投入占财政支出比

2000～2014年，西藏文化投入总量年均增长低于财政支出年均增长1.35

个百分点，其中“十五”期间年均增长低 11.81 个百分点，“十一五”期间年均增长高 2.59 个百分点，“十二五”前 4 年年均增长高 7.46 个百分点。由于二者历年不同增长，西藏文化投入占财政支出比从 3.35% 降低至 2.88%，下降0.47 个百分点，省域间位次变化幅度排第 7 位，比值高低位次从第 1 位下降为第 2 位。最高比值为 2000 年的 3.35%，最低比值为 2005 年的 2.05%。

以上分析检测表明，2000 年以来，西藏文化投入增长显著高于产值增长，但较明显低于财政收入、财政支出增长，文化投入与经济、财政“背景协调增长”尚未得到充分体现。

## （二）相邻关系变动状况

2000 年以来西藏文化投入相邻关系比值变动态势见图 5。

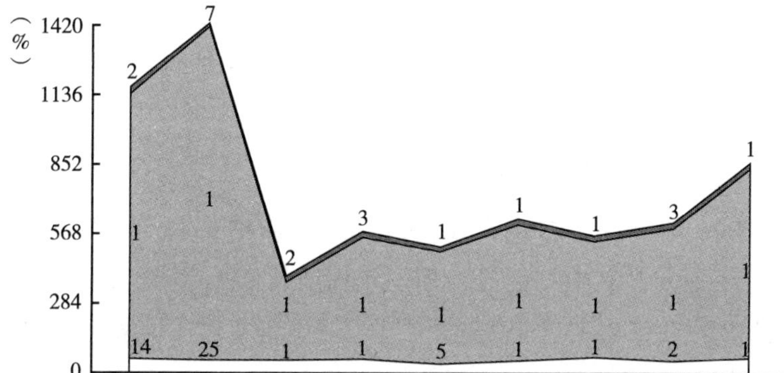


| | 2000年 | 2005年 | 2008年 | 2009年 | 2010年 | 2011年 | 2012年 | 2013年 | 2014年 |
|---|---|---|---|---|---|---|---|---|---|
| ■ 文化投入与教育投入比 | 28.77 | 18.62 | 19.57 | 21.89 | 20.52 | 24.30 | 25.59 | 21.00 | 24.00 |
| ■ 文化投入与科技投入比 | 1074.95 | 1355.21 | 317.34 | 496.41 | 460.20 | 559.47 | 475.19 | 540.35 | 771.30 |
| □ 文化投入与卫生投入比 | 62.04 | 53.38 | 56.33 | 60.49 | 38.94 | 53.57 | 66.96 | 55.86 | 69.79 |

**图 5　2000 年以来西藏文化投入相邻关系比值变动态势**

左轴面积：文化投入与教育、科技、卫生投入比（%），各项比值历年升降呈直观比例叠加。标明历年各项比值省域排序。

### 1. 文化投入与教育投入比

2000 ~ 2014 年，西藏文化投入总量年均增长低于教育投入年均增长

1.61 个百分点，其中“十五”期间年均增长低 10.38 个百分点，“十一五”期间年均增长高 2.49 个百分点，“十二五”前 4 年年均增长高 4.93 个百分点。由于二者历年不同增长，西藏文化投入与教育投入比从 28.77% 降低至 24.00%，下降 4.77 个百分点，省域间位次变化幅度排第 9 位。由于各地不同变动，西藏比值高低位次从第 2 位上升为第 1 位。最高比值为 2000 年的 28.77%，最低比值为 2005 年的 18.62%。

2. 文化投入与科技投入比

2000 ~ 2014 年，西藏文化投入总量年均增长低于科技投入年均增长 2.79 个百分点，其中“十五”期间年均增长高 5.46 个百分点，“十一五”期间年均增长低 30.54 个百分点，“十二五”前 4 年年均增长高 15.56 个百分点。由于二者历年不同增长，西藏文化投入与科技投入比从 1074.95% 降低至 771.30%，下降 303.65 个百分点，省域间位次变化幅度排第 1 位，比值高低位次前后保持在第 1 位。最高比值为 2003 年的 1410.33%，最低比值为 2008 年的 317.34%。

3. 文化投入与卫生投入比

2000 ~ 2014 年，西藏文化投入总量年均增长高于卫生投入年均增长 1.02 个百分点，其中“十五”期间年均增长低 3.50 个百分点，“十一五”期间年均增长低 8.21 个百分点，“十二五”前 4 年年均增长高 17.44 个百分点。由于二者历年不同增长，西藏文化投入与卫生投入比从 62.04% 增高为 69.79%，上升 7.75 个百分点，省域间位次变化幅度排第 2 位，比值高低位次从第 14 位上升为第 1 位。最高比值为 2014 年的 69.79%，最低比值为 2010 年的 38.94%。

以上分析检测表明，2000 年以来，西藏文化投入增长较明显低于教育、科技投入增长，但较明显高于卫生投入增长，教育、科技、文化、卫生投入“相邻协调增长”尚未得到应有体现。

### （三）同构占比变动状况

2000 年以来西藏文化消费与投入同构占比倍差变动态势见图 6。

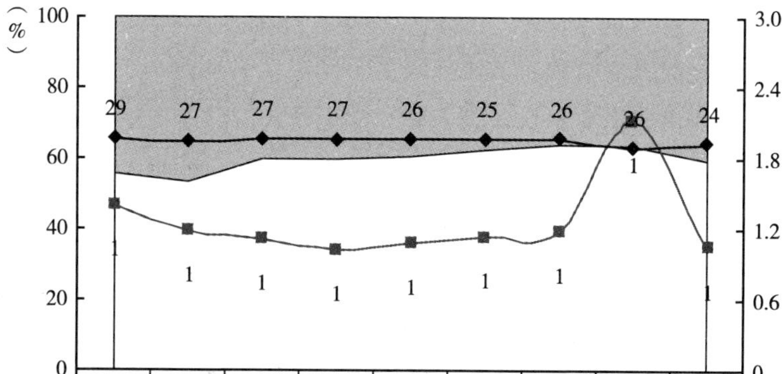


| | 2000年 | 2005年 | 2008年 | 2009年 | 2010年 | 2011年 | 2012年 | 2013年 | 2014年 |
|---|---|---|---|---|---|---|---|---|---|
| 消费占收入比 | 1.59 | 2.15 | 1.82 | 1.85 | 1.57 | 1.30 | 1.24 | 2.70 | 1.90 |
| 消费占支出比 | 2.02 | 2.44 | 2.69 | 2.75 | 2.43 | 2.16 | 2.18 | 4.68 | 2.78 |
| 占收入比倍差 | 1.9573 | 1.9318 | 1.9508 | 1.9583 | 1.9540 | 1.9624 | 1.9557 | 1.8861 | 1.9309 |
| 占支出比倍差 | 1.3962 | 1.1938 | 1.1095 | 1.0309 | 1.0719 | 1.1333 | 1.1835 | 2.1112 | 1.0336 |

**图6　2000年以来西藏文化消费与投入同构占比倍差变动态势**

左轴面积：文化消费占居民收入、占居民总消费支出比（%），两项比值历年升降呈直观比例叠加；右轴曲线：文化消费占居民收入比与文化投入占财政收入比、文化消费占居民支出比与文化投入占财政支出比倍差（无差距=1，为检测细微差异，保留4位小数）。标明历年各项倍差省域排序。

### 1. 文化消费与投入占收入比

2000～2014年，西藏城乡居民文化消费占居民收入比从1.59%增高至1.90%。对照本报告图4，同期，西藏文化投入占财政收入比下降26.41%，2014年比值高于文化消费占居民收入比25.54个百分点。二者之间占比倍差由1.9573减小至1.9309，减小程度为1.35%，省域间位次变化幅度排第7位，倍差高低位次（倒序）从第29位上升为第24位。

### 2. 文化消费与投入占支出比

2000～2014年，西藏城乡居民文化消费占居民支出比从2.02%增高至2.78%。对照本报告图4，同期，西藏文化投入占财政支出比下降14.09%，2014年比值高于文化消费占居民支出比0.10个百分点。二者之间占比倍差由1.3962减小至1.0336，减小程度为25.97%，省域间位次变化幅度排第2位，倍差高低位次（倒序）保持在第1位。

以上分析检测显示，2000 年以来，西藏文化消费占居民收入比明显上升，文化投入占财政收入比却显著下降，二者同构占比倍差指数略微减小；文化消费占居民支出比显著上升，文化投入占财政支出比却明显下降，二者同构占比倍差指数显著减小。西藏文化投入占财政收入比远高于文化消费占居民收入比，占支出比则明显相反，公共文化投入与居民文化消费需求同构占比关系严重失衡。

## 三　2014年文化投入纵横向双重测评

综合以上分析，2000 年以来西藏文化投入总量年均增长 22.42%，明显高于全国平均增长 5.46 个百分点，人均值地区差扩大 67.14%；文化投入增长显著高于产值增长，但较明显低于财政收入、财政支出增长；同时较明显低于教育、科技投入增长，较明显高于卫生投入增长；文化投入占财政收入比显著高于文化消费占居民收入比，占财政支出比也略微高于文化消费占居民支出比。这些都集中体现在文化投入增长综合指数测评演算之中。2000 年以来西藏文化投入增长综合指数变动态势见图 7。

### （一）各年度横向测评综合指数

以文化投入人均值地区无差距、文化消费与投入同构占比无差距状态为理想值 100，2014 年西藏文化投入增长状况此项综合指数为 212.85，处于省域间第 1 位，高于无差距理想值 112.85%，也高于上年测评指数 57.73 个点。

各年度此项综合指数对比，全部各个年度均高于无差距理想值 100；2002 年、2007 年、2009 年、2011 年、2014 年 5 个年度高于上年指数值。其中，最高值为 2014 年的 212.85，最低值为 2006 年的 130.87。西藏此项综合指数在省域间排行变化，2000 年为第 1 位，2005 年与之持平，2010 年与之持平，2014 年与上年持平，皆为第 1 位。

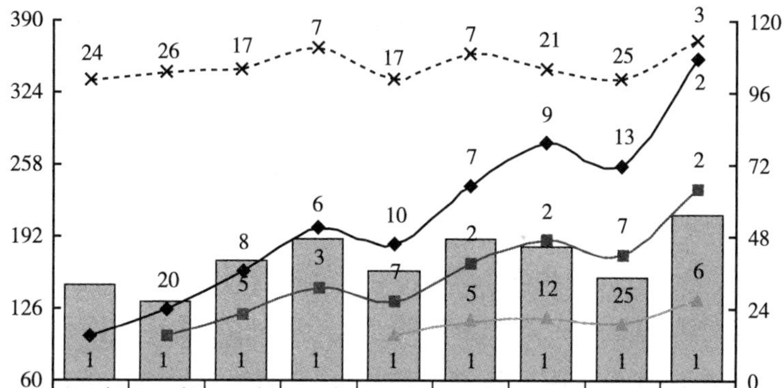


| | 2000年 | 2005年 | 2008年 | 2009年 | 2010年 | 2011年 | 2012年 | 2013年 | 2014年 |
|---|---|---|---|---|---|---|---|---|---|
| 横向理想测评 | 146.29 | 132.31 | 168.77 | 189.91 | 161.01 | 189.11 | 182.44 | 155.12 | 212.85 |
| 纵向测评（1） | 100.00 | 125.32 | 160.75 | 199.25 | 183.74 | 238.57 | 276.30 | 257.22 | 354.00 |
| 纵向测评（2） | — | 100.00 | 120.86 | 145.10 | 132.61 | 167.20 | 188.22 | 174.08 | 235.26 |
| 纵向测评（3） | — | — | — | — | 100.00 | 113.17 | 116.92 | 112.29 | 134.41 |
| 纵向测评（4） | 99.59 | 102.37 | 104.13 | 110.84 | 100.64 | 108.77 | 103.89 | 100.45 | 113.45 |

**图7　2000年以来西藏文化投入增长综合指数变动态势**

左轴柱形：横向测评（无差距理想值=100）；左轴曲线：纵向测评（起点年基数值=100），（1）以2000年为起点，（2）以2005年为起点，（3）以2010年为起点；右轴曲线：纵向测评（4），以上年为起点。标明历年各项测评指数省域排行。

## （二）“十五”以来纵向测评综合指数

以“九五”末年2000年为起点基数值100，2014年西藏文化投入增长状况此项综合指数为354.00，处于省域间第3位，高出2000年起点基数254.00%，也高出上年测评指数96.78个点。

“十五”以来各年度此项综合指数对比，全部各个年度均高于2000年起点基数值100；2002~2009年、2011~2012年、2014年11个年度高于上年指数值。其中，最高值为2014年的354.00，最低值为2001年的105.43。西藏此项综合指数在省域间排行变化，2005年为第20位，2010年为第10位，2014年从上年第13位上升为第3位。

### （三）“十一五”以来纵向测评综合指数

以“十五”末年2005年为起点基数值100，2014年西藏文化投入增长状况此项综合指数为235.26，处于省域间第2位，高出2005年起点基数135.26%，也高出上年测评指数61.18个点。

“十一五”以来各年度此项综合指数对比，全部各个年度均高于2005年起点基数值100；2007～2009年、2011～2012年、2014年6个年度高于上年指数值。其中，最高值为2014年的235.26，最低值为2006年的106.52。西藏此项综合指数在省域间排行变化，2008年为第5位，2010年为第7位，2014年从上年第7位上升为第2位。

### （四）“十二五”以来纵向测评综合指数

以“十一五”末年2010年为起点基数值100，2014年西藏文化投入增长状况此项综合指数为134.41，处于省域间第6位，高出2010年起点基数34.41%，也高出上年测评指数22.12个点。

“十二五”以来各年度此项综合指数对比，全部各个年度均高于2010年起点基数值100；2012年、2014年2个年度高于上年指数值。其中，最高值为2014年的134.41，最低值为2013年的112.29。西藏此项综合指数在省域间排行变化，2011年为第5位，2014年从上年第25位上升为第6位。

### （五）逐年度纵向测评综合指数

以上一年（2013年）为起点基数值100，2014年西藏文化投入增长状况此项综合指数为113.45，处于省域间第2位，高出2013年起点基数13.45%，也高出上年基于2012年基数值的测评指数13.00个点。

逐年度此项景气指数对比，2001～2014年14个年度高于自身上年起点基数值100；2001～2002年、2004年、2006～2007年、2009年、2011年、

2014 年 8 个年度高于上年指数值。其中，最高值为 2014 年的 113.45，最低值为 2000 年的 99.59。西藏此项综合指数在省域间排行变化，2000 年为第 24 位，2005 年为第 26 位，2010 年为第 17 位，2014 年从上年第 25 位上升为第 2 位。

## 四 文化投入协调增长差距分析

按照各项数据增长及其间各类关系值变动，已对西藏文化投入增长的“实然”状况做出综合评价，尚需深入检测数据背后的现实问题及其“应然”差距。

### （一）文化投入增长系数检测

首先，检测 2000 ~ 2014 年文化投入占教科文卫综合投入比变动态势，并将此项比值界定为“文化投入增长系数”。2000 年以来西藏文化投入占教科文卫综合投入比变动态势见图 8。

2000 ~ 2014 年，西藏教科文卫综合投入总量由 12.41 亿元增至 229.47 亿元，增长 1749.07%，年均增长 23.17%。在此期间，西藏教科文卫综合投入总量年均增长高于文化投入年均增长 0.76 个百分点。由于二者历年不同增长，西藏文化投入占教科文卫综合投入比从 16.18% 降低至 14.86%，下降 1.32 个百分点，省域间位次变化幅度排第 28 位。由于各地不同变动，西藏比值高低位次从第 2 位上升为第 1 位。最高比值为 2000 年的 16.18%，最低比值为 2010 年的 11.55%。

就此不妨假定，如果西藏文化投入占教科文卫综合投入比在 2000 年出现的最佳比值 16.18% 得以持续保持，那么 2014 年西藏文化投入总量应为现有实际值 34.10 亿元的 108.88%，达到 37.13 亿元。在假设文化投入实现教科文卫相邻关系中“协调增长”的情况下，这就是 2014 年西藏文化投入增长的应然差距。

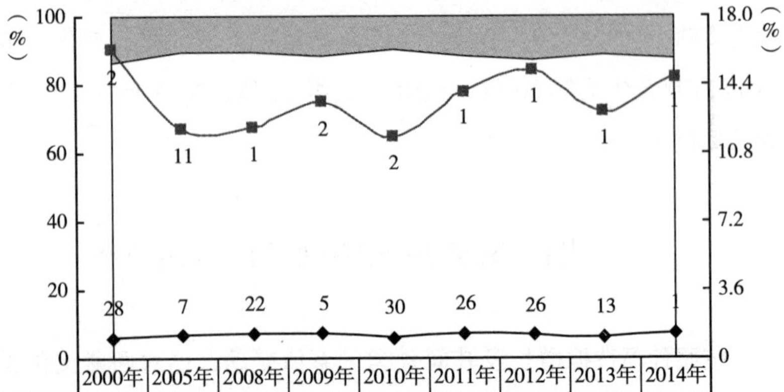

| | 2000年 | 2005年 | 2008年 | 2009年 | 2010年 | 2011年 | 2012年 | 2013年 | 2014年 |
|---|---|---|---|---|---|---|---|---|---|
| 文化投入总量 | 2.01 | 3.79 | 9.21 | 13.36 | 12.48 | 18.91 | 24.18 | 22.51 | 34.10 |
| 教科文卫综合投入 | 12.41 | 31.56 | 75.55 | 99.18 | 108.02 | 135.40 | 159.87 | 174.14 | 229.47 |
| 教科文卫年增 | 1.0883 | 1.2464 | 1.2615 | 1.3128 | 1.0892 | 1.2534 | 1.1807 | 1.0892 | 1.3177 |
| 文化占比 | 16.180 | 12.022 | 12.195 | 13.470 | 11.550 | 13.966 | 15.126 | 12.925 | 14.861 |

**图 8　2000 年以来西藏文化投入占教科文卫综合投入比变动态势**

左轴面积：文化、教科文卫综合投入总量（亿元转换为%），二者历年变动呈直观比例；右轴曲线：教科文卫综合投入年增（上年 =1）；文化投入占教科文卫综合投入比（%，欠发达地区比值高，包括中央财政转移支付），因历年比值差异极小，图中保留 3 位小数并依此演算，正文按惯例保留 2 位小数（后同）。标明历年增长、比值省域排序。

## （二）教科文卫投入增长系数检测

其次，检测 2000 ~2014 年教科文卫投入占财政支出比变动态势，并将此项比值界定为“教科文卫投入增长系数”。2000 年以来西藏教科文卫投入占财政支出比变动态势见图 9。

2000 ~2014 年，西藏财政支出总量由 59. 97 亿元增至 1185. 51 亿元，增长 1876. 84%，年均增长 23. 76%。在此期间，西藏财政支出总量年均增长高于教科文卫综合投入年均增长 0. 59 个百分点。由于二者历年不同增长，西藏教科文卫综合投入占财政支出比从 20. 69% 降低至 19. 36%，下降 1. 34 个百分点，省域间位次变化幅度排第 2 位，比值从第 24 位下降为第 31 位。最高比值为 2007 年的 21. 75%，最低比值为 2001 年的 14. 68%。

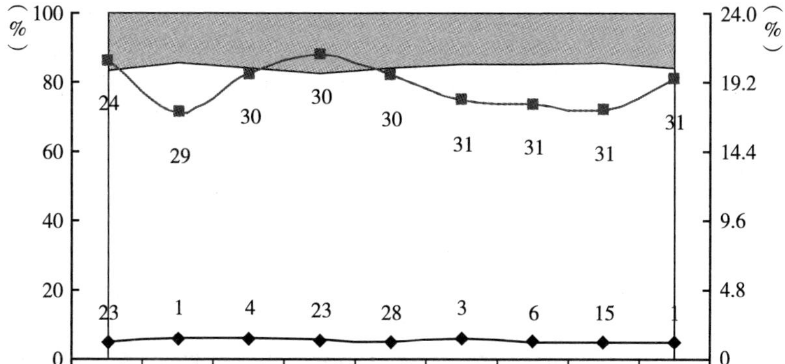


| | 2000年 | 2005年 | 2008年 | 2009年 | 2010年 | 2011年 | 2012年 | 2013年 | 2014年 |
|---|---|---|---|---|---|---|---|---|---|
| 教科文卫综合投入 | 12.41 | 31.56 | 75.55 | 99.18 | 108.02 | 135.40 | 159.87 | 174.14 | 229.47 |
| 财政支出总量 | 59.97 | 185.45 | 380.66 | 470.13 | 551.04 | 758.11 | 905.34 | 1014.31 | 1185.51 |
| 财政支出年增 | 1.1261 | 1.3857 | 1.3824 | 1.2350 | 1.1721 | 1.3758 | 1.1942 | 1.1204 | 1.1688 |
| 教科文卫占比 | 20.694 | 17.020 | 19.848 | 21.097 | 19.604 | 17.860 | 17.659 | 17.168 | 19.356 |

**图 9　2000 年以来西藏教科文卫投入占财政支出比变动态势**

左轴面积：教科文卫综合投入、财政支出总量（亿元转换为%），二者历年变动呈直观比例；右轴曲线：财政支出年增（上年 =1）；教科文卫综合投入占财政支出总量比（%，欠发达地区比值高，包括中央财政转移支付）。标明历年增长、比值省域排序。

就此同样假定，如果西藏教科文卫综合投入占财政支出比在 2007 年出现的最佳比值 21.75% 得以持续保持，那么 2014 年西藏教科文卫综合投入总量应为现有实际值 229.47 亿元的 112.36%，达到 257.83 亿元；再假设文化投入占教科文卫综合投入比实现 2000 年最佳比值 16.18%，那么 2014 年西藏文化投入总量应为现有实际值 34.10 亿元的 122.33%，达到 41.72 亿元。在假设文化投入在教科文卫相邻关系中、教科文卫综合投入在财政支出中保持“协调增长”的情况下，这就是 2014 年西藏文化投入增长的应然差距。

## （三）财政支出增长系数检测

最后，检测 2000 ~ 2014 年财政支出与产值比变动态势，并将此项比值界定为“财政支出增长系数”。2000 年以来西藏财政支出与产值比变动态势见图 10。

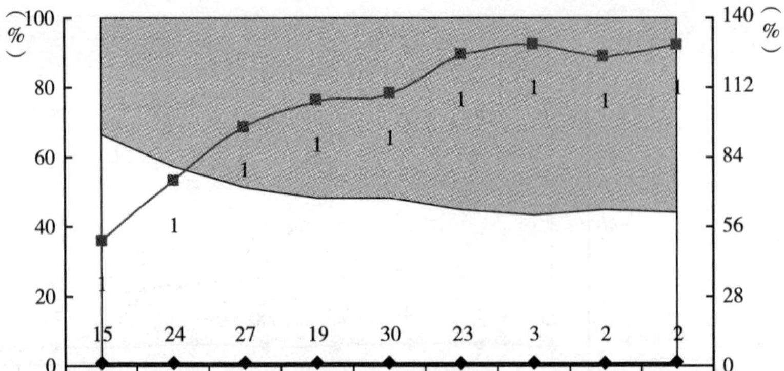


| | 2000年 | 2005年 | 2008年 | 2009年 | 2010年 | 2011年 | 2012年 | 2013年 | 2014年 |
|---|---|---|---|---|---|---|---|---|---|
| 财政支出总量 | 59.97 | 185.45 | 380.66 | 470.13 | 551.04 | 758.11 | 905.34 | 1014.31 | 1185.51 |
| 产值总量 | 117.8 | 251.2 | 395.9 | 441.4 | 507.5 | 605.8 | 701.0 | 815.7 | 920.8 |
| 产值年增 | 1.1115 | 1.1401 | 1.1570 | 1.1148 | 1.1498 | 1.1938 | 1.1571 | 1.1635 | 1.1289 |
| 支出与产值比 | 50.908 | 73.823 | 96.148 | 106.519 | 108.587 | 125.136 | 129.144 | 124.353 | 128.743 |

**图 10　2000 年以来西藏财政支出与产值比变动态势**

左轴面积：财政支出总量、产值总量（亿元转换为%），二者历年变动呈直观比例；右轴曲线：产值年增（上年 =1）；财政支出与产值比（%，欠发达地区比值高，包括中央财政转移支付）。标明历年增长、比值省域排序。

2000～2014 年，西藏产值总量由 117.8 亿元增至 920.8 亿元，增长 681.66%，年均增长 15.82%。在此期间，西藏产值总量年均增长低于财政支出年均增长 7.94 个百分点。由于二者历年不同增长，西藏财政支出与产值比从 50.91% 增高至 128.74%，上升 77.83 个百分点，省域间位次变化幅度排第 29 位，比值高低位次前后保持在第 1 位。最高比值为 2012 年的 129.14%，最低比值为 2000 年的 50.91%。

就此继续假定，如果西藏财政支出与产值比在 2012 年出现的最佳比值 129.14% 得以持续保持，那么 2014 年西藏财政支出总量应为现有实际值 1185.51 亿元的 100.31%，达到 1189.20 亿元；再假设教科文卫综合投入占财政支出比实现 2007 年最佳比值 21.75%，继续假设文化投入占教科文卫综合投入比实现 2000 年最佳比值 16.18%，那么 2014 年西藏文化投入总量应为现有实际值 34.10 亿元的 122.71%，达到 41.85 亿元。在假设文化投入与教科文卫相邻关系、教科文卫综合投入与财政支出关系、财政支出与产值关系实现三重最佳比值的情况下，这就是2014年西藏文化投入增长的应然差距。

全国教育投入在2012年实现了法定“产值4%”的指标要求，文化投入能否形成法规指标？本项检测至此其实已经得出具有关联性的系列参考指标：西藏文化投入达到与产值比4.54%，或占财政支出比3.52%，或占教科文卫综合投入比16.18%，就有可能实现2000年以来历年相关各项最佳比值协调增长。

## 五　至2020年文化投入增长目标测算

检测出当前数据年度西藏文化投入增长的应然差距，即可据此推演至2020年西藏文化投入增长的应然目标，测算达到增长目标所需的年均增长率，亦即消除差距的增长目标之距离大小，以便在各地进行排行比较。2014～2020年西藏文化投入预期增长测算见图11。

### （一）保持既往年均增长率测算

按照2000～2014年年均增长率进行“自然”推算，到2020年西藏文化投入总量将达到114.80亿元。所需年均增长率自然同前一样为22.42%，省域间增长位次排序为第3位。

如果至2020年产值年均增长控制在7%，再假设文化投入与产值比维持既往互动关系不变，那么西藏文化投入总量将达到71.37亿元。所需年均增长率仅为13.10%，省域间增长位次排序为第3位，低于既往年均增速，更易于实现。

### （二）多重最佳比值增长目标测算

依据2000～2014年文化投入增长系数、教科文卫投入增长系数、财政支出增长系数三项最佳比值进行“应然”推算，到2020年西藏文化投入总量应达到101.08亿元。所需年均增长率为19.85%，以此衡量增长目标距离（以

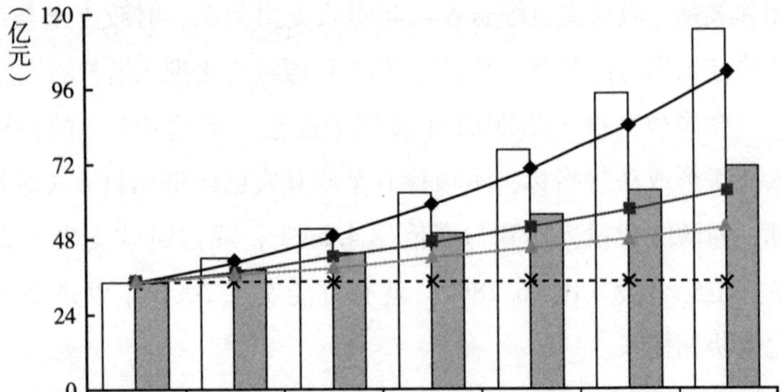


| | 2014年 | 2015年 | 2016年 | 2017年 | 2018年 | 2019年 | 2020年 |
|---|---|---|---|---|---|---|---|
| （1）年均增长测算 | 34.10 | 41.75 | 51.11 | 62.57 | 76.60 | 93.77 | 114.80 |
| （2）均增-产值7% | 34.10 | 38.57 | 43.62 | 49.33 | 55.80 | 63.10 | 71.37 |
| （3）最佳比值测算 | 34.10 | 40.87 | 48.99 | 58.71 | 70.37 | 84.34 | 101.08 |
| （4）最佳-产值7% | 34.10 | 37.76 | 41.81 | 46.29 | 51.26 | 56.75 | 62.84 |
| （5）地区均等测算 | 34.10 | 36.54 | 39.15 | 41.95 | 44.94 | 48.16 | 51.60 |
| （6）均等-产值7% | 34.10 | 34.11 | 34.12 | 34.13 | 34.14 | 34.15 | 34.16 |

**图11　2014～2020年西藏文化投入预期增长测算**

左轴：假定情况下文化投入增长总量（亿元）。假设各类数值按2000～2014年年均增长率持续至2020年，则所需年均增长（1）22.42%，按既往增速居第3位；（3）19.85%，增长距离居第2位；（5）7.15%，增长距离居第1位。假设产值增长取7%持续至2020年，则所需年均增长（2）13.10%，按既往增速居第3位；（4）10.72%，增长距离居第2位；（6）0.03%，增长距离居第1位。

小为佳），省域间增长位次反向排序为第2位，为既往年均增速的88.54%。

如果至2020年产值年均增长控制在7%，再假设文化投入与产值比维持既往互动关系不变，那么西藏文化投入总量应达到62.84亿元。所需年均增长率为10.72%，省域间增长位次反向排序为第2位，为既往年均增速的47.83%。

## （三）人均值地区均等增长目标测算

在2000～2014年多重最佳比值测算的基础上，再依照北京文化投入人均测算值进行地区均等“理想”推算，到2020年西藏文化投入总量应达到51.60亿元。所需年均增长率为7.15%，仍以此衡量增长目标距离

（以小为佳），省域间增长位次反向排序为第 1 位，为既往年均增速的 31.87%。

如果至 2020 年产值年均增长控制在 7%，再假设文化投入与产值比维持既往互动关系不变（因未涉及人口基数增长，可能会出现微小误差），那么西藏文化投入总量应达到 34.16 亿元。所需年均增长率为 0.03%，省域间增长位次反向排序为第 1 位，为既往年均增速的 0.13%。

# B.7

# 青海：2014年度指数综合排名第2位

赵 娟*

摘 要： 2000～2014 年，青海文化投入总量由 1.3867 亿元增至 34.1602 亿元，年均增长 25.72%，显著高于全国平均增长 8.76 个百分点。青海综合评价排行：在省域横向测评中，2014 年度指数综合排名第 2 位；在自身纵向测评中，2000～2014 年综合指数排名第 1 位，2005～2014 年综合指数排名第 1 位，2010～2014 年综合指数排名第 1 位，2014 年度综合指数排名第 9 位。

关键词： 青海 文化投入 差距检验 增长目标

## 一 文化投入及其相关背景基本态势

### （一）经济财政基本面背景状况

2000 年以来青海文化投入总量增长及相关背景关系态势见图 1。2000～2014 年，青海产值总量增长 773.45%，年均增长 16.74%；财政收入总量增长 1417.97%，年均增长 21.44%；财政支出总量增长 1873.97%，年均增长 23.74%；教科文卫综合投入（图中教科卫投入与文化投入之和，后同）总量增长 2307.80%，年均增长 25.51%；教科文卫综合投入之外财政支出统归为“其他支出”，其总量增长 1784.50%，年均增长 23.33%。

---

* 赵娟，云南省社会科学院文化开发研究中心副研究员。

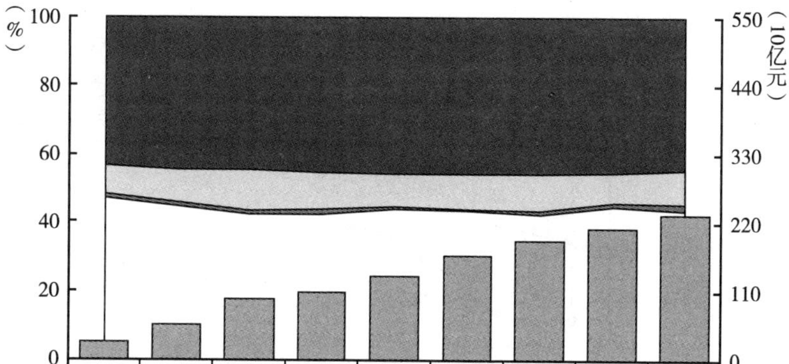


| | 2000年 | 2005年 | 2008年 | 2009年 | 2010年 | 2011年 | 2012年 | 2013年 | 2014年 |
|---|---|---|---|---|---|---|---|---|---|
| （1）本级财政预算赤字 | 51.68 | 135.93 | 292.03 | 399.01 | 633.19 | 815.66 | 972.63 | 1004.19 | 1095.75 |
| （2）教科卫投入 | 10.29 | 29.66 | 77.44 | 99.08 | 125.49 | 181.31 | 239.10 | 198.53 | 246.83 |
| （3）文化投入 | 1.39 | 3.56 | 9.89 | 15.58 | 11.57 | 14.32 | 18.92 | 25.84 | 34.16 |
| （4）其他支出 | 56.59 | 136.54 | 276.27 | 372.09 | 606.35 | 771.84 | 901.04 | 1003.68 | 1066.44 |
| （5）产值总量 | 26.37 | 54.33 | 96.15 | 108.13 | 135.04 | 167.04 | 189.35 | 212.21 | 230.33 |

**图1　2000年以来青海文化投入总量增长及相关背景关系态势**

左轴面积：本级财政预算赤字（中央财政税收返还和转移支付等，“财政包干”地区则可为国债份额）、教科卫投入、文化投入、其他支出总量（亿元转换为%），（2）+（3）+（4）=财政支出总量，（2）+（3）+（4）－（1）=财政收入总量，各项数值历年变动呈直观比例；右轴柱形：产值总量（10亿元）。图中省略若干年度，后台演算历年增长变化包括省略年度，全文同。

在此期间，青海教科文卫综合投入总量年均增长高于产值总量年均增长8.77个百分点，高于财政收入总量年均增长4.07个百分点，高于财政支出总量年均增长1.77个百分点，高于其他支出总量年均增长2.18个百分点。“十五”以来，青海教科文卫建设作为公共服务的一个重要方面，确实处于一种极为特殊的优先发展地位。在教科文卫综合投入优先增长格局中，文化投入究竟处于什么位置？

## （二）文化投入总量增长状况

2000年以来青海文化投入总量及相邻关系、占全国份额变动态势见图2。

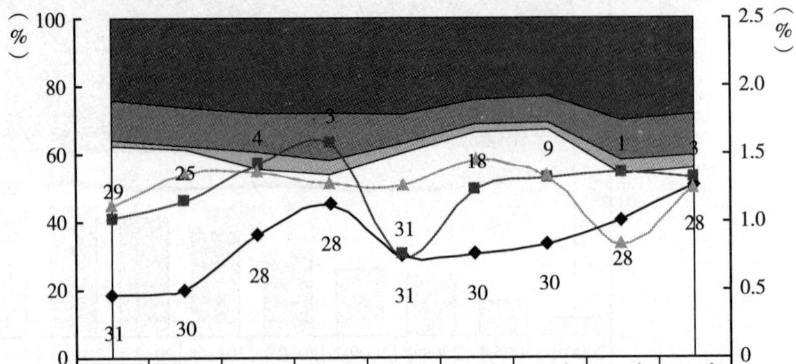

| | 2000年 | 2005年 | 2008年 | 2009年 | 2010年 | 2011年 | 2012年 | 2013年 | 2014年 |
|---|---|---|---|---|---|---|---|---|---|
| 卫生投入 | 2.82 | 8.86 | 24.66 | 32.48 | 38.94 | 47.44 | 60.11 | 68.64 | 80.13 |
| 文化投入 | 1.39 | 3.56 | 9.89 | 15.58 | 11.57 | 14.32 | 18.92 | 25.84 | 34.16 |
| 科技投入 | 0.19 | 0.48 | 3.97 | 4.78 | 4.08 | 3.76 | 7.18 | 8.39 | 10.39 |
| 教育投入 | 7.27 | 20.31 | 48.81 | 61.82 | 82.47 | 130.11 | 171.81 | 121.51 | 156.31 |
| 文化投入份额 | 0.46 | 0.51 | 0.90 | 1.12 | 0.75 | 0.76 | 0.83 | 1.02 | 1.27 |
| 文化投入年增 | 1.0220 | 1.1537 | 1.4243 | 1.5752 | 0.7428 | 1.2374 | 1.3212 | 1.3657 | 1.3221 |
| 教科卫投入年增 | 1.1040 | 1.3463 | 1.3614 | 1.2795 | 1.2665 | 1.4449 | 1.3187 | 0.8303 | 1.2433 |

**图2　2000年以来青海文化投入总量及相邻关系、占全国份额变动态势**

左轴面积：教育、科技、文化、卫生投入总量（亿元转换为%），各项数值变动呈直观比例关系；右轴曲线：文化、教科卫投入年增（上年=1，小于1为负增长，保留4位小数，正文转换为2位小数增长百分比，后同）；文化投入占全国份额（%）。后台数据库包含不出现的1999年相关数据，以此测量2000年相应数据变动，全文同。标明历年文化投入增长、份额省域排序。

2000~2014年，青海文化投入总量由1.3867亿元增至34.1602亿元，增长2362.42%，年均增长25.72%，省域间增长位次排序为第1位。最高增长年度为2009年，增长57.52%；最低增长年度为2010年，负增长25.72%。

在此期间，青海文化投入总量年均增长高于产值总量年均增长8.98个百分点，高于财政收入年均增长4.28个百分点，高于财政支出总量年均增长1.98个百分点，高于教科卫投入总量年均增长0.24个百分点。在2000年以来青海教科文卫综合投入优先高增长当中，文化投入增长处于良性平衡状态。

从图2亦可清楚、直观地看出，文化投入所占面积前后大体上呈平稳之势，表明其在教科文卫综合投入中的比例份额前后相对稳定。

与此同时，全国文化投入总量增长 796.31%，年均增长 16.96%。2000 年以来，青海文化投入总量年均增长高于全国年均增长 8.76 个百分点，占全国份额从 2000 年的 0.46% 上升至 2014 年的 1.27%，省域间份额位次从第 31 位上升为第 28 位。

## （三）人均值增长及其地区差变动状况

2000 年以来青海文化投入人均值及其地区差变动态势见图 3。

2000～2014 年，青海文化投入人均值由 27.00 元增至 588.36 元，增长 2079.11%，年均增长 24.62%，省域间增长位次排序为第 1 位。最高增长年度为 2009 年，增长 56.81%；最低增长年度为 2010 年，负增长 26.32%。

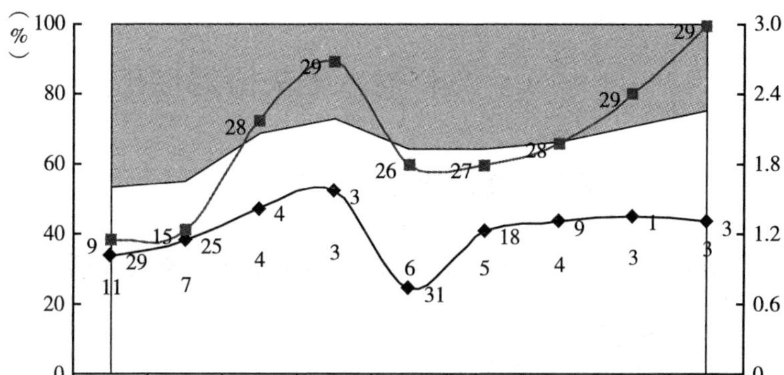


| | 2000年 | 2005年 | 2008年 | 2009年 | 2010年 | 2011年 | 2012年 | 2013年 | 2014年 |
|---|---|---|---|---|---|---|---|---|---|
| 全国文化投入人均值 | 23.78 | 53.95 | 82.72 | 104.63 | 115.31 | 140.86 | 167.94 | 187.45 | 197.28 |
| 本地文化投入人均值 | 27.00 | 65.74 | 178.86 | 280.47 | 206.66 | 253.19 | 331.52 | 448.97 | 588.36 |
| 本地人均值年增 | 1.0081 | 1.1441 | 1.4166 | 1.5681 | 0.7368 | 1.2251 | 1.3094 | 1.3543 | 1.3105 |
| 本地人均值地区差 | 1.1355 | 1.2184 | 2.1623 | 2.6805 | 1.7922 | 1.7974 | 1.9740 | 2.3951 | 2.9823 |

**图 3　2000 年以来青海文化投入人均值及其地区差变动态势**

左轴面积：本地、全国文化投入人均值（元转换为%），二者历年变动呈直观比例；右轴曲线：本地人均值年增（上年 =1，小于 1 为负增长，由于历年人口增长，人均值年增指数略低于总量年增指数）；本地人均值地区差（无差距 =1，为检测细微差异，保留 4 位小数）。标明历年本地人均值及其增长、地区差省域排序。

与此同时，全国文化投入人均值增长729.60%，年均增长16.31%。2000年以来，青海文化投入人均值年均增长高于全国人均值年均增长8.31个百分点，人均绝对数值从2000年为全国人均值的113.54%上升至2014年为全国人均值的298.24%，省域间人均绝对值高低位次从第11位上升为第3位。

同期，青海文化投入人均值地区差由1.1355扩大至2.9823，扩大162.64%，省域间地区差位次变化幅度排第31位，地区差位次从第9位下降为第29位。

青海产值、财政收入和支出，以及教科文卫投入各类人均值地区差变动结果：仅有产值、财政收入、科技投入地区差呈现缩小态势；仅有财政收入、科技投入地区差在2014年缩减至历年最小值。这无疑表明，可以用人均值差异来衡量的公共财政、公共服务均等化成效尚未取得全面进展。

## 二　文化投入相关协调性态势

### （一）相关背景变动状况

2000年以来青海文化投入相关背景比值变动态势见图4。

1. 文化投入与产值比

2000～2014年，青海文化投入总量年均增长高于产值年均增长8.96个百分点，其中“十五”期间年均增长高5.14个百分点，“十一五”期间年均增长高6.61个百分点，“十二五”前4年年均增长高16.80个百分点。由于二者历年不同增长，青海文化投入与产值比从0.53%增高至1.48%，上升0.96个百分点，省域间位次变化幅度排第1位，比值高低位次从第6位上升为第2位。最高比值为2014年的1.48%，最低比值为2000年的0.53%。

2. 文化投入占财政收入比

2000～2014年，青海文化投入总量年均增长高于财政收入年均增长4.26个百分点，其中“十五”期间年均增长高5.37个百分点，“十一五”期间年均增长低0.07个百分点，“十二五”前4年年均增长高8.15个百分

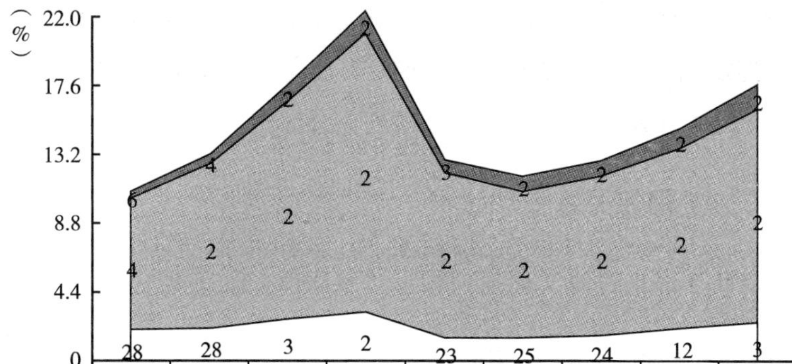


| | 2000年 | 2005年 | 2008年 | 2009年 | 2010年 | 2011年 | 2012年 | 2013年 | 2014年 |
|---|---|---|---|---|---|---|---|---|---|
| 文化投入与产值比 | 0.5259 | 0.6546 | 1.0287 | 1.4409 | 0.8570 | 0.8573 | 0.9991 | 1.2175 | 1.4831 |
| 文化投入占财政收入比 | 8.3615 | 10.5150 | 13.8205 | 17.7577 | 10.5004 | 9.4328 | 10.1487 | 11.5417 | 13.5731 |
| 文化投入占财政支出比 | 2.0315 | 2.0950 | 2.7204 | 3.2009 | 1.5568 | 1.4801 | 1.6323 | 2.1039 | 2.5352 |

**图4　2000年以来青海文化投入相关背景比值变动态势**

左轴面积：文化投入与产值比、占财政收入和支出比（%），各项比值历年升降呈直观比例叠加。因比值很小，图中保留4位小数并依此演算，正文按惯例保留2位小数。标明历年各项比值省域排序。

点。由于二者历年不同增长，青海文化投入占财政收入比从8.36%增高至13.57%，上升5.21个百分点，省域间位次变化幅度排第1位，比值高低位次从第4位上升为第2位。最高比值为2009年的17.76%，最低比值为2000年的8.36%。

3. 文化投入占财政支出比

2000～2014年，青海文化投入总量年均增长高于财政支出年均增长1.96个百分点，其中“十五”期间年均增长高0.70个百分点，“十一五”期间年均增长低7.78个百分点，“十二五”前4年年均增长高15.05个百分点。由于二者历年不同增长，青海文化投入占财政支出比从2.03%增高至2.54%，上升0.50个百分点，省域间位次变化幅度排第2位，比值高低位次从第28位上升为第3位。最高比值为2009年的3.20%，最低比值为2011年的1.48%。

以上分析检测表明，2000 年以来，青海文化投入增长显著高于产值增长，也明显高于财政收入增长，亦较明显高于财政支出增长，文化投入与经济、财政“背景协调增长”已经得到充分体现。

## （二）相邻关系变动状况

2000 年以来青海文化投入相邻关系比值变动态势见图 5。

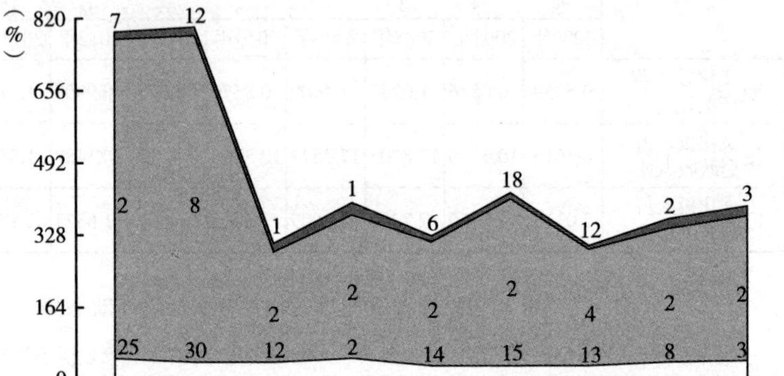


| | 2000年 | 2005年 | 2008年 | 2009年 | 2010年 | 2011年 | 2012年 | 2013年 | 2014年 |
|---|---|---|---|---|---|---|---|---|---|
| ■ 文化投入与教育投入比 | 19.07 | 17.51 | 20.27 | 25.20 | 14.03 | 11.01 | 11.01 | 21.26 | 21.85 |
| ■ 文化投入与科技投入比 | 722.99 | 739.38 | 249.37 | 325.92 | 283.62 | 380.85 | 263.45 | 307.99 | 328.82 |
| □ 文化投入与卫生投入比 | 49.14 | 40.13 | 40.11 | 47.96 | 29.72 | 30.19 | 31.47 | 37.64 | 42.63 |

**图 5　2000 年以来青海文化投入相邻关系比值变动态势**

左轴面积：文化投入与教育、科技、卫生投入比（%），各项比值历年升降呈直观比例叠加。标明历年各项比值省域排序。

### 1. 文化投入与教育投入比

2000 ~ 2014 年，青海文化投入总量年均增长高于教育投入年均增长 1.20 个百分点，其中“十五”期间年均增长低 2.12 个百分点，“十一五”期间年均增长低 5.77 个百分点，“十二五”前 4 年年均增长高 13.75 个百分点。由于二者历年不同增长，青海文化投入与教育投入比从 19.07% 增高至 21.85%，上升 2.78 个百分点，省域间位次变化幅度排第 3 位，比值高低位次从第 7 位上升为第 3 位。最高比值为 2009 年的 25.20%，最低比值为 2011 年的 11.01%。

2. 文化投入与科技投入比

2000~2014 年，青海文化投入总量年均增长低于科技投入年均增长 7.39 个百分点，其中“十五”期间年均增长高 0.33 个百分点，“十一五”期间年均增长低 26.84 个百分点，“十二五”前 4 年年均增长高 4.76 个百分点。由于二者历年不同增长，青海文化投入与科技投入比从 722.99% 降低至 328.82%，下降 394.17 个百分点，省域间位次变化幅度排第 6 位，比值高低位次前后保持在第 2 位。最高比值为 2006 年的 846.88%，最低比值为 2008 年的 249.37%。

3. 文化投入与卫生投入比

2000~2014 年，青海文化投入总量年均增长低于卫生投入年均增长 1.31 个百分点，其中“十五”期间年均增长低 5.04 个百分点，“十一五”期间年均增长低 7.88 个百分点，“十二五”前 4 年年均增长高 11.31 个百分点。由于二者历年不同增长，青海文化投入与卫生投入比从 49.14% 降低为 42.63%，下降 6.51 个百分点，省域间位次变化幅度排第 4 位。由于各地不同变动，青海比值高低位次从第 25 位上升为第 3 位。最高比值为 2001 年的 52.51%，最低比值为 2010 年的 29.72%。

以上分析检测表明，2000 年以来，青海文化投入增长较明显高于教育投入增长，但显著低于科技投入增长，也较明显低于卫生投入增长，教育、科技、文化、卫生投入“相邻协调增长”尚未得到应有体现。

## （三）同构占比变动状况

2000 年以来青海文化消费与投入同构占比倍差变动态势见图 6。

1. 文化消费与投入占收入比

2000~2014 年，青海城乡居民文化消费占居民收入比从 4.16% 增高至 6.49%。对照本报告图 4，同期，青海文化投入占财政收入比上升 62.33%，2014 年比值高于文化消费占居民收入比 7.08 个百分点。二者之间占比倍差由

1.5025 增大至 1.5221，增大程度为 1.30%，省域间位次变化幅度排第 9 位。由于各地不同变动，青海倍差高低位次（倒序）从第 25 位上升为第 15 位。

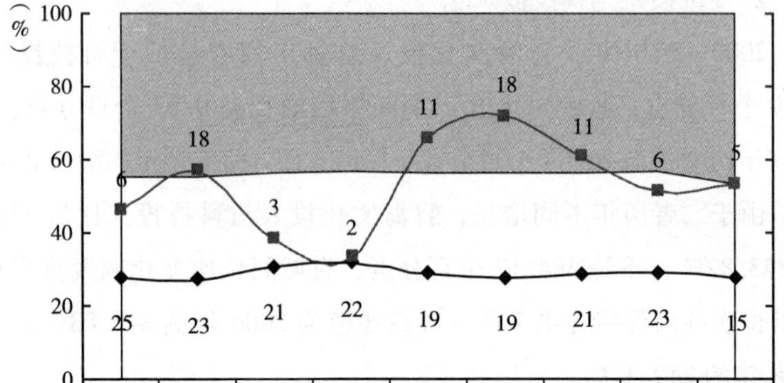


| | 2000年 | 2005年 | 2008年 | 2009年 | 2010年 | 2011年 | 2012年 | 2013年 | 2014年 |
|---|---|---|---|---|---|---|---|---|---|
| 消费占收入比 | 4.16 | 5.37 | 4.40 | 4.41 | 4.34 | 4.55 | 4.21 | 4.57 | 6.49 |
| 消费占支出比 | 5.12 | 6.57 | 5.71 | 5.76 | 5.62 | 5.84 | 5.42 | 5.96 | 7.40 |
| 占收入比倍差 | 1.5025 | 1.4890 | 1.6814 | 1.7518 | 1.5870 | 1.5179 | 1.5848 | 1.6039 | 1.5221 |
| 占支出比倍差 | 2.5206 | 3.1371 | 2.0984 | 1.8001 | 3.6074 | 3.9474 | 3.3176 | 2.8331 | 2.9179 |

**图 6　2000 年以来青海文化消费与投入同构占比倍差变动态势**

左轴面积：文化消费占居民收入、占居民总消费支出比（%），两项比值历年升降呈直观比例叠加；右轴曲线：文化消费占居民收入比与文化投入占财政收入比、文化消费占居民支出比与文化投入占财政支出比倍差（无差距 =1，为检测细微差异，保留 4 位小数）。标明历年各项倍差省域排序。

### 2. 文化消费与投入占支出比

2000～2014 年，青海城乡居民文化消费占居民支出比从 5.12% 增高至 7.40%。对照本报告图 4，同期，青海文化投入占财政支出比上升 24.79%，2014 年比值低于文化消费占居民支出比 4.86 个百分点。二者之间占比倍差由 2.5206 增大至 2.9179，增大程度为 15.76%，省域间位次变化幅度排第 10 位。由于各地不同变动，青海倍差高低位次（倒序）从第 6 位上升为第 5 位。

以上分析检测显示，2000 年以来，青海文化消费占居民收入比显著上升，文化投入占财政收入比也显著上升，二者同构占比倍差指数略微增大；文化消费占居民支出比显著上升，文化投入占财政支出比也显著上升，二者同构占比倍差指数明显增大。青海文化投入占财政收入比远高于文化消费占居民收入比，占支出比则明显相反，公共文化投入与居民文化消费需求同构占比关系严重失衡。

## 三　2014年文化投入纵横向双重测评

综合以上分析，2000 年以来青海文化投入总量年均增长 25.72%，显著高于全国平均增长 8.76 个百分点，人均值地区差扩大 162.64%；文化投入增长显著高于产值增长，也明显高于财政收入增长，亦较明显高于财政支出增长；同时较明显高于教育投入增长，但显著低于科技投入增长，也较明显低于卫生投入增长；文化投入占财政收入比显著高于文化消费占居民收入比，占财政支出比却明显低于文化消费占居民支出比。这些都集中体现在文化投入增长综合指数测评演算之中。2000 年以来青海文化投入增长综合指数变动态势见图 7。

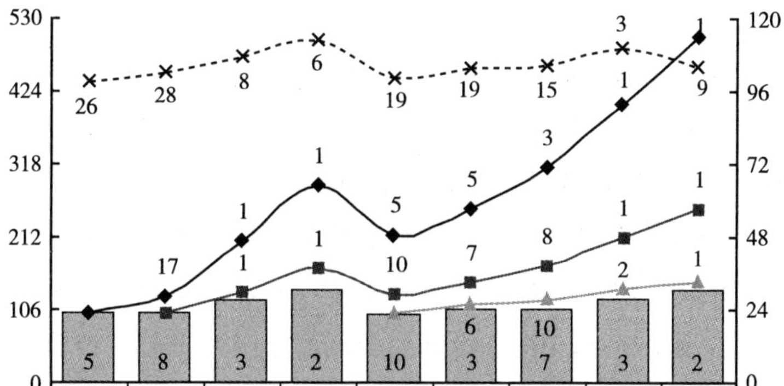


| | 2000年 | 2005年 | 2008年 | 2009年 | 2010年 | 2011年 | 2012年 | 2013年 | 2014年 |
|---|---|---|---|---|---|---|---|---|---|
| 横向测评 | 100.61 | 100.37 | 118.29 | 134.00 | 98.16 | 108.16 | 108.44 | 123.31 | 132.69 |
| 纵向测评（1） | 100.00 | 125.95 | 205.85 | 286.60 | 214.60 | 253.93 | 311.29 | 403.46 | 504.22 |
| 纵向测评（2） | — | 100.00 | 130.30 | 167.17 | 127.30 | 146.55 | 170.38 | 212.17 | 252.44 |
| 纵向测评（3） | — | — | — | — | 100.00 | 113.10 | 120.19 | 137.94 | 144.96 |
| 纵向测评（4） | 99.08 | 102.10 | 107.24 | 112.61 | 100.48 | 103.94 | 104.81 | 110.12 | 103.72 |

**图 7　2000 年以来青海文化投入增长综合指数变动态势**

左轴柱形：横向测评（无差距理想值 = 100）；左轴曲线：纵向测评（起点年基数值 = 100），（1）以 2000 年为起点，（2）以 2005 年为起点，（3）以 2010 年为起点；右轴曲线：纵向测评（4），以上年为起点。标明历年各项测评指数省域排行。

### （一）各年度横向测评综合指数

以文化投入人均值地区无差距、文化消费与投入同构占比无差距状态为理想值100，2014年青海文化投入增长状况此项综合指数为132.69，处于省域间第2位，高于无差距理想值32.69%，也高于上年测评指数9.38个点。

各年度此项综合指数对比，2000～2001年、2003～2009年、2011～2014年13个年度高于无差距理想值100；2001年、2003年、2006～2009年、2011～2014年10个年度高于上年指数值。其中，最高值为2009年的134.00，最低值为2002年的98.07。青海此项综合指数在省域间排行变化，2000年为第5位，2005年为第8位，2010年为第10位，2014年从上年第3位上升为第2位。

### （二）“十五”以来纵向测评综合指数

以“九五”末年2000年为起点基数值100，2014年青海文化投入增长状况此项综合指数为504.22，处于省域间第1位，高出2000年起点基数404.22%，也高出上年测评指数100.76个点。

“十五”以来各年度此项综合指数对比，全部各个年度均高于2000年起点基数值100；2003～2009年、2011～2014年11个年度高于上年指数值。其中，最高值为2014年的504.22，最低值为2002年的106.54。青海此项综合指数在省域间排行变化，2005年为第17位，2010年为第5位，2014年与上年持平，皆为第1位。

### （三）“十一五”以来纵向测评综合指数

以“十五”末年2005年为起点基数值100，2014年青海文化投入增长状况此项综合指数为252.44，处于省域间第1位，高出2005年起点基数152.44%，也高出上年测评指数40.27个点。

“十一五”以来各年度此项综合指数对比，全部各个年度均高于2005

年起点基数值 100；2007 ~2009 年、2011 ~2014 年 7 个年度高于上年指数值。其中，最高值为 2014 年的 252. 44，最低值为 2006 年的 108. 12。青海此项综合指数在省域间排行变化，2008 年为第 1 位，2010 年为第 10 位，2014 年与上年持平，皆为第 1 位。

### （四）“十二五”以来纵向测评综合指数

以“十一五”末年 2010 年为起点基数值 100，2014 年青海文化投入增长状况此项综合指数为 144. 96，处于省域间第 1 位，高出 2010 年起点基数 44. 96%，也高出上年测评指数 7. 02 个点。

“十二五”以来各年度此项综合指数对比，全部各个年度均高于 2010 年起点基数值 100；全部各个年度均高于上年指数值。其中，最高值为 2014 年的 144. 96，最低值为 2011 年的 113. 10。青海此项综合指数在省域间排行变化，2011 年为第 6 位，2014 年从上年第 2 位上升为第 1 位。

### （五）逐年度纵向测评综合指数

以上一年（2013 年）为起点基数值 100，2014 年青海文化投入增长状况此项综合指数为 103. 72，处于省域间第 9 位，高出 2013 年起点基数 3. 72%，但低于上年基于 2012 年基数值的测评指数 6. 40 个点。

逐年度此项景气指数对比，2001 ~2006 年、2008 ~2014 年 13 个年度高于自身上年起点基数值 100；2001 年、2003 ~ 2004 年、2006 年、2008 ~2009 年、2011 ~2013 年 9 个年度高于上年指数值。其中，最高值为 2009 年的 112. 61，最低值为 2000 年的 99. 08。青海此项综合指数在省域间排行变化，2000 年为第 26 位，2005 年为第 28 位，2010 年为第 19 位，2014 年从上年第 3 位下降为第 9 位。

## 四　文化投入协调增长差距分析

按照各项数据增长及其间各类关系值变动，已对青海文化投入增长的

“实然”状况做出综合评价，尚需深入检测数据背后的现实问题及其“应然”差距。

## （一）文化投入增长系数检测

首先，检测2000～2014年文化投入占教科文卫综合投入比变动态势，并将此项比值界定为“文化投入增长系数”。2000年以来青海文化投入占教科文卫综合投入比变动态势见图8。

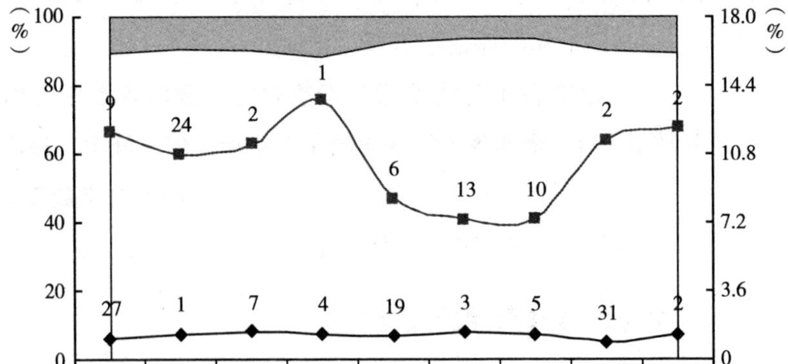


| | 2000年 | 2005年 | 2008年 | 2009年 | 2010年 | 2011年 | 2012年 | 2013年 | 2014年 |
|---|---|---|---|---|---|---|---|---|---|
| 文化投入总量 | 1.39 | 3.56 | 9.89 | 15.58 | 11.57 | 14.32 | 18.92 | 25.84 | 34.16 |
| 教科文卫综合投入 | 11.67 | 33.21 | 87.33 | 114.66 | 137.06 | 195.63 | 258.01 | 224.37 | 280.99 |
| 教科文卫年增 | 1.0936 | 1.3226 | 1.3682 | 1.3130 | 1.1953 | 1.4274 | 1.3189 | 0.8696 | 1.2523 |
| 文化占比 | 11.881 | 10.708 | 11.327 | 13.588 | 8.444 | 7.320 | 7.333 | 11.515 | 12.157 |

**图8　2000年以来青海文化投入占教科文卫综合投入比变动态势**

左轴面积：文化、教科文卫综合投入总量（亿元转换为%），二者历年变动呈直观比例；右轴曲线：教科文卫综合投入年增（上年=1，小于1为负增长）；文化投入占教科文卫综合投入比（%，欠发达地区比值高，包括中央财政转移支付），因历年比值差异极小，图中保留3位小数并依此演算，正文按惯例保留2位小数（后同）。标明历年增长、比值省域排序。

2000～2014年，青海教科文卫综合投入总量由11.67亿元增至280.99亿元，增长2307.80%，年均增长25.51%。在此期间，青海教科文卫综合投入总量年均增长低于文化投入年均增长0.19个百分点。由于二者历年不同增长，青海文化投入占教科文卫综合投入比从11.88%增高至12.16%，上升0.28个百分点，省域间位次变化幅度排第 29 位，比值高低位次从第 9 位上升为第 2 位。最高比值为 2009 年的 13.59%，最低比值为 2011 年的 7.32%。

就此不妨假定，如果青海文化投入占教科文卫综合投入比在 2009 年出现的最佳比值 13.59% 得以持续保持，那么 2014 年青海文化投入总量应为现有实际值 34.16 亿元的 111.77%，达到 38.18 亿元。在假设文化投入实现教科文卫相邻关系中“协调增长”的情况下，这就是 2014 年青海文化投入增长的应然差距。

## （二）教科文卫投入增长系数检测

其次，检测 2000～2014 年教科文卫投入占财政支出比变动态势，并将此项比值界定为“教科文卫投入增长系数”。2000 年以来青海教科文卫投入占财政支出比变动态势见图 9。

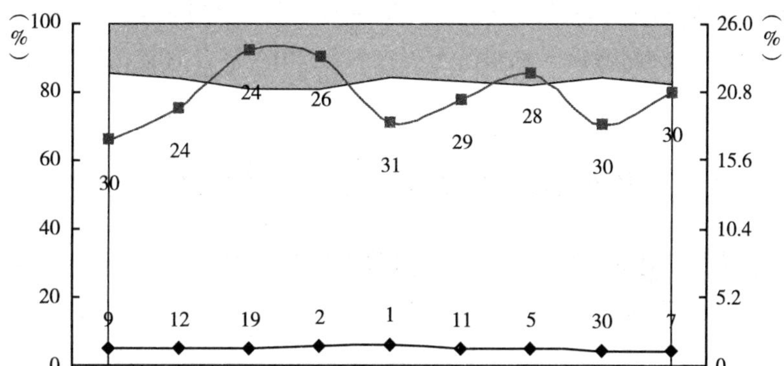


| | 2000年 | 2005年 | 2008年 | 2009年 | 2010年 | 2011年 | 2012年 | 2013年 | 2014年 |
|---|---|---|---|---|---|---|---|---|---|
| 教科文卫综合投入 | 11.67 | 33.21 | 87.33 | 114.66 | 137.06 | 195.63 | 258.01 | 224.37 | 280.99 |
| 财政支出总量 | 68.26 | 169.75 | 363.60 | 486.75 | 743.40 | 967.47 | 1159.05 | 1228.05 | 1347.43 |
| 财政支出年增 | 1.2251 | 1.2361 | 1.2884 | 1.3387 | 1.5273 | 1.3014 | 1.1980 | 1.0595 | 1.0972 |
| 教科文卫占比 | 17.099 | 19.565 | 24.018 | 23.556 | 18.437 | 20.221 | 22.261 | 18.270 | 20.854 |

**图 9　2000 年以来青海教科文卫投入占财政支出比变动态势**

左轴面积：教科文卫综合投入、财政支出总量（亿元转换为%），二者历年变动呈直观比例；右轴曲线：财政支出年增（上年=1）；教科文卫综合投入占财政支出总量比（%，欠发达地区比值高，包括中央财政转移支付）。标明历年增长、比值省域排序。

2000~2014年，青海财政支出总量由68.26亿元增至1347.43亿元，增长1873.97%，年均增长23.74%。在此期间，青海财政支出总量年均增长低于教科文卫综合投入年均增长1.77个百分点。由于二者历年不同增长，青海教科文卫综合投入占财政支出比从17.10%增高至20.85%，上升3.76个百分点，省域间位次变化幅度排第19位，比值前后保持在第30位。最高比值为2008年的24.02%，最低比值为2002年的15.51%。

就此同样假定，如果青海教科文卫综合投入占财政支出比在2008年出现的最佳比值24.02%得以持续保持，那么2014年青海教科文卫综合投入总量应为现有实际值280.99亿元的115.17%，达到323.62亿元；再假设文化投入占教科文卫综合投入比实现2009年最佳比值13.59%，那么2014年青海文化投入总量应为现有实际值34.16亿元的128.73%，达到43.97亿元。在假设文化投入在教科文卫相邻关系中、教科文卫综合投入在财政支出中保持"协调增长"的情况下，这就是2014年青海文化投入增长的应然差距。

### （三）财政支出增长系数检测

最后，检测2000~2014年财政支出与产值比变动态势，并将此项比值界定为"财政支出增长系数"。2000年以来青海财政支出与产值比变动态势见图10。

2000~2014年，青海产值总量由263.7亿元增至2303.3亿元，增长773.45%，年均增长16.74%。在此期间，青海产值总量年均增长低于财政支出年均增长7.00个百分点。由于二者历年不同增长，青海财政支出与产值比从25.89%增高至58.50%，上升32.61个百分点，省域间位次变化幅度排第28位，比值高低位次前后保持在第2位。最高比值为2012年的61.21%，最低比值为2000年的25.89%。

就此继续假定，如果青海财政支出与产值比在2012年出现的最佳比值61.21%得以持续保持，那么2014年青海财政支出总量应为现有实际值

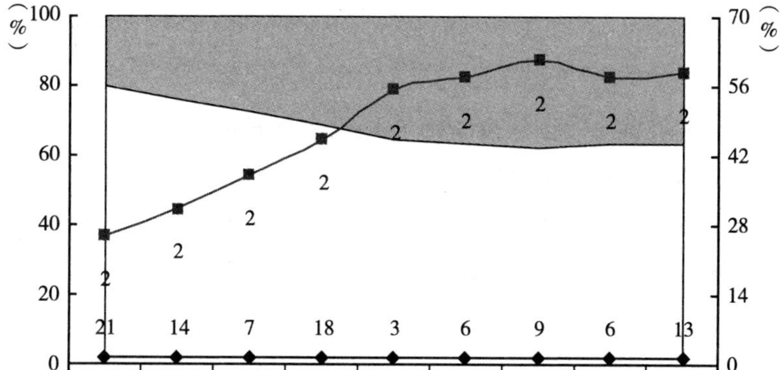


| | 2000年 | 2005年 | 2008年 | 2009年 | 2010年 | 2011年 | 2012年 | 2013年 | 2014年 |
|---|---|---|---|---|---|---|---|---|---|
| 财政支出总量 | 68.26 | 169.75 | 363.60 | 486.75 | 743.40 | 967.47 | 1159.05 | 1228.05 | 1347.43 |
| 产值总量 | 263.7 | 543.3 | 961.5 | 1081.3 | 1350.4 | 1670.4 | 1893.5 | 2122.1 | 2303.3 |
| 产值年增 | 1.1015 | 1.1657 | 1.2271 | 1.1245 | 1.2489 | 1.2370 | 1.1336 | 1.1207 | 1.0854 |
| 支出与产值比 | 25.888 | 31.244 | 37.814 | 45.016 | 55.049 | 57.917 | 61.211 | 57.871 | 58.499 |

**图10　2000年以来青海财政支出与产值比变动态势**

左轴面积：财政支出总量、产值总量（亿元转换为%），二者历年变动呈直观比例；右轴曲线：产值年增（上年=1）；财政支出与产值比（%，欠发达地区比值高，包括中央财政转移支付）。标明历年增长、比值省域排序。

1347.43亿元的104.63%，达到1409.88亿元；再假设教科文卫综合投入占财政支出比实现2008年最佳比值24.02%，继续假设文化投入占教科文卫综合投入比实现2009年最佳比值13.59%，那么2014年青海文化投入总量应为现有实际值34.16亿元的134.70%，达到46.01亿元。在假设文化投入与教科文卫相邻关系、教科文卫综合投入与财政支出关系、财政支出与产值关系实现三重最佳比值的情况下，这就是2014年青海文化投入增长的应然差距。

全国教育投入在2012年实现了法定“产值4%”的指标要求，文化投入能否形成法规指标？本项检测至此其实已经得出具有关联性的系列参考指标：青海文化投入达到与产值比2.00%，或占财政支出比3.26%，或占教科文卫综合投入比13.59%，就有可能实现2000年以来历年相关各项最佳比值协调增长。

## 五 至2020年文化投入增长目标测算

检测出当前数据年度青海文化投入增长的应然差距，即可据此推演至2020年青海文化投入增长的应然目标，测算达到增长目标所需的年均增长率，亦即消除差距的增长目标之距离大小，以便在各地进行排行比较。2014～2020年青海文化投入预期增长测算见图11。

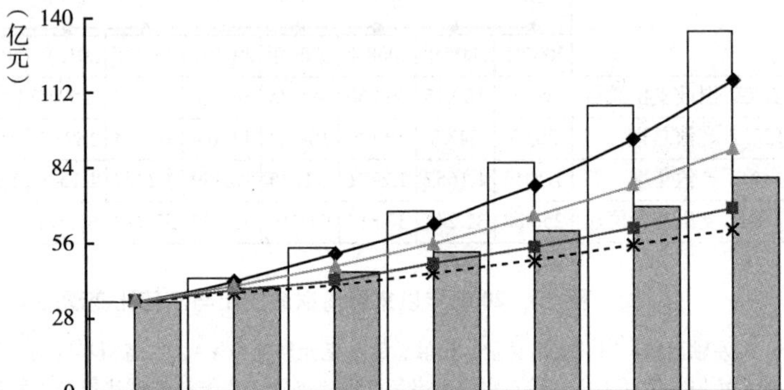


| | 2014年 | 2015年 | 2016年 | 2017年 | 2018年 | 2019年 | 2020年 |
|---|---|---|---|---|---|---|---|
| （1）年均增长测算 | 34.16 | 42.95 | 53.99 | 67.87 | 85.33 | 107.27 | 134.86 |
| （2）均增–产值7% | 34.16 | 39.36 | 45.35 | 52.26 | 60.21 | 69.38 | 79.95 |
| （3）最佳比值测算 | 34.16 | 41.91 | 51.42 | 63.08 | 77.39 | 94.95 | 116.49 |
| （4）最佳–产值7% | 34.16 | 38.41 | 43.19 | 48.57 | 54.61 | 61.41 | 69.05 |
| （5）地区均等测算 | 34.16 | 40.23 | 47.37 | 55.79 | 65.70 | 77.37 | 91.11 |
| （6）均等–产值7% | 34.16 | 37.56 | 41.29 | 45.40 | 49.91 | 54.87 | 60.33 |

**图11　2014～2020年青海文化投入预期增长测算**

左轴：假定情况下文化投入增长总量（亿元）。假设各类数值按2000～2014年年均增长率持续至2020年，则所需年均增长（1）25.72%，按既往增速居第1位；（3）22.69%，增长距离居第4位；（5）17.76%，增长距离居第3位。假设产值增长取7%持续至2020年，则所需年均增长（2）15.22%，按既往增速居第1位；（4）12.45%，增长距离居第3位；（6）9.94%，增长距离居第3位。

### （一）保持既往年均增长率测算

按照2000～2014年年均增长率进行“自然”推算，到2020年青海文化投入总量将达到134.86亿元。所需年均增长率自然同前一样为25.72%，省域间增长位次排序为第1位。

如果至2020年产值年均增长控制在7%，再假设文化投入与产值比维持既往互动关系不变，那么青海文化投入总量将达到79.95亿元。所需年均增长率仅为15.22%，省域间增长位次排序为第1位，低于既往年均增速，更易于实现。

### （二）多重最佳比值增长目标测算

依据2000～2014年文化投入增长系数、教科文卫投入增长系数、财政支出增长系数三项最佳比值进行“应然”推算，到2020年青海文化投入总量应达到116.49亿元。所需年均增长率为22.69%，以此衡量增长目标距离（以小为佳），省域间增长位次反向排序为第4位，为既往年均增速的88.21%。

如果至2020年产值年均增长控制在7%，再假设文化投入与产值比维持既往互动关系不变，那么青海文化投入总量应达到69.05亿元。所需年均增长率为12.45%，省域间增长位次反向排序为第3位，为既往年均增速的48.39%。

### （三）人均值地区均等增长目标测算

在2000～2014年多重最佳比值测算的基础上，再依照北京文化投入人均测算值进行地区均等“理想”推算，到2020年青海文化投入总量应达到91.11亿元。所需年均增长率为17.76%，仍以此衡量增长目标距离（以小为佳），省域间增长位次反向排序为第3位，为既往年均增速的69.07%。

如果至2020年产值年均增长控制在7%，再假设文化投入与产值比维持既往互动关系不变（因未涉及人口基数增长，可能会出现微小误差），那么青海文化投入总量应达到60.33亿元。所需年均增长率为9.94%，省域间增长位次反向排序为第3位，为既往年均增速的38.66%。

# B.8

# 北京：2014年度指数综合排名第3位

汪 洋*

摘 要： 2000～2014年，北京文化投入总量由9.26亿元增至163.90亿元，年均增长22.78%，明显高于全国平均增长5.82个百分点。北京综合评价排行：在省域横向测评中，2014年度指数综合排名第3位；在自身纵向测评中，2000～2014年综合指数排名第8位，2005～2014年综合指数排名第8位，2010～2014年综合指数排名第14位，2014年度综合指数排名第12位。

关键词： 北京 文化投入 差距检验 增长目标

## 一 文化投入及其相关背景基本态势

### （一）经济财政基本面背景状况

2000年以来北京文化投入总量增长及相关背景关系态势见图1。2000～2014年，北京产值总量增长574.81%，年均增长14.61%；财政收入总量增长1067.29%，年均增长19.19%；财政支出总量增长921.37%，年均增长18.06%；教科文卫综合投入（图中教科卫投入与文化投入之和，后同）总量增长1351.87%，年均增长21.06%；教科文卫综合投入之外财政支出统归为“其他支出”，其总量增长789.18%，年均增长16.89%。

---

* 汪洋，云南省社会科学院信息中心主任助理、副研究员，主要从事民族文化、社会经济研究。

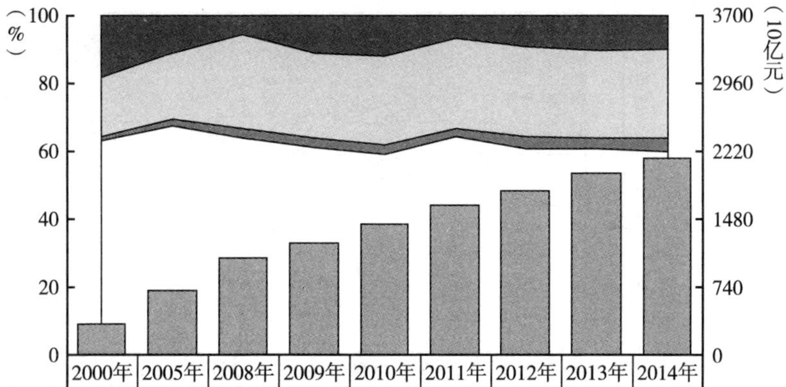


| | 2000年 | 2005年 | 2008年 | 2009年 | 2010年 | 2011年 | 2012年 | 2013年 | 2014年 |
|---|---|---|---|---|---|---|---|---|---|
| ■（1）本级财政预算赤字 | 98.00 | 139.10 | 121.96 | 292.56 | 363.39 | 238.95 | 370.37 | 512.55 | 497.51 |
| □（2）教科卫投入 | 94.81 | 227.24 | 573.54 | 658.60 | 815.96 | 928.64 | 1084.66 | 1191.98 | 1347.06 |
| ■（3）文化投入 | 9.26 | 25.08 | 61.11 | 74.75 | 79.36 | 87.01 | 141.37 | 154.71 | 163.90 |
| □（4）其他支出 | 338.93 | 805.99 | 1324.64 | 1586.01 | 1822.00 | 2229.58 | 2459.28 | 2826.97 | 3013.71 |
| ■（5）产值总量 | 316.10 | 688.63 | 1048.80 | 1215.30 | 1411.36 | 1625.19 | 1787.94 | 1980.08 | 2133.08 |

**图1　2000年以来北京文化投入总量增长及相关背景关系态势**

左轴面积：本级财政预算赤字（中央财政税收返还和转移支付等，“财政包干”地区则可为国债份额）、教科卫投入、文化投入、其他支出总量（亿元转换为%），（2）+（3）+（4）=财政支出总量，（2）+（3）+（4）-（1）=财政收入总量，各项数值历年变动呈直观比例；右轴柱形：产值总量（10亿元）。图中省略若干年度，后台演算历年增长变化包括省略年度，全文同。

在此期间，北京教科文卫综合投入总量年均增长高于产值总量年均增长6.45个百分点，高于财政收入总量年均增长1.87个百分点，高于财政支出总量年均增长3.00个百分点，高于其他支出总量年均增长4.17个百分点。“十五”以来，北京教科文卫建设作为公共服务的一个重要方面，确实处于一种极为特殊的优先发展地位。“十一五”以来，北京教科文卫综合投入增长高于其他支出增长的情况更加明显。

## （二）文化投入总量增长状况

2000年以来北京文化投入总量及相邻关系、占全国份额变动态势见图2。

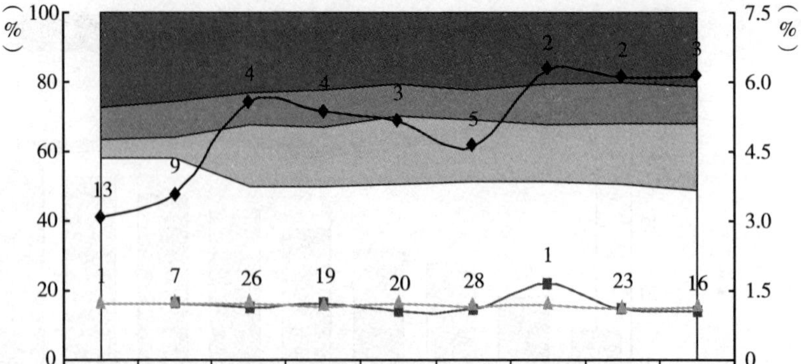


| | 2000 | 2005 | 2008 | 2009 | 2010 | 2011 | 2012 | 2013 | 2014 |
|---|---|---|---|---|---|---|---|---|---|
| 卫生投入 | 28.53 | 65.62 | 145.05 | 166.63 | 186.82 | 225.49 | 256.06 | 276.13 | 322.29 |
| 文化投入 | 9.26 | 25.08 | 61.11 | 74.75 | 79.36 | 87.01 | 141.37 | 154.71 | 163.90 |
| 科技投入 | 6.21 | 15.74 | 112.19 | 126.31 | 178.92 | 183.07 | 199.94 | 234.67 | 282.71 |
| 教育投入 | 60.07 | 145.87 | 316.30 | 365.67 | 450.22 | 520.08 | 628.65 | 681.18 | 742.05 |
| 文化投入份额 | 3.08 | 3.57 | 5.58 | 5.37 | 5.14 | 4.60 | 6.23 | 6.08 | 6.09 |
| 文化投入年增 | 1.2176 | 1.2388 | 1.1398 | 1.2232 | 1.0617 | 1.0964 | 1.6248 | 1.0943 | 1.0594 |
| 教科卫投入年增 | 1.2327 | 1.2042 | 1.2133 | 1.1483 | 1.2389 | 1.1381 | 1.1680 | 1.0989 | 1.1301 |

**图 2　2000 年以来北京文化投入总量及相邻关系、占全国份额变动态势**

左轴面积：教育、科技、文化、卫生投入总量（亿元转换为%），各项数值变动呈直观比例关系；右轴曲线：文化、教科卫投入年增（上年 =1，保留 4 位小数，正文转换为 2 位小数增长百分比，后同）；文化投入占全国份额（%）。后台数据库包含不出现的 1999 年相关数据，以此测量 2000 年相应数据变动，全文同。标明历年文化投入增长、份额省域排序。

2000 ~2014 年，北京文化投入总量由 9.2628 亿元增至 163.9031 亿元，增长 1669.48%，年均增长 22.78%，省域间增长位次排序为第 2 位。最高增长年度为 2007 年，增长 72.74%；最低增长年度为 2014 年，增长 5.94%。

在此期间，北京文化投入总量年均增长高于产值总量年均增长 8.17 个百分点，高于财政收入总量年均增长 3.59 个百分点，高于财政支出总量年均增长 4.72 个百分点，高于教科卫投入总量年均增长 1.91 个百分点。在 2000 年以来北京教科文卫综合投入优先高增长当中，文化投入增长处于良性平衡状态。

从图 2 亦可清楚、直观地看出，文化投入所占面积呈逐渐拓宽之势，表明其在教科文卫综合投入中的比例份额持续增高。

与此同时，全国文化投入总量增长 796.31%，年均增长 16.96%。2000 年以来，北京文化投入总量年均增长高于全国年均增长 5.82 个百分点，占全国份额从 2000 年的 3.08% 上升至 2014 年的 6.09%，省域间份额位次从第 13 位上升为第 3 位。

### （三）人均值增长及其地区差变动状况

2000 年以来北京文化投入人均值及其地区差变动态势见图 3。

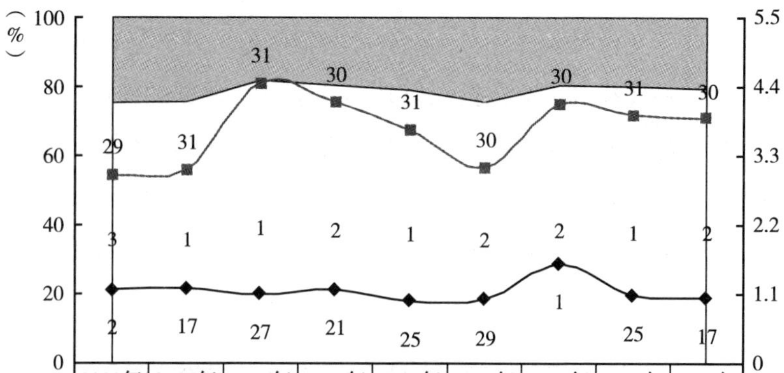


| | 2000年 | 2005年 | 2008年 | 2009年 | 2010年 | 2011年 | 2012年 | 2013年 | 2014年 |
|---|---|---|---|---|---|---|---|---|---|
| 全国文化投入人均值 | 23.78 | 53.95 | 82.72 | 104.63 | 115.31 | 140.86 | 167.94 | 187.45 | 197.28 |
| 本地文化投入人均值 | 70.87 | 165.51 | 367.27 | 433.35 | 427.04 | 437.18 | 691.67 | 739.51 | 768.34 |
| 本地人均值年增 | 1.1659 | 1.2053 | 1.1007 | 1.1799 | 0.9854 | 1.0238 | 1.5821 | 1.0692 | 1.0390 |
| 本地人均值地区差 | 2.9800 | 3.0676 | 4.4400 | 4.1416 | 3.7033 | 3.1036 | 4.1186 | 3.9451 | 3.8946 |

**图 3　2000 年以来北京文化投入人均值及其地区差变动态势**

左轴面积：本地、全国文化投入人均值（元转换为%），二者历年变动呈直观比例；右轴曲线：本地人均值年增（上年 =1，小于 1 为负增长，由于历年人口增长，人均值年增指数略低于总量年增指数）；本地人均值地区差（无差距 =1，为检测细微差异，保留 4 位小数）。标明历年本地人均值及其增长、地区差省域排序。

2000 ~2014 年，北京文化投入人均值由 70.87 元增至 768.34 元，增长 984.15%，年均增长 18.56%，省域间增长位次排序为第 9 位。最高增长年度为 2007 年，增长 67.63%；最低增长年度为 2010 年，负增长 1.46%。

与此同时，全国文化投入人均值增长 729.60%，年均增长 16.31%。2000 年以来，北京文化投入人均值年均增长高于全国人均值年均增长 2.25 个百分点，人均绝对数值从 2000 年为全国人均值的 298.02% 上升至 2014 年为全国人均值的 389.47%，省域间人均绝对值高低位次从第 3 位上升为第 2 位。

同期，北京文化投入人均值地区差由 2.9800 扩大至 3.8946，扩大 30.69%，省域间地区差位次变化幅度排第 25 位，地区差位次从第 29 位下降为第 30 位。

北京产值、财政收入和支出，以及教科文卫投入各类人均值地区差变动结果：除了文化投入以外，其余各类数据的地区差皆呈现缩小态势；除了教育投入、科技投入、文化投入以外，其余各类数据的地区差皆在 2014 年缩减至历年最小值。这无疑表明，文化投入增长的差距不但表现在数量的可比性之上，而且表现在质量的可比性之上。可以用人均值来衡量的公共文化投入均等化进展尚待时日，而这是公共文化服务均等化的基础。

## 二 文化投入相关协调性态势

### （一）相关背景变动状况

2000 年以来北京文化投入相关背景比值变动态势见图 4。

1. 文化投入与产值比

2000～2014 年，北京文化投入总量年均增长高于产值年均增长 8.17 个百分点，其中“十五”期间年均增长高 5.20 个百分点，“十一五”期间年均增长高 10.48 个百分点，“十二五”前 4 年年均增长高 9.00 个百分点。由于二者历年不同增长，北京文化投入与产值比从 0.29% 增高至 0.77%，上升 0.48 个百分点，省域间位次变化幅度排第 2 位，比值高低位次从第 14 位上升为第 4 位。最高比值为 2012 年的 0.79%，最低比值为 2000 年的 0.29%。

2. 文化投入占财政收入比

2000～2014 年，北京文化投入总量年均增长高于财政收入年均增长 3.59

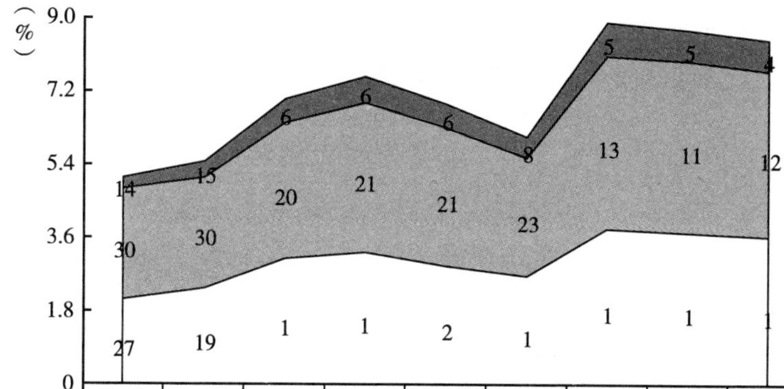


| | 2000年 | 2005年 | 2008年 | 2009年 | 2010年 | 2011年 | 2012年 | 2013年 | 2014年 |
|---|---|---|---|---|---|---|---|---|---|
| ■文化投入与产值比 | 0.2930 | 0.3642 | 0.5827 | 0.6151 | 0.5623 | 0.5354 | 0.7907 | 0.7813 | 0.7684 |
| ■文化投入占财政收入比 | 2.6849 | 2.7287 | 3.3262 | 3.6882 | 3.3715 | 2.8943 | 4.2647 | 4.2257 | 4.0699 |
| □文化投入占财政支出比 | 2.0909 | 2.3701 | 3.1192 | 3.2230 | 2.9206 | 2.6812 | 3.8361 | 3.7068 | 3.6224 |

**图 4　2000 年以来北京文化投入相关背景比值变动态势**

左轴面积：文化投入与产值比、占财政收入和支出比（%），各项比值历年升降呈直观比例叠加。因比值很小，图中保留 4 位小数并依此演算，正文按惯例保留 2 位小数。标明历年各项比值省域排序。

个百分点，其中“十五”期间年均增长高 0.40 个百分点，“十一五”期间年均增长高 5.22 个百分点，“十二五”前 4 年年均增长高 5.51 个百分点。由于二者历年不同增长，北京文化投入占财政收入比从 2.68% 增高至 4.07%，上升 1.39 个百分点，省域间位次变化幅度排第 2 位，比值高低位次从第 30 位上升为第 12 位。最高比值为 2012 年的 4.26%，最低比值为 2001 年的 2.53%。

3. 文化投入占财政支出比

2000～2014 年，北京文化投入总量年均增长高于财政支出年均增长 4.72 个百分点，其中“十五”期间年均增长高 3.02 个百分点，“十一五”期间年均增长高 5.15 个百分点，“十二五”前 4 年年均增长高 6.28 个百分点。由于二者历年不同增长，北京文化投入占财政支出比从 2.09% 增高至 3.62%，上升 1.53 个百分点，省域间位次变化幅度排第 1 位，比值高低位次从第 27 位上升为第 1 位。最高比值为 2012 年的 3.84%，最低比值为

2001 年的 2.05%。

以上分析检测表明，2000 年以来，北京文化投入增长显著高于产值增长，也明显高于财政收入、财政支出增长，文化投入与经济、财政“背景协调增长”已经得到充分体现。

## （二）相邻关系变动状况

2000 年以来北京文化投入相邻关系比值变动态势见图 5。

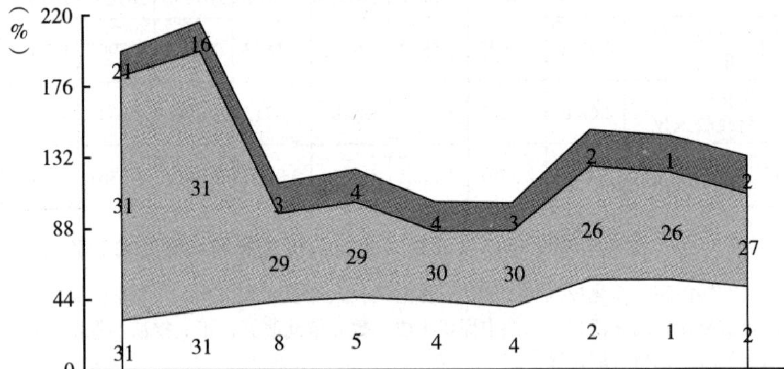


| | 2000年 | 2005年 | 2008年 | 2009年 | 2010年 | 2011年 | 2012年 | 2013年 | 2014年 |
|---|---|---|---|---|---|---|---|---|---|
| ■ 文化投入与教育投入比 | 15.42 | 17.19 | 19.32 | 20.44 | 17.63 | 16.73 | 22.49 | 22.71 | 22.09 |
| ■ 文化投入与科技投入比 | 149.23 | 159.32 | 54.47 | 59.18 | 44.36 | 47.53 | 70.71 | 65.92 | 57.98 |
| □ 文化投入与卫生投入比 | 32.47 | 38.22 | 42.13 | 44.86 | 42.48 | 38.59 | 55.21 | 56.03 | 50.86 |

**图 5　2000 年以来北京文化投入相邻关系比值变动态势**

左轴面积：文化投入与教育、科技、卫生投入比（%），各项比值历年升降呈直观比例叠加。标明历年各项比值省域排序。

### 1. 文化投入与教育投入比

2000 ~ 2014 年，北京文化投入总量年均增长高于教育投入年均增长 3.11 个百分点，其中“十五”期间年均增长高 2.63 个百分点，“十一五”期间年均增长高 0.63 个百分点，“十二五”前 4 年年均增长高 6.57 个百分点。由于二者历年不同增长，北京文化投入与教育投入比从 15.42% 增高至

22.09%，上升6.67个百分点，省域间位次变化幅度排第2位，比值高低位次从第21位上升为第2位。最高比值为2013年的22.71%，最低比值为2000年的15.42%。

2. 文化投入与科技投入比

2000～2014年，北京文化投入总量年均增长低于科技投入年均增长8.57个百分点，其中“十五”期间年均增长高1.61个百分点，“十一五”期间年均增长低36.69个百分点，“十二五”前4年年均增长高7.76个百分点。由于二者历年不同增长，北京文化投入与科技投入比从149.23%降低至57.98%，下降91.25个百分点，省域间位次变化幅度排第10位。由于各地不同变动，北京比值高低位次从第31位上升为第27位。最高比值为2002年的161.58%，最低比值为2010年的44.36%。

3. 文化投入与卫生投入比

2000～2014年，北京文化投入总量年均增长高于卫生投入年均增长3.87个百分点，其中“十五”期间年均增长高3.92个百分点，“十一五”期间年均增长高2.63个百分点，“十二五”前4年年均增长高5.27个百分点。由于二者历年不同增长，北京文化投入与卫生投入比从32.47%增高为50.86%，上升18.39个百分点，省域间位次变化幅度排第1位，比值高低位次从第31位上升为第2位。最高比值为2013年的56.03%，最低比值为2000年的32.47%。

以上分析检测表明，2000年以来，北京文化投入增长明显高于教育投入增长，但显著低于科技投入增长，而明显高于卫生投入增长，教育、科技、文化、卫生投入“相邻协调增长”尚未得到全面体现。

## （三）同构占比变动状况

2000年以来北京文化消费与投入同构占比倍差变动态势见图6。

1. 文化消费与投入占收入比

2000～2014年，北京城乡居民文化消费占居民收入比从6.93%降低至5.04%。对照本报告图4，同期，北京文化投入占财政收入比上升51.58%，

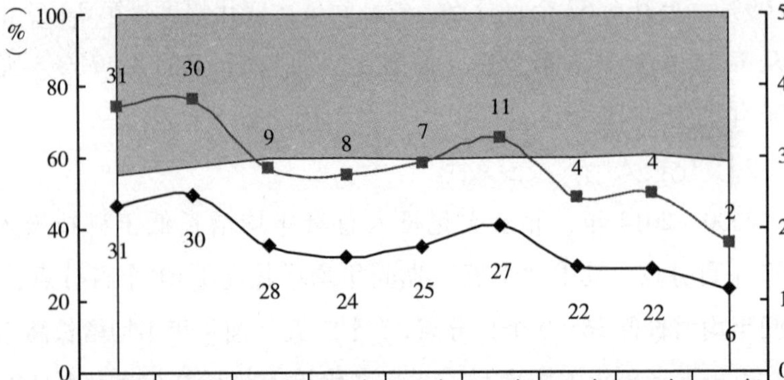


| | 2000年 | 2005年 | 2008年 | 2009年 | 2010年 | 2011年 | 2012年 | 2013年 | 2014年 |
|---|---|---|---|---|---|---|---|---|---|
| 消费占收入比 | 6.93 | 7.44 | 6.51 | 6.60 | 6.50 | 6.51 | 6.82 | 6.68 | 5.04 |
| 消费占支出比 | 8.53 | 9.94 | 9.75 | 9.76 | 9.46 | 9.66 | 10.28 | 10.16 | 7.21 |
| 占收入比倍差 | 2.5799 | 2.7256 | 1.9559 | 1.7888 | 1.9267 | 2.2502 | 1.5987 | 1.5803 | 1.2388 |
| 占支出比倍差 | 4.0813 | 4.1943 | 3.1270 | 3.0286 | 3.2395 | 3.6042 | 2.6786 | 2.7398 | 1.9909 |

**图 6　2000 年以来北京文化消费与投入同构占比倍差变动态势**

左轴面积：文化消费占居民收入、占居民总消费支出比（%），两项比值历年升降呈直观比例叠加；右轴曲线：文化消费占居民收入比与文化投入占财政收入比、文化消费占居民支出比与文化投入占财政支出比倍差（无差距 = 1，为检测细微差异，保留 4 位小数）。标明历年各项倍差省域排序。

2014 年比值低于文化消费占居民收入比 0.97 个百分点。二者之间占比倍差由 2.5799 减小至 1.2388，减小程度为 51.98%，省域间位次变化幅度排第 1 位，倍差高低位次（倒序）从第 31 位上升为第 6 位。

2. 文化消费与投入占支出比

2000 ~ 2014 年，北京城乡居民文化消费占居民支出比从 8.53% 降低至 7.21%。对照本报告图 4，同期，北京文化投入占财政支出比上升 73.25%，2014 年比值低于文化消费占居民支出比 3.59 个百分点。二者之间占比倍差由 4.0813 减小至 1.9909，减小程度为 51.22%，省域间位次变化幅度排第 1 位，倍差高低位次（倒序）从第 31 位上升为第 2 位。

以上分析检测显示，2000 年以来，北京文化消费占居民收入比显著下降，文化投入占财政收入比却显著上升，二者同构占比倍差指数显著减小；文化消费占居民支出比明显下降，文化投入占财政支出比却显著上升，二者同构占比倍差指数显著减小。这意味着，北京公共文化投入增长占比变动滞后于居民文化消费需求变化态势的差距已经明显缩小。

## 三　2014年文化投入纵横向双重测评

综合以上分析，2000 年以来北京文化投入总量年均增长 22.78%，明显高于全国平均增长 5.82 个百分点，人均值地区差扩大 30.69%；文化投入增长显著高于产值增长，也明显高于财政收入、财政支出增长；同时明显高于教育投入增长，但显著低于科技投入增长，而明显高于卫生投入增长；文化投入占财政收入比略微低于文化消费占居民收入比，占财政支出比更明显低于文化消费占居民支出比。这些都集中体现在文化投入增长综合指数测评演算之中。2000 年以来北京文化投入增长综合指数变动态势见图 7。

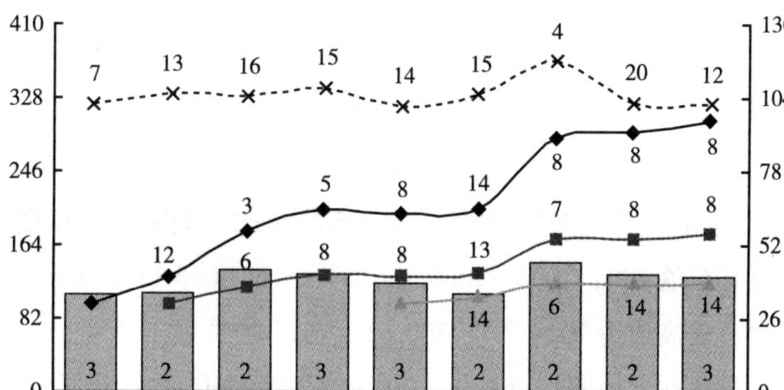


| | 2000年 | 2005年 | 2008年 | 2009年 | 2010年 | 2011年 | 2012年 | 2013年 | 2014年 |
|---|---|---|---|---|---|---|---|---|---|
| 横向测评 | 108.44 | 109.85 | 135.02 | 131.94 | 121.22 | 110.84 | 144.08 | 130.22 | 129.96 |
| 纵向测评（1） | 100.00 | 128.00 | 179.58 | 201.65 | 198.46 | 204.94 | 284.06 | 291.04 | 300.91 |
| 纵向测评（2） | — | 100.00 | 118.57 | 130.28 | 128.49 | 133.74 | 171.17 | 171.08 | 176.61 |
| 纵向测评（3） | — | — | — | — | 100.00 | 107.09 | 123.13 | 118.66 | 121.34 |
| 纵向测评（4） | 101.60 | 104.97 | 104.21 | 107.63 | 101.13 | 105.15 | 116.66 | 102.36 | 101.85 |

**图 7　2000 年以来北京文化投入增长综合指数变动态势**

左轴柱形：横向测评（无差距理想值 = 100）；左轴曲线：纵向测评（起点年基数值 = 100），（1）以 2000 年为起点，（2）以 2005 年为起点，（3）以 2010 年为起点；右轴曲线：纵向测评（4），以上年为起点。标明历年各项测评指数省域排行。

### （一）各年度横向测评综合指数

以文化投入人均值地区无差距、文化消费与投入同构占比无差距状态为理想值 100，2014 年北京文化投入增长状况此项综合指数为 129.96，处于省域间第 3 位，高于无差距理想值 29.96%，但低于上年测评指数 0.26 个点。

各年度此项综合指数对比，全部各个年度均高于无差距理想值 100；2002 年、2004～2007 年、2012 年 6 个年度高于上年指数值。其中，最高值为 2007 年的 153.01，最低值为 2001 年的 107.58。北京此项综合指数在省域间排行变化，2000 年为第 3 位，2005 年为第 2 位，2010 年为第 3 位，2014 年从上年第 2 位下降为第 3 位。

### （二）“十五”以来纵向测评综合指数

以“九五”末年 2000 年为起点基数值 100，2014 年北京文化投入增长状况此项综合指数为 300.91，处于省域间第 8 位，高出 2000 年起点基数 200.91%，也高出上年测评指数 9.87 个点。

“十五”以来各年度此项综合指数对比，全部各个年度均高于 2000 年起点基数值 100；2002～2009 年、2011～2014 年 12 个年度高于上年指数值。其中，最高值为 2014 年的 300.91，最低值为 2001 年的 104.94。北京此项综合指数在省域间排行变化，2005 年为第 12 位，2010 年为第 8 位，2014 年与上年持平，皆为第 8 位。

### （三）“十一五”以来纵向测评综合指数

以“十五”末年 2005 年为起点基数值 100，2014 年北京文化投入增长状况此项综合指数为 176.61，处于省域间第 8 位，高出 2005 年起点基数 76.61%，也高出上年测评指数 5.53 个点。

“十一五”以来各年度此项综合指数对比，全部各个年度均高于 2005 年起点基数值 100；2007～2009 年、2011～2012 年、2014 年 6 个年度高于上年指数值。其中，最高值为 2014 年的 176.61，最低值为 2006 年的 103.32。北京此项综合指数在省域间排行变化，2008 年为第 6 位，2010 年为第 8 位，2014 年与上年持平，皆为第 8 位。

### （四）“十二五”以来纵向测评综合指数

以“十一五”末年 2010 年为起点基数值 100，2014 年北京文化投入增长状况此项综合指数为 121.34，处于省域间第 14 位，高出 2010 年起点基数 21.34%，也高出上年测评指数 2.68 个点。

“十二五”以来各年度此项综合指数对比，全部各个年度均高于 2010 年起点基数值 100；2012 年、2014 年 2 个年度高于上年指数值。其中，最高值为 2012 年的 123.13，最低值为 2011 年的 107.09。北京此项综合指数在省域间排行变化，2011 年为第 14 位，2014 年与上年持平，皆为第 14 位。

### （五）逐年度纵向测评综合指数

以上一年（2013 年）为起点基数值 100，2014 年北京文化投入增长状况此项综合指数为 101.85，处于省域间第 12 位，高出 2013 年起点基数 1.85%，但低于上年基于 2012 年基数值的测评指数 0.51 个点。

逐年度此项景气指数对比，全部各个年度均高于自身上年起点基数值 100；2001 年、2004 ~2005 年、2007 年、2009 年、2011 ~2012 年 7 个年度高于上年指数值。其中，最高值为 2012 年的 116.66，最低值为 2010 年的 101.13。北京此项综合指数在省域间排行变化，2000 年为第 7 位，2005 年为第 13 位，2010 年为第 14 位，2014 年从上年第 20 位上升为第 12 位。

## 四　文化投入协调增长差距分析

按照各项数据增长及其间各类关系值变动，已对北京文化投入增长的“实然”状况做出综合评价，尚需深入检测数据背后的现实问题及其“应然”差距。

## （一）文化投入增长系数检测

首先，检测2000~2014年文化投入占教科文卫综合投入比变动态势，并将此项比值界定为“文化投入增长系数”。2000年以来北京文化投入占教科文卫综合投入比变动态势见图8。

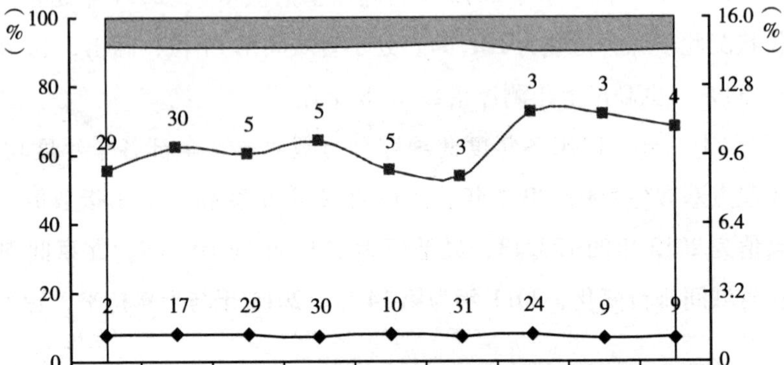


| | 2000年 | 2005年 | 2008年 | 2009年 | 2010年 | 2011年 | 2012年 | 2013年 | 2014年 |
|---|---|---|---|---|---|---|---|---|---|
| 文化投入总量 | 9.26 | 25.08 | 61.11 | 74.75 | 79.36 | 87.01 | 141.37 | 154.71 | 163.90 |
| 教科文卫综合投入 | 104.07 | 252.32 | 634.65 | 733.35 | 895.32 | 1015.65 | 1226.03 | 1346.69 | 1510.96 |
| 教科文卫年增 | 1.2314 | 1.2075 | 1.2058 | 1.1555 | 1.2209 | 1.1344 | 1.2071 | 1.0984 | 1.1220 |
| 文化占比 | 8.900 | 9.941 | 9.630 | 10.193 | 8.864 | 8.567 | 11.531 | 11.488 | 10.848 |

**图8　2000年以来北京文化投入占教科文卫综合投入比变动态势**

左轴面积：文化、教科文卫综合投入总量（亿元转换为%），二者历年变动呈直观比例；右轴曲线：教科文卫综合投入年增（上年=1）；文化投入占教科文卫综合投入比（%），因历年比值差异极小，图中保留3位小数并依此演算，正文按惯例保留2位小数（后同）。标明历年增长、比值省域排序。

2000~2014年，北京教科文卫综合投入总量由104.07亿元增至1510.96亿元，增长1351.87%，年均增长21.06%。在此期间，北京教科文卫综合投入总量年均增长低于文化投入年均增长1.72个百分点。由于二者历年不同增长，北京文化投入占教科文卫综合投入比从8.90%增高至10.85%，上升1.95个百分点，省域间位次变化幅度排第31位，比值高低位次从第29位上升为第4位。最高比值为2012年的11.53%，最低比值为

2011 年的 8.57%。

就此不妨假定，如果北京文化投入占教科文卫综合投入比在 2012 年出现的最佳比值 11.53% 得以持续保持，那么 2014 年北京文化投入总量应为现有实际值 163.90 亿元的 106.30%，达到 174.23 亿元。在假设文化投入实现教科文卫相邻关系中“协调增长”的情况下，这就是 2014 年北京文化投入增长的应然差距。

## （二）教科文卫投入增长系数检测

其次，检测 2000～2014 年教科文卫投入占财政支出比变动态势，并将此项比值界定为“教科文卫投入增长系数”。2000 年以来北京教科文卫投入占财政支出比变动态势见图 9。

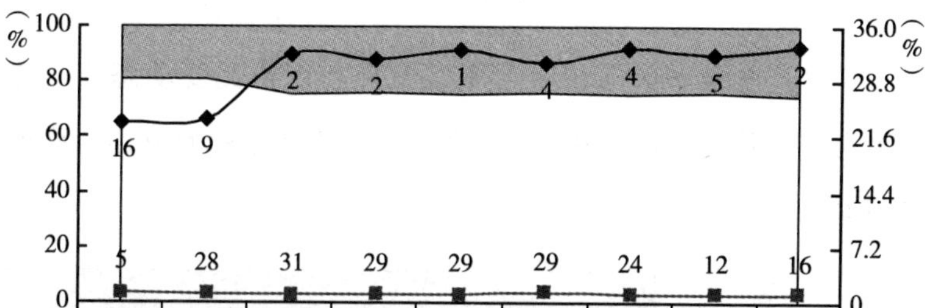


| | 2000年 | 2005年 | 2008年 | 2009年 | 2010年 | 2011年 | 2012年 | 2013年 | 2014年 |
|---|---|---|---|---|---|---|---|---|---|
| 教科文卫综合投入 | 104.07 | 252.32 | 634.65 | 733.35 | 895.32 | 1015.65 | 1226.03 | 1346.69 | 1510.96 |
| 财政支出总量 | 443.00 | 1058.31 | 1959.29 | 2319.37 | 2717.32 | 3245.23 | 3685.31 | 4173.66 | 4524.67 |
| 财政支出年增 | 1.2472 | 1.1782 | 1.1878 | 1.1838 | 1.1716 | 1.1943 | 1.1356 | 1.1325 | 1.0841 |
| 教科文卫占比 | 23.493 | 23.842 | 32.392 | 31.619 | 32.949 | 31.297 | 33.268 | 32.266 | 33.394 |

**图 9　2000 年以来北京教科文卫投入占财政支出比变动态势**

左轴面积：教科文卫综合投入、财政支出总量（亿元转换为%），二者历年变动呈直观比例；右轴曲线：财政支出年增（上年＝1）；教科文卫综合投入占财政支出总量比（%）。标明历年增长、比值省域排序。

2000～2014 年，北京财政支出总量由 443.00 亿元增至 4524.67 亿元，增长 921.37%，年均增长 18.06%。在此期间，北京财政支出总量年均增长低于教科文卫综合投入年均增长 3.00 个百分点。由于二者历年不同增长，北京教科文卫综合投入占财政支出比从 23.49% 增高至 33.39%，上升 9.90 个百分点，省域间位次变化幅度排第 29 位，比值从第 16 位上升为第 2 位。最高比值为 2014 年的 33.39%，最低比值为 2001 年的 22.19%。

就此同样假定，如果北京教科文卫综合投入占财政支出比在 2014 年出现的最佳比值 33.39% 得以持续保持（现有实际值），再假设文化投入占教科文卫综合投入比实现 2012 年最佳比值 11.53%，那么 2014 年北京文化投入总量应为现有实际值 163.90 亿元的 106.30%，达到 174.23 亿元（因教科文卫投入增长系数历年最佳值即现有实际值，累进叠加演算结果不变）。在假设文化投入在教科文卫相邻关系中、教科文卫综合投入在财政支出中保持“协调增长”的情况下，这就是 2014 年北京文化投入增长的应然差距。

## （三）财政支出增长系数检测

最后，检测 2000～2014 年财政支出与产值比变动态势，并将此项比值界定为“财政支出增长系数”。2000 年以来北京财政支出与产值比变动态势见图 10。

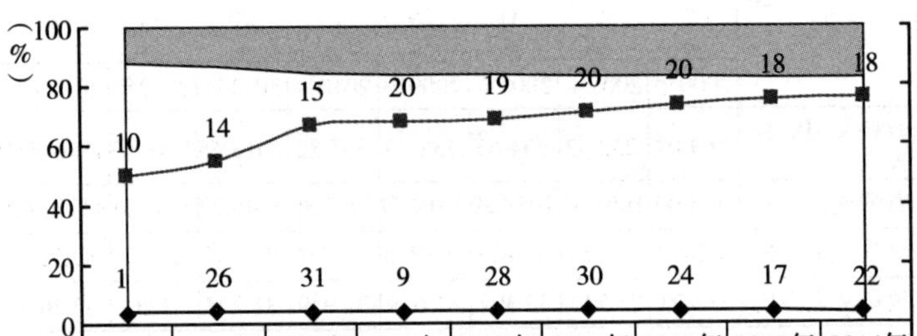


| | 2000年 | 2005年 | 2008年 | 2009年 | 2010年 | 2011年 | 2012年 | 2013年 | 2014年 |
|---|---|---|---|---|---|---|---|---|---|
| 财政支出总量 | 443.00 | 1058.31 | 1959.29 | 2319.37 | 2717.32 | 3245.23 | 3685.31 | 4173.66 | 4524.67 |
| 产值总量 | 3161.0 | 6886.3 | 10488.0 | 12153.0 | 14113.6 | 16251.9 | 17879.4 | 19800.8 | 21330.8 |
| 产值年增 | 1.1805 | 1.1363 | 1.1213 | 1.1588 | 1.1613 | 1.1515 | 1.1001 | 1.1075 | 1.0773 |
| 支出与产值比 | 14.014 | 15.368 | 18.681 | 19.085 | 19.253 | 19.968 | 20.612 | 21.078 | 21.212 |

**图 10　2000 年以来北京财政支出与产值比变动态势**

左轴面积：财政支出总量、产值总量（亿元转换为%），二者历年变动呈直观比例；右轴曲线：产值年增（上年 =1）；财政支出与产值比（%）。标明历年增长、比值省域排序。

2000～2014 年，北京产值总量由 3161.0 亿元增至 21330.8 亿元，增长 574.81%，年均增长 14.61%。在此期间，北京产值总量年均增长低于财政支出年均增长 3.45 个百分点。由于二者历年不同增长，北京财政支出与产值比从 14.01% 增高至 21.21%，上升 7.20 个百分点，省域间位次变化幅度排第 4 位。由于各地不同变动，北京比值高低位次从第 10 位下降为第 18 位。最高比值为 2014 年的 21.21%，最低比值为 2000 年的 14.01%。

就此继续假定，如果北京财政支出与产值比在 2014 年出现的最佳比值 21.21% 得以持续保持（现有实际值），再假设教科文卫综合投入占财政支出比维持 2014 年最佳比值 33.39%，继续假设文化投入占教科文卫综合投入比实现 2012 年最佳比值 11.53%，那么 2014 年北京文化投入总量应为现有实际值 163.90 亿元的 106.30%，达到 174.23 亿元（因财政支出增长系数历年最佳值即现有实际值，再次累进叠加演算结果同样不变）。在假设文化投入与教科文卫相邻关系、教科文卫综合投入与财政支出关系、财政支出与产值关系实现三重最佳比值的情况下，这就是 2014 年北京文化投入增长的应然差距。

全国教育投入在 2012 年实现了法定“产值 4%”的指标要求，文化投入能否形成法规指标？本项检测至此其实已经得出具有关联性的系列参考指标：北京文化投入达到与产值比 0.82%，或占财政支出比 3.85%，或占教科文卫综合投入比 11.53%，就有可能实现 2000 年以来历年相关各项最佳比值协调增长。

## 五　至2020年文化投入增长目标测算

检测出当前数据年度北京文化投入增长的应然差距，即可据此推演至 2020 年北京文化投入增长的应然目标，测算达到增长目标所需的年均增长率，亦即消除差距的增长目标之距离大小，以便在各地进行排行比较。2014～2020 年北京文化投入预期增长测算见图 11。需要特别说明的是：北京作为实现既往年度三项最佳比值增长的范例，其人均值成为全国“均等化”增长测算基准值，亦即北京“最佳比值增长”与“地区均等增长”测算数值无差异。于是，图中表示“多重最佳比值增长目标测算”的线条与表示“人均值地区均等增长目标测算”线条完全重叠而被覆盖。

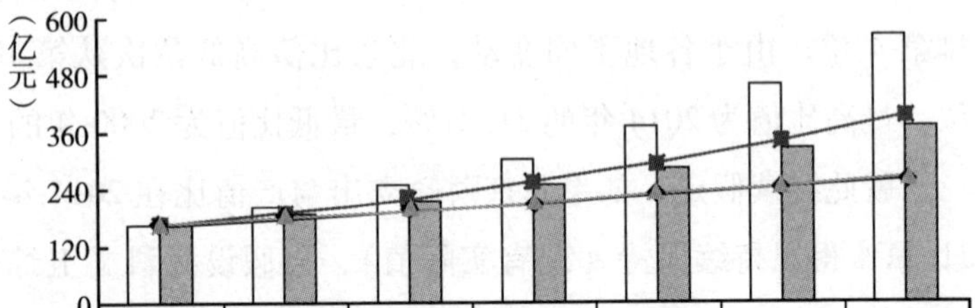


| | 2014年 | 2015年 | 2016年 | 2017年 | 2018年 | 2019年 | 2020年 |
|---|---|---|---|---|---|---|---|
| （1）年均增长测算 | 163.90 | 201.24 | 247.09 | 303.38 | 372.49 | 457.35 | 561.54 |
| （2）均增-产值7% | 163.90 | 187.88 | 215.36 | 246.86 | 282.97 | 324.36 | 371.81 |
| （3）最佳比值测算 | 163.90 | 189.77 | 219.73 | 254.41 | 294.57 | 341.06 | 394.89 |
| （4）最佳-产值7% | 163.90 | 177.17 | 191.51 | 207.02 | 223.77 | 241.89 | 261.47 |
| （5）地区均等测算 | 163.90 | 189.77 | 219.73 | 254.41 | 294.57 | 341.06 | 394.89 |
| （6）均等-产值7% | 163.90 | 177.17 | 191.51 | 207.02 | 223.77 | 241.89 | 261.47 |

**图11　2014～2020年北京文化投入预期增长测算**

左轴：假定情况下文化投入增长总量（亿元）。假设各类数值按2000～2014年年均增长率持续至2020年，则所需年均增长（1）22.78%，按既往增速居第2位；（3）15.78%，增长距离居第1位；（5）15.78%，增长距离居第2位。假设产值增长取7%持续至2020年，则所需年均增长（2）14.63%，按既往增速居第2位；（4）8.09%，增长距离居第1位；（6）8.09%，增长距离居第2位。

## （一）保持既往年均增长率测算

按照2000～2014年年均增长率进行“自然”推算，到2020年北京文化投入总量将达到561.54亿元。所需年均增长率自然同前一样为22.78%，省域间增长位次排序为第2位。

如果至2020年产值年均增长控制在7%，再假设文化投入与产值比维持既往互动关系不变，那么北京文化投入总量将达到371.81亿元。所需年均增长率仅为14.63%，省域间增长位次排序为第2位，低于既往年均增速，更易于实现。

### （二）多重最佳比值增长目标测算

依据2000～2014年文化投入增长系数、教科文卫投入增长系数、财政支出增长系数三项最佳比值进行“应然”推算，到2020年北京文化投入总量应达到394.89亿元。所需年均增长率为15.78%，以此衡量增长目标距离（以小为佳），省域间增长位次反向排序为第1位，为既往年均增速的69.29%。

如果至2020年产值年均增长控制在7%，再假设文化投入与产值比维持既往互动关系不变，那么北京文化投入总量应达到261.47亿元。所需年均增长率为8.09%，省域间增长位次反向排序为第1位，为既往年均增速的35.53%。

### （三）人均值地区均等增长目标测算

在2000～2014年多重最佳比值测算的基础上，再依照北京文化投入人均测算值进行地区均等“理想”推算，到2020年北京文化投入总量应达到394.89亿元。所需年均增长率为15.78%，仍以此衡量增长目标距离（以小为佳），省域间增长位次反向排序为第2位，为既往年均增速的69.29%。

如果至2020年产值年均增长控制在7%，再假设文化投入与产值比维持既往互动关系不变（因未涉及人口基数增长，可能会出现微小误差），那么北京文化投入总量应达到261.47亿元。所需年均增长率为8.09%，省域间增长位次反向排序为第2位，为既往年均增速的35.53%。

# B.9

# 吉林：2014年度指数综合排名第5位

郭 娜*

**摘 要：** 2000～2014年，吉林文化投入总量由6.09亿元增至61.16亿元，年均增长17.91%，略微高于全国平均增长0.95个百分点。吉林综合评价排行：在省域横向测评中，2014年度指数综合排名第5位；在自身纵向测评中，2000～2014年综合指数排名第14位，2005～2014年综合指数排名第13位，2010～2014年综合指数排名第19位，2014年度综合指数排名第14位。

**关键词：** 吉林 文化投入 差距检验 增长目标

## 一 文化投入及其相关背景基本态势

### （一）经济财政基本面背景状况

2000年以来吉林文化投入总量增长及相关背景关系态势见图1。2000～2014年，吉林产值总量增长607.31%，年均增长15.00%；财政收入总量增长1058.99%，年均增长19.13%；财政支出总量增长1017.60%，年均增长18.82%；教科文卫综合投入（图中教科卫投入与文化投入之和，后同）总

* 郭娜，云南省社会科学院科研处处长助理、副研究员，主要从事生态文化、环境经济相关研究。

量增长 1240.78%，年均增长 20.37%；教科文卫综合投入之外财政支出统归为“其他支出”，其总量增长 960.59%，年均增长 18.37%。

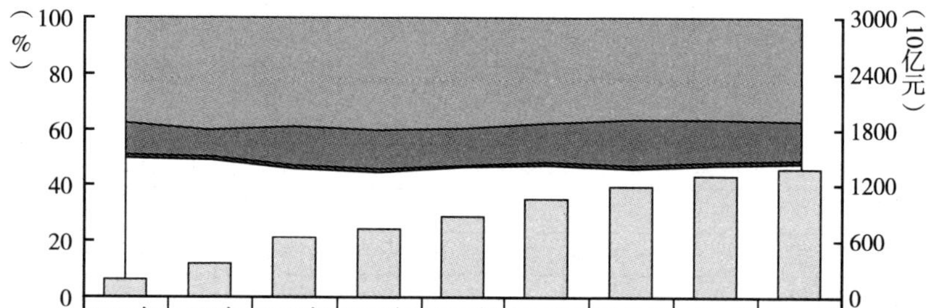


| | 2000年 | 2005年 | 2008年 | 2009年 | 2010年 | 2011年 | 2012年 | 2013年 | 2014年 |
|---|---|---|---|---|---|---|---|---|---|
| （1）本级财政预算赤字 | 156.84 | 423.97 | 757.33 | 992.11 | 1184.84 | 1351.64 | 1429.94 | 1587.85 | 1709.86 |
| （2）教科卫投入 | 46.94 | 97.56 | 260.96 | 343.31 | 380.24 | 484.87 | 636.37 | 640.83 | 649.99 |
| （3）文化投入 | 6.09 | 14.88 | 28.21 | 29.36 | 32.93 | 44.25 | 47.48 | 56.55 | 61.16 |
| （4）其他支出 | 207.63 | 518.68 | 890.95 | 1106.54 | 1374.07 | 1672.62 | 1787.35 | 2047.44 | 2202.10 |
| （5）产值总量 | 195.15 | 362.03 | 642.41 | 727.88 | 866.76 | 1056.88 | 1193.92 | 1304.64 | 1380.31 |

**图1　2000年以来吉林文化投入总量增长及相关背景关系态势**

左轴面积：本级财政预算赤字（中央财政税收返还和转移支付等，“财政包干”地区则可为国债份额）、教科卫投入、文化投入、其他支出总量（亿元转换为%），（2）+（3）+（4）=财政支出总量，（2）+（3）+（4）-（1）=财政收入总量，各项数值历年变动呈直观比例；右轴柱形：产值总量（10亿元）。图中省略若干年度，后台演算历年增长变化包括省略年度，全文同。

在此期间，吉林教科文卫综合投入总量年均增长高于产值总量年均增长5.37个百分点，高于财政收入总量年均增长1.24个百分点，高于财政支出总量年均增长1.55个百分点，高于其他支出总量年均增长2.00个百分点。“十五”以来，吉林教科文卫建设作为公共服务的一个重要方面，确实处于一种极为特殊的优先发展地位。“十一五”以来，吉林教科文卫综合投入增长高于其他支出增长的情况更加明显。

## （二）文化投入总量增长状况

2000年以来吉林文化投入总量及相邻关系、占全国份额变动态势见图2。

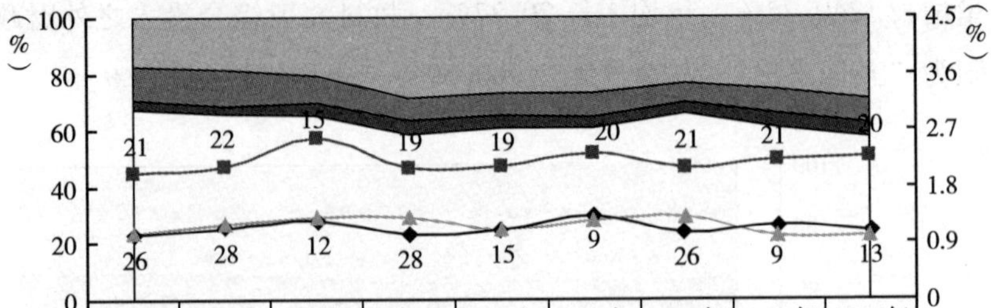


| | 2000年 | 2005年 | 2008年 | 2009年 | 2010年 | 2011年 | 2012年 | 2013年 | 2014年 |
|---|---|---|---|---|---|---|---|---|---|
| 卫生投入 | 9.38 | 20.70 | 59.52 | 107.34 | 110.91 | 143.87 | 160.36 | 181.51 | 206.44 |
| 文化投入 | 6.09 | 14.88 | 28.21 | 29.36 | 32.93 | 44.25 | 47.48 | 56.55 | 61.16 |
| 科技投入 | 1.75 | 2.71 | 13.41 | 18.98 | 19.12 | 21.18 | 24.96 | 37.22 | 36.45 |
| 教育投入 | 35.81 | 74.15 | 188.03 | 216.99 | 250.20 | 319.82 | 451.05 | 422.09 | 407.10 |
| 文化投入份额 | 2.03 | 2.12 | 2.57 | 2.11 | 2.13 | 2.34 | 2.09 | 2.22 | 2.27 |
| 文化投入年增 | 1.0370 | 1.1289 | 1.2634 | 1.0409 | 1.1216 | 1.3436 | 1.0729 | 1.1911 | 1.0815 |
| 教科卫投入年增 | 1.0718 | 1.2187 | 1.3192 | 1.3155 | 1.1076 | 1.2752 | 1.3125 | 1.0070 | 1.0143 |

**图 2　2000 年以来吉林文化投入总量及相邻关系、占全国份额变动态势**

左轴面积：教育、科技、文化、卫生投入总量（亿元转换为%），各项数值变动呈直观比例关系；右轴曲线：文化、教科卫投入年增（上年 =1，保留 4 位小数，正文转换为 2 位小数增长百分比，后同）；文化投入占全国份额（%）。后台数据库包含不出现的 1999 年相关数据，以此测量 2000 年相应数据变动，全文同。标明历年文化投入增长、份额省域排序。

2000～2014 年，吉林文化投入总量由 6.0911 亿元增至 61.1571 亿元，增长 904.04%，年均增长 17.91%，省域间增长位次排序为第 14 位。最高增长年度为 2011 年，增长 34.36%；最低增长年度为 2000 年，增长 3.70%。

在此期间，吉林文化投入总量年均增长高于产值总量年均增长 2.91 个百分点，低于财政收入总量年均增长 1.22 个百分点，低于财政支出总量年均增长 0.91 个百分点，低于教科卫投入总量年均增长 2.74 个百分点。在 2000 年以来吉林教科文卫综合投入优先高增长当中，文化投入增长处于明显失衡状态。

从图 2 亦可清楚、直观地看出，文化投入所占面积呈逐渐收窄之势，表明其在教科文卫综合投入中的比例份额持续降低。

与此同时，全国文化投入总量增长 796.31%，年均增长 16.96%。2000 年以来，吉林文化投入总量年均增长高于全国年均增长 0.95 个百分点，占全国份额从 2000 年的 2. 03% 上升至 2014 年的 2. 27%，省域间份额位次从第 21 位上升为第 20 位。

## （三）人均值增长及其地区差变动状况

2000 年以来吉林文化投入人均值及其地区差变动态势见图 3。

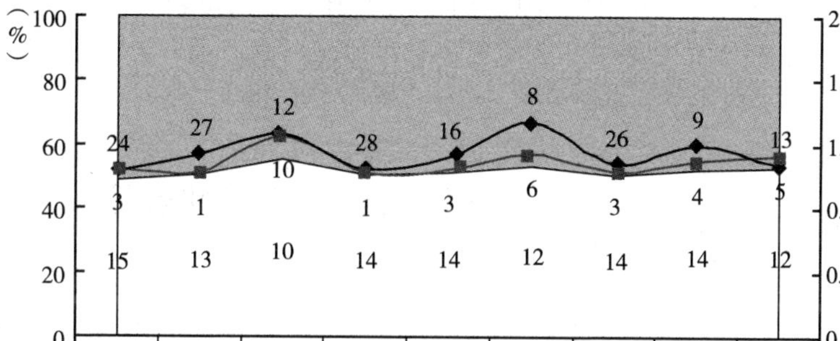


| | 2000年 | 2005年 | 2008年 | 2009年 | 2010年 | 2011年 | 2012年 | 2013年 | 2014年 |
|---|---|---|---|---|---|---|---|---|---|
| 全国文化投入人均值 | 23.78 | 53.95 | 82.72 | 104.63 | 115.31 | 140.86 | 167.94 | 187.45 | 197.28 |
| 本地文化投入人均值 | 22.81 | 54.86 | 103.26 | 107.28 | 120.06 | 161.03 | 172.64 | 205.56 | 222.24 |
| 本地人均值年增 | 1.0297 | 1.1264 | 1.2609 | 1.0390 | 1.1191 | 1.3413 | 1.0722 | 1.1907 | 1.0812 |
| 本地人均值地区差 | 1.0408 | 1.0168 | 1.2483 | 1.0253 | 1.0411 | 1.1432 | 1.0280 | 1.0966 | 1.1265 |

**图 3　2000 年以来吉林文化投入人均值及其地区差变动态势**

左轴面积：本地、全国文化投入人均值（元转换为%），二者历年变动呈直观比例；右轴曲线：本地人均值年增（上年 =1，由于历年人口增长，人均值年增指数略低于总量年增指数）；本地人均值地区差（无差距 =1，为检测细微差异，保留 4 位小数）。标明历年本地人均值及其增长、地区差省域排序。

2000 ~2014 年，吉林文化投入人均值由 22. 81 元增至 222. 24 元，增长 874. 31%，年均增长 17. 66%，省域间增长位次排序为第 14 位。最高增长年度为 2011 年，增长 34. 13%；最低增长年度为 2000 年，增长 2. 97%。

与此同时，全国文化投入人均值增长 729. 60%，年均增长 16. 31%。2000 年以来，吉林文化投入人均值年均增长高于全国人均值年均增长 1. 35 个百分点，人均绝对数值从 2000 年为全国人均值的 95. 92% 上升至 2014 年为全国人均值的 112. 65%，省域间人均绝对值高低位次从第 15 位上升为第 12 位。

同期，吉林文化投入人均值地区差由 1.0408 扩大至 1.1265，扩大 8.23%，省域间地区差位次变化幅度排第 19 位，地区差位次从第 3 位下降为第 5 位。

吉林产值、财政收入和支出，以及教科文卫投入各类人均值地区差变动结果：仅有财政收入、财政支出、卫生投入地区差呈现缩小态势；仅有卫生投入地区差在 2014 年缩减至历年最小值。这无疑表明，可以用人均值差异来衡量的公共财政、公共服务均等化成效尚未取得全面进展。

## 二　文化投入相关协调性态势

### （一）相关背景变动状况

2000 年以来吉林文化投入相关背景比值变动态势见图 4。

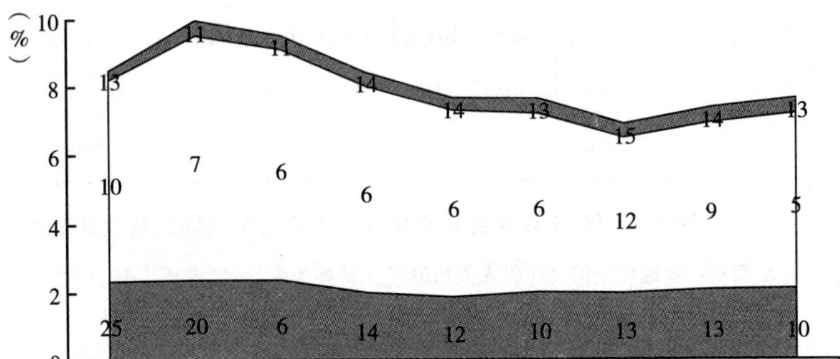


|  | 2000年 | 2005年 | 2008年 | 2009年 | 2010年 | 2011年 | 2012年 | 2013年 | 2014年 |
|---|---|---|---|---|---|---|---|---|---|
| ■ 文化投入与产值比 | 0.3121 | 0.4110 | 0.4391 | 0.4034 | 0.3800 | 0.4187 | 0.3976 | 0.4334 | 0.4431 |
| □ 文化投入占财政收入比 | 5.8666 | 7.1832 | 6.6725 | 6.0283 | 5.4672 | 5.2053 | 4.5595 | 4.8875 | 5.0821 |
| ■ 文化投入占财政支出比 | 2.3367 | 2.3577 | 2.3905 | 1.9851 | 1.8428 | 2.0098 | 1.9212 | 2.0601 | 2.0993 |

**图 4　2000 年以来吉林文化投入相关背景比值变动态势**

左轴面积：文化投入与产值比、占财政收入和支出比（%），各项比值历年升降呈直观比例叠加。因比值很小，图中保留 4 位小数并依此演算，正文按惯例保留 2 位小数。标明历年各项比值省域排序。

1. 文化投入与产值比

2000～2014 年，吉林文化投入总量年均增长高于产值年均增长 2.91 个百分点，其中“十五”期间年均增长高 6.40 个百分点，“十一五”期间年均增长低 1.86 个百分点，“十二五”前 4 年年均增长高 4.40 个百分点。由于二者历年不同增长，吉林文化投入与产值比从 0.31% 增高至 0.44%，上升 0.13 个百分点，省域间位次变化幅度排第 12 位，比值高低位次前后保持在第 13 位。最高比值为 2014 年的 0.44%，最低比值为 2000 年的 0.31%。

2. 文化投入占财政收入比

2000～2014 年，吉林文化投入总量年均增长低于财政收入年均增长 1.22 个百分点，其中“十五”期间年均增长高 4.75 个百分点，“十一五”期间年均增长低 6.58 个百分点，“十二五”前 4 年年均增长低 2.15 个百分点。由于二者历年不同增长，吉林文化投入占财政收入比从 5.87% 降低至 5.08%，下降 0.78 个百分点，省域间位次变化幅度排第 6 位。由于各地不同变动，吉林比值高低位次从第 10 位上升为第 5 位。最高比值为 2004 年的 7.93%，最低比值为 2012 年的 4.56%。

3. 文化投入占财政支出比

2000～2014 年，吉林文化投入总量年均增长低于财政支出年均增长 0.91 个百分点，其中“十五”期间年均增长高 0.22 个百分点，“十一五”期间年均增长低 5.92 个百分点，“十二五”前 4 年年均增长高 3.75 个百分点。由于二者历年不同增长，吉林文化投入占财政支出比从 2.34% 降低至 2.10%，下降 0.24 个百分点，省域间位次变化幅度排第 5 位。由于各地不同变动，吉林比值高低位次从第 25 位上升为第 10 位。最高比值为 2004 年的 2.60%，最低比值为 2010 年的 1.84%。

以上分析检测表明，2000 年以来，吉林文化投入增长较明显高于产值增长，但较明显低于财政收入增长，也略微低于财政支出增长，文化投入与经济、财政“背景协调增长”尚未得到充分体现。

## （二）相邻关系变动状况

2000 年以来吉林文化投入相邻关系比值变动态势见图 5。

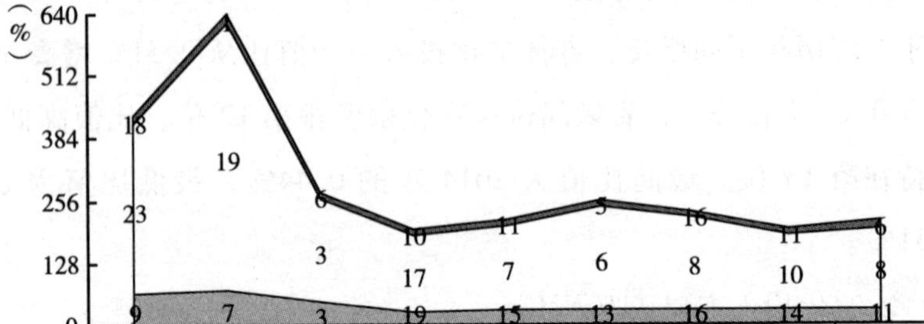


| | 2000年 | 2005年 | 2008年 | 2009年 | 2010年 | 2011年 | 2012年 | 2013年 | 2014年 |
|---|---|---|---|---|---|---|---|---|---|
| 文化投入与教育投入比 | 17.01 | 20.07 | 15.00 | 13.53 | 13.16 | 13.84 | 10.53 | 13.40 | 15.02 |
| 文化投入与科技投入比 | 347.13 | 548.82 | 210.35 | 154.72 | 172.22 | 208.92 | 190.19 | 151.91 | 167.79 |
| 文化投入与卫生投入比 | 64.95 | 71.88 | 47.40 | 27.36 | 29.69 | 30.76 | 29.61 | 31.15 | 29.62 |

**图 5　2000 年以来吉林文化投入相邻关系比值变动态势**

左轴面积：文化投入与教育、科技、卫生投入比（%），各项比值历年升降呈直观比例叠加。标明历年各项比值省域排序。

### 1. 文化投入与教育投入比

2000～2014 年，吉林文化投入总量年均增长低于教育投入年均增长 1.05 个百分点，其中“十五”期间年均增长高 3.89 个百分点，“十一五”期间年均增长低 10.32 个百分点，“十二五”前 4 年年均增长高 3.80 个百分点。由于二者历年不同增长，吉林文化投入与教育投入比从 17.01% 降低至 15.02%，下降 1.99 个百分点，省域间位次变化幅度排第 6 位。由于各地不同变动，吉林比值高低位次从第 18 位上升为第 6 位。最高比值为 2004 年的 21.70%，最低比值为 2012 年的 10.53%。

### 2. 文化投入与科技投入比

2000～2014 年，吉林文化投入总量年均增长低于科技投入年均增长 6.31 个百分点，其中“十五”期间年均增长高 10.42 个百分点，“十一五”

期间年均增长低30.59个百分点，“十二五”前4年年均增长低0.76个百分点。由于二者历年不同增长，吉林文化投入与科技投入比从347.13%降低至167.79%，下降179.34个百分点，省域间位次变化幅度排第5位。由于各地不同变动，吉林比值高低位次从第23位上升为第8位。最高比值为2004年的575.40%，最低比值为2013年的151.91%。

3. 文化投入与卫生投入比

2000～2014年，吉林文化投入总量年均增长低于卫生投入年均增长6.80个百分点，其中“十五”期间年均增长高2.41个百分点，“十一五”期间年均增长低22.67个百分点，“十二五”前4年年均增长低0.06个百分点。由于二者历年不同增长，吉林文化投入与卫生投入比从64.95%降低为29.62%，下降35.33个百分点，省域间位次变化幅度排第12位，比值高低位次从第9位下降为第11位。最高比值为2004年的77.45%，最低比值为2009年的27.36%。

以上分析检测表明，2000年以来，吉林文化投入增长较明显低于教育投入增长，也显著低于科技、卫生投入增长，教育、科技、文化、卫生投入“相邻协调增长”尚未得到应有体现。

## （三）同构占比变动状况

2000年以来吉林文化消费与投入同构占比倍差变动态势见图6。

1. 文化消费与投入占收入比

2000～2014年，吉林城乡居民文化消费占居民收入比从4.95%增高至5.56%。对照本报告图4，同期，吉林文化投入占财政收入比下降13.37%，2014年比值低于文化消费占居民收入比0.48个百分点。二者之间占比倍差由1.1569减小至1.0932，减小程度为5.51%，省域间位次变化幅度排第5位，倍差高低位次（倒序）从第9位上升为第3位。

2. 文化消费与投入占支出比

2000～2014年，吉林城乡居民文化消费占居民支出比从6.07%增高至7.47%。对照本报告图4，同期，吉林文化投入占财政支出比下降10.16%，

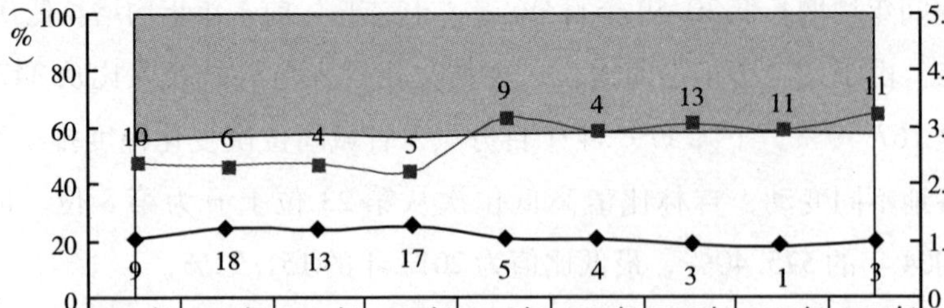


| | 2000年 | 2005年 | 2008年 | 2009年 | 2010年 | 2011年 | 2012年 | 2013年 | 2014年 |
|---|---|---|---|---|---|---|---|---|---|
| 消费占收入比 | 4.95 | 4.60 | 4.64 | 3.74 | 4.68 | 4.63 | 4.65 | 4.87 | 5.56 |
| 消费占支出比 | 6.07 | 6.03 | 6.24 | 4.86 | 6.38 | 6.39 | 6.43 | 6.68 | 7.47 |
| 占收入比倍差 | 1.1569 | 1.3599 | 1.3049 | 1.3791 | 1.1436 | 1.1104 | 1.0191 | 1.0034 | 1.0932 |
| 占支出比倍差 | 2.5962 | 2.5575 | 2.6110 | 2.4495 | 3.4635 | 3.1803 | 3.3490 | 3.2422 | 3.5595 |

**图6　2000年以来吉林文化消费与投入同构占比倍差变动态势**

左轴面积：文化消费占居民收入、占居民总消费支出比（%），两项比值历年升降呈直观比例叠加；右轴曲线：文化消费占居民收入比与文化投入占财政收入比、文化消费占居民支出比与文化投入占财政支出比倍差（无差距 =1，为检测细微差异，保留4位小数）。标明历年各项倍差省域排序。

2014年比值低于文化消费占居民支出比5.37个百分点。二者之间占比倍差由2.5962增大至3.5595，增大程度为37.10%，省域间位次变化幅度排第15位，倍差高低位次（倒序）从第10位下降为第11位。

以上分析检测显示，2000年以来，吉林文化消费占居民收入比明显上升，文化投入占财政收入比却明显下降，二者同构占比倍差指数较明显减小；文化消费占居民支出比显著上升，文化投入占财政支出比却明显下降，二者同构占比倍差指数显著增大。这意味着，吉林公共文化投入增长占比变动滞后于居民文化消费需求变化态势的差距已有部分缩小。

## 三　2014年文化投入纵横向双重测评

综合以上分析，2000年以来吉林文化投入总量年均增长17.91%，略微高于全国平均增长0.95个百分点，人均值地区差扩大8.23%；文化投入增长较明显高于产值增长，但较明显低于财政收入增长，也略微低于财政支出增长；同时较明显低于教育投入增长，也显著低于科技、卫生投入增长；文化投入占财政收入比略微低于文化消费占居民收入比，占财政支出比更明显低于文化消费占居民支出比。这些都集中体现在文化投入增长综合指数测评演算之中。2000 年以来吉林文化投入增长综合指数变动态势见图 7。

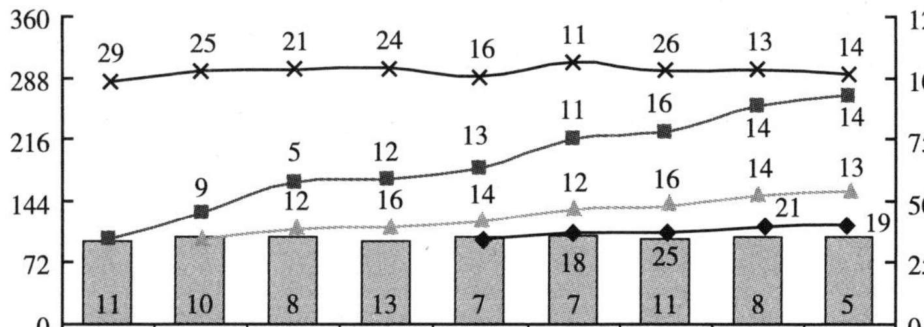


| | 2000年 | 2005年 | 2008年 | 2009年 | 2010年 | 2011年 | 2012年 | 2013年 | 2014年 |
|---|---|---|---|---|---|---|---|---|---|
| 横向测评 | 97.05 | 100.27 | 101.90 | 96.28 | 101.05 | 103.04 | 98.46 | 101.20 | 100.75 |
| 纵向测评（1） | 100.00 | 130.16 | 164.86 | 169.98 | 181.16 | 215.72 | 225.25 | 254.49 | 267.47 |
| 纵向测评（2） | — | 100.00 | 111.23 | 114.17 | 119.74 | 133.78 | 137.64 | 150.52 | 155.06 |
| 纵向测评（3） | — | — | — | — | 100.00 | 106.33 | 107.61 | 114.02 | 115.44 |
| 纵向测评（4） | 98.09 | 102.75 | 103.27 | 103.69 | 100.65 | 106.15 | 102.43 | 103.35 | 101.27 |

**图 7　2000 年以来吉林文化投入增长综合指数变动态势**

左轴柱形：横向测评（无差距理想值 = 100）；左轴曲线：纵向测评（起点年基数值 = 100），（1）以 2000 年为起点，（2）以 2005 年为起点，（3）以 2010 年为起点；右轴曲线：纵向测评（4），以上年为起点。标明历年各项测评指数省域排行。

## （一）各年度横向测评综合指数

以文化投入人均值地区无差距、文化消费与投入同构占比无差距状态为理想值 100，2014 年吉林文化投入增长状况此项综合指数为 100.75，处于省域间第 5 位，高于无差距理想值 0.75%，但低于上年测评指数 0.45 个点。

各年度此项综合指数对比，2003 ~ 2008 年、2010 ~ 2011 年、2013 ~ 2014 年 10 个年度高于无差距理想值 100；2002 ~ 2003 年、2006 年、2008 年、2010 ~ 2011 年、2013 年 7 个年度高于上年指数值。其中，最高值为 2003 年的 104.20，最低值为 2001 年的 95.62。吉林此项综合指数在省域间排行变化，2000 年为第 11 位，2005 年为第 10 位，2010 年为第 7 位，2014 年从上年第 8 位上升为第 5 位。

## （二）“十五”以来纵向测评综合指数

以“九五”末年2000年为起点基数值100，2014年吉林文化投入增长状况此项综合指数为267.47，处于省域间第14位，高出2000年起点基数167.47%，也高出上年测评指数12.98个点。

“十五”以来各年度此项综合指数对比，全部各个年度均高于2000年起点基数值100；全部各个年度均高于上年指数值。其中，最高值为2014年的267.47，最低值为2001年的101.74。吉林此项综合指数在省域间排行变化，2005年为第9位，2010年为第13位，2014年与上年持平，皆为第14位。

## （三）“十一五”以来纵向测评综合指数

以“十五”末年2005年为起点基数值100，2014年吉林文化投入增长状况此项综合指数为155.06，处于省域间第13位，高出2005年起点基数55.06%，也高出上年测评指数4.54个点。

“十一五”以来各年度此项综合指数对比，全部各个年度均高于2005年起点基数值100；2008～2014年7个年度高于上年指数值。其中，最高值为2014年的155.06，最低值为2007年的102.27。吉林此项综合指数在省域间排行变化，2008年为第12位，2010年为第14位，2014年从上年第14位上升为第13位。

## （四）“十二五”以来纵向测评综合指数

以“十一五”末年2010年为起点基数值100，2014年吉林文化投入增长状况此项综合指数为115.44，处于省域间第19位，高出2010年起点基数15.44%，也高出上年测评指数1.42个点。

“十二五”以来各年度此项综合指数对比，全部各个年度均高于2010年起点基数值100；全部各个年度均高于上年指数值。其中，最高值为2014年的115.44，最低值为2011年的106.33。吉林此项综合指数在省域间排行变化，2011年为第18位，2014年从上年第21位上升为第19位。

### （五）逐年度纵向测评综合指数

以上一年（2013 年）为起点基数值 100，2014 年吉林文化投入增长状况此项综合指数为 101.27，处于省域间第 14 位，高出 2013 年起点基数 1.27%，但低于上年基于 2012 年基数值的测评指数 2.08 个点。

逐年度此项景气指数对比，2001 ~ 2006 年、2008 ~ 2014 年 13 个年度高于自身上年起点基数值 100；2001 ~ 2003 年、2006 年、2008 ~ 2009 年、2011 年、2013 年 8 个年度高于上年指数值。其中，最高值为 2003 年的 108.10，最低值为 2007 年 97.29。吉林此项综合指数在省域间排行变化，2000 年为第 29 位，2005 年为第 25 位，2010 年为第 16 位，2014 年从上年第 13 位下降为第 14 位。

## 四　文化投入协调增长差距分析

按照各项数据增长及其间各类关系值变动，已对吉林文化投入增长的“实然”状况做出综合评价，尚需深入检测数据背后的现实问题及其“应然”差距。

### （一）文化投入增长系数检测

首先，检测 2000 ~ 2014 年文化投入占教科文卫综合投入比变动态势，并将此项比值界定为“文化投入增长系数”。2000 年以来吉林文化投入占教科文卫综合投入比变动态势见图 8。

2000 ~ 2014 年，吉林教科文卫综合投入总量由 53.04 亿元增至 711.15 亿元，增长 1240.78%，年均增长 20.37%。在此期间，吉林教科文卫综合投入总量年均增长高于文化投入年均增长 2.46 个百分点。由于二者历年不同增长，吉林文化投入占教科文卫综合投入比从 11.49% 降低至 8.60%，下降 2.89 个百分点，省域间位次变化幅度排第 23 位。由于各地不同变动，吉林比值高低位次从第 13 位上升为第 5 位。最高比值为 2004 年的 14.14%，

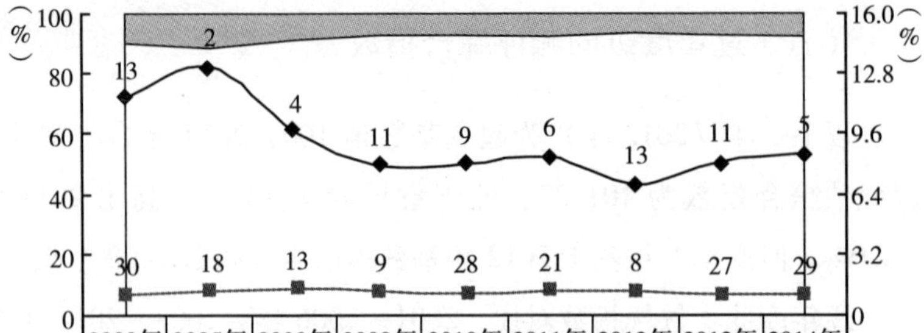


| | 2000年 | 2005年 | 2008年 | 2009年 | 2010年 | 2011年 | 2012年 | 2013年 | 2014年 |
|---|---|---|---|---|---|---|---|---|---|
| 文化投入总量 | 6.09 | 14.88 | 28.21 | 29.36 | 32.93 | 44.25 | 47.48 | 56.55 | 61.16 |
| 教科文卫综合投入 | 53.04 | 112.44 | 289.17 | 372.67 | 413.17 | 529.12 | 683.85 | 697.37 | 711.15 |
| 教科文卫年增 | 1.0677 | 1.2060 | 1.3136 | 1.2887 | 1.1087 | 1.2806 | 1.2924 | 1.0198 | 1.0198 |
| 文化占比 | 11.485 | 13.234 | 9.756 | 7.879 | 7.971 | 8.363 | 6.942 | 8.108 | 8.600 |

**图 8　2000 年以来吉林文化投入占教科文卫综合投入比变动态势**

左轴面积：文化、教科文卫综合投入总量（亿元转换为%），二者历年变动呈直观比例；右轴曲线：教科文卫综合投入年增（上年 =1）；文化投入占教科文卫综合投入比（%，欠发达地区比值高，包括中央财政转移支付），因历年比值差异极小，图中保留 3 位小数并依此演算，正文按惯例保留 2 位小数（后同）。标明历年增长、比值省域排序。

最低比值为 2012 年的 6.94%。

就此不妨假定，如果吉林文化投入占教科文卫综合投入比在 2004 年出现的最佳比值 14.14% 得以持续保持，那么 2014 年吉林文化投入总量应为现有实际值 61.16 亿元的 164.40%，达到 100.54 亿元。在假设文化投入实现教科文卫相邻关系中“协调增长”的情况下，这就是 2014 年吉林文化投入增长的应然差距。

## （二）教科文卫投入增长系数检测

其次，检测 2000 ~2014 年教科文卫投入占财政支出比变动态势，并将此项比值界定为“教科文卫投入增长系数”。2000 年以来吉林教科文卫投入占财政支出比变动态势见图 9。

2000 ~2014 年，吉林财政支出总量由 260.67 亿元增至 2913.25 亿元，增长 1017.60%，年均增长 18.82%。在此期间，吉林财政支出总量年均增长低于教科文卫综合投入年均增长 1.55 个百分点。由于二者历年不同增长，

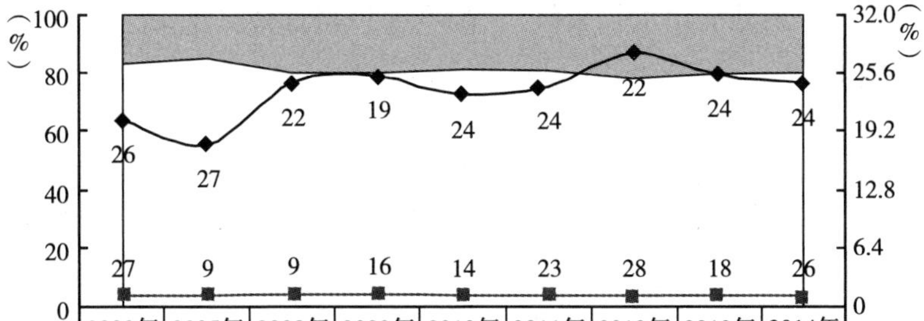


| | 2000年 | 2005年 | 2008年 | 2009年 | 2010年 | 2011年 | 2012年 | 2013年 | 2014年 |
|---|---|---|---|---|---|---|---|---|---|
| 教科文卫综合投入 | 53.04 | 112.44 | 289.17 | 372.67 | 413.17 | 529.12 | 683.85 | 697.37 | 711.15 |
| 财政支出总量 | 260.67 | 631.12 | 1180.12 | 1479.21 | 1787.25 | 2201.74 | 2471.20 | 2744.81 | 2913.25 |
| 财政支出年增 | 1.1110 | 1.2429 | 1.3353 | 1.2534 | 1.2082 | 1.2319 | 1.1224 | 1.1107 | 1.0614 |
| 教科文卫占比 | 20.346 | 17.816 | 24.504 | 25.194 | 23.118 | 24.032 | 27.673 | 25.407 | 24.411 |

**图9　2000年以来吉林教科文卫投入占财政支出比变动态势**

左轴面积：教科文卫综合投入、财政支出总量（亿元转换为%），二者历年变动呈直观比例；右轴曲线：财政支出年增（上年=1）；教科文卫综合投入占财政支出总量比（%，欠发达地区比值高，包括中央财政转移支付）。标明历年增长、比值省域排序。

吉林教科文卫综合投入占财政支出比从20.35%增高至24.41%，上升4.07个百分点，省域间位次变化幅度排第16位，比值从第26位上升为第24位。最高比值为2012年的27.67%，最低比值为2005年的17.82%。

就此同样假定，如果吉林教科文卫综合投入占财政支出比在2012年出现的最佳比值27.67%得以持续保持，那么2014年吉林教科文卫综合投入总量应为现有实际值711.15亿元的113.36%，达到806.18亿元；再假设文化投入占教科文卫综合投入比实现2004年最佳比值14.14%，那么2014年吉林文化投入总量应为现有实际值61.16亿元的186.37%，达到113.98亿元。在假设文化投入在教科文卫相邻关系中、教科文卫综合投入在财政支出中保持“协调增长”的情况下，这就是2014年吉林文化投入增长的应然差距。

## （三）财政支出增长系数检测

最后，检测2000～2014年财政支出与产值比变动态势，并将此项比值界定为“财政支出增长系数”。2000 年以来吉林财政支出与产值比变动态势见图 10。

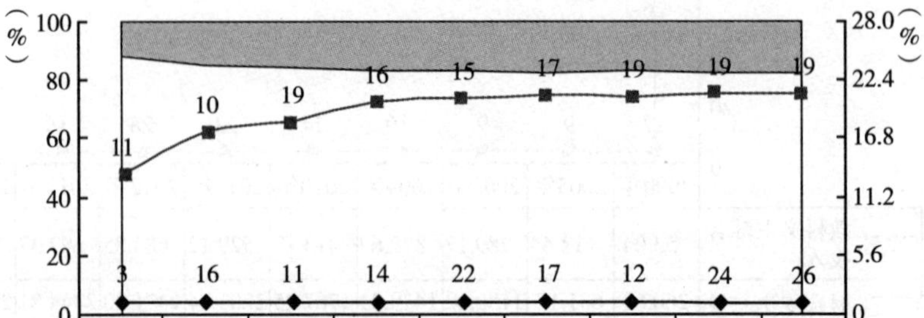


| | 2000年 | 2005年 | 2008年 | 2009年 | 2010年 | 2011年 | 2012年 | 2013年 | 2014年 |
|---|---|---|---|---|---|---|---|---|---|
| 财政支出总量 | 260.67 | 631.12 | 1180.12 | 1479.21 | 1787.25 | 2201.74 | 2471.20 | 2744.81 | 2913.25 |
| 产值总量 | 1951.5 | 3620.3 | 6424.1 | 7278.8 | 8667.6 | 10568.8 | 11939.2 | 13046.4 | 13803.1 |
| 产值年增 | 1.1665 | 1.1596 | 1.2156 | 1.1330 | 1.1908 | 1.2194 | 1.1297 | 1.0927 | 1.0580 |
| 支出与产值比 | 13.357 | 17.433 | 18.370 | 20.322 | 20.620 | 20.832 | 20.698 | 21.039 | 21.106 |

**图 10　2000 年以来吉林财政支出与产值比变动态势**

左轴面积：财政支出总量、产值总量（亿元转换为%），二者历年变动呈直观比例；右轴曲线：产值年增（上年 =1）；财政支出与产值比（%，欠发达地区比值高，包括中央财政转移支付）。标明历年增长、比值省域排序。

2000 ~2014 年，吉林产值总量由 1951. 5 亿元增至 13803. 1 亿元，增长 607. 31%，年均增长 15. 00%。在此期间，吉林产值总量年均增长低于财政支出年均增长 3. 82 个百分点。由于二者历年不同增长，吉林财政支出与产值比从 13. 36% 增高至 21. 11%，上升 7. 75 个百分点，省域间位次变化幅度排第 5 位。由于各地不同变动，吉林比值高低位次从第 11 位下降为第 19 位。最高比值为 2014 年的 21. 11%，最低比值为 2000 年的 13. 36%。

就此继续假定，如果吉林财政支出与产值比在 2014 年出现的最佳比值 21. 11% 得以持续保持（现有实际值），再假设教科文卫综合投入占财政支出比实现 2012 年最佳比值 27. 67%，继续假设文化投入占教科文卫综合投入比实现 2004 年最佳比值 14. 14%，那么 2014 年吉林文化投入总量应为现有实际值 61. 16 亿元的 186. 37%，达到 113. 98 亿元（因财政支出增长系数历年最佳值即现有实际值，再次累进叠加演算结果同样不变）。在假设文化投入与教科文卫相邻关系、教科文卫综合投入与财政支出关系、财政支出与产值关系实现三重最佳比值的情况下，这就是2014年吉林文化投入增长的应然差距。

全国教育投入在2012年实现了法定“产值4%”的指标要求，文化投入能否形成法规指标？本项检测至此其实已经得出具有关联性的系列参考指标：吉林文化投入达到与产值比0.83%，或占财政支出比3.91%，或占教科文卫综合投入比14.14%，就有可能实现2000年以来历年相关各项最佳比值协调增长。

## 五　至2020年文化投入增长目标测算

检测出当前数据年度吉林文化投入增长的应然差距，即可据此推演至2020年吉林文化投入增长的应然目标，测算达到增长目标所需的年均增长率，亦即消除差距的增长目标之距离大小，以便在各地进行排行比较。2014～2020年吉林文化投入预期增长测算见图11。

### （一）保持既往年均增长率测算

按照2000～2014年年均增长率进行“自然”推算，到2020年吉林文化投入总量将达到164.35亿元。所需年均增长率自然同前一样为17.91%，省域间增长位次排序为第14位。

如果至2020年产值年均增长控制在7%，再假设文化投入与产值比维持既往互动关系不变，那么吉林文化投入总量将达到106.65亿元。所需年均增长率仅为9.71%，省域间增长位次排序为第12位，低于既往年均增速，更易于实现。

### （二）多重最佳比值增长目标测算

依据2000～2014年文化投入增长系数、教科文卫投入增长系数、财政支出增长系数三项最佳比值进行“应然”推算，到2020年吉林文化投入总

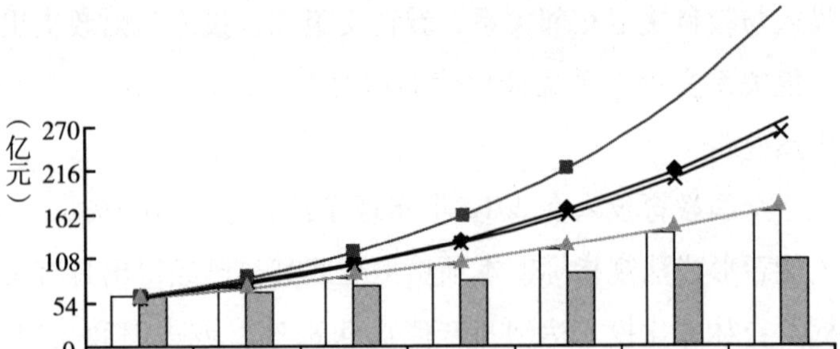


| | 2014年 | 2015年 | 2016年 | 2017年 | 2018年 | 2019年 | 2020年 |
|---|---|---|---|---|---|---|---|
| （1）年均增长测算 | 61.16 | 72.11 | 85.03 | 100.26 | 118.21 | 139.38 | 164.35 |
| （2）均增-产值7% | 61.16 | 67.10 | 73.61 | 80.76 | 88.60 | 97.21 | 106.65 |
| （3）最佳比值测算 | 61.16 | 78.02 | 99.53 | 126.97 | 161.97 | 206.63 | 263.60 |
| （4）最佳-产值7% | 61.16 | 72.59 | 86.17 | 102.28 | 121.40 | 144.10 | 171.05 |
| （5）地区均等测算 | 61.16 | 84.14 | 115.76 | 159.26 | 219.11 | 301.46 | 414.74 |
| （6）均等-产值7% | 61.16 | 78.55 | 100.90 | 129.59 | 166.45 | 213.80 | 274.61 |

**图 11　2014 ~ 2020 年吉林文化投入预期增长测算**

左轴：假定情况下文化投入增长总量（亿元）。假设各类数值按 2000 ~ 2014 年年均增长率持续至 2020 年，则所需年均增长（1）17.91%，按既往增速居第 14 位；（3）27.57%，增长距离居第 13 位；（5）37.58%，增长距离居第 12 位。假设产值增长取 7% 持续至 2020 年，则所需年均增长（2）9.71%，按既往增速居第 12 位；（4）18.70%，增长距离居第 12 位；（6）28.44%，增长距离居第 12 位。

量应达到 263.60 亿元。所需年均增长率为 27.57%，以此衡量增长目标距离（以小为佳），省域间增长位次反向排序为第 13 位，为既往年均增速的 153.93%。

如果至 2020 年产值年均增长控制在 7%，再假设文化投入与产值比维持既往互动关系不变，那么吉林文化投入总量应达到 171.05 亿元。所需年均增长率为 18.70%，省域间增长位次反向排序为第 12 位，为既往年均增速的 104.40%。

## （三）人均值地区均等增长目标测算

在 2000 ~ 2014 年多重最佳比值测算的基础上，再依照北京文化投入人均测算值进行地区均等“理想”推算，到 2020 年吉林文化投入总量应达到

414.74 亿元。所需年均增长率为 37.58%，仍以此衡量增长目标距离（以小为佳），省域间增长位次反向排序为第 12 位，为既往年均增速的 209.82%。

如果至 2020 年产值年均增长控制在 7%，再假设文化投入与产值比维持既往互动关系不变（因未涉及人口基数增长，可能会出现微小误差），那么吉林文化投入总量应达到 274.61 亿元。所需年均增长率为 28.44%，省域间增长位次反向排序为第 12 位，为既往年均增速的 158.81%。

# B.10

# 海南：2014年度指数综合排名第7位

邓云斐*

**摘　要：** 2000～2014年，海南文化投入总量由1.65亿元增至23.51亿元，年均增长20.89%，明显高于全国平均增长3.93个百分点。海南综合评价排行：在省域横向测评中，2014年度指数综合排名第7位；在自身纵向测评中，2000～2014年综合指数排名第5位，2005～2014年综合指数排名第3位，2010～2014年综合指数排名第17位，2014年度综合指数排名第18位。

**关键词：** 海南　文化投入　差距检验　增长目标

## 一　文化投入及其相关背景基本态势

### （一）经济财政基本面背景状况

2000年以来海南文化投入总量增长及相关背景关系态势见图1。2000～2014年，海南产值总量增长564.52%，年均增长14.49%；财政收入总量增长1316.61%，年均增长20.85%；财政支出总量增长1615.13%，年均增长22.51%；教科文卫综合投入（图中教科卫投入与文化投入之和，后同）总量增长1984.72%，年均增长24.23%；教科文卫综合投入之外财政支出统归为“其他支出”，其总量增长1507.51%，年均增长21.94%。

* 邓云斐，云南省社会科学院东南亚研究所助理研究员，主要从事文化、社会研究。

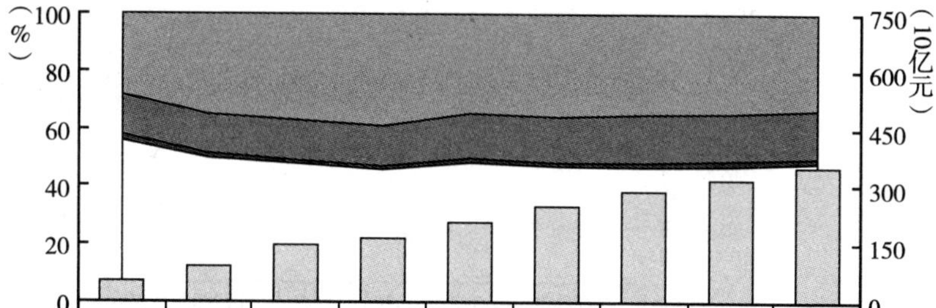


| | 2000年 | 2005年 | 2008年 | 2009年 | 2010年 | 2011年 | 2012年 | 2013年 | 2014年 |
|---|---|---|---|---|---|---|---|---|---|
| (1) 本级财政预算赤字 | 24.92 | 82.56 | 213.11 | 307.82 | 310.35 | 438.68 | 502.24 | 530.16 | 544.44 |
| (2) 教科卫投入 | 12.81 | 31.27 | 78.77 | 110.70 | 140.62 | 187.40 | 230.71 | 257.98 | 277.94 |
| (3) 文化投入 | 1.65 | 3.47 | 6.82 | 9.75 | 11.61 | 16.60 | 19.85 | 21.90 | 23.51 |
| (4) 其他支出 | 49.66 | 116.51 | 272.38 | 365.61 | 429.10 | 574.80 | 661.11 | 731.29 | 798.29 |
| (5) 产值总量 | 52.68 | 89.46 | 145.92 | 165.42 | 206.45 | 252.27 | 285.55 | 317.76 | 350.07 |

**图 1　2000 年以来海南文化投入总量增长及相关背景关系态势**

左轴面积：本级财政预算赤字（中央财政税收返还和转移支付等，“财政包干”地区则可为国债份额）、教科卫投入、文化投入、其他支出总量（亿元转换为%），(2) + (3) + (4) = 财政支出总量，(2) + (3) + (4) - (1) =财政收入总量，各项数值历年变动呈直观比例；右轴柱形：产值总量（10 亿元）。图中省略若干年度，后台演算历年增长变化包括省略年度，全文同。

在此期间，海南教科文卫综合投入总量年均增长高于产值总量年均增长 9.74 个百分点，高于财政收入总量年均增长 3.38 个百分点，高于财政支出总量年均增长 1.72 个百分点，高于其他支出总量年均增长 2.29 个百分点。“十五”以来，海南教科文卫建设作为公共服务的一个重要方面，确实处于一种极为特殊的优先发展地位。“十一五”以来，海南教科文卫综合投入增长高于其他支出增长的情况更加明显。

## （二）文化投入总量增长状况

2000 年以来海南文化投入总量及相邻关系、占全国份额变动态势见图 2。

2000 ~ 2014 年，海南文化投入总量由 1.6514 亿元增至 23.5058 亿元，增长 1323.39%，年均增长 20.89%，省域间增长位次排序为第 5 位。最高增长

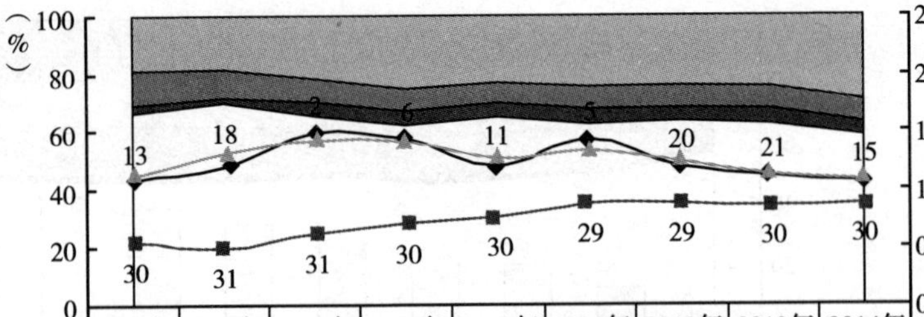


| | 2000年 | 2005年 | 2008年 | 2009年 | 2010年 | 2011年 | 2012年 | 2013年 | 2014年 |
|---|---|---|---|---|---|---|---|---|---|
| 卫生投入 | 2.80 | 6.52 | 18.64 | 30.13 | 34.82 | 50.30 | 59.86 | 69.59 | 88.46 |
| 文化投入 | 1.65 | 3.47 | 6.82 | 9.75 | 11.61 | 16.60 | 19.85 | 21.90 | 23.51 |
| 科技投入 | 0.38 | 0.54 | 4.50 | 6.07 | 7.47 | 9.83 | 12.06 | 13.83 | 13.53 |
| 教育投入 | 9.63 | 24.21 | 55.63 | 74.50 | 98.33 | 127.27 | 158.79 | 174.57 | 175.95 |
| 文化投入份额 | 0.55 | 0.49 | 0.62 | 0.70 | 0.75 | 0.88 | 0.88 | 0.86 | 0.87 |
| 文化投入年增 | 1.0860 | 1.1992 | 1.4931 | 1.4295 | 1.1915 | 1.4295 | 1.1956 | 1.1034 | 1.0733 |
| 教科卫投入年增 | 1.1150 | 1.3114 | 1.4174 | 1.4054 | 1.2702 | 1.3326 | 1.2311 | 1.1182 | 1.0774 |

**图2　2000年以来海南文化投入总量及相邻关系、占全国份额变动态势**

左轴面积：教育、科技、文化、卫生投入总量（亿元转换为%），各项数值变动呈直观比例关系；右轴曲线：文化、教科卫投入年增（上年=1，保留4位小数，正文转换为2位小数增长百分比，后同）；文化投入占全国份额（%）。后台数据库包含不出现的1999年相关数据，以此测量2000年相应数据变动，全文同。标明历年文化投入增长、份额省域排序。

年度为2008年，增长49.31%；最低增长年度为2014年，增长7.33%。

在此期间，海南文化投入总量年均增长高于产值总量年均增长6.40个百分点，高于财政收入总量年均增长0.04个百分点，低于财政支出总量年均增长1.62个百分点，低于教科卫投入总量年均增长3.69个百分点。在2000年以来海南教科文卫综合投入优先高增长当中，文化投入增长处于严重失衡状态。

从图2亦可清楚、直观地看出，文化投入所占面积呈逐渐收窄之势，表明其在教科文卫综合投入中的比例份额持续降低。

与此同时，全国文化投入总量增长796.31%，年均增长16.96%。2000年以来，海南文化投入总量年均增长高于全国年均增长3.93个百分点，占全国份额从2000年的0.55%上升至2014年的0.87%，省域间份额位次前后保持在第30位。

## （三）人均值增长及其地区差变动状况

2000 年以来海南文化投入人均值及其地区差变动态势见图 3。

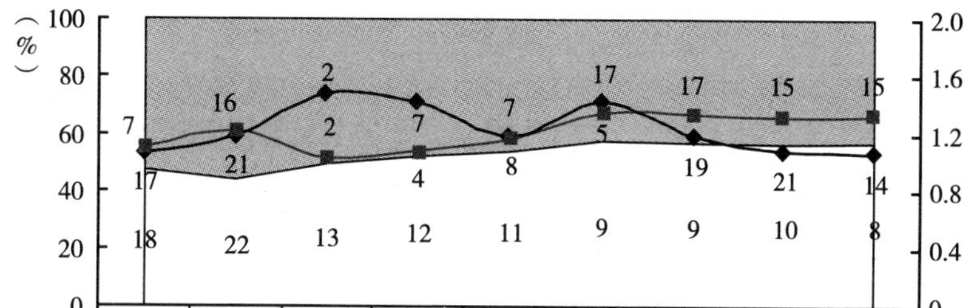


| | 2000年 | 2005年 | 2008年 | 2009年 | 2010年 | 2011年 | 2012年 | 2013年 | 2014年 |
|---|---|---|---|---|---|---|---|---|---|
| 全国文化投入人均值 | 23.78 | 53.95 | 82.72 | 104.63 | 115.31 | 140.86 | 167.94 | 187.45 | 197.28 |
| 本地文化投入人均值 | 21.29 | 42.12 | 80.25 | 113.46 | 134.05 | 190.16 | 225.04 | 245.81 | 261.36 |
| 本地人均值年增 | 1.0608 | 1.1869 | 1.4773 | 1.4137 | 1.1815 | 1.4186 | 1.1834 | 1.0923 | 1.0632 |
| 本地人均值地区差 | 1.1046 | 1.2194 | 1.0298 | 1.0843 | 1.1625 | 1.3500 | 1.3400 | 1.3114 | 1.3248 |

**图 3　2000 年以来海南文化投入人均值及其地区差变动态势**

左轴面积：本地、全国文化投入人均值（元转换为%），二者历年变动呈直观比例；右轴曲线：本地人均值年增（上年 =1，由于历年人口增长，人均值年增指数略低于总量年增指数）；本地人均值地区差（无差距 =1，为检测细微差异，保留 4 位小数）。标明历年本地人均值及其增长、地区差省域排序。

2000 ~2014 年，海南文化投入人均值由 21. 29 元增至 261. 36 元，增长 1127. 62%，年均增长 19. 62%，省域间增长位次排序为第 5 位。最高增长年度为 2008 年，增长 47. 73%；最低增长年度为 2000 年，增长 6. 08%。

与此同时，全国文化投入人均值增长 729. 60%，年均增长 16. 31%。2000 年以来，海南文化投入人均值年均增长高于全国人均值年均增长 3. 31 个百分点，人均绝对数值从 2000 年为全国人均值的 89. 53% 上升至 2014 年为全国人均值的 132. 48%，省域间人均绝对值高低位次从第 18 位上升为第 8 位。

同期，海南文化投入人均值地区差由 1. 1046 扩大至 1. 3248，扩大 19. 93%，省域间地区差位次变化幅度排第 23 位，地区差位次从第 7 位下降为第 15 位。

海南产值、财政收入和支出，以及教科文卫投入各类人均值地区差变动结果：仅有财政收入、财政支出、科技投入地区差呈现缩小态势；仅有财政收入地区差在2014年缩减至历年最小值。这无疑表明，可以用人均值差异来衡量的公共财政、公共服务均等化成效尚未取得全面进展。

## 二 文化投入相关协调性态势

### （一）相关背景变动状况

2000年以来海南文化投入相关背景比值变动态势见图4。

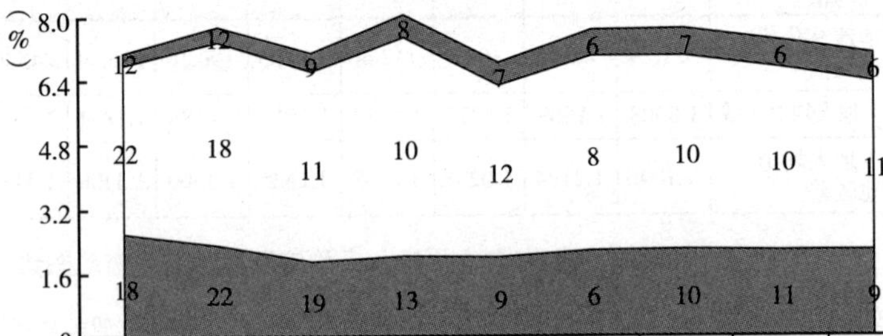


| | 2000年 | 2005年 | 2008年 | 2009年 | 2010年 | 2011年 | 2012年 | 2013年 | 2014年 |
|---|---|---|---|---|---|---|---|---|---|
| ■文化投入与产值比 | 0.3135 | 0.3875 | 0.4672 | 0.5892 | 0.5625 | 0.6580 | 0.6950 | 0.6892 | 0.6715 |
| □文化投入占财政收入比 | 4.2128 | 5.0470 | 4.7064 | 5.4678 | 4.2852 | 4.8806 | 4.8474 | 4.5528 | 4.2329 |
| ■文化投入占财政支出比 | 2.5755 | 2.2919 | 1.9045 | 2.0051 | 1.9976 | 2.1315 | 2.1770 | 2.1658 | 2.1374 |

**图4 2000年以来海南文化投入相关背景比值变动态势**

左轴面积：文化投入与产值比、占财政收入和支出比（%），各项比值历年升降呈直观比例叠加。因比值很小，图中保留4位小数并依此演算，正文按惯例保留2位小数。标明历年各项比值省域排序。

#### 1. 文化投入与产值比

2000~2014年，海南文化投入总量年均增长高于产值年均增长6.41个百分点，其中“十五”期间年均增长高4.86个百分点，“十一五”期间年均增长高9.11个百分点，“十二五”前4年年均增长高5.18个百分点。由于二者历年不同增长，海南文化投入与产值比从 0.31% 增高至 0.67%，上升 0.36 个百分点，省域间位次变化幅度排第 4 位，比值高低位次从第 12 位上升为第 6 位。最高比值为 2012 年的 0.70%，最低比值为 2000 年的 0.31%。

2. 文化投入占财政收入比

2000~2014 年，海南文化投入总量年均增长高于财政收入年均增长 0.05 个百分点，其中“十五”期间年均增长高 4.16 个百分点，“十一五”期间年均增长低 4.27 个百分点，“十二五”前 4 年年均增长低 0.36 个百分点。由于二者历年不同增长，海南文化投入占财政收入比从 4.21% 增高至 4.23%，上升 0.02 个百分点，省域间位次变化幅度排第 3 位，比值高低位次从第 22 位上升为第 11 位。最高比值为 2009 年的 5.47%，最低比值为 2000 年的 4.21%。

3. 文化投入占财政支出比

2000~2014 年，海南文化投入总量年均增长低于财政支出年均增长 1.61 个百分点，其中“十五”期间年均增长低 2.69 个百分点，“十一五”期间年均增长低 3.58 个百分点，“十二五”前 4 年年均增长高 2.01 个百分点。由于二者历年不同增长，海南文化投入占财政支出比从 2.58% 降低至 2.14%，下降 0.44 个百分点，省域间位次变化幅度排第 11 位。由于各地不同变动，海南比值高低位次从第 18 位上升为第 9 位。最高比值为 2000 年的 2.58%，最低比值为 2007 年的 1.86%。

以上分析检测表明，2000 年以来，海南文化投入增长显著高于产值增长，也略微高于财政收入增长，但较明显低于财政支出增长，文化投入与经济、财政“背景协调增长”尚未得到充分体现。

## （二）相邻关系变动状况

2000 年以来海南文化投入相邻关系比值变动态势见图 5。

1. 文化投入与教育投入比

2000~2014 年，海南文化投入总量年均增长低于教育投入年均增长

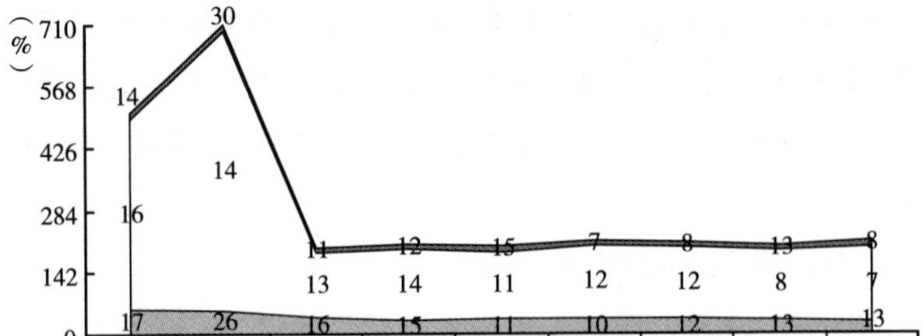


| | 2000年 | 2005年 | 2008年 | 2009年 | 2010年 | 2011年 | 2012年 | 2013年 | 2014年 |
|---|---|---|---|---|---|---|---|---|---|
| ■文化投入与教育投入比 | 17.15 | 14.32 | 12.25 | 13.08 | 11.81 | 13.04 | 12.50 | 12.54 | 13.36 |
| □文化投入与科技投入比 | 431.63 | 641.67 | 151.57 | 160.53 | 155.51 | 168.87 | 164.54 | 158.41 | 173.74 |
| ■文化投入与卫生投入比 | 58.93 | 53.17 | 36.58 | 32.34 | 33.35 | 33.00 | 33.15 | 31.47 | 26.57 |

**图5　2000年以来海南文化投入相邻关系比值变动态势**

左轴面积：文化投入与教育、科技、卫生投入比（%），各项比值历年升降呈直观比例叠加。标明历年各项比值省域排序。

2.16个百分点，其中“十五”期间年均增长低4.22个百分点，“十一五”期间年均增长低5.03个百分点，“十二五”前4年年均增长高3.63个百分点。由于二者历年不同增长，海南文化投入与教育投入比从17.15%降低至13.36%，下降3.79个百分点，省域间位次变化幅度排第11位。由于各地不同变动，海南比值高低位次从第14位上升为第8位。最高比值为2001年的17.21%，最低比值为2007年的11.32%。

2. 文化投入与科技投入比

2000～2014年，海南文化投入总量年均增长低于科技投入年均增长8.17个百分点，其中“十五”期间年均增长高8.75个百分点，“十一五”期间年均增长低41.80个百分点，“十二五”前4年年均增长高3.28个百分点。由于二者历年不同增长，海南文化投入与科技投入比从431.63%降低至173.74%，下降257.89个百分点，省域间位次变化幅度排第9位。由于各地不同变动，海南比值高低位次从第16位上升为第7位。最高比值为2005年的641.67%，最低比值为2008年的151.57%。

3. 文化投入与卫生投入比

2000～2014 年，海南文化投入总量年均增长低于卫生投入年均增长 7.07 个百分点，其中“十五”期间年均增长低 2.39 个百分点，“十一五”期间年均增长低 12.48 个百分点，“十二五”前 4 年年均增长低 6.96 个百分点。由于二者历年不同增长，海南文化投入与卫生投入比从 58.93% 降低为 26.57%，下降 32.36 个百分点，省域间位次变化幅度排第 13 位。由于各地不同变动，海南比值高低位次从第 17 位上升为第 13 位。最高比值为 2001 年的 65.26%，最低比值为 2014 年的 26.57%。

以上分析检测表明，2000 年以来，海南文化投入增长较明显低于教育投入增长，也显著低于科技、卫生投入增长，教育、科技、文化、卫生投入“相邻协调增长”尚未得到应有体现。

## （三）同构占比变动状况

2000 年以来海南文化消费与投入同构占比倍差变动态势见图 6。

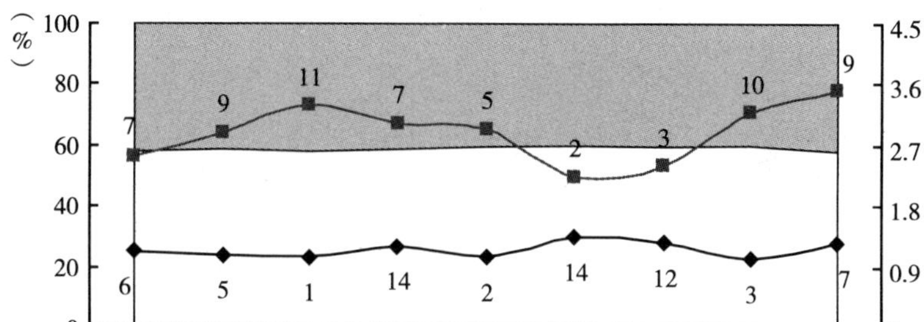


| | 2000年 | 2005年 | 2008年 | 2009年 | 2010年 | 2011年 | 2012年 | 2013年 | 2014年 |
|---|---|---|---|---|---|---|---|---|---|
| 消费占收入比 | 4.77 | 4.65 | 4.52 | 4.31 | 4.04 | 3.23 | 3.54 | 4.63 | 5.33 |
| 消费占支出比 | 6.54 | 6.58 | 6.27 | 6.05 | 5.87 | 4.77 | 5.20 | 6.86 | 7.48 |
| 占收入比倍差 | 1.1328 | 1.0783 | 1.0392 | 1.2125 | 1.0570 | 1.3383 | 1.2706 | 1.0159 | 1.2602 |
| 占支出比倍差 | 2.5388 | 2.8730 | 3.2910 | 3.0184 | 2.9363 | 2.2366 | 2.3908 | 3.1692 | 3.4976 |

**图 6　2000 年以来海南文化消费与投入同构占比倍差变动态势**

左轴面积：文化消费占居民收入、占居民总消费支出比（%），两项比值历年升降呈直观比例叠加；右轴曲线：文化消费占居民收入比与文化投入占财政收入比、文化消费占居民支出比与文化投入占财政支出比倍差（无差距＝1，为检测细微差异，保留 4 位小数）。标明历年各项倍差省域排序。

1. 文化消费与投入占收入比

2000～2014年，海南城乡居民文化消费占居民收入比从4.77%增高至5.33%。对照本报告图4，同期，海南文化投入占财政收入比上升0.48%，2014年比值低于文化消费占居民收入比1.10个百分点。二者之间占比倍差由1.1328增大至1.2602，增大程度为11.25%，省域间位次变化幅度排第13位，倍差高低位次（倒序）从第6位下降为第7位。

2. 文化消费与投入占支出比

2000～2014年，海南城乡居民文化消费占居民支出比从6.54%增高至7.48%。对照本报告图4，同期，海南文化投入占财政支出比下降17.01%，2014年比值低于文化消费占居民支出比5.34个百分点。二者之间占比倍差由2.5388增大至3.4976，增大程度为37.77%，省域间位次变化幅度排第17位，倍差高低位次（倒序）从第7位下降为第9位。

以上分析检测显示，2000年以来，海南文化消费占居民收入比明显上升，文化投入占财政收入比也略微上升，二者同构占比倍差指数明显增大；文化消费占居民支出比明显上升，文化投入占财政支出比却明显下降，二者同构占比倍差指数显著增大。这意味着，海南公共文化投入增长占比变动滞后于居民文化消费需求变化态势的差距继续明显扩大。

## 三　2014年文化投入纵横向双重测评

综合以上分析，2000年以来海南文化投入总量年均增长20.89%，明显高于全国平均增长3.93个百分点，人均值地区差扩大19.93%；文化投入增长显著高于产值增长，也略微高于财政收入增长，但较明显低于财政支出增长；同时较明显低于教育投入增长，也显著低于科技、卫生投入增长；文化投入占财政收入比较明显低于文化消费占居民收入比，占财政支出比更明显低于文化消费占居民支出比。这些都集中体现在文化投入增长综合指数测评演算之中。2000年以来海南文化投入增长综合指数变动态势见图7。

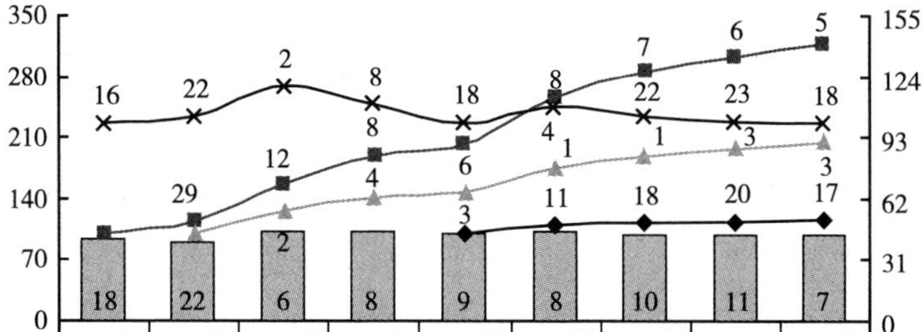


| | 2000年 | 2005年 | 2008年 | 2009年 | 2010年 | 2011年 | 2012年 | 2013年 | 2014年 |
|---|---|---|---|---|---|---|---|---|---|
| 横向测评 | 94.17 | 89.75 | 102.74 | 102.51 | 99.36 | 102.90 | 99.27 | 98.21 | 98.12 |
| 纵向测评（1） | 100.00 | 114.84 | 157.16 | 187.99 | 202.70 | 255.68 | 286.07 | 303.78 | 317.26 |
| 纵向测评（2） | — | 100.00 | 126.21 | 141.99 | 147.20 | 174.90 | 189.36 | 197.26 | 203.82 |
| 纵向测评（3） | — | — | — | — | 100.00 | 109.81 | 112.93 | 114.02 | 115.69 |
| 纵向测评（4） | 100.16 | 103.76 | 119.35 | 109.73 | 100.54 | 108.59 | 103.59 | 101.20 | 100.26 |

**图7　2000 年以来海南文化投入增长综合指数变动态势**

左轴柱形：横向测评（无差距理想值 = 100）；左轴曲线：纵向测评（起点年基数值 = 100），（1）以 2000 年为起点，（2）以 2005 年为起点，（3）以 2010 年为起点；右轴曲线：纵向测评（4），以上年为起点。标明历年各项测评指数省域排行。

## （一）各年度横向测评综合指数

以文化投入人均值地区无差距、文化消费与投入同构占比无差距状态为理想值 100，2014 年海南文化投入增长状况此项综合指数为 98.12，处于省域间第 7 位，低于无差距理想值 1.88%，也低于上年测评指数 0.09 个点。

各年度此项综合指数对比，2008～2009 年、2011 年 3 个年度高于无差距理想值 100；2004 年、2008 年、2011 年 3 个年度高于上年指数值。其中，最高值为 2011 年的 102.90，最低值为 2007 年的 87.03。海南此项综合指数在省域间排行变化，2000 年为第 18 位，2005 年为第 22 位，2010 年为第 9 位，2014 年从上年第 11 位上升为第 7 位。

## （二）“十五”以来纵向测评综合指数

以“九五”末年 2000 年为起点基数值 100，2014 年海南文化投入增长状况此项综合指数为 317.26，处于省域间第 5 位，高出 2000 年起点基数

217.26%，也高出上年测评指数13.48个点。

“十五”以来各年度此项综合指数对比，2001年、2003～2014年13个年度高于2000年起点基数值100；2003～2014年12个年度高于上年指数值。其中，最高值为2014年的317.26，最低值为2002年的99.42。海南此项综合指数在省域间排行变化，2005年为第29位，2010年为第6位，2014年从上年第6位上升为第5位。

### （三）“十一五”以来纵向测评综合指数

以“十五”末年2005年为起点基数值100，2014年海南文化投入增长状况此项综合指数为203.82，处于省域间第3位，高出2005年起点基数103.82%，也高出上年测评指数6.56个点。

“十一五”以来各年度此项综合指数对比，全部各个年度均高于2005年起点基数值100；2008～2014年7个年度高于上年指数值。其中，最高值为2014年的203.82，最低值为2007年的100.16。海南此项综合指数在省域间排行变化，2008年为第2位，2010年为第3位，2014年与上年持平，皆为第3位。

### （四）“十二五”以来纵向测评综合指数

以“十一五”末年2010年为起点基数值100，2014年海南文化投入增长状况此项综合指数为115.69，处于省域间第17位，高出2010年起点基数15.69%，也高出上年测评指数1.67个点。

“十二五”以来各年度此项综合指数对比，全部各个年度均高于2010年起点基数值100；全部各个年度均高于上年指数值。其中，最高值为2014年的115.69，最低值为2011年的109.81。海南此项综合指数在省域间排行变化，2011年为第11位，2014年从上年第20位上升为第17位。

### （五）逐年度纵向测评综合指数

以上一年（2013年）为起点基数值100，2014年海南文化投入增长状况此项综合指数为 100.26，处于省域间第 18 位，高出 2013 年起点基数 0.26%，但低于上年基于 2012 年基数值的测评指数 0.94 个点。

逐年度此项景气指数对比，2000 ~ 2001 年、2003 ~ 2006 年、2008 ~ 2014 年 13 个年度高于自身上年起点基数值 100；2001 年、2003 ~ 2004 年、2008 年、2011 年 5 个年度高于上年指数值。其中，最高值为 2008 年的 119.35，最低值为 2002 年的 98.09。海南此项综合指数在省域间排行变化，2000 年为第 16 位，2005 年为第 22 位，2010 年为第 18 位，2014 年从上年第 23 位上升为第 18 位。

## 四　文化投入协调增长差距分析

按照各项数据增长及其间各类关系值变动，已对海南文化投入增长的“实然”状况做出综合评价，尚需深入检测数据背后的现实问题及其“应然”差距。

### （一）文化投入增长系数检测

首先，检测 2000 ~ 2014 年文化投入占教科文卫综合投入比变动态势，并将此项比值界定为“文化投入增长系数”。2000 年以来海南文化投入占教科文卫综合投入比变动态势见图 8。

2000 ~ 2014 年，海南教科文卫综合投入总量由 14.46 亿元增至 301.45 亿元，增长 1984.72%，年均增长 24.23%。在此期间，海南教科文卫综合投入总量年均增长高于文化投入年均增长 3.33 个百分点。由于二者历年不同增长，海南文化投入占教科文卫综合投入比从 11.42% 降低至 7.80%，下降 3.62 个百分点，省域间位次变化幅度排第 21 位。由于各地不同变动，海南比值高低位次从第 15 位上升为第 9 位。最高比值为 2001 年的 11.69%，最低比值为 2007 年的 7.59%。

就此不妨假定，如果海南文化投入占教科文卫综合投入比在 2001 年出现的最佳比值 11.69% 得以持续保持，那么 2014 年海南文化投入总量应为

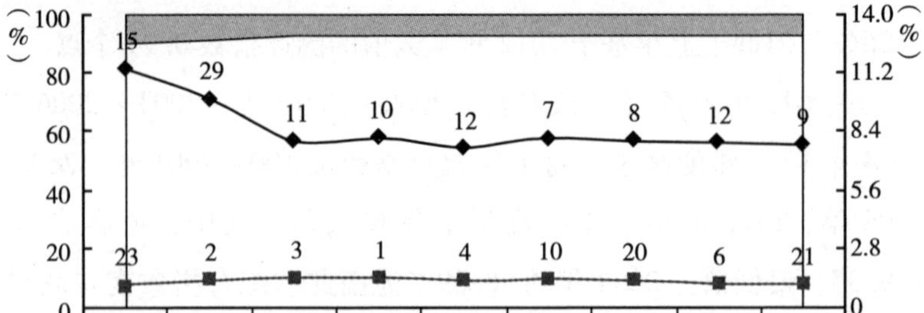


| | 2000年 | 2005年 | 2008年 | 2009年 | 2010年 | 2011年 | 2012年 | 2013年 | 2014年 |
|---|---|---|---|---|---|---|---|---|---|
| 文化投入总量 | 1.65 | 3.47 | 6.82 | 9.75 | 11.61 | 16.60 | 19.85 | 21.90 | 23.51 |
| 教科文卫综合投入 | 14.46 | 34.73 | 85.59 | 120.45 | 152.23 | 204.00 | 250.56 | 279.88 | 301.45 |
| 教科文卫年增 | 1.1116 | 1.2993 | 1.4231 | 1.4074 | 1.2639 | 1.3400 | 1.2282 | 1.1170 | 1.0771 |
| 文化占比 | 11.417 | 9.979 | 7.966 | 8.091 | 7.628 | 8.137 | 7.921 | 7.825 | 7.798 |

**图8　2000年以来海南文化投入占教科文卫综合投入比变动态势**

左轴面积：文化、教科文卫综合投入总量（亿元转换为%），二者历年变动呈直观比例；右轴曲线：教科文卫综合投入年增（上年=1）；文化投入占教科文卫综合投入比（%，欠发达地区比值高，包括中央财政转移支付），因历年比值差异极小，图中保留3位小数并依此演算，正文按惯例保留2位小数（后同）。标明历年增长、比值省域排序。

现有实际值23.51亿元的149.87%，达到35.23亿元。在假设文化投入实现教科文卫相邻关系中“协调增长”的情况下，这就是2014年海南文化投入增长的应然差距。

## （二）教科文卫投入增长系数检测

其次，检测2000～2014年教科文卫投入占财政支出比变动态势，并将此项比值界定为“教科文卫投入增长系数”。2000年以来海南教科文卫投入占财政支出比变动态势见图9。

2000～2014年，海南财政支出总量由64.12亿元增至1099.74亿元，增长1615.13%，年均增长22.51%。在此期间，海南财政支出总量年均增长低于教科文卫综合投入年均增长1.72个百分点。由于二者历年不同增长，海南教科文卫综合投入占财政支出比从22.56%增至27.41%，上升4.85个百分点，省域间位次变化幅度排第18位，比值从第19位上升为第18位。

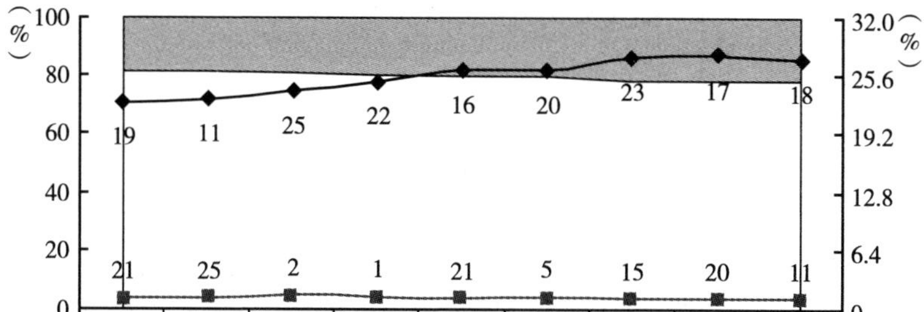


| | 2000年 | 2005年 | 2008年 | 2009年 | 2010年 | 2011年 | 2012年 | 2013年 | 2014年 |
|---|---|---|---|---|---|---|---|---|---|
| 教科文卫综合投入 | 14.46 | 34.73 | 85.59 | 120.45 | 152.23 | 204.00 | 250.56 | 279.88 | 301.45 |
| 财政支出总量 | 64.12 | 151.24 | 357.97 | 486.06 | 581.34 | 778.80 | 911.67 | 1011.17 | 1099.74 |
| 财政支出年增 | 1.1292 | 1.1890 | 1.4599 | 1.3578 | 1.1960 | 1.3397 | 1.1706 | 1.1091 | 1.0876 |
| 教科文卫占比 | 22.558 | 22.966 | 23.909 | 24.781 | 26.187 | 26.194 | 27.484 | 27.679 | 27.411 |

**图 9　2000 年以来海南教科文卫投入占财政支出比变动态势**

左轴面积：教科文卫综合投入、财政支出总量（亿元转换为%），二者历年变动呈直观比例；右轴曲线：财政支出年增（上年 =1）；教科文卫综合投入占财政支出总量比（%，欠发达地区比值高，包括中央财政转移支付）。标明历年增长、比值省域排序。

最高比值为 2013 年的 27.68%，最低比值为 2001 年的 20.81%。

就此同样假定，如果海南教科文卫综合投入占财政支出比在 2013 年出现的最佳比值 27.68% 得以持续保持，那么 2014 年海南教科文卫综合投入总量应为现有实际值 301.45 亿元的 100.98%，达到 304.40 亿元；再假设文化投入占教科文卫综合投入比实现 2001 年最佳比值 11.69%，那么 2014 年海南文化投入总量应为现有实际值 23.51 亿元的 151.33%，达到 35.57 亿元。在假设文化投入在教科文卫相邻关系中、教科文卫综合投入在财政支出中保持“协调增长”的情况下，这就是 2014 年海南文化投入增长的应然差距。

### （三）财政支出增长系数检测

最后，检测 2000 ~ 2014 年财政支出与产值比变动态势，并将此项比值界定为“财政支出增长系数”。2000 年以来海南财政支出与产值比变动态势见图 10。

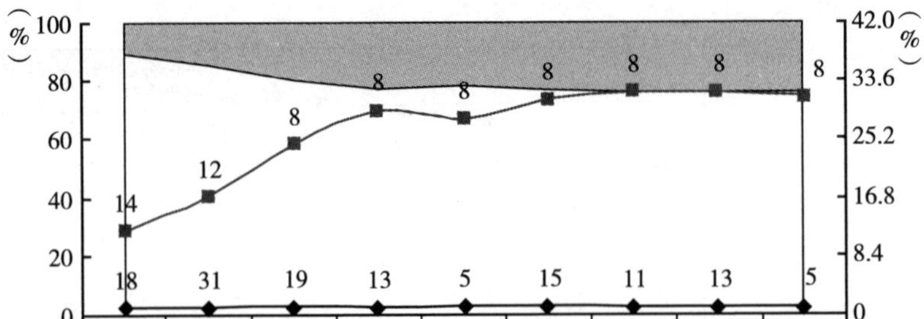


| | 2000年 | 2005年 | 2008年 | 2009年 | 2010年 | 2011年 | 2012年 | 2013年 | 2014年 |
|---|---|---|---|---|---|---|---|---|---|
| 财政支出总量 | 64.12 | 151.24 | 357.97 | 486.06 | 581.34 | 778.80 | 911.67 | 1011.17 | 1099.74 |
| 产值总量 | 526.80 | 894.60 | 1459.20 | 1654.20 | 2064.50 | 2522.70 | 2855.50 | 3177.60 | 3500.70 |
| 产值年增 | 1.1052 | 1.1198 | 1.1929 | 1.1336 | 1.2480 | 1.2219 | 1.1320 | 1.1128 | 1.1017 |
| 支出与产值比 | 12.171 | 16.907 | 24.531 | 29.383 | 28.159 | 30.872 | 31.926 | 31.822 | 31.415 |

**图 10　2000 年以来海南财政支出与产值比变动态势**

左轴面积：财政支出、产值总量（亿元转换为%），二者历年变动呈直观比例；右轴曲线：产值年增（上年 =1）；财政支出总量与产值比（%，欠发达地区比值高，包括中央财政转移支付）。标明历年增长、比值省域排序。

2000 ~2014 年，海南产值总量由 526.80 亿元增至 3500.70 亿元，增长 564.52%，年均增长 14.49%。在此期间，海南产值总量年均增长低于财政支出年均增长 8.02 个百分点。由于二者历年不同增长，海南财政支出与产值比从 12.17% 增高至 31.41%，上升 19.24 个百分点，省域间位次变化幅度排第 31 位，比值高低位次从第 14 位上升为第 8 位。最高比值为 2012 年的 31.93%，最低比值为 2000 年的 12.17%。

就此继续假定，如果海南财政支出与产值比在 2012 年出现的最佳比值 31.93% 得以持续保持，那么 2014 年海南财政支出总量应为现有实际值 1099.74 亿元的 101.63%，达到 1117.66 亿元；再假设教科文卫综合投入占财政支出比实现 2013 年最佳比值 27.68%，继续假设文化投入占教科文卫综合投入比实现 2001 年最佳比值 11.69%，那么 2014 年海南文化投入总量应为现有实际值 23.51 亿元的 153.80%，达到 36.15 亿元。在假设文化投入与教科文卫相邻关系、教科文卫综合投入与财政支出关系、财政支出与产值关系实现三重最佳比值的情况下，这就是 2014 年海南文化投入增长的应然差距。

全国教育投入在2012年实现了法定“产值4%”的指标要求，文化投入能否形成法规指标？本项检测至此其实已经得出具有关联性的系列参考指标：海南文化投入达到与产值比1.03%，或占财政支出比3.23%，或占教科文卫综合投入比11.69%，就有可能实现2000年以来历年相关各项最佳比值协调增长。

## 五　至2020年文化投入增长目标测算

检测出当前数据年度海南文化投入增长的应然差距，即可据此推演至2020年海南文化投入增长的应然目标，测算达到增长目标所需的年均增长率，亦即消除差距的增长目标之距离大小，以便在各地进行排行比较。2014～2020年海南文化投入预期增长测算见图11。

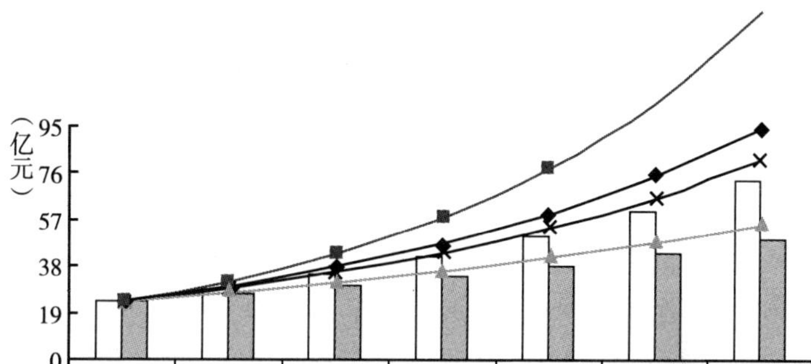


| | 2014年 | 2015年 | 2016年 | 2017年 | 2018年 | 2019年 | 2020年 |
|---|---|---|---|---|---|---|---|
| （1）年均增长测算 | 23.51 | 28.42 | 34.35 | 41.53 | 50.20 | 60.68 | 73.36 |
| （2）均增-产值7% | 23.51 | 26.56 | 30.01 | 33.90 | 38.30 | 43.28 | 48.89 |
| （3）最佳比值测算 | 23.51 | 28.91 | 35.56 | 43.74 | 53.80 | 66.18 | 81.40 |
| （4）最佳-产值7% | 23.51 | 27.02 | 31.06 | 35.71 | 41.05 | 47.19 | 54.25 |
| （5）地区均等测算 | 23.51 | 31.74 | 42.85 | 57.86 | 78.13 | 105.49 | 142.44 |
| （6）均等-产值7% | 23.51 | 29.63 | 37.35 | 47.08 | 59.35 | 74.82 | 94.31 |

**图11　2014～2020年海南文化投入预期增长测算**

左轴：假定情况下文化投入增长总量（亿元）。假设各类数值按2000～2014年年均增长率持续至2020年，则所需年均增长（1）20.89%，按既往增速居第5位；（3）23.00%，增长距离居第5位；（5）35.02%，增长距离居第8位。假设产值增长取7%持续至2020年，则所需年均增长（2）12.98%，按既往增速居第4位；（4）14.96%，增长距离居第6位；（6）26.06%，增长距离居第8位。

## （一）保持既往年均增长率测算

按照2000～2014年年均增长率进行“自然”推算，到2020年海南文化投入总量将达到73.36亿元。所需年均增长率自然同前一样为20.89%，省域间增长位次排序为第5位。

如果至2020年产值年均增长控制在7%，再假设文化投入与产值比维持既往互动关系不变，那么海南文化投入总量将达到48.89亿元。所需年均增长率仅为12.98%，省域间增长位次排序为第4位，低于既往年均增速，更易于实现。

## （二）多重最佳比值增长目标测算

依据2000～2014年文化投入增长系数、教科文卫投入增长系数、财政支出增长系数三项最佳比值进行“应然”推算，到2020年海南文化投入总量应达到81.40亿元。所需年均增长率为23.00%，以此衡量增长目标距离（以小为佳），省域间增长位次反向排序为第5位，为既往年均增速的110.12%。

如果至2020年产值年均增长控制在7%，再假设文化投入与产值比维持既往互动关系不变，那么海南文化投入总量应达到54.25亿元。所需年均增长率为14.96%，省域间增长位次反向排序为第6位，为既往年均增速的71.62%。

## （三）人均值地区均等增长目标测算

在2000～2014年多重最佳比值测算的基础上，再依照北京文化投入人均测算值进行地区均等“理想”推算，到2020年海南文化投入总量应达到142.44亿元。所需年均增长率为35.02%，仍以此衡量增长目标距离（以小为佳），省域间增长位次反向排序为第8位，为既往年均增速的167.68%。

如果至2020年产值年均增长控制在7%，再假设文化投入与产值比维持既往互动关系不变（因未涉及人口基数增长，可能会出现微小误差），那么海南文化投入总量应达到94.31亿元。所需年均增长率为26.06%，省域间增长位次反向排序为第8位，为既往年均增速的124.75%。

# B.11

# 山西：2014年度指数综合排名第17位

沈宗涛*

摘 要： 2000～2014年，山西文化投入总量由6.50亿元增至63.95亿元，年均增长17.74%，略微高于全国平均增长0.78个百分点。山西综合评价排行：在省域横向测评中，2014年度指数综合排名第17位；在自身纵向测评中，2000～2014年综合指数排名第15位，2005～2014年综合指数排名第23位，2010～2014年综合指数排名第8位，2014年度综合指数排名第28位。

关键词： 山西 文化投入 差距检验 增长目标

## 一 文化投入及其相关背景基本态势

### （一）经济财政基本面背景状况

2000年以来山西文化投入总量增长及相关背景关系态势见图1。2000～2014年，山西产值总量增长591.42%，年均增长14.81%；财政收入总量增长1490.36%，年均增长21.85%；财政支出总量增长1270.87%，年均增长20.56%；教科文卫综合投入（图中教科卫投入与文化投入之和，后同）总量增长1447.32%，年均增长21.61%；教科文卫综合投入之外财政支出统归为“其他支出”，其总量增长1212.24%，年均增长20.19%。

* 沈宗涛，云南省社会科学院信息中心助理研究员，主要从事网络舆情信息分析研究。

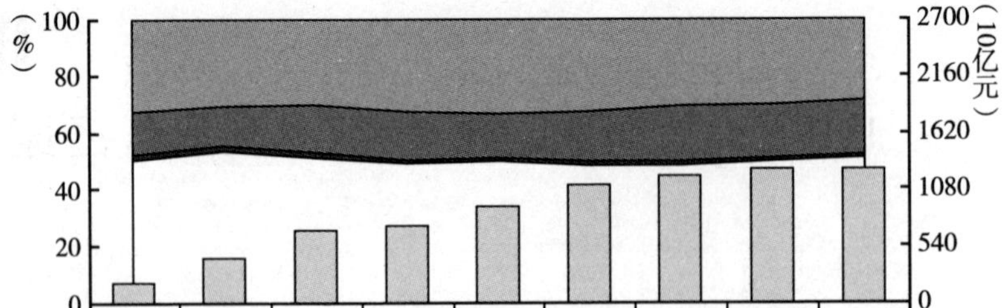


| | 2000年 | 2005年 | 2008年 | 2009年 | 2010年 | 2011年 | 2012年 | 2013年 | 2014年 |
|---|---|---|---|---|---|---|---|---|---|
| (1)本级财政预算赤字 | 110.58 | 300.41 | 567.01 | 755.88 | 961.70 | 1150.42 | 1243.08 | 1328.50 | 1264.65 |
| (2)教科卫投入 | 49.69 | 132.36 | 324.12 | 397.40 | 462.56 | 608.58 | 771.69 | 806.13 | 805.49 |
| (3)文化投入 | 6.50 | 17.67 | 27.19 | 27.97 | 31.24 | 48.17 | 60.20 | 66.69 | 63.95 |
| (4)其他支出 | 168.86 | 518.73 | 963.71 | 1136.33 | 1437.56 | 1707.10 | 1927.57 | 2157.31 | 2215.85 |
| (5)产值总量 | 184.57 | 417.95 | 693.87 | 735.83 | 920.09 | 1123.76 | 1211.28 | 1266.53 | 1276.15 |

**图1　2000年以来山西文化投入总量增长及相关背景关系态势**

左轴面积：本级财政预算赤字（中央财政税收返还和转移支付等，"财政包干"地区则可为国债份额）、教科卫投入、文化投入、其他支出总量（亿元转换为%），(2)+(3)+(4)=财政支出总量，(2)+(3)+(4)-(1)=财政收入总量，各项数值历年变动呈直观比例；右轴柱形：产值总量（10亿元）。图中省略若干年度，后台演算历年增长变化包括省略年度，全文同。

在此期间，山西教科文卫综合投入总量年均增长高于产值年均总量增长6.80个百分点，低于财政收入总量年均增长0.24个百分点，高于财政支出总量年均增长1.05个百分点，高于其他支出总量年均增长1.42个百分点。"十五"以来，山西教科文卫建设作为公共服务的一个重要方面，确实处于一种极为特殊的优先发展地位。"十一五"以来，山西教科文卫综合投入增长高于其他支出增长的情况更加明显。

### （二）文化投入总量增长状况

2000年以来山西文化投入总量及相邻关系、占全国份额变动态势见图2。

2000～2014年，山西文化投入总量由6.4985亿元增至63.9515亿元，增长884.10%，年均增长17.74%，省域间增长位次排第15位。最高增长

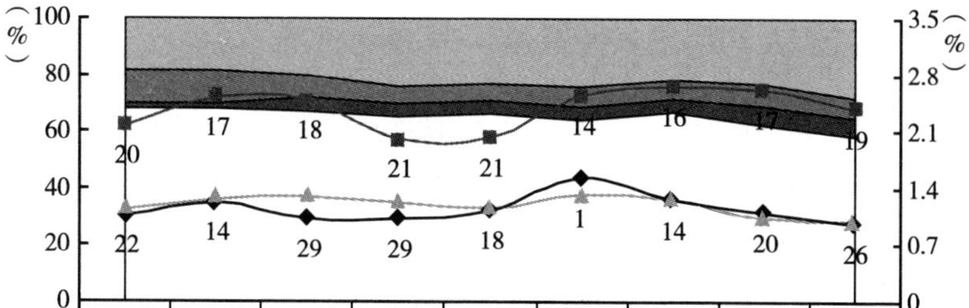


| | 2000年 | 2005年 | 2008年 | 2009年 | 2010年 | 2011年 | 2012年 | 2013年 | 2014年 |
|---|---|---|---|---|---|---|---|---|---|
| 卫生投入 | 10.45 | 28.17 | 71.50 | 101.73 | 113.86 | 159.62 | 180.34 | 201.63 | 243.94 |
| 文化投入 | 6.50 | 17.67 | 27.19 | 27.97 | 31.24 | 48.17 | 60.20 | 66.69 | 63.95 |
| 科技投入 | 1.08 | 2.09 | 17.64 | 17.61 | 20.12 | 27.17 | 33.32 | 62.06 | 54.26 |
| 教育投入 | 38.16 | 102.09 | 234.99 | 278.07 | 328.58 | 421.79 | 558.03 | 542.44 | 507.28 |
| 文化投入份额 | 2.16 | 2.51 | 2.48 | 2.01 | 2.03 | 2.54 | 2.65 | 2.62 | 2.38 |
| 文化投入年增 | 1.0606 | 1.2178 | 1.0142 | 1.0288 | 1.1169 | 1.5419 | 1.2497 | 1.1078 | 0.9590 |
| 教科卫投入年增 | 1.1418 | 1.2660 | 1.3011 | 1.2261 | 1.1640 | 1.3157 | 1.2680 | 1.0446 | 0.9992 |

**图 2　2000 年以来山西文化投入总量及相邻关系、占全国份额变动态势**

左轴面积：教育、科技、文化、卫生投入总量（亿元转换为%），各项数值变动呈直观比例关系；右轴曲线：文化、教科卫投入年增（上年 = 1，小于 1 为负增长，保留 4 位小数，正文转换为 2 位小数增长百分比，后同）；文化投入占全国份额（%）。后台数据库包含不出现的 1999 年相关数据，以此测量 2000 年相应数据变动，全文同。标明历年文化投入增长、份额省域排序。

年度为 2011 年，增长 54.19%；最低增长年度为 2014 年，负增长 4.10%。

在此期间，山西文化投入总量年均增长高于产值总量年均增长 2.93 个百分点，低于财政收入总量年均增长 4.11 个百分点，低于财政支出总量年均增长 2.82 个百分点，低于教科卫投入总量年均增长 4.28 个百分点。在 2000 年以来山西教科文卫综合投入优先高增长当中，文化投入增长处于严重失衡状态。

从图 2 亦可清楚、直观地看出，文化投入所占面积呈逐渐收窄之势，表明其在教科文卫综合投入中的比例份额持续降低。

与此同时，全国文化投入总量增长 796.31%，年均增长 16.96%。2000 年以来，山西文化投入总量年均增长高于全国年均增长 0.78 个百分点，占全国份额从 2000 年的 2.16% 上升至 2014 年的 2.38%，省域间份额位次从第 20 位上升为第 19 位。

## （三）人均值增长及其地区差变动状况

2000 年以来山西文化投入人均值及其地区差变动态势见图 3。

2000～2014 年，山西文化投入人均值由 20.14 元增至 175.75 元，增长 772.64%，年均增长 16.74%，省域间增长位次排序为第 15 位。最高增长年度为 2011 年，增长 50.62%；最低增长年度为 2014 年，负增长 4.59%。

与此同时，全国文化投入人均值增长 729.60%，年均增长 16.31%。2000 年以来，山西文化投入人均值年均增长高于全国人均值年均增长 0.43 个百分点，人均绝对数值从 2000 年为全国人均值的 84.69% 上升至 2014 年为全国人均值的 89.09%，省域间人均绝对值高低位次从第 20 位上升为第 16 位。

同期，山西文化投入人均值地区差由 1.1530 缩小至 1.1092，缩小 3.80%，省域间地区差位次变化幅度排第 12 位，地区差位次从第 10 位上升为第 4 位。

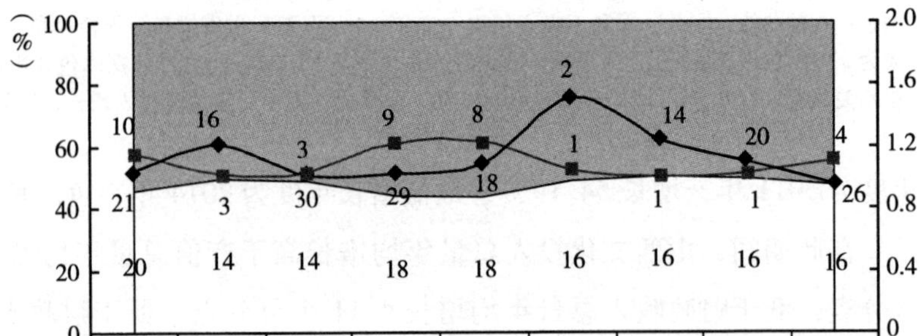


| | 2000年 | 2005年 | 2008年 | 2009年 | 2010年 | 2011年 | 2012年 | 2013年 | 2014年 |
|---|---|---|---|---|---|---|---|---|---|
| 全国文化投入人均值 | 23.78 | 53.95 | 82.72 | 104.63 | 115.31 | 140.86 | 167.94 | 187.45 | 197.28 |
| 本地文化投入人均值 | 20.14 | 52.82 | 79.92 | 81.81 | 89.24 | 134.42 | 167.13 | 184.21 | 175.75 |
| 本地人均值年增 | 1.0481 | 1.2103 | 1.0089 | 1.0237 | 1.0909 | 1.5062 | 1.2433 | 1.1022 | 0.9541 |
| 本地人均值地区差 | 1.1530 | 1.0210 | 1.0338 | 1.2181 | 1.2261 | 1.0457 | 1.0048 | 1.0173 | 1.1092 |

**图 3　2000 年以来山西文化投入人均值及其地区差变动态势**

左轴面积（元转换为%）：本地、全国文化投入人均值，二者历年变动呈直观比例；右轴曲线：本地人均值年增（上年＝1，小于 1 为负增长，由于历年人口增长，人均值年增指数略低于总量年增指数）；本地人均值地区差（无差距＝1，为检测细微差异，保留 4 位小数）。标明历年本地人均值及其增长、地区差省域排序。

山西产值、财政收入和支出，以及教科文卫投入各类人均值地区差变动结果：除了教育投入以外，其余各类数据的地区差皆呈现缩小态势。这无疑表明，文化投入增长的差距不但表现在数量的可比性之上，而且表现在质量的可比性之上。可以用人均值来衡量的公共文化投入均等化进展初步显现，而这是公共文化服务均等化的基础。

## 二　文化投入相关协调性态势

### （一）相关背景变动状况

2000 年以来山西文化投入相关背景比值变动态势见图 4。

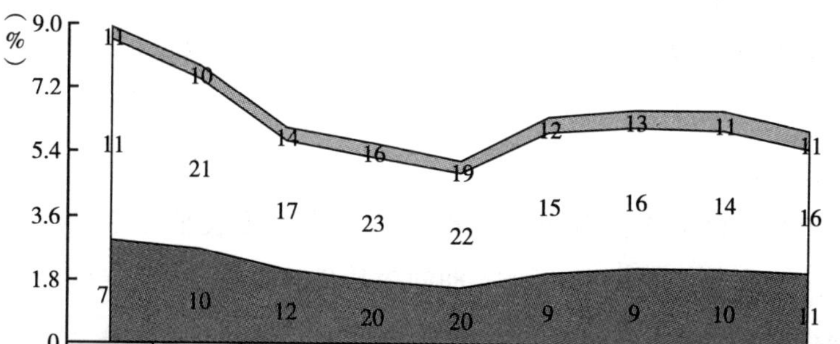


| | 2000年 | 2005年 | 2008年 | 2009年 | 2010年 | 2011年 | 2012年 | 2013年 | 2014年 |
|---|---|---|---|---|---|---|---|---|---|
| 文化投入与产值比 | 0.3521 | 0.4227 | 0.3918 | 0.3801 | 0.3395 | 0.4287 | 0.4970 | 0.5265 | 0.5011 |
| 文化投入占财政收入比 | 5.6767 | 4.7968 | 3.6349 | 3.4711 | 3.2218 | 3.9697 | 3.9699 | 3.9191 | 3.5126 |
| 文化投入占财政支出比 | 2.8875 | 2.6420 | 2.0676 | 1.7911 | 1.6175 | 2.0378 | 2.1815 | 2.2009 | 2.0728 |

**图 4　2000 年以来山西文化投入相关背景比值变动态势**

左轴面积（%）：文化投入与产值比、占财政收入和支出比，各项比值历年升降呈直观比例叠加。因比值很小，图中保留 4 位小数并依此演算，正文按惯例保留 2 位小数。标明历年各项比值省域排序。

#### 1. 文化投入与产值比

2000～2014 年，山西文化投入总量年均增长高于产值年均增长 2.93 个百分点，其中“十五”期间年均增长高4.38个百分点，“十一五”期间年均增长低5.03个百分点，“十二五”前4年年均增长高11.09个百分点。由于二者历年不同增长，山西文化投入与产值比从0.35%增高至0.50%，上升0.15个百分点，省域间位次变化幅度排第11位，比值高低位次前后保持在第11位。最高比值为2013年的0.53%，最低比值为2010年的0.34%。

2. 文化投入占财政收入比

2000～2014年，山西文化投入总量年均增长低于财政收入年均增长4.11个百分点，其中“十五”期间年均增长低4.19个百分点，“十一五”期间年均增长低9.29个百分点，“十二五”前4年年均增长高2.55个百分点。由于二者历年不同增长，山西文化投入占财政收入比从5.68%降低至3.51%，下降2.16个百分点，省域间位次变化幅度排第26位，比值高低位次从第11位下降为第16位。最高比值为2002年的6.37%，最低比值为2010年的3.22%。

3. 文化投入占财政支出比

2000～2014年，山西文化投入总量年均增长低于财政支出年均增长2.82个百分点，其中“十五”期间年均增长低2.19个百分点，“十一五”期间年均增长低11.56个百分点，“十二五”前4年年均增长高7.19个百分点。由于二者历年不同增长，山西文化投入占财政支出比从2.89%降低至2.07%，下降0.81个百分点，省域间位次变化幅度排第15位，比值高低位次从第7位下降为第11位。最高比值为2000年的2.89%，最低比值为2010年的1.62%。

以上分析检测表明，2000年以来，山西文化投入增长较明显高于产值增长，但明显低于财政收入增长，也较明显低于财政支出增长，文化投入与经济、财政“背景协调增长”尚未得到充分体现。

### （二）相邻关系变动状况

2000年以来山西文化投入相邻关系比值变动态势见图5。

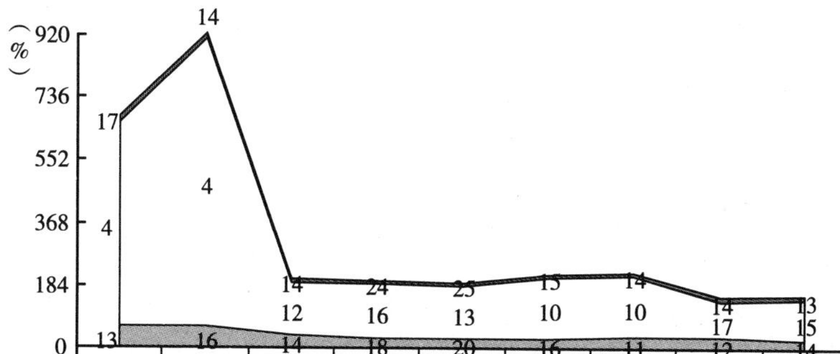


| | 2000年 | 2005年 | 2008年 | 2009年 | 2010年 | 2011年 | 2012年 | 2013年 | 2014年 |
|---|---|---|---|---|---|---|---|---|---|
| ■文化投入与教育投入比 | 17.03 | 17.31 | 11.57 | 10.06 | 9.51 | 11.42 | 10.79 | 12.29 | 12.61 |
| □文化投入与科技投入比 | 601.32 | 845.19 | 154.15 | 158.87 | 155.28 | 177.29 | 180.67 | 107.46 | 117.85 |
| ■文化投入与卫生投入比 | 62.18 | 62.71 | 38.03 | 27.50 | 27.44 | 30.18 | 33.38 | 33.08 | 26.22 |

**图5　2000年以来山西文化投入相邻关系比值变动态势**

左轴面积：文化投入与教育、科技、卫生投入比（%），各项比值历年升降呈直观比例叠加。标明历年各项比值省域排序。

1. 文化投入与教育投入比

2000~2014年，山西文化投入总量年均增长低于教育投入年均增长2.56个百分点，其中“十五”期间年均增长高0.39个百分点，“十一五”期间年均增长低14.27个百分点，“十二五”前4年年均增长高8.14个百分点。由于二者历年不同增长，山西文化投入与教育投入比从17.03%降低至12.61%，下降4.42个百分点，省域间位次变化幅度排第13位。由于各地不同变动，山西比值高低位次从第17位上升为第13位。最高比值为2004年的18.08%，最低比值为2010年的9.51%。

2. 文化投入与科技投入比

2000~2014年，山西文化投入总量年均增长低于科技投入年均增长14.54个百分点，其中“十五”期间年均增长高8.02个百分点，“十一五”期间年均增长低45.22个百分点，“十二五”前4年年均增长低8.54个百分点。由于二者历年不同增长，山西文化投入与科技投入比从601.32%降低至117.85%，下降483.47个百分点，省域间位次变化幅度排第25位，比值高低位次从第4位下降为第15位。最高比值为2006年的864.03%，最低比值为2013年的107.46%。

3. 文化投入与卫生投入比

2000～2014年，山西文化投入总量年均增长低于卫生投入年均增长7.50个百分点，其中"十五"期间年均增长高0.20个百分点，"十一五"期间年均增长低20.16个百分点，"十二五"前4年年均增长低1.37个百分点。由于二者历年不同增长，山西文化投入与卫生投入比从62.18%降低为26.22%，下降35.96个百分点，省域间位次变化幅度排第14位，比值高低位次从第13位下降为第14位。最高比值为2004年的64.80%，最低比值为2014年的26.22%。

以上分析检测表明，2000年以来，山西文化投入增长较明显低于教育投入增长，也显著低于科技投入增长，亦显著低于卫生投入增长，教育、科技、文化、卫生投入"相邻协调增长"尚未得到应有体现。

### （三）同构占比变动状况

2000年以来山西文化消费与投入同构占比倍差变动态势见图6。

1. 文化消费与投入占收入比

2000～2014年，山西城乡居民文化消费占居民收入比从5.40%增高至6.03%。对照本报告图4，同期，山西文化投入占财政收入比下降38.12%，2014年比值低于文化消费占居民收入比2.52个百分点。二者之间占比倍差由1.0495增大至1.7169，增大程度为63.59%，省域间位次变化幅度排第28位，倍差高低位次（倒序）从第2位下降为第17位。

2. 文化消费与投入占支出比

2000～2014年，山西城乡居民文化消费占居民支出比从7.36%增高至9.18%。对照本报告图4，同期，山西文化投入占财政支出比下降28.21%，2014年比值低于文化消费占居民支出比7.11个百分点。二者之间占比倍差由2.5483增大至4.4293，增大程度为73.81%，省域间位次变化幅度排第24位，倍差高低位次（倒序）从第8位下降为第21位。

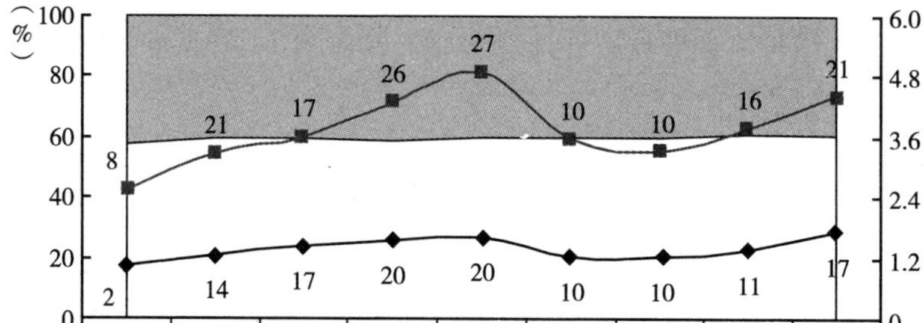


| | 2000年 | 2005年 | 2008年 | 2009年 | 2010年 | 2011年 | 2012年 | 2013年 | 2014年 |
|---|---|---|---|---|---|---|---|---|---|
| 消费占收入比 | 5.40 | 5.99 | 5.19 | 5.35 | 5.24 | 4.88 | 4.78 | 5.31 | 6.03 |
| 消费占支出比 | 7.36 | 8.66 | 7.46 | 7.67 | 7.89 | 7.23 | 7.21 | 8.32 | 9.18 |
| 占收入比倍差 | 1.0495 | 1.2496 | 1.4266 | 1.5422 | 1.6264 | 1.2285 | 1.2053 | 1.3546 | 1.7169 |
| 占支出比倍差 | 2.5483 | 3.2783 | 3.6088 | 4.2836 | 4.8785 | 3.5494 | 3.3073 | 3.7816 | 4.4293 |

**图6　2000年以来山西文化消费与投入同构占比倍差变动态势**

左轴面积：文化消费占居民收入、占居民总消费支出比（%），两项比值历年升降呈直观比例叠加；右轴曲线：文化消费占居民收入比与文化投入占财政收入比、文化消费占居民支出比与文化投入占财政支出比倍差（无差距 = 1，为检测细微差异，保留4位小数）。标明历年各项倍差省域排序。

以上分析检测显示，2000年以来，山西文化消费占居民收入比明显上升，文化投入占财政收入比却显著下降，二者同构占比倍差指数显著增大；文化消费占居民支出比显著上升，文化投入占财政支出比却显著下降，二者同构占比倍差指数显著增大。这意味着，山西公共文化投入增长占比变动滞后于居民文化消费需求变化态势的差距继续明显扩大。

## 三　2014年文化投入纵横向双重测评

综合以上分析，2000年以来山西文化投入总量年均增长17.74%，略微高于全国平均增长0.78个百分点，人均值地区差缩小3.80%；文化投入增长较明显高于产值增长，但明显低于财政收入增长，也较明显低于财政支出增长；同时较明显低于教育投入增长，也显著低于科技投入增长，亦显著低于卫生投入增长；文化投入占财政收入比较明显低于文化消费占居民收入比，占财政支出比更显著低于文化消费占居民支出比。这些都集中体现在文化投入增长综合指数测评演算之中。2000 年以来山西文化投入增长综合指数变动态势见图 7。

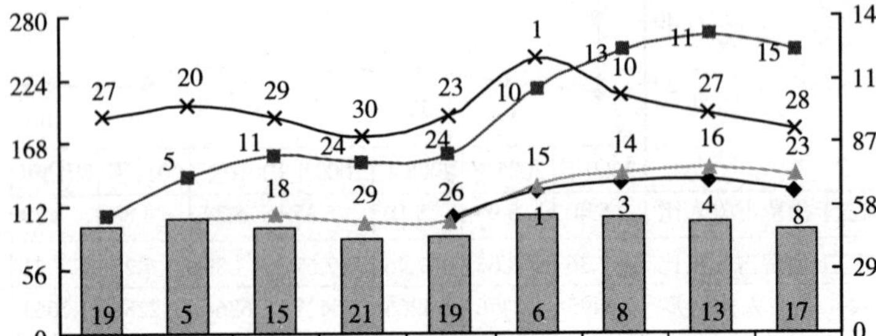


| | 2000年 | 2005年 | 2008年 | 2009年 | 2010年 | 2011年 | 2012年 | 2013年 | 2014年 |
|---|---|---|---|---|---|---|---|---|---|
| 横向测评 | 93.73 | 100.86 | 93.27 | 83.44 | 85.50 | 103.67 | 101.89 | 97.24 | 90.52 |
| 纵向测评（1） | 100.00 | 137.84 | 157.71 | 150.96 | 157.78 | 216.26 | 248.49 | 262.62 | 248.62 |
| 纵向测评（2） | — | 100.00 | 104.08 | 97.15 | 99.50 | 129.99 | 142.35 | 146.32 | 137.73 |
| 纵向测评（3） | — | — | — | — | 100.00 | 126.42 | 134.45 | 135.02 | 126.52 |
| 纵向测评（4） | 98.48 | 104.23 | 98.76 | 89.75 | 99.69 | 125.25 | 108.21 | 99.97 | 93.25 |

**图 7　2000 年以来山西文化投入增长综合指数变动态势**

左轴柱形：横向测评（无差距理想值 = 100）；左轴曲线：纵向测评（起点年基数值 = 100），（1）以 2000 年为起点，（2）以 2005 年为起点，（3）以 2010 年为起点；右轴曲线：纵向测评（4），以上年为起点。标明历年各项测评指数省域排行。

## （一）各年度横向测评综合指数

以文化投入人均值地区无差距、文化消费与投入同构占比无差距状态为理想值 100，2014 年山西文化投入增长状况此项综合指数为 90.52，处于省域间第 17 位，低于无差距理想值 9.48%，也低于上年测评指数 6.72 个点。

各年度此项综合指数对比，2004 ~ 2006 年、2011 ~ 2012 年 5 个年度高于无差距理想值 100；2001 年、2003 ~ 2004 年、2010 ~ 2011 年 5 个年度高于上年指数值。其中，最高值为 2011 年的 103.67，最低值为 2009 年的 83.44。山西此项综合指数在省域间排行变化，2000 年为第 19 位，2005 年为第 5 位，2010 年为第 19 位，2014 年从上年第 13 位下降为第 17 位。

### （二）“十五”以来纵向测评综合指数

以“九五”末年2000年为起点基数值100，2014年山西文化投入增长状况此项综合指数为248.62，处于省域间第15位，高出2000年起点基数148.62%，但低于上年测评指数14.00个点。

“十五”以来各年度此项综合指数对比，全部各个年度均高于2000年起点基数值100；2002~2008年、2010~2013年11个年度高于上年指数值。其中，最高值为2013年的262.62，最低值为2001年的108.95。山西此项综合指数在省域间排行变化，2005年为第5位，2010年为第24位，2014年从上年第11位下降为第15位。

### （三）“十一五”以来纵向测评综合指数

以“十五”末年2005年为起点基数值100，2014年山西文化投入增长状况此项综合指数为137.73，处于省域间第23位，高出2005年起点基数37.73%，但低于上年测评指数8.59个点。

“十一五”以来各年度此项综合指数对比，2006~2008年、2011~2014年7个年度高于2005年起点基数值100；2007年、2010~2013年5个年度高于上年指数值。其中，最高值为2013年的146.32，最低值为2009年的97.15。山西此项综合指数在省域间排行变化，2008年为第18位，2010年为第26位，2014年从上年第16位下降为第23位。

### （四）“十二五”以来纵向测评综合指数

以“十一五”末年2010年为起点基数值100，2014年山西文化投入增长状况此项综合指数为126.52，处于省域间第8位，高出2010年起点基数26.52%，但低于上年测评指数8.50个点。

“十二五”以来各年度此项综合指数对比，全部各个年度均高于2010年起点基数值100；2012~2013年2个年度高于上年指数值。其中，最高值为2013年的135.02，最低值为2011年的126.42。山西此项综合指数在省域间排行变化，2011 年为第 1 位，2014 年从上年第 4 位下降为第 8 位。

### （五）逐年度纵向测评综合指数

以上一年（2013 年）为起点基数值 100，2014 年山西文化投入增长状况此项综合指数为 93.25，处于省域间第 28 位，低于 2013 年起点基数 6.75%，也低于上年基于 2012 年基数值的测评指数 6.72 个点。

逐年度此项景气指数对比，2001 ~ 2006 年、2011 ~ 2012 年 8 个年度高于自身上年起点基数值 100；2001 年、2003 ~ 2004 年、2010 ~ 2011 年 5 个年度高于上年指数值。其中，最高值为 2011 年的 125.25，最低值为 2009 年的 89.75。山西此项综合指数在省域间排行变化，2000 年为第 27 位，2005 年为第 20 位，2010 年为第 23 位，2014 年从上年第 27 位下降为第 28 位。

## 四　文化投入协调增长差距分析

按照各项数据增长及其间各类关系值变动，已对山西文化投入增长的“实然”状况做出综合评价，尚需深入检测数据背后的现实问题及其“应然”差距。

### （一）文化投入增长系数检测

首先，检测 2000 ~ 2014 年文化投入占教科文卫综合投入比变动态势，并将此项比值界定为“文化投入增长系数”。2000 年以来山西文化投入占教科文卫综合投入比变动态势见图 8。

2000 ~ 2014 年，山西教科文卫综合投入总量由 56.19 亿元增至 869.44 亿元，增长 1447.32%，年均增长 21.61%。在此期间，山西教科文卫综合投入总量年均增长高于文化投入年均增长 3.87 个百分点。由于二者历年不同增长，山西文化投入占教科文卫综合投入比从 11.56% 降低至 7.36%，下降 4.21 个百分点，省域间变化幅度位次排第 20 位，比值高低位次从第 11

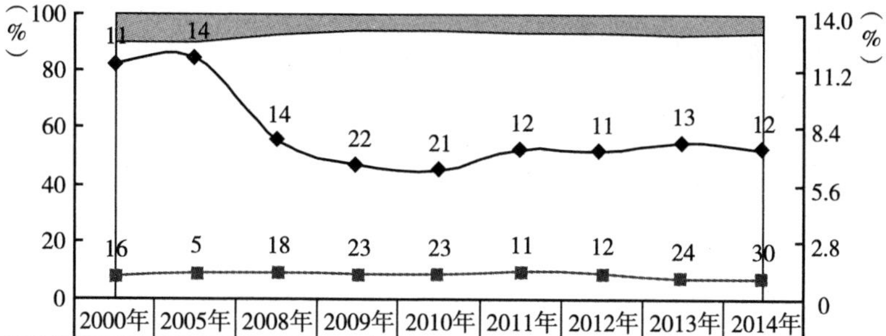


| | 2000年 | 2005年 | 2008年 | 2009年 | 2010年 | 2011年 | 2012年 | 2013年 | 2014年 |
|---|---|---|---|---|---|---|---|---|---|
| 文化投入总量 | 6.50 | 17.67 | 27.19 | 27.97 | 31.24 | 48.17 | 60.20 | 66.69 | 63.95 |
| 教科文卫综合投入 | 56.19 | 150.02 | 351.31 | 425.37 | 493.80 | 656.75 | 831.88 | 872.82 | 869.44 |
| 教科文卫年增 | 1.1318 | 1.2601 | 1.2732 | 1.2108 | 1.1609 | 1.3300 | 1.2667 | 1.0492 | 0.9961 |
| 文化占比 | 11.565 | 11.777 | 7.739 | 6.576 | 6.326 | 7.335 | 7.236 | 7.641 | 7.356 |

**图 8　2000 年以来山西文化投入占教科文卫综合投入比变动态势**

左轴面积：文化、教科文卫综合投入总量（亿元转换为%），二者历年变动呈直观比例；右轴曲线：教科文卫综合投入年增（上年 =1，小于 1 为负增长）；文化投入占教科文卫综合投入比（%，欠发达地区比值高，包括中央财政转移支付），因历年比值差异极小，图中保留 3 位小数并依此演算，正文按惯例保留 2 位小数（后同）。标明历年增长、比值省域排序。

位下降为第 12 位。最高比值为 2004 年的 12.19%，最低比值为 2010 年的 6.33%。

就此不妨假定，如果山西文化投入占教科文卫综合投入比在 2004 年出现的最佳比值 12.19% 得以持续保持，那么 2014 年山西文化投入总量应为现有实际值 63.95 亿元的 165.69%，达到 105.96 亿元。在假设文化投入实现教科文卫相邻关系中“协调增长”的情况下，这就是 2014 年山西文化投入增长的应然差距。

## （二）教科文卫投入增长系数检测

其次，检测 2000 ~ 2014 年教科文卫投入占财政支出比变动态势，并将此项比值界定为“教科文卫投入增长系数”。2000 年以来山西教科文卫投入占财政支出比变动态势见图 9。

2000 ~ 2014 年，山西财政支出总量由 225.06 亿元增至 3085.28 亿元，增长 1270.87%，年均增长 20.56%。在此期间，山西财政支出总量年均增长低于教科文卫综合投入年均增长 1.05 个百分点。由于二者历年不同增长，山西教科文卫综合投入占财政支出比从 24.97% 增高至 28.18%，上升 3.21 个百分点，省域间位次变化幅度排第 7 位。由于各地不同变动，山西比值从第 9 位下降为第 15 位。最高比值为 2012 年的 30.15%，最低比值为 2006 年的 19.70%。

就此同样假定，如果山西教科文卫综合投入占财政支出比在 2012 年出现的最佳比值 30.15% 得以持续保持，那么 2014 年山西教科文卫综合投入总量应为现有实际值 869.44 亿元的 106.98%，达到 930.11 亿元；再假设文化投入占教科文卫综合投入比实现 2004 年最佳比值 12.19%，那么 2014 年山西文化投入总量应为现有实际值 63.95 亿元的 177.25%，达到 113.35 亿元。在假设文化投入在教科文卫相邻关系中、教科文卫综合投入在财政支出中保持“协调增长”的情况下，这就是 2014 年山西文化投入增长的应然差距。

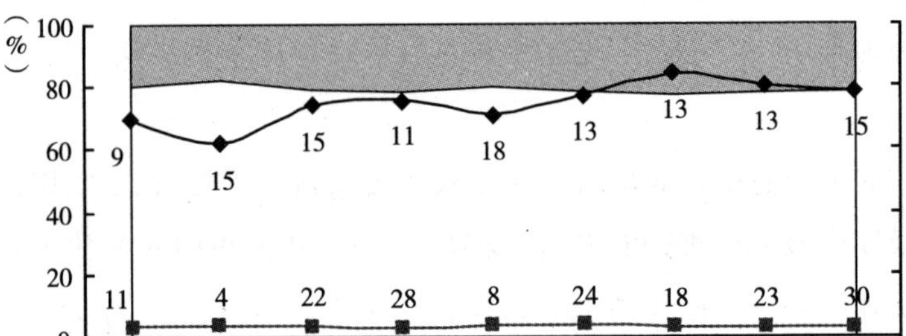


| | 2000年 | 2005年 | 2008年 | 2009年 | 2010年 | 2011年 | 2012年 | 2013年 | 2014年 |
|---|---|---|---|---|---|---|---|---|---|
| 教科文卫综合投入 | 56.19 | 150.02 | 351.31 | 425.37 | 493.80 | 656.75 | 831.88 | 872.82 | 869.44 |
| 财政支出总量 | 225.06 | 668.75 | 1315.02 | 1561.70 | 1931.36 | 2363.85 | 2759.46 | 3030.13 | 3085.28 |
| 财政支出年增 | 1.2143 | 1.2884 | 1.2525 | 1.1876 | 1.2367 | 1.2239 | 1.1674 | 1.0981 | 1.0182 |
| 教科文卫占比 | 24.968 | 22.433 | 26.715 | 27.238 | 25.568 | 27.783 | 30.147 | 28.805 | 28.180 |

**图 9　2000 年以来山西教科文卫投入占财政支出比变动态势**

左轴面积：教科文卫综合投入、财政支出总量（亿元转换为%），二者历年变动呈直观比例；右轴曲线：财政支出年增（上年 =1）；教科文卫综合投入占财政支出总量比（%，欠发达地区比值高，包括中央财政转移支付）。标明历年增长、比值省域排序。

## （三）财政支出增长系数检测

最后，检测 2000～2014 年财政支出与产值比变动态势，并将此项比值界定为“财政支出增长系数”。2000 年以来山西财政支出与产值比变动态势见图 10。

2000～2014 年，山西产值总量由 1845.7 亿元增至 12761.5 亿元，增长 591.42%，年均增长 14.81%。在此期间，山西产值总量年均增长低于财政支出年均增长 5.75 个百分点。由于二者历年不同增长，山西财政支出与产值比从 12.19% 增高至 24.18%，上升 11.98 个百分点，省域间位次变化幅度排第 23 位，比值高低位次从第 13 位上升为第 10 位。最高比值为 2014 年的 24.18%，最低比值为 2000 年的 12.19%。

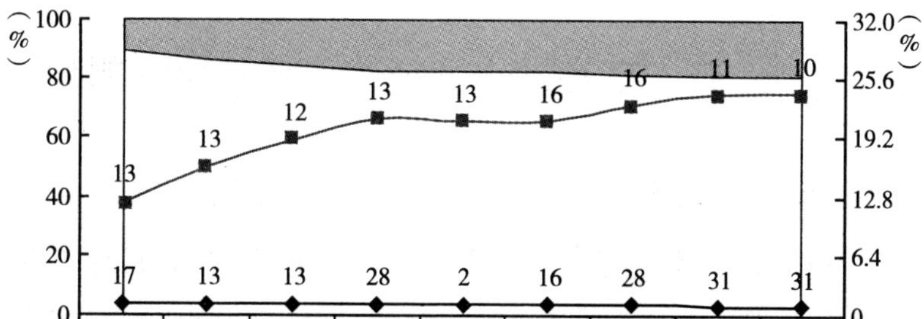


| | 2000年 | 2005年 | 2008年 | 2009年 | 2010年 | 2011年 | 2012年 | 2013年 | 2014年 |
|---|---|---|---|---|---|---|---|---|---|
| 财政支出总量 | 225.06 | 668.75 | 1315.02 | 1561.70 | 1931.36 | 2363.85 | 2759.46 | 3030.13 | 3085.28 |
| 产值总量 | 1845.7 | 4179.5 | 6938.7 | 7358.3 | 9200.9 | 11237.6 | 12112.8 | 12665.3 | 12761.5 |
| 产值年增 | 1.1071 | 1.1703 | 1.2102 | 1.0605 | 1.2504 | 1.2214 | 1.0779 | 1.0456 | 1.0076 |
| 支出与产值比 | 12.193 | 16.001 | 18.952 | 21.224 | 20.991 | 21.035 | 22.781 | 23.925 | 24.177 |

**图 10　2000 年以来山西财政支出与产值比变动态势**

左轴面积：财政支出总量、产值总量（亿元转换为%），二者历年变动呈直观比例；右轴曲线：产值年增（上年=1）；财政支出与产值比（%，欠发达地区比值高，包括中央财政转移支付）。标明历年增长、比值省域排序。

就此继续假定，如果山西财政支出与产值比在 2014 年出现的最佳比值 24.18% 得以持续保持（现有实际值），再假设教科文卫综合投入占财政支出比实现 2012 年最佳比值 30.15%，继续假设文化投入占教科文卫综合投入比实现2004年最佳比值12.19%，那么2014年山西文化投入总量应为现有实际值63.95亿元的177.25%，达到113.35亿元（因财政支出增长系数历年最佳值即现有实际值，再次累进叠加演算结果同样不变）。在假设文化投入与教科文卫相邻关系、教科文卫综合投入与财政支出关系、财政支出与产值关系实现三重最佳比值的情况下，这就是2014年山西文化投入增长的应然差距。

全国教育投入在2012年实现了法定“产值4%”的指标要求，文化投入能否形成法规指标？本项检测至此其实已经得出具有关联性的系列参考指标：山西文化投入达到与产值比0.89%，或占财政支出比3.67%，或占教科文卫综合投入比12.19%，就有可能实现2000年以来历年相关各项最佳比值协调增长。

## 五　至2020年文化投入增长目标测算

检测出当前数据年度山西文化投入增长的应然差距，即可据此推演至2020年山西文化投入增长的应然目标，测算达到增长目标所需的年均增长率，亦即消除差距的增长目标之距离大小，以便在各地进行排行比较。2014～2020年山西文化投入预期增长测算见图11。

### （一）保持既往年均增长率测算

按照2000～2014年年均增长率进行“自然”推算，到2020年山西文化投入总量将达到170.39亿元。所需年均增长率自然同前一样为17.74%，省域间增长位次排序为第15位。

如果至2020年产值年均增长控制在7%，再假设文化投入与产值比维持既往互动关系不变，那么山西文化投入总量将达到111.65亿元。所需年均增长率仅为9.73%，省域间增长位次排序为第11位，低于既往年均增速，更易于实现。

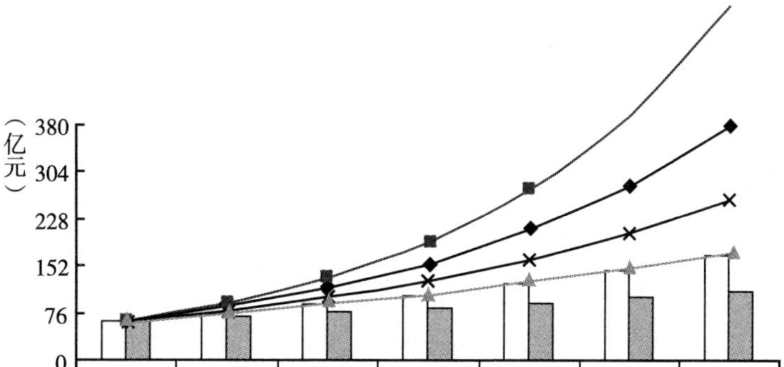


| | 2014年 | 2015年 | 2016年 | 2017年 | 2018年 | 2019年 | 2020年 |
|---|---|---|---|---|---|---|---|
| （1）年均增长测算 | 63.95 | 75.30 | 88.66 | 104.39 | 122.91 | 144.71 | 170.39 |
| （2）均增-产值7% | 63.95 | 70.18 | 77.00 | 84.50 | 92.72 | 101.75 | 111.65 |
| （3）最佳比值测算 | 63.95 | 80.77 | 102.02 | 128.85 | 162.74 | 205.55 | 259.61 |
| （4）最佳-产值7% | 63.95 | 75.28 | 88.61 | 104.30 | 122.77 | 144.52 | 170.11 |
| （5）地区均等测算 | 63.95 | 92.19 | 132.89 | 191.57 | 276.16 | 398.10 | 573.87 |
| （6）均等-产值7% | 63.95 | 86.07 | 115.83 | 155.88 | 209.79 | 282.34 | 379.97 |

**图 11　2014～2020 年山西文化投入预期增长测算**

左轴：假定情况下文化投入增长总量（亿元）。假设各类数值按 2000～2014 年年均增长率持续至 2020 年，则所需年均增长（1）17.74%，按既往增速居第 15 位；（3）26.30%，增长距离居第 12 位；（5）44.15%，增长距离居第 17 位。假设产值增长取 7% 持续至 2020 年，则所需年均增长（2）9.73%，按既往增速居第 11 位；（4）17.71%，增长距离居第 11 位；（6）34.58%，增长距离居第 17 位。

## （二）多重最佳比值增长目标测算

依据 2000～2014 年文化投入增长系数、教科文卫投入增长系数、财政支出增长系数三项最佳比值进行“应然”推算，到 2020 年山西文化投入总量应达到 259.61 亿元。所需年均增长率为 26.30%，以此衡量增长目标距离（以小为佳），省域间增长位次反向排序为第 12 位，为既往年均增速的 148.25%。

如果至 2020 年产值年均增长控制在 7%，再假设文化投入与产值比维持既往互动关系不变，那么山西文化投入总量应达到 170.11 亿元。所需年均增长率为 17.71%，省域间增长位次反向排序为第 11 位，为既往年均增速的 99.82%。

### （三）人均值地区均等增长目标测算

在 2000 ~2014 年多重最佳比值测算基础上，再依照北京文化投入人均测算值进行地区均等“理想”推算，到 2020 年山西文化投入总量应达到 573.87 亿元。所需年均增长率为 44.15%，仍以此衡量增长目标距离（以小为佳），省域间增长位次反向排序为第 17 位，为既往年均增速的 248.87%。

如果至 2020 年产值年均增长控制在 7%，再假设文化投入与产值比维持既往互动关系不变（因未涉及人口基数增长，可能会出现微小误差），那么山西文化投入总量应达到 379.97 亿元。所需年均增长率为 34.58%，省域间增长位次反向排序为第 17 位，为既往年均增速的 194.91%。

# Abstract

From 2000 to 2014, countrywide total investment into public culture increased from 30. 029 billion yuan to 269. 148 billion yuan, with a remarkably average annual growth of 16. 96% . The cultural investment growth is certainly higher than GDP growth, but certainly lower than the fiscal revenue growth, and also slightly lower than the fiscal expenditure growth; At the same time, evidently lower than education investment growth, and also significantly lower science & technology investment growth, as well as remarkably lower than health investment growth. The ratio of culture investment to fiscal revenues is evidently lower than that of the cultural consumption to the residents' income, that to fiscal expenditure is more evidently lower than that of the cultural consumption to the residents' expenditure. Public cultural investment growth badly lags behind the demand changes of the residents' cultural consumption.

In 2014, the total culture investment increased by over 15% in 5 provinces, in 3 of which by over 20%. The per capita value of culture investment increased by over 15% in 5 provinces, in 3 of which by over 20% . Tibet, Guangxi, Qinghai, Guangdong and Hunan ranked top 5 in the total growth and the per capita value growth. The ranking of the comprehensive evaluation of the culture investment growth across the provinces is as follows: in the lateral evaluation of ideal value without urban-rural and regional gaps, Tibet, Qinghai, Beijing, Inner Mongolia and Jilin ranked top five in the "2014 annual composite index leaders"; in the vertical evaluation of own base value throughout the past years, Qinghai, Sichuan, Tibet, Inner Mongolia and Hainan ranked top five in the "2000 - 2014 composite index runners-up"; Qinghai, Tibet, Hainan, Inner Mongolia and Anhui ranked top five in the "2005 - 2014 composite index runners-up"; Qinghai, Fujian, Guizhou, Hebei and Sichuan ranked top five in the "2010 - 2014 composite index runners-up"; Guangxi, Tibet, Guangdong, Hebei and

Hunan ranked top five in the "2014 annual composite index runners-up" .

Based upon the average growth rate of "natural growth" from 2000 to 2014, the expected target of countrywide culture investment growth should be 688. 948 billion yuan; if it should get the ought-to-be growth at the best ratio over the years in terms of the productive value, the fiscal expenditure, the E. S. C. H. (education, science & technology, culture, health) investment and the culture investment, it would reach 1081. 526 billion yuan; if the balanced isomorphism proportion of culture investment and consumption should come true, it would reach 1616. 817 billion yuan; if the ideal growth of the equal culture investment should realize, it would reach 2101. 498 billion yuan. By using the required annual growth rate to 2020 to measure the absolute distance of all kinds of growth target, ranking of the various provinces is as follows: Beijing, Tibet, Shanghai, Qinghai and Hainan rank top five in the best ratio growth target; Tibet, Beijing, Shanghai, Xinjiang and Qinghai rank top five in the growth target of isomorphism proportion; Tibet, Beijing, Qinghai, Inner Mongolia and Xinjiang rank top five in the equal growth target.

# Contents

## I General Report



**Abstract**: From 2000 to 2014, countrywide total investment into public culture increased from 30. 029 billion yuan to 269. 148 billion yuan, with a remarkably average annual growth of 16. 96%. During the three Five -Year Plan periods, the highest index values in lengthways evaluation all appeared in 2014; however it didn't continuously improve but showing ups and downs. In the transverse evaluation, the ideal value gap has always been very clear and the composite index declined slightly from time to time. By in - depth testing the culture investment related to its economical and financial background, the similarities to the investment into education, science & technology and health, the coordination with residents' culture consumption, and the regional balance of all kinds of per capita value calculation, we can reveal the headway and the gaps: (1) The cultural investment growth is certainly higher than GDP growth, but certainly lower than the fiscal revenue growth, and also slightly lower than the fiscal expenditure growth; At the same time, evidently lower than education investment growth, and also significantly lower science & technology investment growth, as well as remarkably lower health investment growth. (2) Besides the cultural investment, the regional disparity of all the other kinds of data has narrowed; and besides the fiscal expenditure, education investment, science & technology investment, cultural investment, all the other kinds of regional disparity index appeared lowest in 2014. It is gradually becoming a reality that the whole country has achieved economical and financial "balanced growth" and "equal growth" in the investment of education, science & technology and health, but the regional disparity of cultural investment expands by 9.66%. (3) The ratio of culture investment to fiscal revenues is evidently lower than that of the cultural consumption to the residents' income, that to fiscal expenditure is more evidently lower than that of the cultural consumption to the residents' expenditure. Public cultural investment growth badly lags behind the demand changes of the residents' cultural consumption.

**Keywords**: Cultural Investment; Comprehensive Evaluation; Gap Test; Growth Target

# Ⅱ Technical Report and Comprehensive Analysis Reports

## B. 2 Technical Report on The Growth Evaluation System of China's Public Culture Investment

*—Concurring the Analysis of Basic Situation from 2000 to 2014*

*Wang Ya'nan, Fang Yu et al.* / 027

**Abstract**: The paper is a technical report on "The Growth Evaluation System of China's Public Culture Investment". Based on the available data from 2000 to 2014, it illustrates the basic data source, the data inference method, the related numerical relationship, evaluation system design and the specific index calculation. By putting the culture investment growth into all the aspects of the economic and financial growth, the E. S. C. H. (education, science & technology, culture, health) investment growth, the proportion of residents' cultural consumption and regional differences, this evaluation system aims to comprehensively assess the growth coordination and equalization of culture investment, thus to get the applicable comprehensive evaluation index under the current statistical system meanwhile realizing commensurability, comparability and repeatability.

**Keywords**: Culture Investment; Growth Trends; Comprehensive Assessments; Index and Method

## B. 3 The Gap Measurement for the Ought-to-be Growth of China's Public Culture Investment

*—Analysis of Related Coordination and Balance in 2014*

*Wang Ya'nan, Dai Li et al.* / 061

**Abstract**: In terms of technology and methods, the paper is the necessary supplement for the technical report on The Growth Evaluation System of China's Public Culture Investment. The technical report focuses on the quality assessments of the coordination and balance of the public culture investment growth, the explanation of the method design and calculus technology processing. This paper emphasizes on the gap measurement for the coordination and balance of the public culture investment growth, which measures all the kinds of ought-to-be target and the ideal distance of the growth target. From the data range, this paper makes a supplement to the general report and ranking report. The general report and ranking report mainly analyze the dynamic situation since 2000 and the expected growth target to 2020. The paper mainly measures the current annual ought-to-be growth gap and makes comparison among different provinces.

**Keywords**: Public Culture; Investment Growth; Coordination and Balance; Gap Measurement

## B.4 Ranking on Comprehensive Evaluation of the Culture Investment Growth across the Provinces

*—The Vertical Measure Since 2000 and the Lateral Measure for 2014*



**Abstract**: In 2014, the total culture investment increased by over 15% in 5 provinces, in 3 of which by over 20%. The per capita value of culture investment increased by over 15% in 5 provinces, in 3 of which by over 20%. Tibet, Guangxi, Qinghai, Guangdong and Hunan ranked top 5 in the total growth and the per capita value growth. The ranking of the comprehensive evaluation of the culture investment growth across the provinces is as follows: in the lateral evaluation of ideal value without urban – rural and regional gaps, Tibet, Qinghai, Beijing, Inner Mongolia and Jilin ranked top five in the "2014 annual composite index leaders"; in the vertical evaluation of own base value throughout the past years, Qinghai, Sichuan, Tibet, Inner Mongolia and Hainan ranked top five in the "2000 – 2014 composite index runners – up"; Qinghai, Tibet, Hainan, Inner

Mongolia and Anhui ranked top five in the "2005 - 2014 composite index runners-up"; Qinghai, Fujian, Guizhou, Hebei and Sichuan ranked top five in the "2010 -2014 composite index runners - up"; Guangxi, Tibet, Guangdong, Hebei and Hunan ranked top five in the "2014 annual composite index runners - up".

**Keywords**: Across the Provinces; Culture Investment; Comprehensive Evaluation; The Index Ranked



**Abstract**: Based upon the average growth rate of "natural growth" from 2000 to 2014, the expected target of countrywide culture investment growth should be 688. 948 billion yuan; if it should get the ought - to - be growth at the best ratio over the years in terms of the productive value, the fiscal expenditure, the E. S. C. H. (education, science & technology, culture, health) investment and the culture investment, it would reach 1081. 526 billion yuan; if the balanced isomorphism proportion of culture investment and consumption should come true, it would reach 1616. 817 billion yuan; if the ideal growth of the equal culture investment should realize, it would reach 2101. 498 billion yuan. By using the required annual growth rate to 2020 to measure the absolute distance of all kinds of growth target, ranking of the various provinces is as follows: Beijing, Tibet, Shanghai, Qinghai and Hainan rank top five in the best ratio growth target; Tibet, Beijing, Shanghai, Xinjiang and Qinghai rank top five in the growth target of isomorphism proportion; Tibet, Beijing, Qinghai, Inner Mongolia and Xinjiang rank top five in the equal growth target.

**Keywords**: Across the Provinces; Culture Investment; Growth Target; Ranking Measure

# Ⅲ Reports on Provinces



**Abstract**: In 2000 – 2014, Tibet's total investment into public culture increased from 0. 201 billion yuan to 3. 410 billion yuan, with an average annual growth of 22. 42%, which was evidently 5. 45 percentage point higher than the countrywide average growth. The comprehensive evaluation list of Tibet: In the provincial transverse evaluation, Tibet was ranked 1st in 2014; In lengthways evaluation itself, Tibet was ranked 3rd from 2000 to 2014, 2nd from 2005 to 2014, 6th from 2010 to 2014 and 2nd in 2014.

**Keywords**: Tibet; Cultural Investment; Comprehensive Evaluation; Gap Test; Growth Target



**Abstract**: In 2000 – 2014, Qinghai's total investment into public culture increased from 0. 139 billion yuan to 3. 416 billion yuan, with an average annual growth of 25. 72%, which was remarkably 8. 74 percentage point higher than the countrywide average growth. The comprehensive evaluation list of Qinghai: In the provincial transverse evaluation, Qinghai was ranked 2nd in 2014; In lengthways evaluation itself, Qinghai was ranked 1st from 2000 to 2014, 1st from 2005 to 2014, 1st from 2010 to 2014 and 9th in 2014.

**Keywords**: Qinghai; Cultural Investment; Comprehensive Evaluation; Gap Test; Growth Target

## B. 8 Beijing: Ranked the 3rd in the "2014 Annual Composite Index Leaders"

*Wang Yang* / 206

**Abstract**: In 2000 – 2014, Beijing's total investment into public culture increased from 0. 926 billion yuan to 16. 390 billion yuan, with an average annual growth of 22. 78% , which was evidently 5. 82 percentage point higher than the countrywide average growth. The comprehensive evaluation list of Beijing: In the provincial transverse evaluation, Beijing was ranked 3rd in 2014; In lengthways evaluation itself, Beijing was ranked 8th from 2000 to 2014, 8th from 2005 to 2014, 14th from 2010 to 2014 and 12th in 2014.

**Keywords**: Beijing; Cultural Investment; Comprehensive Evaluation; Gap Test; Growth Target

## B. 9 Jilin: Ranked the 5th in the "2014 Annual Composite Index Leaders"

*Guo Na* / 224

**Abstract**: In 2000 – 2014, Jilin's total investment into public culture increased from 0. 609 billion yuan to 6. 116 billion yuan, with an average annual growth of 17. 91% , which was slightly 0. 95 percentage point higher than the countrywide average growth. The comprehensive evaluation list of Jilin: In the provincial transverse evaluation, Jilin was ranked 5th in 2014; In lengthways evaluation itself, Jilin was ranked 14th from 2000 to 2014, 13th from 2005 to 2014, 19th from 2010 to 2014 and 14th in 2014.

**Keywords**: Jilin; Cultural Investment; Comprehensive Evaluation; Gap Test; Growth Target

## B.10 Hainan: Ranked the 7th in the "2014 Annual Composite Index Leaders"

*Deng Yunfei* / 242

**Abstract**: In 2000 -2014, Hainan's total investment into public culture increased from 0.165 billion yuan to 2.351 billion yuan, with an average annual growth of 20.89%, which was evidently 3.94 percentage point higher than the countrywide average growth. The comprehensive evaluation list of Hainan: In the provincial transverse evaluation, Hainan was ranked 7th in 2014; In lengthways evaluation itself, Hainan was ranked 5th from 2000 to 2014, 3rd from 2005 to 2014, 17th from 2010 to 2014 and 18th in 2014.

**Keywords**: Hainan; Cultural Investment; Comprehensive Evaluation; Gap Test; Growth Target

## B.11 Shanxi: Ranked the 17th in the "2014 Annual Composite Index Leaders"

*Shen Zongtao* / 259

**Abstract**: 2000 - 2014, Shanxi's total investment into public culture increased from 0.650 billion yuan to 6.395 billion yuan, with an average annual growth of 17.74%, which was slightly 0.78 percentage point higher than the countrywide average growth. The comprehensive evaluation list of Shanxi: In the provincial transverse evaluation, Shanxi was ranked 17th in 2014; In lengthways evaluation itself, Shanxi was ranked 15th from 2000 to 2014, 23rd from 2005 to 2014, 8th from 2010 to 2014 and 28th in 2014.

**Keywords**: Shanxi; Cultural Investment; Comprehensive Evaluation; Gap Test; Growth Target

## 皮书起源

“皮书”起源于十七、十八世纪的英国，主要指官方或社会组织正式发表的重要文件或报告，多以“白皮书”命名。在中国，“皮书”这一概念被社会广泛接受，并被成功运作、发展成为一种全新的出版形态，则源于中国社会科学院社会科学文献出版社。

## 皮书定义

皮书是对中国与世界发展状况和热点问题进行年度监测，以专业的角度、专家的视野和实证研究方法，针对某一领域或区域现状与发展态势展开分析和预测，具备原创性、实证性、专业性、连续性、前沿性、时效性等特点的公开出版物，由一系列权威研究报告组成。

## 皮书作者

皮书系列的作者以中国社会科学院、著名高校、地方社会科学院的研究人员为主，多为国内一流研究机构的权威专家学者，他们的看法和观点代表了学界对中国与世界的现实和未来最高水平的解读与分析。

## 皮书荣誉

皮书系列已成为社会科学文献出版社的著名图书品牌和中国社会科学院的知名学术品牌。2011 年，皮书系列正式列入“十二五”国家重点出版规划项目；2012~2015 年，重点皮书列入中国社会科学院承担的国家哲学社会科学创新工程项目；2016 年，46 种院外皮书使用“中国社会科学院创新工程学术出版项目”标识。

# S 子库介绍
# Sub-Database Introduction

## 中国经济发展数据库

涵盖宏观经济、农业经济、工业经济、产业经济、财政金融、交通旅游、商业贸易、劳动经济、企业经济、房地产经济、城市经济、区域经济等领域，为用户实时了解经济运行态势、把握经济发展规律、洞察经济形势、做出经济决策提供参考和依据。

## 中国社会发展数据库

全面整合国内外有关中国社会发展的统计数据、深度分析报告、专家解读和热点资讯构建而成的专业学术数据库。涉及宗教、社会、人口、政治、外交、法律、文化、教育、体育、文学艺术、医药卫生、资源环境等多个领域。

## 中国行业发展数据库

以中国国民经济行业分类为依据，跟踪分析国民经济各行业市场运行状况和政策导向，提供行业发展最前沿的资讯，为用户投资、从业及各种经济决策提供理论基础和实践指导。内容涵盖农业，能源与矿产业，交通运输业，制造业，金融业，房地产业，租赁和商务服务业，科学研究，环境和公共设施管理，居民服务业，教育，卫生和社会保障，文化、体育和娱乐业等 100 余个行业。

## 中国区域发展数据库

以特定区域内的经济、社会、文化、法治、资源环境等领域的现状与发展情况进行分析和预测。涵盖中部、西部、东北、西北等地区，长三角、珠三角、黄三角、京津冀、环渤海、合肥经济圈、长株潭城市群、关中—天水经济区、海峡经济区等区域经济体和城市圈，北京、上海、浙江、河南、陕西等 34 个省份。

## 中国文化传媒数据库

包括文化事业、文化产业、宗教、群众文化、图书馆事业、博物馆事业、档案事业、语言文字、文学、历史地理、新闻传播、广播电视、出版事业、艺术、电影、娱乐等多个子库。

## 世界经济与国际政治数据库

以皮书系列中涉及世界经济与国际政治的研究成果为基础，全面整合国内外有关世界经济与国际政治的统计数据、深度分析报告、专家解读和热点资讯构建而成的专业学术数据库。包括世界经济、世界政治、世界文化、国际社会、国际关系、国际组织、区域发展、国别发展等多个子库。